한국의 선거 V

제16대 대통령선거와 제17대 국회의원선거

국립중앙도서관 출판시도서목록(CIP)

한국의 선거. 5, 제16대 대통령선거와 제17대
국회의원선거 / 어수영 편저.
—서울 : 오름, 2006
p. ;   cm — (한국선거연구회 학술총서 ; 6)

ISBN 89-7778-270-8 93340 : ₩23000

344.911-KDC4
324.9519-DDC21   CIP2006002448

한국선거연구회 학술총서 6권

한국의 선거 V

제16대 대통령선거와 제17대 국회의원선거

어수영 편저

책을 내면서

한국 사회에서 선거가 시행된 지 수십 년이 지났다. 대통령선거와 국회의원선거 그리고 지방의 자치단체장 및 지방의회의원 선거가 주기적으로 시행되고 있다. 이러한 각종 선거를 연구하는 이유는 무엇일까? 왜 선거를 연구해야 하는가? 선거는 정부를 합법적으로 구성하기 때문이다. 선거를 통해 중앙정부는 물론 지방자치 정부가 구성된다. 민주주의 국가에서는 정권교체가 주기적으로 일어나야 하는데 선거가 정권교체를 합법적으로 이룩하는 유일한 방법이다. 선거 이외의 방법은 혁명이나 민중봉기, 쿠데타 등의 비합법적인 방법 이외는 다른 방법이 있을 수 없다.

선거는 민주주의를 지탱시켜주는 중요한 수단이 되고 있다. 민주주의가 "시민에 의한 정부, 시민의 정부, 시민을 위한 정부"라고 정의한다면, 선거는 민주주의의 가장 중요한 요소들을 모두 실현시킬 수 있는 수단이 되고 있다. 선거를 통해 시민이 정부를 구성할 뿐만 아니라, 정부에 시민의 의사와 요구 및 정책적인 선호를 전달하고 관철시킬 수 있다. 선거를 통해 지도자를 교체함으로써 시민들이 선호하는 정책을 실현시킬 수 있는 합법적인 수단이 되고 있다. 선거는 주기적으로 시민을 정치의 객체에서 주체로 만들어 줌으로써 시민이 주인의식을 갖게 해주고 있다. 민주주의의 주인은 시민이다. 그러나 보통의 경우 이 원리를 망각하게 되는데 선거가 실시되기 때문에 정치에서 주인의식을 되찾게 된다. 선거를 통해 시민이 정치에 참여하게 되고, 시민들이 자신들이 원하는 정책을 선택하게 된다.

선거가 이렇게 중요하기 때문에 선거를 연구하여야 한다. 그러나 한국사회가 민주화되지 못하고 선거가 권위주의 정권을 합법화하는 선거로 전락하면서 학자들은 선거에 대해 학문적인 진지한 분석을 외면하게 되었다. 학자들이 본격적인 학문적인 관심을 갖게 된 것은 1987년 절차적인 민주화(process democracy)가 이행된 후 실시된 선거 부터였다고 할 수 있다. 이 책에는 2002년 12월에 실시된 제16대 대통령선거 분석과 2004년 4월에 실시된 제17대 국회의원선거에 관한 학문적인 분석이 수록되어 있다.

2002년의 16대 대통령선거는 오랫동안 한국선거에서 위력을 발휘하던 소위 '3김씨' 모두가 정치일선에서 퇴장한 후 실시된 선거였다는 점에서 특별한 의미를 갖는 선거였다. 3김의 영향력이 약화되고 새로운 갈등이 등장한 선거였다. 보수적인 세대를 대표하는 한나라당의 이회창 후보와 새천년민주당의 진보적인 젊은 노무현 후보가 등장함으로써 세대 갈등(generational conflict)이 나타나게 되었고, 남북문제, 대미 외교 문제를 위요한 외교문제가 젊은 세대와 보수적인 세대와의 갈등을 더욱 격화시켰던 선거였다.

과거의 대통령 선거가 민주 대 반민주 즉, 민주주의 회복을 위한 세력과 군부권위주의 세력 간의 대결이었다면 2002년에 실시된 16대 대통령선거는 이러한 쟁점은 사라지고, 대신에 새로운 이념논쟁이 촉발되었다. 훈련하던 미군 장갑차에 사고로 한국의 여학생이 사망하는 사건이 계기가 되어 반미와 자주를 외치는 세력과 보수적인 세력 간의 갈등이 심화되었다. 이러한 갈등은 지역적인 갈등과 결부되어 더욱 혼란한 선거양상을 초래하였으며, 이러한 상황 속에서 좌파성향의 민주노동당의 권영길 후보가 부상함으로써 새로운 이념논쟁은 더욱 심화되어 지금까지 겪지 못한 새로운 양상의 이념대결이 나타난 선거였다.

선거에서 미디어의 영향은 언제나 중요하다. 한국선거에서 TV 토론이 도입된 1997년 선거 이후 그 영향력은 더욱 부각되었다. 1997년에 TV 토론이 선거에 큰 영향을 미친 선거였다면, 2002년 선거에서는 TV의 영향은 물론 새로운 매체인 인터넷(Internet)이 젊은 유권자에게 영향을 미친 것으로 보도되고 있기 때문에 이러한 새로운 매체에 대한 학문적인 분석도 중요한 과제로 등장한 선거가 되었다. 2004년 4월 15일에 실시된 제17대 국회의원선거는 역대 국회의원선거보다 특별한 의미를 갖는 선거가 되었다. 1987년 6월 민주항쟁 이후 실시된 역대 국회의원선거에서는 대통령이 속한 정당이 의회에서 의석의 과반수를 확보하지 못해 소위 분점정부(divided government)가 되었다. 여소야대 정국이 되어 여당이 이를 극복하기 위해 인위적인 정치개편을 시도함으로써 여야가 격돌하는 불안한 정국이 되기도 하였다.

그러나 2004년의 17대 총선은 1988년 이후 처음으로 여당이 과반수를 획득한 선거가 되었다. 여당이 의석 과반수를 획득할 수 있었던 이유는 선거 바로 직전 3월 12일 국회에서 통과된 대통령에 대한 탄핵으로 선거 자체가 탄핵찬성 대 탄핵 반대로 한국사회가 격돌하게 되었으며, 노무현 대통령에 대한 탄핵안 가결은 유권자들의 정치적 판단을 정책에 대한 고려 없이 양극적 갈등구조로 변모시켜 여당(열린우리당) 대 야당(한나라당, 민주당, 자민련)의 양극 구도 속에서 탄핵반대 세력인 여당이 유리한 입장에 처할 수 있었기 때문이었다.

또한 17대 총선은 한국 선거사상 처음으로 1인 2표제가 도입된 선거였다. 이는 정책정당을 지향하기 위해 도입된 제도로서 이 제도로 가장 큰 수혜를 입은 정당은 민주노동당이었다. 한국정치사상 자유선거에 의해 처음으로 노동당이 의회에 진출할 수 있게 되었을 뿐만 아니라 의석 10석을 확보하여 제3당으로 부상하게 되었다. 17대 총선은 의회의 세대교체를 가속화시킨 선거였다. 15대 총선에서 초선 비율이 35.4%, 16대 총선에서는 40.6%였으나 17총선에서는 무려 188명의 초선의원이 당선되어 그 비율이 63%나 되었다. 더구나 이들의 연령이 과거 어느 국회보다 낮아 의회의 세대교체가 가속화되는 현상을 가져왔다.

17대 총선은 세대간의 갈등이 심화된 선거였다. 2002년 대통령선거에서부터 심화되기 시작한 젊은 층인 2030세대와 장노년 층인 5060세대와의 세대간 갈등이 더욱 표출되었다. 탄핵을 지지하는 장노년 층과 이에 반대하는 젊은 층과의 세대간 갈등은 투표 선택에 반영되었다. 세대간의 갈등은 세대간의 결집을 강화시켜 투표율이 상승되는 효과를 낳기도 하였다. 17대 총선의 또 다른 특징은 '바람'의 선거였다. 탄핵열풍, 노인 폄하 발언으로 나타난 노풍, 박근혜 한나라당 대표의 박풍 등 감성정치가 유권자들의 투표선택에 많은 영향을 미친 선거였기 때문에 이라크 파병, 신용불량자, 청년실업 등 중요한 정책에 대한 평가는 실종되고 이성적 투표선택보다는 감성적 투표선택이 우선하는 선거가 되었다고 평가되고 있다.

이와 같은 중요한 의미를 지니고 있는 16대 대통령선거와 17대 국회의원선거를 학문적으로 분석하는 데 이 책을 출간하는 주요한 목적이 있다. 『한국의선거 Ⅴ』에 수록된 논문은 2002년 16대 대통령 선거 직후 12월에 실시된 전국 표본 1,500명의 실증조사 자료(survey data)와 17대 총선 직후 4월에 실시된 전국 표본 1,500명의 실증조사 자료를 토대로 분석한 글들이다. 제주도를 제외한 전국 표본 1,500명을 면담을 통해 실증조사를 실시하는데 한국선거학회와 한국사회과학데이터센터(KSDC)가 공동으로 이 막대한 작업을 수행하였으며, 그 과정에서 수고하신 모든 학회회원과 면접요원에게 학회를 대표하여 감사를 드린다.

전국적인 대인면담 실증조사(face to face survey)에 막대한 경비가 필요한데 이러한 실증조사 경비를 제공하여 주신 중앙선관위에 깊은 감사를 드리며, 이 연구 책자를 출판하기 위하여 학술회의가 개최되었고, 이에 필요한 제반 경비와 출판에 필요한 경비를 제공해 주신 강용식 국회사무총장님께 충심으로 감사를 드린다. 이 책의 출판을 맡아 주신 도서출판 오름의 부성옥 사장께도 깊이 감사드리며, 끝으로 이 책의 원고를 제공하신 17분의 교수님과 편집을 맡아 수고하신 출판이사 김영태, 이준한 교수님께 감사의 말을 전한다.

2006년 10월

한국선거학회 회장 어수영

차례 Contents

제2부 제17대 국회의원 선거 분석

제1부

제16대 대통령 선거 분석

제1장

누가, 왜, 어떻게
노무현 대통령을 당선시켰나?

이남영

Ⅰ. 들어가는 말

2002년 대선은 문민정부수립 이후 치러진 두 번째 선거로 선거결과를 예측하기 힘든 박빙의 승부였다. 한나라당 이회창 후보의 대세론이 유지되는 가운데, 민주당 노무현 후보는 정몽준과의 선거연대와 선거직전 연대파기 등으로 앞을 예측하기 힘든 가운데 치러진 선거였다. 선거 막바지에는 미군에 의한 여고생 사망사건이 반미감정을 촉발하고, 이것이 촛불시위로 연결되어 어수선한 사회분위기였다. 이러한 분위기는 선거과정에서 한국사회를 이념적인 이분법, 즉 보수와 진보, 발전론과 분배론, 기득권세력과 서민세력, 수구세력과 개혁세력 등으로 양분화해 갔다. 그러한 국민 편가름 현상은 결과적으로 상대적으로 선거준비가 미비했던 노무현 후보에게 상당한 이득을 부여하였던 것 같다.

그리고 2002년 16대 대선은 선거운동방식의 획기적인 변화를 가져

왔다. 과거에는 정당, 후보자들이 선거공보, 포스터, 신문이나 방송을 이용하여 자신의 공약이나 정책을 일방적으로 유권자에게 전달하는 방식이 주로 이용되었으나, 이번 선거에서는 인터넷의 영향력이 새롭게 부각되었다. 인터넷 매체는 그 전달속도가 매우 빠르며, 쌍방향 커뮤니케이션이 가능하기 때문에 그 영향력의 심도에 있어서도 전통적인 매체에 비해 엄청나다. 인터넷매체는 주로 이념적으로 진보적인 젊은 세대를 중심으로 확산되어 가고 있기 때문에 이러한 선거운동매체의 변화는 상대적으로 진보적 색채를 가진 노무현 후보에게 유리하게 작용하였을 것이라 생각된다.

한국의 정치권은 만연된 냉소주의, 정치불신, 부패, 지역주의 등으로 국민으로부터 외면당해 온 지 오래이다. 이러한 고질적인 정치문화는 기성 정치인들에 대한 정서적 반감을 지속시키는 환경을 제공하였고, 이는 기존 정치세력의 상징이었던 한나라당 이회창 후보에게는 역풍으로 작용하였던 것 같다. 반면에 그러한 정치환경은 상대적으로 신선감을 보여준 민주당 노무현 후보에게 유리하게 작용했으리라 생각된다.

아직 노무현 후보의 당선에 대해서는 정확한 해답이 제시된 적이 없다. 대부분의 해답이 위에서 필자가 제시하였듯이 지극히 주관적이며 가설적인 언명이나, 추측에 머물고 있는 현실이다. 이젠 노무현 대통령이 과연 어떠한 이유로 대선에서 승리할 수 있었는가에 대해 경험적으로 입증할 필요가 있다. 왜냐하면 대선과정에서 나타난 유권자들의 요구, 기대, 평가 등이 어떠한 경로를 통해 투표행위에 연결되었는지를 면밀히 검토하는 것이 한국 유권자들의 선거행태에 대한 이해를 통해 16대 대선의 정치사적 의미를 적시할 수 있기 때문이다.

우선 누가 노무현 후보를 지지했는가라는 매우 서술적인 질문에 답하는 것을 시작으로 노 후보 지지 이유를 설명하고, 어떠한 경로를 통해 노무현 후보에게 투표했는지에 대한 모델을 제시함에 의해 16대 대선과정을 이해하고자 한다. 이를 위해 사용한 자료는 KSDC 여론조사실에서 대선 직후 조사한(2002년 12월 20~12월 27일) 자료이다. 이번 조사는 다단계 층화표집(multi stage stratified sampling) 방법을 사용하여 제주도를 제외한 지역에서 총 1,500명을 조사하였으며, 설문지에는 선거과정에 대한 유용한 분석이 가능한 설문항이 다수 포함되어 있으며 조사방식은 대인 면접조사방식에 의거했다. 신뢰수준은 95%에서 최대 허용오차가 ±2.5%포인트이다.

논의의 진행은 먼저 '노무현 후보를 지지한 사람이 누구인가'라는 문제로부터 시작된다. 양변인 분석에 근거하여 몇 가지 가설들을 제시하고 검증한다. 그 과정에서 발견된 주요변수들을 중심으로 하여 '왜 노무현 후보를 지지했는가'라는 질문에 답하고자 한다. 여기에서는 회귀분석기법을 사용한다.

마지막으로 경로분석기법을 사용하여 '어떠한 경로를 통해 노 후보에게 투표했는가'라는 질문에 답하고자 한다. 경로분석결과에 의해 여러 주요변수들의 관련양태과정을 볼 수 있다. 그리고 결론부분에서 분석결과의 정치적 함의를 도출해 보고자 한다.

II. 누가 노무현 후보를 지지했는가?

위의 질문은 매우 서술적이며 단순한 질문이다. 이미 집합자료에 근거하여 신문이나 잡지, 방송 등에 의해 많이 알려진 부분이기도 하다. 예컨대 집합자료에 근거한 호남표의 민주당집중현상, 충청이나 수도권표의 우호적 결집, 경상권에서의 한나라당 결집현상의 둔화 등 지역주의에 근거한 서술적 해석이 가능하다.

다음의 〈표 1〉은 선거분석에서 가장 많이 활용되는 자료이다. 다음의 표를 살펴 보면 과거 선거에서와 마찬가지로 호남과 영남지역에서의 표의 집중현상이 두드러진다. 이런 집합자료 결과에 근거하여 많은 선거연구자들은 여러 가지 가설적인 주장을 내세우고 있다. 그런

〈표 1〉 16대 대선 지역별 · 후보별 득표상황

시도명	선거인수	투표자수	유효투표수								무효투표수	기권수
			후보자별 득표수									
			한나라당 이회창	민주당 노무현	하나로연합 이한동	민주노동당 권영길	사회당 김영규	호국당 김길수	계			
전국	34,991,529 (100.0)	24,784,963 (70.8)	11,443,297 (46.6)	12,014,277 (48.9)	74,027 (0.3)	957,148 (3.9)	22,063 (0.1)	51,104 (0.2)	24,561,916 (100.0)	223,047	10,206,566
서울	7,670,682 (21.9)	5,475,715 (71.4)	2,447,376 (45.0)	2,792,957 (51.3)	12,724 (0.2)	179,790 (3.3)	4,706 (0.1)	6,437 (0.1)	5,443,990 (100.0)	31,725	2,194,967
부산	2,786,142 (8.0)	1,983,492 (71.2)	1,314,274 (66.7)	587,946 (29.9)	2,148 (0.1)	61,281 (3.1)	1,380 (0.1)	2,064 (0.1)	1,969,093 (100.0)	14,399	802,650
대구	1,827,162 (5.2)	1,299,968 (71.1)	1,002,164 (77.8)	240,745 (18.7)	1,699 (0.1)	42,174 (3.3)	810 (0.1)	1,317 (0.1)	1,288,909 (100.0)	11,059	527,194
인천	1,824,905 (5.2)	1,236,447 (67.8)	547,205 (44.6)	611,766 (49.8)	3,600 (0.3)	61,655 (5.0)	1,612 (0.1)	1,978 (0.2)	1,227,816 (100.0)	8,631	588,458
광주	967,222 (2.8)	755,398 (78.1)	26,869 (3.6)	715,182 (95.2)	803 (0.1)	7,243 (1.0)	305 (0.1)	1,014 (0.1)	751,416 (100.0)	3,982	211,824
대전	998,541 (2.9)	675,029 (67.6)	266,760 (39.8)	369,046 (55.1)	2,157 (0.3)	29,728 (4.4)	747 (0.1)	1,408 (0.2)	669,846 (100.0)	5,183	323,512
울산	729,645 (2.1)	510,496 (70.0)	267,737 (52.9)	178,584 (35.3)	997 (0.2)	57,786 (11.4)	502 (0.1)	716 (0.1)	506,322 (100.0)	4,174	219,149
경기	6,944,934 (19.8)	4,831,412 (69.6)	2,120,191 (44.2)	2,430,193 (50.7)	26,072 (0.5)	209,346 (4.4)	4,119 (0.1)	8,085 (0.2)	4,798,006 (100.0)	33,406	2,113,522
강원	1,131,168 (3.2)	773,560 (68.4)	400,405 (52.5)	316,722 (41.5)	3,406 (0.4)	38,722 (5.1)	969 (0.1)	2,713 (0.4)	762,937 (100.0)	10,623	357,608
충북	1,079,642 (3.1)	734,385 (68.0)	311,044 (42.9)	365,623 (50.4)	3,205 (0.4)	41,731 (5.8)	949 (0.1)	2,610 (0.4)	725,162 (100.0)	9,223	345,257
충남	1,398,762 (4.0)	922,882 (66.0)	375,110 (41.2)	474,531 (52.2)	4,973 (0.5)	49,579 (5.4)	1,303 (0.1)	4,322 (0.5)	909,818 (100.0)	13,064	475,880
전북	1,427,135 (4.1)	1,064,744 (74.6)	65,334 (6.2)	966,053 (91.6)	2,505 (0.2)	14,904 (1.4)	817 (0.1)	5,187 (0.5)	1,054,800 (100.0)	9,944	362,391
전남	1,521,109 (4.3)	1,161,511 (76.4)	53,074 (4.6)	1,070,506 (93.4)	2,830 (0.2)	12,215 (1.1)	988 (0.1)	6,707 (0.6)	1,146,320 (100.0)	15,191	359,598
경북	2,044,285 (5.8)	1,463,664 (71.6)	1,056,446 (73.5)	311,358 (21.7)	3,332 (0.2)	62,522 (4.3)	1,344 (0.1)	2,936 (0.2)	1,437,938 (100.0)	25,726	580,621
경남	2,249,044 (6.4)	1,628,033 (72.4)	1,083,564 (67.5)	434,642 (27.1)	2,832 (0.2)	79,853 (5.0)	1,224 (0.1)	2,629 (0.2)	1,604,744 (100.0)	23,289	621,011
제주	391,151 (1.1)	268,227 (68.6)	105,744 (39.9)	148,423 (56.1)	744 (0.3)	8,619 (3.3)	228 (0.1)	981 (0.4)	264,799 (100.0)	3,428	122,924

* ( )는 비율. ** 선거인수 비율은 전국대비 비율임.
*** 후보자별 득표율은 유효투표수 대비 비율임.
**** 출처: 중앙선거관리위원회 홈페이지(www.nec.go.kr).

가 하면 예컨대 16대 대선 사전조사자료에 근거하여 이념적으로 진보
적인 20대~30대가 적극적으로 노무현 후보를 지지했다는 가설적인
주장이 사후조사자료에 의한 검증없이 마구 회자되고 있다. 이와 같
은 경향은 한국사회가 사전조사는 많이 하지만 사후조사에는 인색한
전통때문이기도 하다. 누가 차기 대통령이 될 것인가에는 많은 사람
들이 궁금해 한다. 따라서 언론, 정치계, 학계 등에서는 사전조사를 지
속적으로 하고 있다. 그러나 일단 선거가 종료되고 차기 대통령이 결
정나면 조사도 종료된다. 따라서 선거전에는 경험주의자가 많은 데
반해 선거후에는 선험적인 논객만이 판을 치게 되어 있다.

그런 의미에서 다시 한번 신중하게 누가 노무현을 지지했는가라는
질문을 진지하게 던질 필요가 있다고 생각한다. 여기에서는 그동안
가설적인 수준에서 논의해 왔던 변수들을 중심으로 분석해 보고자 한
다. 사용되는 기법은 서술적인 기법으로 양변인 분석을 시도한다. 사
용되는 종속변수는 노무현 후보 투표여부(dummy variable)변수이다.
뒤에서 다변인 분석을 시도하며, 다변인 분석을 기초로 하여 경로분
석모델을 제시하고자 한다.

1. 지역변수와 이념성향

한국선거에서 투표결정요인으로 가장 중요하게 취급되어온 변수가
바로 '지역' 변수이다. 많은 연구들이 반복적으로 지역변수의 영향력
에 대해 검증해 온 것이 사실이다.[1] 설명양식은 비교적 단순하다. 전

---

1) 김만흠, "한국사회지역갈등 연구—영·호남 문제를 중심으로," 『현대사회연

통적으로 경상권의 유권자들은 한나라당후보를 지지하고, 전라권의
유권자들은 민주당을 지지한다는 것이다. 또한 한나라당은 기본적으
로 기득권을 지켜가려는 성향(보수성)이 강하며, 민주당은 상대적으
로 변화를 추구하려는 성향(진보성)이 농후하기 때문에 이념적으로도
두 지역사람들은 서로 다르다는 것이다. 즉 과거 개발독재와 김영삼
정부에 이르는 20여 년이라는 오랜 기간 동안 경상도사람들은 소위
사회적으로 기득권세력으로 군림하여 왔으나, 최근 1997년 15대 대통
령선거에서 민주당의 전신인 새정치국민회의의 김대중 후보에게 일
시적으로 정권을 빼앗겼다고 생각하고 있다. 그러나 오랜 기간 동안
저항세력으로 기능해 왔던 전라도사람들은 다시 경상도사람들에게
정권을 넘겨줄 수 없다는 생각을 했던 것 같다.

　기득권을 회복하려는 경상도사람들의 정서와 호남에 유리한 정권
을 계승시키고자 하는 전라도사람들의 정서가 맞부딪친 것이 이번 선
거의 특징이기도 하다. 결과적으로 기득권을 추구하는 경상도사람들
의 정서는 이념적으로 보수성향을, 그들의 기득권을 해체시키기 위해
변화를 추구하려는 전라도사람들의 정서는 진보성향을 갖게 하는 토
양이 되었으리라 추론된다. 한 가지 아이러니는 한나라당 이회창 후
보의 출신지는 충청도임에도 불구하고 경상도사람들이 가장 많이 지
지하였고, 민주당 노무현 후보의 출신지는 경상도임에도 불구하고 전
라도사람들이 가장 높게 지지하였다는 점이다. 위와 같은 사실에 근

구소 연구보고』(현대사회연구소,1987); 김종림·이남영, "투표자들은 후보자
를 어떻게 선택하는가?-이지과정이론 시각의 분석," 『의정연구』 제4호
(1997), pp.175-176; 김혜숙, "지역간 고정관념과 편견의 실상," 『심리학에서
본 지역감정』(성원사,1988), pp.123-164; 이남영, "한국 선거연구의 현황과 과
제," 『한국의 정치학』(법문사,1997); 홍기용, "지역주의와 지역갈등요인에 관
한 고찰," 『한국지역개발학회지』, Vol. 13, No. 2(2001); 강희경, "지역주의, 지
역주의적 투표, 그리고 지역정체성," 『사회과학연구』, Vol.19, No.2(2002) 등
을 참조할 것.

〈표 2〉 노무현 투표, 고향, 그리고 이념성향 간의 상관관계

	노무현 후보 투표여부	고향 전라	고향 경상	이념성향
노무현 후보 투표여부		.363	-.304	-.335
고향 전라			-.339	-.092
고향 경상				.085
이념성향				

거하여 지역주의의 해체 조짐이 있다고 성급한 결론을 내려서는 곤란하다. 왜냐하면 한국의 지역주의는 과거에는 인물을 중심으로 발현되었으나 소위 3김시대 이후로는 인물보다는 정당을 매개로 하여 발현되고 있기 때문이다.

위에서 제기된 가설들을 종합하면 전라도 출신은 노무현 후보에게 우호적인 투표를, 경상도 출신은 노무현 후보에게 적대적인 투표를 하였으리라는 것과 전라도 출신이 경상도출신 사람들보다 상대적으로 진보적인 성향을 가지며 더 나아가 진보적인 사람들이 노무현 후보에게 우호적인 투표를 했으리라는 점이다. 이와 같은 가설을 검증하기 위해 노무현 투표여부와 전라도출신여부, 경상도출신여부, 그리고 주관적 이념성향 간의 상관분석을 시도해 보았다. 노무현 후보 투표여부와 전라도출신여부, 경상도출신여부와 같은 변수들은 모두 dummy 변수처리를 하였으며, 주관적 이념성향은 5-point scale로 측정되었음을 밝혀 둔다.

위의 〈표 2〉는 앞에서 제시한 가설적 언명이 입증되고 있음을 보여준다. 첫째, 전라도 사람들이 타 지역사람들에 비해 압도적으로 노무현 후보에 투표했고(.363), 경상도사람들은 타 지역 사람들에 비해 노무현후보에 투표하지 않는 경향(-.304)을 보여준다. 둘째, 진보성향인 사람일수록 보수성향인 사람에 비해 노무현 후보에게 우호적인 투표

를 했다는 점을 보여 준다(-.335). 셋째, 전라도인들은 진보성향(-.092), 경상도인들은 보수성향(.085)을 보인다. 분석결과의 모든 상관계수는 .001 수준에서 통계적으로 유의미한 상관도를 보여주고 있다.

2. 연령, 선거관심, 그리고 이념[2]

한국 사회는 아마 세계에서 가장 변화가 빠른 사회 중 하나일 것이다. 1960년대에 시작된 산업화는 세계적으로 유래가 없을 정도로 빨리 진행되었고, 21세기 정보화시대에도 어느 사회 못지 않게 빠르게 적응해 나가고 있다. 정치적으로도 기나긴 개발 독재시대를 문민의 힘에 의해 무너뜨리고 다소 시행착오는 겪고 있으나 민주주의 공고화 과정을 밟아가고 있다.

이러한 사회적인 변동과 정치적인 지각변동은 세대간에 서로 다른 경험을 겪게 했을 뿐 아니라, 그러한 경험의 차이는 인생관, 세계관, 사회관의 차이를 가져왔으리라 생각된다. 특히 어느 사회보다도 극심한 변화과정에 있는 우리사회에서 세대간의 차이가 크리라고 예상하는 것은 무리가 아니다.

연령이 높을수록 보수적인 성향을 갖고, 젊은층일수록 진보적인 성향을 갖는 것은 세계적으로 보편적인 현상이다. 이러한 성향이 한국 선거에서 그대로 유지된다고 가정한다면, 상대적으로 젊고 개혁적인 이미지를 가지고 있었던 노무현 후보가 젊은 층의 지지를 많이 받았을 것이라고 생각된다. 그리고 선거운동방식에서도 노무현 지지자들이 젊은 층 침투에 유리한 인터넷매체를 많이 활용한 것도 젊은 층의 결집에 상당한 효과를 발휘하였을 것이라 생각한다.

---

2) 정치이념과 민주주의의 상관관계에 대한 이론적 논의는 김원식, "한국사회의 진보와 민주주의의 발전," 사회와 철학, No.4(2002). pp. 51-78을 참조할 것. 그리고 연령과 세대의 영향에 대해서는 정진민, "한국사회의 세대문제와 선거," 이남영 편, 『한국의 선거I』(서울:나남,1993), pp. 116-138을 참조할 것.

〈표 3〉 노무현 투표, 연령, 선거관심 및 이념성향 간의 상관관계

	노무현 후보 투표여부	연령	정치적 사건 선거에 관심정도	이념성향
노무현 후보 투표여부		-.161	.056	-.335
연령			.007	.228
정치적 사건 선거에 관심정도				-.195
이념성향				

그러나 전통적으로 한국의 젊은 층은 투표를 잘 하지 않는 특성을 보여 왔다. 투표권을 막 획득한 젊은 계층은 국가사회에 아직 심리적으로 충분히 통합되지 못하였기 때문에 투표를 비롯한 정치참여에 다분히 미온적이며, 나이가 들어감에 따라 사회적으로 책임있는 구성원으로 활동하게 되어 공동체 의식이 점차 높아진다. 그렇기 때문에 나이가 들수록 선거에 관심을 갖게 된다는 것이다.[3]

위의 〈표 3〉의 결과는 위에서 논의한 세대에 관련된 여러 가설들을 검증하고 있다. 역시 젊은 층일수록 노 후보에 투표한 경향을 뚜렷이 보인다(-.16). 그리고 연령이 높을수록 보수적인 경향을 보이나(.228), 이념성향이 진보적인 사람일수록 정치적 사건이나 선거에 대한 관심이 높다(.06). 한 가지 특기할 만한 사항은 연령이 높을수록 정치적 사건이나 선거에 대한 관심이 높을 것이라는 가설이 부정되었다(.01). 요약하면 정치적 관심이 높은 진보적인 젊은 층이 노후보를 지지하는 경향을 보였다는 것이다.

---

3) 이남영, "투표참여와 기권:제14대 국회의원선거,"『한국의 선거I』(서울: 나남, 1993), pp. 21-48.

〈표 4〉 16대 대선 선거前조사 후보별 지지율 변화추이

(%)

조사시기		이회창	노무현	정몽준
2002년 7월		36.7	22.6	23.3
2002년 8월		26.9	17.3	29.3
2002년 10월		29.7	18.2	26.6
2002년 11월 초		28.7	16.6	21.6
2002년 11월 말	단순	32.5	26.1	25.1
	단일화시	37.3	46.7	-
2002년 12월 14일		30.9	34.9	-
2002년 12월 19일		40.3	42.2	-

* 출처: 서울신문-KSDC 공동 여론조사(2002년 7월~11월)와 MBC-KSDC 공동 여론조사(2002년 12월)

III. 노 후보를 왜 지지했는가?

〈표 4〉는 2002년 12월 선거 전 후보별 지지율의 변화를 보여 준다. 선거 전 4~5개월 전에서 11월 초까지 이회창 후보의 대세론은 유지된다. 이회창 후보가 1위를 달리고, 그 뒤를 정몽준 후보가 바짝 추격하고 있고 노무현 후보는 10%대 지지율을 벗어나고 있지 못했다. 그러나 11월 말에 노 후보와 정 후보 사이에 단일화가 성공하고 나서는 노 후보가 46.7%의 지지율을 얻어 이회창 후보(37.3%)를 단연 압도하기 시작하고 있다. 그러한 노 후보의 우세 경향은 12월 내내 지속된다.

그렇다면 여기에서 우리는 하나의 중요한 질문을 던지게 된다. 그것은 "왜 많은 사람들이 노무현 지지로 돌아섰는가"라는 질문이다. 민주당 경선을 통한 노무현 후보의 등장은 일반인들의 예상을 뒤엎는 것이었다. 한나라당 이회창 후보의 대세론이 지배하는 가운데 상대적으로 충분히 검증되지 않은 노 후보의 등장은 유권자들에게는 신선한 충격이며 동시에 불안요소였다. 그러나 이회창 후보가 지역주의, 정치불신, 부패 등으로 얼룩진 정치권의 기득권자였다면, 노무현 후보는 기존 정치세력과 완연하게 다른 서민적 이미지를 구축해 나가는

개혁주의자로서의 위상을 갖추어 갔다. 탈지역주의, 기득권에의 저항, 왜곡된 정치권위의 해체, 역사 바로세우기 등 노무현 후보의 분명하고 다소 선정적인 메시지는 변화를 희구하는 많은 사람들의 주목을 받기에 충분했다.

이념적으로도 진보성향 유권자들의 지지를 바탕으로 중도성향의 유권자들에게 효과적으로 침투했다. 한나라당을 중심한 우파를 수구-보수세력으로 밀어내면서, 진정한 변화는 진보-중도연합세력인 민주당을 통해서만이 가능하다는 메시지가 영향력을 발휘했다. 정몽준 후보와의 연대모색을 통해 중도세력을 우군화시켰던 것이다. 결과적으로 노무현 후보는 소위 반한나라당 연대를 창출하고 유지해가는 데 성공했다고 볼 수 있다.

앞에서 지역변수, 연령변수, 이념변수, 정치적 사건 및 선거관심변수 등이 노무현 후보 지지와 어떤 관계가 있는 지를 알아 보았다. 그러나 그들 간의 관계는 양변인 분석에 근거하고 있기 때문에 어떤 변수가 얼마나 중요한 지에 대해서는 논의할 수 없었다. 〈표 5〉는 회귀분석결과로 위에서 제시한 독립변수들이 노무현 후보의 지지에 대한 영향력을 보여준다.

역시 영호남 지역주의의 영향력이 대단하다. 베타값을 중심으로 보면 고향이 전라도인 사람들이 타지사람들에 비해 노 후보 지지 가능

〈표 5〉 지역주의, 이념, 연령, 선거관심의 영향력

	Beta	Sig.
고향 전라	.280	.000
고향 경상	-.186	.000
이념성향	-.274	.000
연령	-.105	.000
정치적 사건, 선거에 관심 정도	-.022	.369

a. 종속변수: 노무현 후보 투표 여부

성이 매우 높다(.28). 반면에 고향이 경상도인 사람들이 타지사람들에 비해 노 후보 지지 가능성이 낮다(-.19). 다음으로 이념성향의 영향력이 돋보인다(-.27). 진보적인 사람일수록 노 후보 지지 가능성이 매우 높았다. 그러나 정치적 사건이나 선거에 대한 관심정도는 노 후보 지지와 관련성이 없는 것으로 나타났다.

여기에서 주목해야 할 사항은 영호남 지역주의의 강력한 영향력을 통제한 후에도 이념, 연령의 독립적 영향력이 유지되고 있다는 사실이다. 이러한 사실은 두 가지 중요한 의미를 가진다. 첫째, 이번 선거 결과가 지역주의적인 요소와 이념적요소, 그리고 세대갈등적 요소의 상호작용의 결과라는 사실을 적시해 준다. 즉 노무현 지지의 요체는 호남출신의 젊은 진보주의세력이라고 말할 수 있다. 둘째, 지역주의의 영향력의 감소에 대한 가정이다. 영호남지역주의의 영향력을 통제한 후 연령과 이념변수의 독립적 영향력이 유지되고 있음은 지역주의적인 요소가 이념적 요소 또는 세대 갈등적 요소의 강화와 더불어 그 영향력이 상대적으로 낮아지고 있다는 것이다.

노무현 후보 지지는 경상도를 중심으로한 나이든 보수주의세력에 대한 저항적인 의미를 갖는다. 즉 군부독재 이후 사회의 전면에서 기득권을 누려왔던 세력에 대한 저항이었다. 지역적으로 보면 경상도와 강원도를 제외한 모든 지역에서 노무현 후보의 지지가 높았으며, 그 원인 중의 하나가 젊은 진보세력들이 나이든 보수세력에 비해 노무현 후보에게 표를 집중시킬 수 있었다는 사실이다. 아무튼 선거결과를 보면, 정서적으로는 반경상도 정서, 이념적으로는 반수구-보수세력, 연령적으로는 반기성세대의 기치가 반한나라당연대를 가능하게 했음을 알 수 있다.

다음 〈표 6〉의 회귀분석결과는 당시 만연된 심리적 반한나라당연대의 파괴력을 보여 준다. 노 후보 지지에 미치는 반한나라당 정서의 영향력은 엄청나다(.532). 한 가지 흥미로운 사실은 회귀방정식에 한나라당혐오여부변수를 추가했을 때, 영호남지역주의와 이념, 그리고

<표 6> 반한나라당 정서의 영향력

	Beta	Sig.
한나라당 혐오	.532	.000
고향 전라	.108	.001
고향 경상	-.069	.024
연령	-.077	.007
이념성향	-.167	.000

a. 종속변수: 노무현 후보 투표여부

연령의 영향력이 상당히 감소하고 있다는 점이다.

정치권의 무능, 부패 등에 염증을 내고 있던 유권자들은 변화보다는 안정을 기저로한 한나라당의 대세론에 등을 돌렸다. 거대 야당인 한나라당의 정치행태는 기득권세력의 유지강화로 비쳐졌다. 정치불신이 높고 냉소주의적인 한국정치문화의 화살은 변화를 거부하는 한나라당에 정확하게 꽂혔던 것 같다.

IV. 어떻게 노무현을 지지했나?

지금까지의 논의는 노무현 후보 투표여부를 종속변수로 하여 연령, 지역주의, 이념성향, 정당선호 및 혐오와 같은 독립변수군과의 관계를 중심으로 진행해 왔다. 그런데 민주당선호여부변수와 노 후보에 대한 능력평가 항목을 추가했을 때, 경상도출신여부변수는 영향력을 상실하고 만다.

다음의 <표 7>은 노 후보 지지에 영향을 미치는 주요변수들을 대상으로한 회귀분석결과이다. 가장 영향력이 큰 변수가 노 대통령의 업무능력에 대한 평가(.50)이며, 다음으로 중요한 변수는 민주당선호여부변수(.32)이며, 한나라당혐오여부변수의 영향력도 상당하다(.18). 그러나 이념과, 연령, 그리고 전라도출신여부변수의 영향력은 상대적

〈표 7〉 주요 변수들의 영향력

	Beta	Sig.
연령	-.060	.002
고향 전라	-.049	.028
민주당 선호	.323	.000
한나라 혐오	.180	.000
이념성향	-.071	.000
업무능력	.502	.000

$r^2 = .79$

으로 약하게 유지되고 있음을 알 수 있다. 이 회귀분석모델의 설명력은 r^2=.79로 매우 높게 나타난다.

특히 〈표 7〉에서 주목해야 할 점은 지역주의 변수인 전라도 출신여부변수의 영향력이 다른 변수들을 통제한 후에는 가장 약해지고 있다는 사실이다. 경상도 출신인 노무현 후보가 전라도 출신들의 압도적 지지를 받게된 것은 이념과 정당의 상호작용의 결과이며, 특히 노무현 후보에 대한 능력평가에 정당이 미치는 지대한 영향력이 지대함이 상관분석결과에 의해 확인되었다.

다음의 〈그림 1〉은 노무현 후보 투표결정이 어떠한 과정을 통해 이루어졌는가를 알아보기 위해 실시한 경로분석결과이다. 사용된 변수들은 위의 회귀분석에의해 독립적인 영향력이 검증된 것들이다. 경로 선상에 부여된 수치는 회귀분석의 베타계수이다.

예상한 대로 각 경로에 부여된 수치들은 연령에서 민주당선호로 연결되는 계수(-.04)를 제외하고 모두 통계적으로 .001수준에서 유의미하다. 연령변수는 이념에 가장 높은 관련을 보이고 있고, 전라도 출신변수는 정당관련변수들—민주당선호와 한나라당혐오변수들과 높은 관련을 보이고 있다.[4] 정당관련변수들은 노무현 후보 업무능력평가변수와 노 후보 투표여부변수에 높은 관련을 보이고 있고, 업무능력평가변수는 노 후보 투표여부변수에 엄청난 영향력을 행사하고 있음을

<그림 1> 노 후보 투표 경로모델

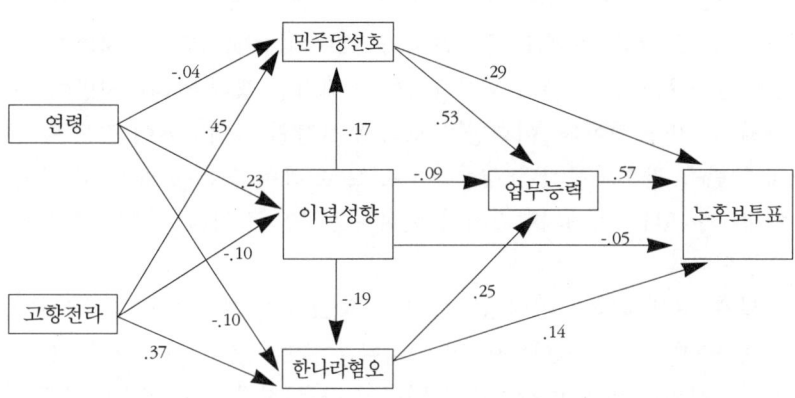

알 수 있다.

여기에서 몇 가지 특기할 만한 사항이 있다. 첫째, 노무현 대통령의 당선은 민주당을 선호하는 사람들의 지지와 한나라당을 혐오하는 사람들의 합작품이었다는 사실이다. 그런데 노무현 대통령이 당선후에 민주당을 떠난 것은 쉽게 납득되지 않는다. 또한 한나라당에 대한 혐오계층이 이회창 후보를 낙선시킨 주역이었음에도 불구하고 한나라당은 변화의 노력을 게을리하고 있는 것도 마찬가지로 쉽게 납득되지 않는다. 정치권은 선거과정에서 국민들이 표출한 요구를 중심으로 하여 지속적인 변화를 도모해야 하는데 그렇지 못한 정치적 현실이 매우 안타깝다.

둘째, 한나라당은 젊은층의 이반현상을 해결하지 않고서는 정권획

---

4) 정당과 투표행태에 관해서는 황아란, "정당에 대한 평가가 선거행태에 미치는 영향," 『지방행정연구』, Vol.9. No.2(1994), pp. 97-119; 소순창, "한국 지방선거에서의 지역할거주의와 정당투표," 『한국지방자치학회보』, Vol.14. No.3(2002), pp. 21-42를 참조할 것.

득이 그리 쉬울 것 같지 않다. 인터넷 세대이기도 한 젊은 충들은 신속한 상호정보교환을 통해 반한나라당 정서를 급속히 확산·심화시켜 가고 있다. 젊은 충에게 각인된 수구-보수이미지는 환골탈태의 내적 변화와 기득권을 과감히 포기하려는 구체적인 행태에 의해서만이 해소될 수 있을 것이다. 이회창 후보의 무사안일한 대세론이 젊은 충들의 이반을 가속화시켰던 경험을 바탕으로 하여 젊은 충에게 더 가까이 갈 수 있는 미래지향적이며 변화수용적인 정책의 강화가 절실히 요구된다.

셋째, 유권자들의 이념성향이 점차 중요해져 가고 있다. 정당선호와 혐오에 미치는 영향력이 적지 않다. 이러한 움직임은 장기적으로 지역주의의 영향력이 감소함과 더불어 한국 정당들이 이념과 정책중심정당으로 재편될 가능성을 보여 주는 것이다.

V. 맺음말

앞에서 살펴 본 바와 같이 노무현 대통령의 당선은 여러 변수들의 상호작용 결과이다. 혜성과 같이 등장하여 경쟁후보의 대세론에 맞서 이긴 선거였다. 젊은 충, 진보세력, 민주당선호세력, 호남출신유권자, 한나라당혐오세력 등이 노무현 후보 당선에 기여했다. 특히 진보를 표방한 노무현 후보가 중도를 표방했던 정몽준 후보와의 선거연대의 일시적 성공은 진보세력과 중도세력의 결합을 이끌었다. 양대세력의 결합은 보수를 표방한 이회창 후보를 수구적 보수의 위치로 밀어내는 데 성공한 것 같다.

지역주의의 영향이 아직 건재하지만 그 영향력은 점차 감소해 가고 있다. 그러나 장기간의 경상도정권을 경험한 한국사회에서는 DJP연대가 그랬듯이 정치적으로는 반경상도 정서가 아직 유지되어 가고 있는 것 같다. 노무현 후보의 승리도 충청-호남권 유권자연대에 의한 것으로 해석할 수 있다. 그러나 다행스런 점은 그러한 지역주의의 영향력은 점차 약화되어 가고 있다는 점이다. 향후 지역주의 대신에 이념과 정책의 영향력이 증대되어갈 것으로 예견되며, 한국 정당체계가 이념과 정책을 중심으로 재편되어갈 가능성을 보인다는 점은 한국민주주의 발전을 위해 고무적이다.

한나라당의 실패에서 얻을 수 있는 교훈은 검증되지 않은 대세론은 언제든지 대선과정에서 역풍을 맞을 수 있다는 점이다. 국민들의 요구가 무엇인지, 변화를 어떻게 수용해 나가야 하는지, 미래세대에 대해 어떠한 비전을 제시해야 하는지 등 기본적인 사항들에 민첩하게 대응하지 않고서는 언제든지 역풍을 맞을 수 있다. 변화를 희구하는 젊은 층과 기득권에 대한 심리적 저항감을 가지고 있는 서민층, 부패와 부도덕성에 대해 분노하는 시민 등에게 신뢰를 받을 수 있는 전향적인 행태를 보여야 할 것이다.

선거가 민주주의에서 중요한 기능을 하는 것은 그 결과 때문이 아니라 과정 때문이다. 선거과정에서 후보자와 정당은 유권자와 부단히 접촉하면서 지지를 호소하며, 유권자는 자신의 요구사항들을 정치권에 전달한다. 그러한 유권자와 후보자 사이의 쌍방향 커뮤니케이션은 국가운영의 방향을 설정하고 구체적인 정책을 만드는 과정에서 매우 중요한 역할을 담당한다. 지난 16대 대선에서는 인터넷매체의 본격적인 등장으로 쌍방향 커뮤니케이션의 속도와, 심도가 엄청나게 개선되었다는 점은 한국민주주의에 있어 시민정치참여의 품질향상에 커다란 기여를 했다. 인터넷세대들에게 보다 적극적으로 다가간 노무현 후보의 인터넷선거운동전략은 역시 노무현 승리의 주요 원인 중의 하나로 평가된다.

노무현 후보의 승리의 배경에는 눈에 잘 보이지 않으나 매우 중요하게 기능한 또 하나의 요인이 숨어있었음을 간과해서는 안 된다. 선거법의 강화와 선거관리의 공정성이었다. 급격하게 후보로 부상했던 노무현은 대세론하에서 착실하게 준비해온 이회창 후보에 비해 선거자금이나 조직면에서 열세였다. 그러나 우리 선거법은 금권선거, 관권선거 등을 차단하기 위해 엄청나게 강화되어 왔기 때문에 선거자금과 조직이 상대적으로 열악했던 노무현 후보에게 유리하게 작용했던 것 같다. 특히 선거자금이 없어서 서민들이 기부하는 '돼지저금통'이 큰 힘이 되고 있다는 노후보 진영의 호소는 많은 유권자들의 마음을 움직였던 것 같다. 그리고 선거관리의 공정성이다. 선거운동과정이 과열되지 않도록 중앙선관위는 여야를 초월해서 적절하게 기능했다. 중앙선거관리위원회의 그러한 공정한 관리행태는 국민의 신뢰를 받기에 충분했다. 또한 투개표과정이 정확하고, 신속했다. 따라서 이회창 후보의 패배인정이 빨리 진행되었고 노무현 후보의 승리는 훨씬 안정감있게 유권자들에게 다가올 수 있었다.

■ 참고문헌

강희경. 2002. "지역주의, 지역주의적 투표, 그리고 지역정체성." 『사회과학연구』, Vol.19, No.2.

김만흠. 1987. "한국사회지역갈등 연구 － 영·호남 문제를 중심으로." 『현대사회연구소 연구보고』, 현대사회연구소.

김원식. 2002. "한국사회의 진보와 민주주의의 발전." 『사회와 철학』, No.4.

김종림·이남영. 1997. "투표자들은 후보자를 어떻게 선택하는가? － 이지과정 이론 시각의 분석." 『의정연구』 제4호, pp.175-176.

김혜숙. 1988. "지역간 고정관념과 편견의 실상." 『심리학에서 본 지역감정』. 성원사. pp.123-164.

소순창. 2002. "한국 지방선거에서의 지역할거주의와 정당투표." 『한국지방자치학회보』, Vol.14, No.3.

이남영. 1993. "투표참여와 기권: 제14대 국회의원선거." 『한국의 선거I』. 서울: 나남.

＿＿＿. 1997. "한국 선거연구의 현황과 과제." 『한국의 정치학』. 법문사.

정진민. 1993. "한국사회의 세대문제와 선거." 이남영 편. 『한국의 선거I』.

홍기용. 2001. "지역주의와 지역갈등요인에 관한 고찰." 『한국지역개발학회지』, Vol. 13, No. 2.

황아란. 1994. "정당에 대한 평가가 선거행태에 미치는 영향." 『지방행정연구』, Vol.9, No.2.

제2장

16대 대통령 선거에서 나타난 이슈와 후보자 전략

이현우

I. 연구 범위

모든 선거는 이전 선거와 연속성을 가질 뿐 아니라 동시에 그 선거만의 특이성을 갖게 마련이다. 따라서 선거결과가 발표되면 이를 근거로 어떠한 요인들이 선거에 영향을 미치게 되었는가를 검토하게 된다. 이번 16대 대선이 끝난 이후에도 언론에서는 때론 단편적인 인상만으로 때로는 학자들의 말을 인용하여 구체적인 근거를 제시하면서 선거결과를 분석하였다.

그러나 대부분의 신문기사는 단편적이거나 이미 결과를 단정하고 이를 뒷받침하기 위한 개인들의 경험을 인용하는 수준에 머무르고 있다. 따라서 이 글에서는 기존의 선거연구에서 제시된 분석틀과 제한적이나마 확인할 수 있는 자료들을 기초로 하여 16대 대선에서 영향을 미친 요인들을 찾아보도록 한다. 다만 선거결과에 대한 대부분의 연구가 그러한 것처럼 이미 결과를 가지고 이에 대한 분석을 시도하게 됨으로 인하여 결과의 정당화 경향이 나타나는 제한점을 가지고 있다는 것을 밝혀둔다. 그러나 연구자가 이러한 문제를 인식하고 있기 때문에 선거결과 중 단지 민주당의 승리와 한나라당의 패배라는 이분적 결과보다는 각 후보의 득표를 선거결과로 간주하도록 한다. 따라서 이 글에서 궁극적으로 관심이 있는 것은 어떠한 요인들에 의해 노무현 후보가 이회창 후보보다 57만 표를 더 얻게 되었는가를 규명하고자 한다. 따라서 한나라당이 지난 총선과 지방선거에서 받았던 지지를 왜 대통령 선거에서는 유지하지 못했는가를 규명하는 데 주안점을 둔다. 그리고 분석을 위해서 선거이슈나 각 정당의 선거전략이 미친 영향력을 검토하고자 한다.

선거를 목전에 둔 11월 하순까지만 해도 소위 대세론이라 하여 한나라당 이회창 후보의 승리가 지배적인 견해였다. 사실 민주당은 선거를 앞두고 위기를 느껴 국민경선이라는 새로운 후보자 선출방식을 도입하였다. 그 결과 민주당 당원뿐만 아니라 전 국민의 관심을 끌었고 100만이 넘는 유권자들이 민주당의 대선후보 공천이라는 정당행사에 선거인단으로 참여하기 위한 등록을 하였다. 그 결과 국민의 관심을 끄는데는 성공하고 단기간 이회창 후보를 앞서는 지지도를 나타내었지만 이후 6월 지방선거를 기점으로 노무현 민주당후보의 지지도가 이회창 후보에게 뒤지게 되었다(김영태 2002). 이회창 대세론하에서 노무현·정몽준 단일화는 다시금 양자구도 속에서 선거경쟁이 치열하게 되는 계기가 되었다. 이 글에서는 특히 후보단일화 이후 노무현, 이회창 후보 간의 선거경쟁에 초점을 맞추도록 한다. 왜냐하면 선거운동이 본격화되면서 선거이슈와 민주당과 한나라당의 선거전략이 부동층을 어떻게 효과적으로 동원했는가에 관심을 두기 때문이다.

선거운동이 선거결과에 얼마나 영향을 미치는가에 대해서도 여러 가지 논의가 있어왔다. 구체적으로 선거 때 제기되는 이슈를 투표자들이 후보나 정당에 대한 평가를 바탕으로 나름대로의 선입관을 가지고 평가하기 때문에 실제로 선거이슈는 그 영향력이 매우 작다는 주장이 선거이슈의 영향에 대한 부정적 입장이다. 반면에 많은 선거에서 선거결과를 결정짓는 것은 고정적 지지층이 아니라 부동층의 지지에 따른 것이기 때문에 비록 선거이슈가 일부의 지지층을 동원한다 해도 실제로 선거결과에는 큰 영향을 미친다는 주장이 제기되기도 한다. 이러한 상반되어 보이는 선거이슈의 영향력에 대한 주장을 자세히 보면 사실 논의의 차이는 선거이슈가 가져올 수 있는 동원의 폭에 주안점을 두는가, 혹은 선거의 승패에 주된 관심을 두는가에 차이가 있을 따름이라고 할 수도 있다.

이 글에서는 선거이슈의 내용을 검토할 뿐만 아니라 주요한 이슈의 영향력을 측정하도록 시도한다. 선거이슈를 검토하는 목적에는 여러 가지가 있을 수 있지만, 선거결과를 설명하는 데 연구의 목적이 있다면 선거기간 동안에 제기되었던 이슈들이 유권자들에게 어떠한 영향을 미쳤는가 하는 것을 규명하는 것이 반드시 필요하다. 16대 대선에서 제기되었던 선거이슈들을 정리하고 이슈에 따른 각 후보의 이득과 선거결과에 미친 영향이 어떠한지를 살펴보는 것이 이 글의 목적이다.

II. 선거에 영향을 미치는 요인들

기존의 연구에 따르면 유권자의 투표결정에 영향을 미치는 요인들은 크게 네 가지로 나누어진다. 구체적으로 1)후보자의 개인적 자질, 2)정부의 업적에 대한 평가, 3)정책에 대한 평가, 4)특정정당에 대한 소속감 등을 투표에 영향을 미치는 요인으로 꼽을 수 있다. 첫째로 후보자의 개인적 특성에 대한 평가를 살펴보면 개인적 자질(정직, 도덕성, 열정)과 능력(지식, 경쟁력, 지도력) 등에 대한 이미지를 포함한다(Page 1987). 그런데 후보자에 대한 평가는 선거목전에 임박해서 유권자들에게 많은 정보가 제공되면서 그 영향력을 나타내기 때문에 장기적 관점에서 선거결과를 예측할 때 고려되지 못하는 요인이다. 그러나 경우에 따라서 선거결과에 미치는 영향력은 엄청날 수 있다. 예를 들어 15대 대선과정에서 가장 큰 변수 중 하나가 한나라당 후보였던 이회창 씨의 아들 병역문제였다. 청렴과 준법인 이회창 후보의 이미지가 선거를 앞두고 후보를 검증하는 과정에서 아들병역문제로 급격히 변화됨에 따라 지지가 상당히 감소되었던 것이 선거실패의 한 요인으로 꼽히고 있다. 따라서 선거운동에서 후보자 중심의 선거전략을 구사하는 것이 선거승패에 중요한 전략이 될 수도 있다.[1]

두 번째로 선거 중 제기되는 이슈란 단순히 정당이나 후보자 간의 갈등과 경쟁을 유발하는 모든 것을 포괄하는 것이 아니라 정부가 행해야 하는 것과 행하지 말아야 할 것에 대한 문제들을 의미한다. 즉, 정책이슈에 초점을 맞추게 되는데 각 정당이 내세우는 정부방침 사이에 갈등이 주된 분석의 대상이 된다. 여기에는 후보자들의 이념적 차이에 따른 정치에 대한 일반적 차이뿐만 아니라 아주 구체적인 사안들이 후보자들 사이에 대비되기도 한다. 선거가 유권자들이 공직자를 선출함으로써 정부의 정책에 영향을 미칠 수 있다는 점에서 그 가치가 있다고 한다면 후보자의 정책적 차이에 따라 투표결정을 한다는 주장은 매우 설득력이 있다고 하겠다.

여기서 이슈평가가 투표에 영향을 미치기 위해서는 유권자들이 이슈에 대한 지식과 의견이 있어야 하며 후보자 간의 이슈차이에 대한 인식이라는 조건이 만족되어야 한다. 그러나 이러한 선행조건이 만족되지 않는 경우도 많다(Campbell et al. 1960, 167-87). 때로는 유권자들의 견해가 미약해서 안정적이지 못하거나 후보자들 사이의 입장차이가 거의 없기도 하다.[2] 사실 후보자의 입장에서 선거에서 승리하기

---

1) 16대 대선에서도 이 부분이 일부 작용했다는 견해가 있다. 부재자의 70% 이상이 20대 군인인데, 이들의 노무현 후보에 대한 지지도가 67%에 이르고 출구조사에서 20대의 노후보 지지도가 60% 가량으로 약간의 차이를 보였다. 그 이유를 병역문제에 현역군인들이 좀 더 민감하고 따라서 이들의 이회창 후보에 대한 거부감이 원인이었다는 해석이다.

위해 특정이슈에 대해서는 명확한 입장을 밝히기보다 모호한 입장을 취함으로써 이득을 얻을 수 있는 경우도 있다(Jacobson and Kernell 1983). 이런 이슈들은 투표선택에 영향을 미친다고 보기 힘들다.

셋째로 유권자들은 특정 이슈에 기초하여 투표를 하기보다 정부의 일반적 업적에 대한 평가에 보다 많은 영향을 받기도 한다. 어떤 의미에서 선거는 현정부에 대한 보상과 처벌의 기재가 되기도 한다. 특히 업적평가는 현직대통령이 재출마하는 경우에 큰 의미를 갖게 되는데 한국은 단임제를 택하고 있어 상대적으로 영향력이 약하다고 할 수 있다. 그러나 현정부와 동일한 정당의 후보자는 정부의 업적으로부터 자유로울 수는 없다.

예를 들어 15대 대선에서 야당은 여당의 정책실패로 IMF라는 경제위기가 왔던 점을 부각시켰으며 선거에서 그 영향력이 작지 않았다. 또한 16대 국회의원선거, 6 · 13 지방선거에서도 야당인 한나라당이 김대중 정부의 실정을 비판한 것이 주효하여 선거에서 승리할 수 있었다. 이처럼 반드시 현직자의 재출마가 아니라도 정부의 업적에 대한 평가는 다른 종류의 선거에도 영향을 미칠 수 있다. 정부의 업적이나 능력과 관련한 투표결정에 관한 논의는 유권자들이 과거의 업적을 중심으로 하는 회고적 투표(retrospective voting)에 중점을 두는지 혹은 현재 당면한 문제를 잘 해결할 수 있는 정당을 비교평가하여 선택하는 전망적 투표(prospective voting)에 의해 투표결정이 영향을 받는지로 나누어져 있다.[3]

---

2) 이슈에 대한 유권자들의 견해가 일관성을 갖지 못하는 것은 이슈가 어렵고 복잡한 것인지 혹은 쉬운 것인지에 따라 달라진다는 연구가 있다(Carmines and Stimson 1980; 조기숙 1998).

3) 15대 대선에서도 전망적 투표를 했다는 연구가 있다. 비록 여당이 IMF 문제에 대하여 책임을 져야 하지만 이 문제를 해결하기 위해서는 김대중 후보보다 이회창 후보가 더 능력이 있다고 판단하여 이회창 후보를 선택한 유권자들이 있다는 경험적 연구이다(이현우 1998).

넷째로 투표결정에 영향을 미치는 요인으로 꼽히는 것이 정당소속 감이다. 정당소속감이라는 요인은 학자들에 따라 다양하게 정의된다. 서구학자들의 견해를 살펴보면 초기에는 정당소속감을 유권자의 사회경제적인 요인에 의해 고정적인 것으로 이해하였다(Lasarsfeld et al. 1944). 그러나 이러한 분석은 정당소속감의 역동적인 측면을 설명하지 못한다는 점에서 비판받게 되었고 1960년대에 들어 정당소속감을 결정론적으로 이해하기보다는 감성적 측면을 포함하는 것으로 새로이 규정하는 학자들이 등장하였다(Campbell et al. 1960).

이후 합리적 선택을 기본적인 분석틀로 하는 학자들 사이에서는 유권자들이 후보자나 정당을 평가하는 데 효율적으로 사용하기 위한 기재로서 정당소속감이 이용된다는 정보비용의 관점을 추가한 연구가 이루어졌다. 아마도 정당소속감에 대한 논의를 포괄적으로 정의한 학자는 피오리나(Fiorina 1981)라고 할 수 있다. 그에 따르면 유권자들은 각 정당에 대한 축적적인 평가점수를 가지고 있으며 선거 때마다 누적된 점수에서 현재의 평가를 다시 계산하고 이를 비교해서 정당에 대한 상대적 선호도를 갖게 된다고 보고 있다.

이러한 서구의 정당소속감이라는 개념을 한국에 적용해 볼 때 정당의 안정성이 낮은 상황에서 1987년 이전에는 여야성향이라는 개념이 한국적 정당소속감으로 간주되어 왔다(조중빈 1993). 그리고 최근의 여야성향에 관한 연구는 여야성향은 정당의 정권교체에 의해 바뀔 수 있다는 점에서 정당소속감과 긴밀한 관계라는 것을 확인하고 더 나아가 민주화 이후 정당소속감은 지역주의에 의해 결정되는 것임이 밝혀졌다(이갑윤 2002).

위에서 언급한 네 가지의 투표결정 요인은 서로 독립적이거나 배타적이지 않다는 것을 지적할 필요가 있다. 예를 들어 정당소속감이라는 요인이 가장 장기적 요인이며 변화의 가능성이 적으며 따라서 다른 요인들 즉 후보평가, 이슈평가 그리고 정부의 업적평가 등에 영향을 미칠 가능성이 상당히 높다. 경험적 연구에 따르면 자신이 지지하는 정당이 집권당인 경우 정부의 업적에 대해 비교적 관대한 평가를 하며, 지지정당의 후보에 대한 평가도 긍정적인 편향성(bias)이 나타난다는 것이다. 뿐만 아니라 자신이 잘 모르는 이슈에 대해서도 지지정당의 입장을 받아들이는 성향이 있다(Jackson 1975). 민주화 이후 한국의 선거에서도 지역주의에 근거한 투표결정이 가장 큰 영향력을 갖는 상황에서 다른 요인들과의 관계를 면밀하게 검토해 보면 이슈나 정책에 대한 태도가 정당지지에 영향을 미치지 못하며 반대로 지지정당이 다른 요인들의 평가에 영향을 미친다는 것을 확인할 수 있다(이갑윤 2002, 168-76). 따라서 이들 네 가지 요인들은 상호영향을 주는 관계 속에서 파악되어야 하며, 방법론적으로는 다른 변수들을 통제한 상태에서만이 각 변수의 영향력을 제대로 측정할 수 있다는 것을 알 수 있다.

III. 정당의 선거전략과 이슈들

1. 선거구도와 선거전략

선거분석에 관한 글 중 선거 이후 쓰여진 경우에는 민주당의 승리라는 결과에 치중하여 민주당의 성공과 한나라당의 실패요인을 집중적으로 분석하는 경향이 생기기 쉽다. 선거에서 승리하는 것과 패하는 것은 현실적으로 승자독식(winner-take-all)을 가져오지만 선거를 분석하고자 하는 목적의 연구라면 투표자의 2.3%인 57만 표의 차이라는 결과에 초점을 맞추는 것이 바람직하다. 따라서 이 글에서도 각 정당의 전략과 선거이슈를 검토하고 결국 각 정당의 선거전략이 국민들로부터 어떠한 평가를 받았는가에 중점을 둔다. 아울러 이러한 주제를 보다 객관적으로 다루기 위해서 국민들의 평가를 단순히 선거결과에만 매달려 해석하기보다는 각 선거이슈가 제시되었을때 각 후보의 지지도에 어떠한 영향을 미쳤는가를 당시 조사되었던 여론조사 결과를 토대로 분석하도록 한다. 결국 선거운동 기간 중의 여론조사를 바탕으로 분석을 시도한다는 것은 선거결과란 특정 날짜의 여론조사 결과라는 가정을 두고 있는 것이다. 또한 이 글에서 다루는 이슈의 범위 및 그 영향력은 공식적인 선거운동이 시작되는 시점에 주로 초점을 맞춘다.

우선 정당들이 선거기간에 제기한 선거이슈들을 논의하기 전에 선거구도와 선거전략을 살펴볼 필요가 있다. 정당들이 제기하는 이슈가 선거승리를 위한 전술이라면 선거전략은 선거운동을 일관성 있게 이끄는 밑그림이 되며, 선거구도는 또한 선거전략을 결정하는 한 요인이 되기 때문이다. 16대 대선을 앞두고 정당들이 처한 선거구도는 명확했다. 한나라당은 16대 총선과 보궐선거 그리고 6·13 지방선거에서 압승을 거두면서 대선에서도 소위 이회창대세론을 확산시키면서 승리를 확신하고 있었다. 따라서 한나라당의 입장에서는 새로운 전략을 구상하거나 국민들의 지지를 확산시키려는 시도보다는 당시와 같은 분위기를 계속 이어나가는 것이 가장 안전한 대선승리의 방안이라고 생각하고 있었다. 이러한 상황에 대해 새천년민주당에서도 마찬가지 인식을 가지고 있었다. 따라서 민주당의 입장에서는 김대중 정부 이후 계속된 선거에서의 패배를 만회할 수 있는 모든 방안을 모색하여야 했다.

결과론이지만 이와 같은 선거구도의 인식이 결국 민주당의 승리에 도움을 주었다고 할 수 있다. 한나라당은 이전선거에서 김대중 정부의 실정을 비난하면서 선거를 정권평가라는 측면을 강조하였고, 유권자들로부터 지지를 얻어내는 데 성공하였다. 더욱이 2002년 초 김대중 정부에 대한 부정적 평가가 긍정적 평가의 두 배 가까이 되는 상황에서 정권에 대한 직접적 평가가 이루어질 수 있는 대통령선거를 앞두고 한나라당의 입장에서는 유권자들에게 현정부의 업적에 대한 보상과 처벌이라는 측면을 강조하는 선거전략을 택한 것은 당연한 것이었다.[4]

한편 당시 민주당의 가장 강력한 대선후보였던 이인제의 지지도는 한나라당의 이회창에 비하여 10%가 훨씬 넘는 열세를 계속 보여왔기 때문에 파격적인 변화를 모색하는 것 이외에는 다른 방도가 없다는 생각이 민주당을 지배하게 되었고 그 고육책으로 제시된 것이 국민경선제였다. 민주당의 선거목표는 이회창의 당선저지로 집약될 수 있다. 2002년 초까지의 선거구도를 보면 민주당의 입장에서는 당내에서 누가 후보가 되는 것이 향후 정국에 도움이 되는가를 생각할 겨를이 없는 실정이었다.

왜냐하면 민주당이 당선자를 낼 자신감이 있을 때에만이 당내 누구를 대선후보로 할 것인지를 고려할 수 있기 때문이다. 단지 이회창의 당선을 저지할 수 있다면 누구라도 상관없다는 절박한 상황이었다. 이러한 정치상황은 오히려 민주당으로 하여금 모든 대안들을 검토할 수 있는 자유로움을 줄 수 있었고 따라서 상향식 후보선출이라는 국민경선제의 도입이 가능했던 것이다. 여기서 후보선출에서 가장 중요한 것은 당연히 당선경쟁력이었고, 노무현 후보의 선출과 급격한 노 후보의 지지도 상승은 민주당으로서는 매우 고무적인 것이었다.

그러나 국민경선에 주목한 국민들의 민주당 노무현 대선후보에 대한 지지는 지속되지 못하였고, 6 · 13 지방선거에서 민주당의 참패를 기점으로 다시금 이회창 후보의 지지도가 노무현 후보를 앞서게 되었다. 이러한 추세가 계속되는 가운데 정몽준의 대선 출마선언은 노무현 후보의 지지도를 더욱 감소시키는 방향으로 전개되었다. 여기에는 젊은 세대의 지지변화가 중요하게 작용하였다. 즉 노후보를 지지하던 젊은이들 중 일부가 정몽준 지지로 돌아서면서 이회창 후보보다는 노 후보의 지지가 상대적으로 더욱 감소하게 된 것이다. 양자구도에서 3

---

4) 김대중 대통령의 업적평가를 보면 『한겨레신문』 조사결과 긍정적 평가가 19.1%, 부정적 평가가 36%이며(2002/1/1), 갤럽조사에서도 잘하고 있다가 30.5%, 그리고 잘못하고 있다는 응답이 49.1%를 나타내고 있다(조선일보 2002/1/1).

자 구도로 바뀜에 따라 노 후보와 정 후보 간에는 단일화를 이루지 못하면 둘 중 누구도 선거에서 승리할 수 없다는 공감대가 형성되었고, 극적으로 11월 24일 단일화를 이루게 되고 이를 기점으로 노 후보는 이 후보의 지지도를 넘어서게 되었다.[5]

대선후보의 지지도 변화의 계기를 기술한 위의 내용을 보아도 이회창 후보의 적극적인 행동은 거의 보이지 않는다. 2002년 3월부터 5월까지 노 후보의 지지도가 앞서가기는 하였지만 아직 선거를 멀리 둔 상황에서 한나라당의 입장에서 적극적인 대응전략을 내세우기에는 일렀고, 또한 이후 지방선거를 치루면서 얻게 된 자신감으로 당시의 구도를 계속 이어나가는 것이 최선의 전략으로 간주되었다. 더욱이 후보개인에 대한 지지도뿐만 아니라 정당지지도를 볼 때 한번도 한나라당이 민주당에 뒤진 적이 없으며, 설문조사에서 소극적인 응답자들은 한나라당에 대한 지지라고 간주하였다. 여기에 여론조사는 국민들의 인구분포에 따라 조사되지만 선거참여에 있어서는 젊은층의 투표율이 장년 혹은 노년층에 비하여 낮다는 것을 감안하면 중장년 층에서 폭넓은 지지를 받는 이회창 후보의 지지가 선거에서는 훨씬 높게 나타날 것이라는 분석도 포함되었다.

선거가 본격화되기까지의 선거구도를 정리해 보면 한나라당은 정당지지도에서 항상 5% 이상 민주당을 앞섰으며, 민주당의 노무현 후보의 인기는 불안정하게 움직이는 반면, 이회창 후보의 인기는 35% 정도의 안정된 지지 속에서 선거운동을 통해 부동층을 흡수하면 승리를 위한 지지확보가 가능하다는 것이 한나라당의 계산이었다. 따라서 선거에 임박해서도 위험을 무릅쓰고 새로운 공약을 제시하기보다 집권당의 실정을 비난하며 민주당의 노무현 후보가 집권당의 후보라는 것을 강조하는 선거전략을 구사하였다.

반면에 민주당의 사정은 이회창 후보에 필적할 수 있는 후보로서 노

---

5) 각 시기별 여론의 추이에 대한 자세한 분석은 안부근의 글(2003)을 참조할 것.

무현 후보를 선택했지만 추세를 보면 시간이 지남에 따라, 노 후보의 당선가능성이 희박하다는 견해가 점차 공감대를 형성하면서 후보교체론과 정몽준 후보와의 단일화 문제 등으로 당내 이견이 많아지고 내부 혼란이 극에 이르게 된다. 그럼에도 불구하고 결국 선거승리 가능성을 높이기 위한 유일한 방법은 새로운 의제설정을 통하여 유권자들의 관심을 집권당에 대한 평가로부터 벗어나게 만드는 것이었다. 보다 구체적으로 보면 김대중 정부의 인기도가 매우 낮은 상황에서 집권당으로서의 프리미엄은 커녕 오히려 부담이 되었고 따라서 현정부와 단절을 보일 수 있는 방안이 필요했는데 그것이 바로 김대중 대통령과 이회창 후보까지 아울러 과거의 정치라고 규정하는 전략이었다.

민주당 후보로서 호남의 절대적 지지를 확보해야 하는 것은 너무도 당연한 일이었다. 따라서 김대중 대통령을 직접적으로 비난함으로써 단절을 꾀하는 것은 호남의 지지를 잠식할 수 있는 부담이 있었다.[6] 호남의 정서를 건드리지 않으면서 김대중 정부와의 단절과 이회창 후보를 공격할 수 있는 가장 효율적인 선거전략이 낡은 정치 청산이라는 선거구호를 전면에 내세우는 것이었다. 그리고 낡은 정치청산 이후 새로운 정치에 대한 비전을 제시함으로써 의제설정에 주도권을 가질 수 있도록 선거운동 구도를 유도하는 방안을 모색하였다.

결국 민주당은 선거구도의 변화를 가져오는 것만이 선거승리의 유일한 방안이라는 판단이었기 때문에 정치변화에 적극적이었으며, 이러한 전략은 국민들의 정치변화의 바람과 일치하여 결국은 선거에서 승리를 이끌어 낼 수 있었다. 반면에 한나라당은 기존정치 구조에서 얻을 수 있는 기득권으로 인해 대선후보 공천과정, 이슈제기에 있어 소극적이거나 민주당의 조치에 대한 대응적 태도만을 지속함으로써

---

6) 국민경선 이후 노무현 후보의 높은 지지가 감소하게 된 시점을 보면, 최규선 게이트 및 대통령 아들의 비리혐의가 알려지면서부터였다. 이는 노무현 후보가 김대중 대통령의 지지계층에 의해 지지되는 부분이 있다는 것을 의미한다.

고정 지지계층 이외에 선거에서 부동층을 효율적으로 확보하는 데 실패하게 되었다.

2. 선거이슈의 중요성

선거를 분석하는 데 이슈의 영향력을 측정한다는 것은, 결국 선거에 영향을 미친 이슈들을 선정하고 이들 이슈가 선거에 얼마나 영향을 미쳤는가를 분석하는 것이다.[7]

따라서 향후 국정운영에 매우 중요한 이슈라 해도 후보자 간의 정책적 차이가 없거나 유권자들이 그 차이를 인식하지 못하는 이슈라면 분석의 대상에서 제외된다. 이러한 분석대상의 기준을 설정하기 위해서는 단지 선거결과만을 이용해서는 불가능하고 이슈가 제기된 시점과 그 이후 후보자 지지의 변화를 연결하여 생각해야 한다. 이 글에서는 집합자료를 바탕으로 한 분석에 그치고 있는데, 이러한 해석은 여러 가지 한계를 가지고 있다는 점을 밝혀둔다.[8]

우선 이번 선거에서 이슈가 영향을 미칠 수 있는 유권자는 얼마나 있는가를 살펴보았다. 〈표 1〉에서 보는 바와 같이, 절반이 훨씬 넘는

---

7) 선거이슈가 선거에 미치는 영향에 관한 학문적 논의정리 및 15대 대선에서 선거이슈에 대한 분석은 이현우(2001)를 참조할 것.

8) 앞에서 지적한 바와 같이 이슈는 유권자 개개인의 성향에 따라 주관적으로 인식될 수 있기 때문에 전체 국민의 지지도를 나타내는 집합자료만으로는 각 이슈의 영향력을 정확하게 측정할 수 없다. 투표에 영향을 미치는 각 요인들의 상호영향력의 관계를 고려할 때 다른 요인들의 영향력을 통제한 상태에서만 이 관찰대상인 이슈의 영향력을 살펴볼 수 있다. 따라서 이 글에서 주로 경험적 자료로 사용하고 있는 전국민여론조사 결과는 그 해석에 있어 한계가 많다고 하겠다. 또 다른 분석의 한계로 지적될 수 있는 것은 하나의 이슈가 제기되고 그것의 영향은 후보자의 지지가 증가한 것과 지지철회된 것이 합산된 결과이다. 따라서 얼마만큼의 지지와 철회가 이루어졌는지를 알 수 없다. 단지 지지와 철회의 상쇄된 결과만을 알 수 있을 따름이다.

63% 가량의 투표자들이 선거운동이 본격적으로 시작되기 이전에 이미 누구를 지지할 것인지를 결정하고 있었다. 이러한 현상은 지난 15대 대선에서도 마찬가지였다. 표에서 비교하여 볼 수 있는 바와 같이 투표자들의 투표결정시기는 선거운동 훨씬 이전에 이미 결정된 경우가 대다수였다.

그러나 역으로 40% 가까운 투표자들이 선거를 2주 정도 앞두고서도 지지후보를 결정하지 못했다는 점에 주목할 필요가 있다. 물론 이들 중에도 상당수는 이미 지지후보를 마음 속에 염두에 두고 결정을 확신하지 못하고 있을 수도 있지만, 그러한 투표자들 역시도 선거운동 기간에 새로운 정보에 의해 투표결정을 할 가능성이 있으므로 부동층으로 분류될 수 있다. 여기서 한 가지 염두에 둘 필요가 있는 것은 기존의 선거에서 보면 부동층이 어느 한 후보에게 일방적으로 쏠리는 현상이 나타나는 경우보다는 대체로 이미 투표결정을 한 유권자들의 지지분포와 유사하게 표가 나뉘어지는 선거가 더 많았다는 점이다.

하지만 선거결과와 연관하여 선거이슈가 중요한 이유는 선거경쟁이 치열한 경우에는 선거이슈에 의해 투표결정을 하는 부동층이 결정

〈표 1〉 투표결정시기

(%)

	16대 대선			15대 대선		
	당일 혹은 2~3일 전	1~2주 전	한달 혹은 그 이상	당일 혹은 2~3일 전	1~2주 전	한달 혹은 그 이상
20대	20.1	21.2	58.7	18.6	23.7	57.7
30대	21.3	22.8	56.0	23.0	20.8	56.2
40대	21.7	16.7	61.5	14.2	20.1	65.8
50대 이상	11.3	16.3	72.4	15.6	18.7	65.7
전체	18.1	19.1	62.8	18.0	20.8	61.2

자료: 한국선거연구회 유권자 의식조사 (1997, 2002).

적인 역할을 할 수 있기 때문이다. 특히 양자구도의 선거에서는 더욱 그러하다. 왜냐하면 한 후보의 지지가 증가한다는 것은 바로 다른 후보의 지지감소로 연결되기 때문이다. 예를 들어 이번 대선에서 두 후보의 표차는 57만 표인데, 만일 이회창 후보가 총투표의 1.3% 가량인 약 30만 표만 더 얻었다면 선거에서 승리할 수 있었다. 왜냐하면 투표율에 변동이 없다는 가정하에서 변동표의 거의 모두가 노 후보로부터 이탈한 것이기 때문이다. 한 후보의 득표증가가 다른 후보의 득표감소로 직접 이어지는 양자대결 구도에서는 특히 부동표가 큰 의미를 갖는다.

선거이슈의 중요성을 보기 위하여 앞에서 부동층의 분포를 보았는데 보다 구체적으로 16대 대선에서는 얼마나 많은 투표자들이 선거기간 중 지지후보를 바꿨는가를 살펴 보았다. 아래의 〈표 2〉에서는 이번 대선에서 18% 가까운 투표자들이 후보자를 변경하였으며 가장 변동이 심했던 후보는 이회창 후보라는 것을 알 수 있다.[9] 즉 선거기간 중 후보선택을 변경한 응답자 중 노무현 후보를 지지했다가 다른 후보를 선택한 경우가 24.2%인 데 비하여 이회창 후보를 선택했다가 타 후보로 바꾼 응답자가 32.7%이다. 따라서 정몽준 후보를 제외하고 생

<표 2> 후보변경 여부와 변경후보

	후보변경 여부		변경 전 지지후보		
	있다	없다	이회창	김대중	이인제
15대	21.2	78.7	28.4	18.4	40.4
16대	17.9	82.1	이회창	노무현	정몽준
			32.7	24.2	27.9

9) 지지후보를 바꿀 수 있다는 부동층의 비율이 『조선일보』 조사에 따르면 11월 25일 25%, 12월 4일 23%였다(12월 7일).

각해 보면 만일 노후보를 지지했다가 변경한 투표자 모두가 이회창 후보를 지지했다고 가정해도 후보변경자의 8.5% 가량의 지지가 감소된 것이다. 15대 대선의 경우와 마찬가지로 김대중 후보에 비하여 이회창 후보가 선거기간에 지지를 획득하는데 상대적으로 덜 성공적이었다는 것을 알 수 있다.[10]

　보다 구체적으로 어떤 후보로부터 어떤 후보로 지지후보 변경이 이루어졌는지를 살펴보면 선거기간 중 이슈가 어떤 후보에게 유리하게 작용하였는지 측정해 볼 수 있다. 〈표 3〉은 설문조사를 바탕으로 어떤 후보를 이전에 지지했으며 선거에서는 어떤 후보에게 투표를 하였는지를 분석한 결과이다. 표를 보면 지지후보를 변경한 응답자 중 약 32%(76명) 가량이 처음에는 이회창 후보를 지지하였던 투표자들이었다. 반면에 최초 노무현 후보를 지지하다가 지지후보를 바꾼 응답자 비율은 약 24%(57명) 정도이다. 설문조사를 바탕으로 수치를 보면 이회창 후보는 76명의 지지를 잃고 66명의 지지를 새로이 얻어 결국 10명의 응답자 지지가 감소하였다. 그러나 노무현 후보는 지지후보 변

〈표 3〉 변경 전 후보와 변경 후 후보

(단위: %, 명)

		최종 선택 후보				
		이회창	노무현	권영길	기타	응답자수
변경 전 선택 후보	이회창	-	86.8(66)	10.5(8)	2.6(2)	31.9(76)
	노무현	70.2(40)	-	29.8(17)	0	23.9(57)
	정몽준	27.3(18)	63.6(42)	6.1(4)	3.0(2)	27.7(66)
	권영길	16.7(5)	83.3(25)	-	0	12.6(30)
	기타	55.6(5)	44.4(4)	0	0	3.8(9)
	응답자 수	28.6(68)	57.6(137)	12.2(29)	1.7(4)	238

---

10) 15대 대선에서 지지변동에 관한 자세한 분석은 강원택(1998)을 참조할 것.

경과정에서 57명의 지지를 잃고 137명의 지지를 얻어 80명의 새로운 지지를 획득한 셈이다.

한편, 이 후보를 지지하다가 변경한 응답자 중 86.8%(66명)가 노무현 지지로 돌아섰는 데 비하여, 노 후보를 지지하다가 이 후보 지지로 변경한 경우는 70.2%(40명)로 나타났다. 이 같은 조사결과는 결국 이 후보보다는 노 후보가 선거기간에 더 성공적으로 유권자들을 설득하였다는 것을 보여주는 것이다. 또한 정몽준 후보의 지지자들이 지지변경을 한 비율을 보면 노 후보로 돌아선 경우가, 이 후보로 돌아선 응답자들에 비해 2.5배 가량 되는 것으로 나타났다. 다음에 자세히 설명하겠지만 이번 선거결과에 가장 큰 영향을 미친 선거사안은 노 후보와 정 후보 사이의 후보단일화였으며, 그러한 결과를 설문조사를 통해서 다시 한 번 확인할 수 있었다. 뿐만 아니라 권영길 후보로부터 지지를 변경한 응답자들의 경우에도 이 후보보다 노 후보를 택한 경우가 무려 5배에 이르고 있어 지지후보 변경에 있어서는 노무현 후보가 절대적으로 우세하였다는 것을 알 수 있다.[11]

3. 16대 대선 선거이슈

정책대결을 통한 후보 간 경쟁은 가장 바람직한 선거풍토이지만, 실제 선거에서 후보자들은 정책적 입장을 제시하는 데 가장 중시하는 것은 과연 얼마나 많은 지지를 얻어낼 수 있는가 하는 점이다. 이는 정치인들의 기본적인 목표가 선거에서 승리하는 것이라는 정의에서부터 출발한다(Downs 1957). 따라서 이론적으로 보면 후보자들은 가장 많은 지지자(median voter)를 획득할 수 있는 지점에 정책적 입장을

---

11) 이러한 분석에서는 최초에 지지후보가 있었지만 기권을 한 경우는 포함하지 않고 있다. 어떤 유권자는 후보를 선택하는 데 교차압력 등으로 인하여 기권을 선택한 경우도 있다. 따라서 이 글은 지지후보 변경에 관해서는 제한적 분석에 그치고 있다.

표명하게 된다. 이러한 전략적 행위를 후보자들이 동일하게 채택하게
되면 결국 후보자들 사이에 정책적 입장의 수렴화 현상이 생기게 되
고 유권자들은 후보자 간 정책적 입장을 구분하기가 힘들게 된다.

이번 16대 대선도 전반적으로는 위의 설명에서 별로 벗어나지 못하
였다고 할 수 있다. 그 이유는 권영길 후보가 예외적이었고 이 후보나
노 후보의 정책을 비교하면 대다수의 쟁점이슈에 대하여 유권자들이
쉽게 차별성을 알 수 없는 원칙론을 제시하는 경우가 많았기 때문이
다.[12] 그나마 전문가들의 분석을 통한 차별성에 중점을 둔 분석결과
이미 알려진 바와 같이 이회창 후보는 DJ정책보다 보수, 민주당 노무
현 후보는 DJ정책보다 진보, 민주노동당 권영길 후보는 극단에 가까
운 진보 등 뚜렷이 대비되는 것으로 분석됐다.[13] 이러한 정책적 입장의
차이는 후보들의 이미지와 동일하다는 점에서 정책적 이슈가 유권자
들이 후보자지지를 결정하는 데 큰 영향을 주었다고 보기는 힘들다.

따라서 선거이슈와 관련하여 보다 관심을 두어야 할 사안은 선거기

〈표 4〉 16대 대선 선거기간 중 제기된 주요 이슈

이슈	날짜	예상 수혜자
후보 단일화	11/24	노무현
국가정보원 도청파문	11/28	이회창
여중생 사망 촛불시위	12/1	노무현
행정수도 충청이전	12/10	노무현

---

12) 『중앙일보』 2002년 11월 27일, 『동아일보』 2002년 11월 22일 공약비교 참조.
『동아일보』 12월 10자에는 "서로 우리 것 표절했다 설전"이라는 기사가 있다.
13) 정책 분야 12개 쟁점 현안에 대한 입장을 현 정부 방침이나 현 상태를 0, 극단
적인 진보=-1, 극단적인 보수=+1을 기준으로 평가한 결과, 한나라당 이 후보
의 평점은 0.25, 민주당 노 후보는 -0.33, 민노당 권 후보는 -0.83이었다 (『조
선일보』, 2002년 12월 2일).

간 중 제기되었던 새로 발생한 쟁점들이다. 설문조사 결과 투표결정에 영향을 준 주요이슈들을 정리해 보면 〈표 4〉와 같다.

1) 후보단일화

2002년 11월 16일 노무현 후보와 정몽준 후보는 두 후보가 대선 경쟁을 계속하면 〈그림 1〉에서 보는 바와 같은 상황에서 이회창 후보의 당선이 확정적이라는 데 인식을 같이하고 여론조사를 통한 후보단일화 방안에 합의하였다. 여론조사에서 어떤 후보를 지지하는가를 물은 뒤 이회창 후보자를 제외한 다른 후보자를 지지하는 응답자만을 대상으로 "한나라당의 이회창 후보와 경쟁할 단일후보로서 노무현 후보와 정몽준 후보 중 누구를 지지하겠느냐"는 설문에 답변한 응답자 비율에 따라 0.1%라도 앞선 후보를 단일후보로 선출하기로 합의하였다.

단, 이회창 지지자들이 쉬운 상대를 택하려는 역(逆)선택을 막기 위하여 그동안 이회창 후보의 지지도를 감안하여 이 후보의 지지도가 최근 이회창 후보의 가장 낮은 지지도 이하로 나오면 그 설문조사는 무효로 처리하기로 합의하였다. 그리고 11월 24일 여론조사회사 〈리서치 앤드 리서치〉의 조사결과 노 후보가 46.8%의 지지를 얻어 42.2%를 얻은 정 후보를 누르고 단일후보로 선출되었다.[14]

후보단일화를 이룬 후 유권자들의 후보지지판세에는 큰 변화가 나타났다. 『동아일보』 조사에 따르면 단일화 이후 정몽준 지지자 중 53%가 노무현을 선택하였으며, 24%가 이회창을 선택한 것으로 조사되었다(2002년 11월 26일). 이러한 지지후보 변경비율은 앞에서 밝힌 설문조사 분석에서 나타난 것과 유사한 정도이다.[15]

---

14) 조사는 리처치 앤드 리서치(R&R)와 월드리서치에 의뢰해서 이루어졌는데, 월드리서치의 조사결과는 노무현 후보 38.8%, 정몽준 후보 37.0%였다. 그러나 이회창 후보의 최근 지지율인 30.4%보다 낮은 지지도(28.7%)를 보인 월드리서치의 조사결과는 무효로 처리되었다. R&R에서는 이회창 후보의 지지율이 32.1%로 조사되었다.

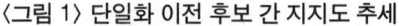

〈그림 1〉 단일화 이전 후보 간 지지도 추세

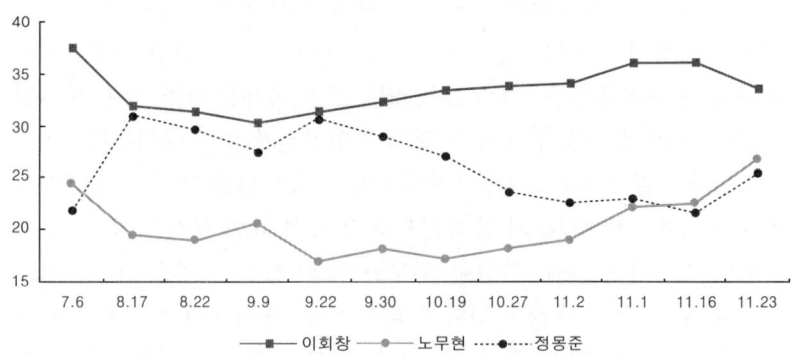

11월 16일 조사에서 이회창-노무현의 가상대결에서 46.2 : 37.8의 비율로 이회창 후보가 앞서 있었는데 단일화 이후 11월 25일 조사에서는 37 : 43.5의 비율로 노무현 후보가 앞서게 되었다.

후보단일화가 노무현 후보의 승리에 결정적으로 기여한 것은 사실이다. 그러나 그러한 결과보다 후보단일화가 성공하게 된 배경을 살펴볼 필요가 있다. 우선 노 후보와 정 후보의 주된 지지계층이 젊은 세대로 겹치고 있다는 점에 주목해야 한다. 이회창 후보를 포함한 세 명의 대선 후보의 이념적 성향을 본다면, 정몽준 후보는 이회창 후보와 더 가까운 위치에 놓인다. 노 후보가 분배와 복지에 역점을 두면서 유럽식 경제사회복지 정책을 추구하는 반면에 정 후보는 개인의 능력과 경쟁을 바탕으로 한 미국식 시장원리를 중시한다.

---

15) 『한겨레』 조사에서는 단일화 이후 정몽준 후보를 지지한 대상자 중 65.9%가 노 후보에게, 24.9%가 기권, 그리고 6.1%가 이회창에게 투표를 하였다고 밝혔다. 그리고 정 후보 지지자 중 1/4이 기권을 하게 된 것이 투표율 저하의 한 원인으로 설명하고 있다(2002년 12월 21일).

이들 두 후보의 극명한 차이는 재벌에 대한 정책에서도 나타난다. 노 후보는 집단소송제의 도입을 포함한 재벌규제정책을 주장하는 데 비하여 정 후보는 기업활동에 대한 정부의 간섭과 규제를 최대한 배제하고 시장원리에 맡겨야 한다는 입장이다. 국가보안법에 대해서도 노 후보는 대체입법을, 정 후보는 일부조항 삭제를 통한 존속을 주장하였다. 따라서 이들 두 후보의 정책적 입장은 확연히 대비된다.[16]

그럼에도 불구하고 노-정 후보단일화의 필요성을 두 후보가 공감하게 된 이유는 지지계층의 중첩성으로 인하여 표의 분산이 생기며, 단일화에 성공했을 경우 단일화 후보가 젊은 층의 지지를 효과적으로 결집할 수 있다는 계산이 있었기 때문이다. 정책적인 차이가 뚜렷한 두 후보가 지지집단이 중첩되는 것은 젊은 세대의 특성과 그들의 요구가 유사했기 때문이라 볼 수 있다. 즉, 젊은 세대들은 후보의 이념성향이나 정책적 입장보다는 감성적 이미지에 보다 관심을 기울였다.

노무현 후보는 지역주의 타파와 새로운 정치라는 구호를 통해 개혁의 이미지를 가질 수 있었고 정몽준 후보는 구태의연한 기존의 정치인들과 차별된다는 점에서 변화를 주도할 수 있는 인물로 비춰졌다. 이에 비하여 이회창 후보는 지난 대통령선거에 출마하였고, 지난 5년간 한나라당의 총재로서 기존정치인으로 인식되었다. 따라서 정치의 변화를 요구하는 젊은 세대들은 보수 대 개혁이라는 단순구도를 상정하고 정치변화를 기대할 수 있는 노무현 후보나 정몽준 후보를 지지하였던 것이다.

후보자의 이미지가 중요했다는 것은 정몽준 후보에 대한 지지도를 통해서도 간접적으로 알 수 있다. 현역국회의원이기는 했지만 정 후보에 대한 유권자들은 현대그룹의 오너로서 더 많이 인식되어 있었다. 월드컵의 성공적 개최를 이룬 주역이긴 하였지만 그로 인한 성과가 정치적 역량으로 해석되는 부분은 크지 않았다. 재벌에 대한 국민

---

16) 『조선일보』, 2002년 11월 22일; 『내외경제』, 2002년 11월 22일.

들, 특히 젊은 층의 부정적인 인식에도 불구하고 기존정치에 깊이 연류되지 않은 인물이라는 점에서 긍정적인 평가를 하고 있었다. 그동안 정치적으로 정후보가 눈에 띄는 정치적 업적을 쌓지 못하였음에도 불구하고 한때 30%가 넘는 국민지지를 받을 수 있었던 것은 정책적 지지가 아닌 개인의 이미지에 따른 지지였고 따라서 변화를 원하고 감성적 이미지에 영향을 받은 젊은 층의 지지가 큰 역할을 한 것이다.

2) 국정원 도청파문

후보단일화를 정권을 잡기 위한 야합이라고 비난하고 노무현 후보의 인기가 치솟은 것에 대해 단기적 효과라고 평가절하했던 한나라당은 선거분위기를 주도하기 위하여 김대중 정부에서 국가정보원이 여야의원 및 언론사를 대상으로 전화도청을 했다는 문건을 공개하였다. 그리고 12월 1일에는 추가 도청자료를 공개하였다. 한나라당은 김대중 정부의 도덕성에 문제를 제기하여 이를 노무현 후보에 대한 부정적 이미지로 연결시키려는 비난선거운동(negative campaign)을 의도했던 것이다.

그러나 이러한 한나라당의 의도는 결국 성공하지 못하였다. 오히려 비난선거운동에서 나타나는 자기손해(backfire effect)를 가져왔다고 평가된다. 한나라당은 유권자들이 가장 관심을 기울이고 있는 것에 대해 제대로 인식하고 있지 못하였다. 국민들은 한나라당의 폭로전에 대해 그 내용을 파악하기에 앞서 과거정치에서 흔히 보여졌던 정치권의 이전투구라는 이미지를 받았던 것이다. 오히려 과거정치의 부정적인 면을 다시 한 번 유권자들에게 심어주는 계기가 될 수도 있는 것이었다. 이러한 폭로를 통하여 한나라당은 아직도 낡은 정치에서 벗어나고 있지 못하다는 평가를 받게 되었다. 더욱이 민주당의 대응이 같은 수준에서 폭로내용을 부정하거나 변명하는 데 주력하지 않고 비난선거운동을 자제하겠다는 세련된 전략을 택함으로써 더 이상 이 사안은 주목을 받지 못하게 되었다.

유권자들은 김대중 정부의 평가보다는 보수 대 진보라는 구도하에서 선거의 의미를 파악하고 있었다는 점을 한나라당은 간과하고 있었던 것이다. 이와 같은 부적절한 한나라당의 대응은 언론의 보도태도를 보아도 알 수 있다. 언론의 기사보도를 보면 12월 3일 이후에는 도청사건에 대한 기사를 중요기사로 다루고 있지 않다. 12월 1일 이후 발생한 여중생 사망사고로 인한 촛불 시위와 이를 계기로 등장한 SOFA 개정이라는 이슈에 묻혀버린 것이다.

3) 촛불시위와 SOFA 개정

2002년 6월 13일에 발생한 미군 장갑차에 의한 여중생 2명의 사망사건은 7월 들어 시민단체 등 4,000여 명이 항의시위를 벌이기도 하였고 8월 7일 미군측이 재판이양권을 거부하는 등 국민의 정서에 반하는 방향으로 전개되었지만 국민들의 관심을 끌지 못하였다. 그러나 11월 20일 미국법정의 배심원들에 의해 무죄평결이 내려지는 것을 계기로 국민들의 분노가 거세지기 시작하였다. 재판결과에 대해 항의는 계속되었고 민주사회를 위한 변호사모임은 이와 관련하여 주한미군지위협정(SOFA)의 조속한 개정을 촉구했다. 그리고 전국적인 대중집회로 이어져 11월 30일 광화문 촛불시위를 시작으로 매주 주말에 여중생 추모 및 SOFA 개정요구가 선거기간 동안 계속되었다.

불공정한 재판에 대한 항의와 SOFA 개정요구는 상당히 큰 주목을 받는 사안이었으나, 반미시위의 성격을 일부 띠고 있음에 따라 이회창 후보와 노무현 후보는 명백하게 입장을 밝힐 수 있는 처지가 되지는 못하였다. 보수적으로 평가받는 이 후보의 입장에서 적극적으로 촛불시위를 지지하는 것은 자신의 중심 지지층인 보수적 유권자의 의사와 유리되는 부담이 있었다. 한편, 노 후보의 입장에서는 급진적이라는 이미지를 희석하기 위하여 노력하였던 만큼 반미구호의 가운데 설 수는 없는 입장이었다. 이처럼 어떤 한 쪽의 입장을 명백히 지지하는 것이 이해득실과 연결되는 경우 후보자들은 원칙적인 입장만을 되

풀이하게 된다. 이 사안에 대한 후보들의 입장을 명백히 보여주는 것
이 1차 TV토론에서였다. 권영길 후보가 다른 두 후보에게 SOFA 개정
요구에 서명하고 앞설 것을 요구하자 이회창 후보는 물론 노무현 후
보까지도 신중론을 제시하면서 서명약속을 회피하였다.

　이처럼 후보들이 모호한 입장을 취하고 있었지만 이 사안의 성격
자체가 진보성향의 노 후보에게 유리한 것이었다. 이회창 후보의 입
장에서는 이 사안에 적극지지를 표명하는 경우 고정지지 집단으로부
터 비난을 받게 되지만 아울러 젊은 유권자들로부터 지지를 얻게 된
다는 보장은 없었다. 따라서 이 사안을 계기로 지지를 확대할 수 있는
적극적 전략을 수립할 수 없었다.[17] 한편, 노 후보는 반미적 시위로 인
해 젊은 유권자들의 지지가 강화될 수 있는 계기가 될 수 있지만, 반미
를 우려하는 유권자들을 자극하지 않기 위해서 이를 적극적으로 쟁점
화하지는 않았던 것이다. 이와 같은 계산 속에서 두 후보의 입장은 원
칙적인 대응 수준에 머무르고 있었으며, 사실상 이 사안을 통해 서로
간 차별성을 만들려 노력하지는 않았다.

4) 행정수도 이전

　노무현 후보가 대전에서 12월 8일 행정수도를 충청권으로 이전하겠
다는 공약을 발표하였다. 사실 후보단일화는 선거구조를 바꾸려는 시
도였고, 도청파문은 비방선거운동이었으며, 촛불시위와 관련된 이슈
는 정치권의 의도와는 관계없이 발생한 외부적 사안이었으며 유권자
들에게 차별성을 보여주지 못하였다. 그러나 행정수도 이전에 관한
논의야말로 정책대결의 면모를 보인 사안이라고 할 수 있다. 여기서
우선 짚고 넘어가야 할 것이 왜 노무현 후보는 선거를 열흘 앞두고 논

---

17) 한나라당은 12월 3일 이부영 의원이 SOFA 개정촉구 서명운동을 추진하였지
　　만 이회창 후보가 직접 나서지는 않았다. 따라서 한나라당의 이러한 서명운
　　동은 국민들의 의사에 부응하려는 상징적 의미에 머무른다고 하겠다.

쟁의 여지가 큰 행정수도 이전이라는 이슈를 제기하게 되었는가 하는 점이다.

12월 들어 여론조사에서 노 후보는 이 후보에게 약 3% 가량 앞서고 있었지만 한나라당의 주장처럼 숨은 한나라당 지지자 5%에 대한 불안과 아울러 여론조사가 전국 유권자를 대상으로 한 조사이기 때문에 실제 선거에서 연령별 투표율을 감안하면 선거에서 승리를 장담할 수 없는 입장이었다. 따라서 보다 확실한 지지를 확보할 필요가 있었으며 이번 선거에서 지역주의에 영향이 적고 부동층이 많은 것으로 알려진 충청권에 대한 적극적 선거전략이 필요한 시점이었다. 문제는 행정수도 이전이라는 공약이 수도권에서 얼마만큼의 지지감소를 가져오는가 하는 것이었다.

따라서 수도권의 충격을 완화하기 위하여 현재 서울의 많은 문제점을 제시하고 결코 수도권의 부동산 가격하락 등 충격이 오지 않는다는 점을 강조하였다. 행정수도 이전에 대한 이회창 후보의 대응은 효율적이지 못하였다. 이전비용에 관한 비난, 서울의 부동산 가격하락 등을 지적했지만, 수도권 이전은 이전에 이회창 후보가 내걸었던 공약이었다는 점이 밝혀지면서 그 설득력이 약화되었다.

노무현 후보가 득표를 극대화하기 위한 전략은 자신이 유리한 지역주의는 이용하면서 동시에 불리한 지역에서는 이슈 중심으로 선거운동을 이끌어 나가는 것이었다. 다시 말해서 민주당의 텃밭인 호남에서는 반(反)이회창의 분위기를 유지하면서 영남에서는 지역주의를 희석시키고 다른 지역에서 이슈의 선점을 통한 지지의 확대가 그 핵심이 된다. 특히 충청지역이 승부처가 될 수 있다는 인식이 충청권에 대한 배려로 나타났다고 할 수 있다. 이러한 전략은 성공적인 선거결과를 가져오게 되었다. 선거결과 영호남 합계에서 노 후보가 450만 표로 이 후보의 487만 표에 육박하여 노 후보는 지역주의의 불리함을 극복할 수 있었다.[18]

IV. 선거이슈의 영향력

앞에서 선거기간 중 일어난 선거이슈에 대하여 살펴 보았다. 그리고 각 이슈가 가져올 수 있는 지지변화의 방향에 대해서도 언급하였다. 이 절에서는 보다 구체적으로 각 이슈의 영향력을 측정해 보도록 한다. 선거전체의 구도를 보았을 때 선거이슈가 영향력이 있었다는 것은 아래의 두 그림을 비교하면 쉽게 알 수 있다.

다음의 두 그림에서 보는 바와 같이, 정당지지도는 11월 이후에도 적게는 3%, 많게는 17%의 차이로 한나라당이 앞서고 있는데도 불구하고 후보 지지도에서는 노무현 후보가 앞서가고 있다는 것은, 선거이슈와 후보자 이미지에 있어 노무현 후보가 월등히 앞서가고 있다는 것을 보여 주는 것이다. 한나라당은 정당지지도가 앞선 것을 이용하

〈그림 2〉 정당지지도

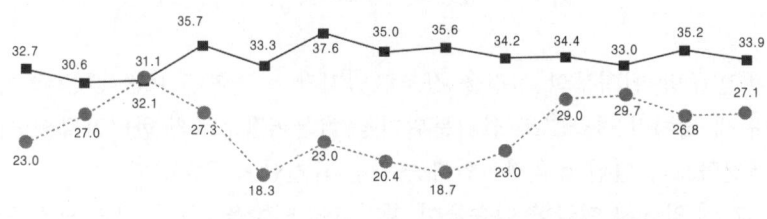

| 2002.2 | 3월 | 4월 | 5월 | 6월 | 9월 | 10월 | 11.7 | 11.18 | 11.25 | 12.4 | 12.11 | 12.17 |

─■─ 한나라당   ···●··· 새천년민주당

---

18) 노무현 후보는 부산에서 29.9%, 대구에서 18.7%, 경북에서 21.7% 그리고 경남에서 27.1%를 득표하여 15대 대선에서 김대중 후보가 얻은 영남지지의 두 배 가량의 표를 획득했다.

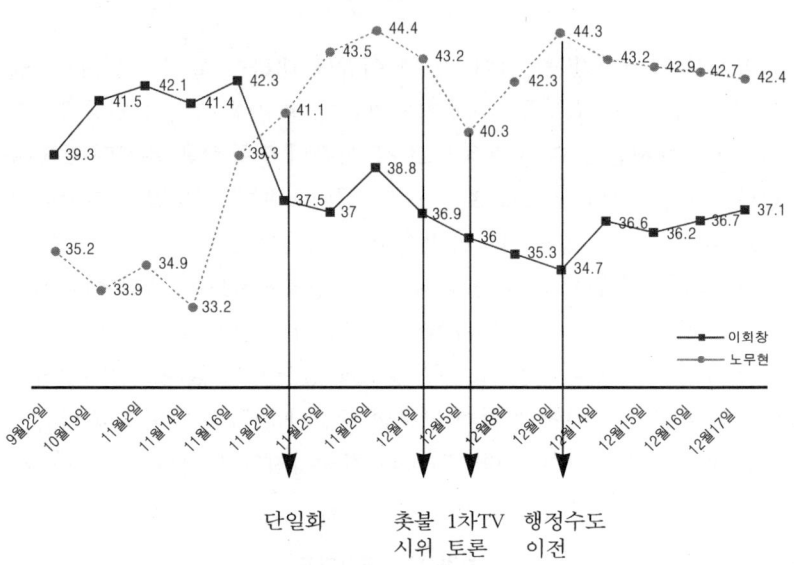

〈그림 3〉 후보 지지도

여 민주당 현정부의 실정을 강조하였지만 노무현 후보는 낡은 정치 대 새 정치라는 구도로 선거분위기를 이끌어감으로써 한나라당의 선거전략보다 훨씬 효율적이었다는 것을 확인할 수 있다.

과연 앞에서 언급한 이슈들이 지지도에 영향을 미쳤는가를 보기 위해서 가장 간단한 방법으로 각 이슈가 제기되었을 때 이전과 비교하여 두 후보 사이의 지지도 변화가 일어났는가를 살펴 보았다. 후보단일화가 일어난 시점의 인기도를 열흘 이전과 비교하면 노무현 후보의 지지도가 약 8% 가량 늘어난 데 비하여 이회창 후보는 5% 가량 감소하였다. 따라서 두 후보 사이의 선두가 뒤바뀌는 결과를 낳았고, 이러한 선거구도는 여러 가지 사안의 발생에도 불구하고 선거결과까지 이어졌다. 따라서 이번 선거결과에 가장 큰 영향을 미친 요인을 한 가지만 꼽는다면 노-정 후보단일화라고 볼 수 있다. 한편 도청폭로 사안으로 인한 영향력은 거의 찾아 볼 수가 없었다.

촛불시위는 단기간의 사안이 아니라 지속적으로 계속된 사안이었다. 그러나 앞에서 언급한 바와 같이 두 후보 모두 한미 간의 대등한 관계를 설정해야 한다는 원칙론적 수준에 머물고 있어 어떤 한 후보의 지지율 상승은 찾아 볼 수 없다. 12월 3일 벌어진 1차 TV토론 이후 양 후보의 지지도는 모두 약간씩 하락하는 모습을 보이는데, 이회창 후보보다는 노무현 후보에게서 더 많은 지지감소를 볼 수 있다. 그 이유는 그동안 진보를 넘어 급진적인 후보로 알려진 민주노동당의 권영길 후보가 TV토론을 통해 일반 유권자들을 대상으로 직접 자신을 알릴 기회를 얻었으며, 특히 당선만을 목적으로 한 다른 두 후보에 비해 한미관계 개선에 관한 정서적 호소와 기존정치에 대한 강한 비판을 통해 일부 유권자들의 지지를 확대할 수 있었다.

권영길 후보에 대해 호감을 표시하는 유권자들은 이념적으로 노무현 후보에 가까운 사람들이었기 때문에 자연히 권영길 후보로의 지지 변경은 이회창 후보보다는 노무현 후보지지자들 중에서 더 많이 발생하였다. 그러나 촛불시위가 본격화되는 12월 초순 이후 이회창 후보의 지지감소와 노무현 후보의 지지증가 추세를 볼 수 있는데 이는 사안의 성격상 진보적 이미지를 가진 노무현 후보에게 유리하게 작용하였다는 것을 나타내는 것이라 할 수 있다.

행정수도 이전에 관한 이슈는 다시금 노무현 후보의 지지도 상승에 기여한 것으로 보인다. 이전 지역기반을 가지고 있던 김종필이 어떤 후보도 지지하지 않는다고 선언하였고 이인제 후보의 영향력은 거의 나타나지 않는 상태에서 충청권으로의 행정수도 이전 공약은 충청권 유권자에게 상당한 매력으로 보일 수 있었다. 경험적 증거로서 여론조사 결과를 보면 11월 25일에 노무현 후보가 약 5% 가량 앞서가고 있는 것으로 나타났다.[19] 그러나 선거결과에서는 충남에서 11%, 대전

---

19) 『조선일보』 11월 29일과 『동아일보』 12월 9일자에서는 모두 5% 정도의 차이

에서 15.3% 그리고 충북에서 7.5% 등 훨씬 큰 격차를 보였다. 따라서 행정도시 이전이라는 이슈가 충청지역의 득표확대에 기여했다는 것을 알 수 있다. 행정도시 이전에 관해 전국적으로는 찬성과 반대가 거의 비슷한 비율을 보이고 수도권에서는 반대의 견해가 더 많았던 것으로 조사되었다. 그러나 전체적으로 행정수도 이전문제가 두 후보의 지지도에 영향을 미쳤다기보다 소강상태를 유지하는 수준에서 그쳤다고 보아야 할 것이다.

위의 분석에서는 단기적으로 각 이슈가 어떠한 영향을 미쳤는가를 서술적으로 살펴보았다. 각 이슈의 후보지지도에 미친 영향을 보다 정확하게 측정하기 위하여 『중앙일보』에서 실시한 '대선주식시장'의 자료를 이용하여 회귀분석을 실시하였다. 이 자료는 응답자들이 누구를 지지하는가를 확인한 것이 아니라 일반주식시장의 원리를 이용하

<표 5> 후보득표와 선거이슈 [20]

	노무현 지지				이회창 지지			
	계수	표준오차	표준계수	유의확률	계수	표준오차	표준계수	유의확률
절편	36.6	.89	-	.00	34.8	1.04	-	.00
후보단일화	15.0	.29	1.01	.00	8.62	.34	1.06	.00
촛불시위	.96	.46	.057	.04	-1.13	.53	-.12	.04
권영길 지지	-.56	.27	-.064	.04	.01	.32	.00	.98
R²	.992				.964			

가 있었다고 보도하고 있다.

20) 수도권 이전 문제는 통계적으로 유의하지 않으므로 제외되었음. 그러나 계수의 방향은 기대한 바와 같이 노무현 후보에게는 득표의 증가를, 그리고 이회창 후보에게는 감소를 가져오는 것으로 나타났음.

여 후보지지도를 예측하여 결정된 주식매매 가격에 관한 정보로서 10월 21일부터 일별자료를 제공한다.[21] 이 자료를 이용하여 각 이슈가 발생한 시점부터 선거까지를 '1'로 그리고 그 이전을 '0'으로 처리하는 기초적인 사건분석(event analysis) 방법을 통한 결과가 위의 〈표 5〉이다.

위의 〈표 5〉를 통하여 각 이슈가 후보자 지지에 미친 영향력의 정도를 확인할 수가 있는데 노무현 후보의 지지도 변화 중 후보 단일화가 약 15%의 지지 증가를 가져왔다는 것을 알 수 있다. 그리고 촛불시위도 그 영향력이 크지는 않지만 예상한 바와 같이 노무현 후보에게 유리하게 작용하였다. 그리고 권영길 후보의 지지가 상승하는 것은 노무현 후보의 지지감소와 연결되어 있다는 것도 확인할 수 있는데 권후보의 지지가 1% 증가하면 노 후보의 지지는 약 0.6% 정도 감소하는 것으로 나타났다.

한편, 이회창 후보의 지지도 변화에 이슈들이 미친 영향을 살펴보면, 후보단일화는 이회창 후보의 지지상승에도 도움이 되었던 것으로 나타났다. 이러한 결과는 언론에 보도된 것과 차이가 있지만 오히려 더 설득적인 면이 있다. 정몽준 후보를 지지하던 유권자 중 일부는 이회창 후보로 지지를 변경했고, 따라서 이 후보의 지지도가 상승하는 것이 당연할 수 있기 때문이다. 단지 후보단일화에 따라서 노 후보와 이 후보 중 누가 더 혜택을 받았는가를 비교해 볼 필요는 있다. 위의 회귀식의 결과를 보면 노 후보는 15% 가량의 지지도 상승효과를 본 반면, 이회창 후보는 8.6%의 지지도 상승효과를 본 것으로 나타났다. 따라서 후보단일화에 따라 노무현 후보가 상대적으로 6% 이상의 이

---

21) 정치주식시장에 관해서는 신혁승 · 한경동(1998), 김욱(2002) 그리고 이현우 (2001)를 참조할 것. 이 정보의 가장 큰 장점은 일별자료를 제공한다는 것과 여론조사 예측보다 더욱 정확하다는 점이다. 이에 관한 자세한 정보는 http://www.biz.uiowa.edu/iem/에서 찾을 수 있다.

득을 더 본 것으로 해석할 수 있다.

한미관계와 연관되는 촛불시위는 노무현 후보에게는 도움이 되었지만, 이회창 후보에게는 부담이 된 것으로 확인되었다. 촛불시위로 인하여 1% 이상의 지지감소 효과가 있었다. 이 후보는 사망 여학생집을 방문하는 등 오히려 노무현 후보보다 적극적인 대응을 하는 모습을 보였지만, 기존의 이미지를 벗어나 새로운 지지를 획득하는 데 실패한 것으로 해석할 수 있다. 한편, 권영길 후보의 지지도와는 별로 상관이 없는 것으로 나타나는데, 이는 권 후보와 이 후보의 지지자들 사이에는 중첩되는 경우가 거의 없기 때문에 나타난 결과이다. 즉 노무현 후보와 권영길 후보의 지지층이 일부 중첩되어 서로 경쟁관계가 형성되는 데 반하여 보수적인 이회창 후보지지자와 진보적인 권영길 후보의 지지자들은 서로 다른 집단이라는 것을 확인할 수 있었다.

V. 요약 및 시사점

16대 대선의 결과 및 특성을 규정할 수 있는 요인은 여러 가지가 있지만 이 글에서는 선거기간에 발생한 이슈들만을 대상으로 그 내용을 검토하고 선거에 미친 영향을 파악하려 시도하였다. 선거운동이나 이슈가 얼마나 중요한가에 대해서는 논쟁의 여지가 있다. 그러나 선거경쟁이 치열할수록 지지의 변동을 가져오는 선거이슈는 그 의미를 더하게 된다. 또한 민주주의 정치과정에서 선거를 통해 대표자를 선출하는 데 의미를 두는 것은 유권자들이 자신의 의사를 가장 잘 대표할 수 있는 후보를 선출하는 것이고 이러한 의미 속에서 이슈는 투표결정에 중요성을 갖게된다.

이 글에서 다룬 내용을 요약해 보면 16대 대선은 한나라당 이회창 후보의 대세론 속에서 시작되었지만, 결과적으로 그 대세론이 너무 일찍 그리고 다수의 정치인들에게 확신됨으로 인하여 아이러니컬하게도 이회창 후보의 패배로 연결되었다. 한나라당은 2000년 총선이후 모든 선거에서 김대중 정권을 부패정권으로 몰아붙임으로써 승리를 할 수 있었다. 이러한 기세 속에서 한나라당은 이전까지의 구도를 계속 이어나가려는 선거전략을 기초로 하고 있었다. 반면에 민주당은 거의 대선에서 패배가 확실한 가운데, 이회창 후보의 당선을 막아야 한다는 명제 이외에는 다른 사항은 염두에 둘 상황이 아니었다. 따라서 선거구도를 반전시킬 계기를 마련하기 위해 국민경선제에 의한 대선후보 선출을 통한 당내민주화라는 개혁방안을 제시하기에 이르게 된다.

경선으로 선출된 노무현 후보가 5월 중순 여론조사에서 이회창 후보를 앞서갈 때까지는 문제가 없었지만 6월 지방선거에서 민주당의 참패와 노 후보의 인기도 급락으로 다시금 민주당 내의 분란이 야기되었다. 여기에 새정치에 대한 국민들의 여망이 정몽준의 대선출마로 분출구를 찾게되면서 더 이상 노 후보는 강력한 대통령 후보가 되지 못하는 듯하였다. 민주당이나 노 후보의 입장에서는 이회창 후보의 당선을 막을 수 있는 것이라면 어떠한 것도 가능한 대안으로 상정되는 가운데 노-정 후보 단일화가 극적으로 이루어지게 되었다.

이념적 성향의 차이에도 불구하고 노 후보와 정 후보는 지지계층의 중첩성을 공감하여 단일화에 성공한 것이다. 사실 노 후보가 이긴다는 보장이 없는 상황에서 신생정당이고 현역의원이 한 명도 없는 국민통합 21의 후보인 정 후보와 단일화를 추진했다는 것은 이회창 후보가 당선되는 것보다는 정 후보가 당선되는 것이 낫다는 것을 보여주는 것이다. 그만큼 이 후보의 당선을 막아야 한다는 목표가 중요한 것이었으며, 더 이상 기득권이 없다는 민주당의 절박한 입장을 잘 대변하는 것이었다.

충청출신의 후보자와 영남기반의 한나라당은 이전과 같은 지역주의에 의존할 수만은 없었다. 여기에는 지역주의에 대한 국민적 혐오와 아울러 노 후보가 영남출신이라는 것도 작용하였다. 따라서 경남에서의 지역주의는 상당히 약화되었다. 그렇다면 한나라당은 영남의 표가 분산되는 만큼 새로운 지지집단을 형성할 수 있는 적극적인 선거전략이 필요했지만 이렇다할 선거전략을 제시하지 못하였다. 반면에 노무현 후보는 민주당의 후보라는 점에서 호남의 지지를 독점할 수 있는 유리한 입장이었다.

또한 경선과정에서 광주경선이 경선승리의 전환점으로 작용했다는 사실이 호남에서의 지지를 자신할 수 있는 경험이었다. 노 후보의 계산으로는 지역주의로 인한 표의 쏠림을 영남에서의 지역주의 약화와 호남에서의 절대지지를 통해 막을 수 있다고 보았고 그동안의 지역주의 타파라는 이미지를 충실히 이어갔다. 이러한 전략 속에서 선거기간 중 적극적으로 이슈를 개발하는 데 주력하였던 것이다. 그것이 바로 낡은 정치와 새로운 정치의 대결구도이며, 동시에 이회창 후보를 낡은 정치인으로 규정하는 것이었다. 그리고 부동층이 가장 많은 충청도를 공략하기 위한 행정수도 이전이라는 공약을 선거막바지에 제시하게 되었다. 그리고 선거결과를 보면 영남과 강원을 제외한 모든 지역에서 노 후보는 이 후보를 앞질렀다.

이번 선거의 특징으로 꼽히는 요인 중 하나가 세대별 지지후보의 차이이다. 언론을 통해 20, 30대의 젊은 세대가 노무현 후보의 당선에 가장 중요한 역할을 했다는 소위 세대혁명이라는 분석이 다수를 이루었다. 비방선전 선거운동이나 과거에 치중한 선거운동이 주를 이루었던 한나라당에 비하여 과거정치와의 단절을 통해 김대중 정부와 일정

〈표 6〉 선거별 세대 투표율(전국투표율과 차이)

	전국 평균	20대	30대	40대	50대 이상
15대 대선	80.7	68.2(-12.5)	82.6(1.9)	87.5(6.8)	89.9(9.2)
6·13 지방선거	51.3	31.2(-20.1)	39.3(-12)	56.2(4.9)	70.0(18.7)
16대 대선	70.8	47.5(-23.3)	68.8(-2)	85.8(15)	81.0(10.2)

한 거리를 유지하면서 새로운 정치를 제시한 노무현 후보가 젊은 세대들에게 어필할 수 있었던 것은 당연했다. 그러나 이전 선거에서도 젊은 세대의 그러한 성향은 다르지 않았다는 점에서 이번 선거만의 특징으로 보기는 힘들다. 투표율을 살펴보면 그러한 주장은 과장되었다는 것을 알 수 있다. 〈표 6〉은 최근 선거에서 나타난 세대별 투표율이다.

표에서 보는 바와 같이 이번 대선에서 20대의 투표율은 15대 대선에 비하여 10% 이상 낮아졌다. 그리고 30대의 경우에도 15대 대선 때 전국투표율과 비교하여 별로 달라지지 않았다. 따라서 20, 30대의 동원에 대한 성공을 민주당의 승리로 해석하는 것은 적절치 않다. 다만 이들 투표에 참여한 이들 젊은 세대들의 지지도는 15대 대선에서 김대중 후보가 얻었던 것보다 더 높았던 것은 사실이다.

선거이슈에 중점을 두고 이번 선거를 해석해 보면 후보자의 득표를 후보자적 요인과 정당적 요인으로 구분하여 볼 때, 한나라당이 민주당보다는 높은 정당지지를 받고 있는 상황에서 후보자 평가에서 노무현 후보가 이회창 후보를 훨씬 앞섰기 때문에 선거에서 승리할 수 있었다. 선거에서 승리했다는 사실보다는 정당적 요인과 지역적 기반의 불리함(영남의 유권자 수를 감안할 때)에도 불구하고 이회창 후보보다 더 많은 득표를 할 수 있었던 것은 새로운 정치라는 구호 아래서 현정부를 직접 비난하지 않음으로써 호남의 절대적 지지를 누리면서 동시에 현정부와 일정한 거리를 유지한 전략이 성공한 것이다. 이전의 총선과 지방선거 그리고 보궐선거에서 압도적인 지지를 받았던 한나라당이 대통령 선거에서는 그 지지를 이어가지 못한 이유는 정당중심의 선거전략을 구사했던 한나라당에 비하여 후보자 중심의 선거전략을 바탕으로 한 민주당이 유권자 동원에 효과를 발휘했기 때문인 것이다.

■ 참고문헌

강원택. 1999. "유권자의 선택과 TV선거 운동의 효과." 『한국정치연구』 서울대.
    8권.

김영태. 2002. "제16대 대선후보 민주당 경선의 정치적 의미와 평가." 미발표 논
    문.

김 욱. 2002. "선거와 정치주식시장." 『한국정치학회보』 36집 2호.

신혁승 · 한경동. 1998. "선거와 실험정치 주식시장." 『경제교육연구』 4호.

안부근. 2003. "지지도 변화와 투표행태." 『16대 대선의 선거과정과 의의』. 서울
    대학교 한국정치연구소 발표논문.

이갑윤. 2002. "지역주의의 정치적 정향과 태도." 『한국과 국제정치』 18권 2호.

이현우. 1998. "한국에서의 경제투표" 이남영 편. 『한국의 선거 Ⅱ』. 서울: 푸른
    길.

_____. 2001. "선거사안과 후보지지도 변화: 15대 대선의 경우." 『국가전략』 7
    권 2호.

조기숙. 1998. "쉬운 쟁점의 선거전략 - 미국의 인종쟁점과 한국의 지역주의 쟁점
    비교분석." 『한국정치학회보』 32집 4호.

조중빈. 1993. "유권자의 여야성향과 투표행태." 이남영 편. 『한국의 선거 Ⅰ』.
    서울: 나남.

Campbell, Angus, Philip E. Converse, Warren E. Miller, and Donald E. Stokes.
    1960. *The American Voter.* New York: Wiley.

Carmines, Edward G., and James A. Stimson. 1980. "The Two Faces of Issue
    Voting." *American Political Science Review,* 74: 78-91.

Downs, Anthony. 1957. *An Economic Theory of Democracy.* New York: Harp-
    er and Row.

Fiorina, Morris P. 1981. *Retrospective Voting in American National Elections.*
    New Heaven: Yale University Press.

Jackson, John E. 1975. "Issues, Party Choices, and Presidential Votes." *Ameri-*

can *Journal of Political Science*. 19: 161-85.

Jacobson, Gary C., and Samuel Kernell. 1981. *Strategy and Choice in Congressional Elections*. New Heaven: Yale University.

Lazarsfeld, Paul F., Bernard Berelson, and Hazel Gaudet. 1944. *The People's Choice*. New York: Duell, Sloan and Pearce.

Page, Benjamin I. 1978. *Choices and Echoes in Presidential Elections*. Chicago: University of Chicago.

제3장

16대 대선에서 세대, 이념 그리고 가치의 영향력

김 욱

I. 서론

지난 2002년 12월의 16대 대통령선거는 여러 가지 측면에서 그 의의를 찾을 수 있다. 그러나 한국 민주주의의 발전과 공고화라는 측면에서 볼 때 가장 중요한 점은 지역주의가 약화된 반면, 세대 및 이념의 중요성이 부각되었다는 점이다. 다시 말하면, 균열구조의 변화 가능성이 보였다는 사실이다.

이미 널리 알려진 바와 같이, 지역주의는 1980년대 후반부터 한국의 선거에서 가장 지배적인 영향력을 행사해 왔던 요인이다. 지난 16대 대선도 지역주의의 영향으로부터 완전히 벗어난 것은 아니다. 그러나 과거에 비해 그 영향력이 약화된 것만은 분명하며, 더 나아가 지역주의의 성격이 근본적으로 변화하고 있다는 주장도 제기되고 있다 (김욱 2004).

지역주의의 영향력이 약화된 반면, 세대 및 이념의 영향력은 매우

강하게 나타났다. 다음 절에서 보다 자세히 논의하겠지만, 세대와 이
념은 서로 밀접한 연관을 맺고 있는 두 개의 별도의 요인이다. 물론
이 두 요인 모두 과거의 선거에서도 일정한 영향력을 행사해 왔지만,
지난 16대 대선에서는 그 영향력이 크게 증가했다. 특히 젊은 세대와
기성 세대 간의 투표 행태의 차이는 극심하였으며, 대부분의 분석에
따르면 이것이 노무현 후보의 승리에 크게 기여한 것으로 나타나고
있다.

   그런데 이러한 세대와 이념의 중요성 증가라는 현상의 기저에는 한
국 유권자의 가치변화가 자리잡고 있다. 지난 16대 대선에서 나타난
세대간 투표행태의 극심한 차이도, 또한 보수-진보 간 극명한 이념 대
결도 유권자의 변화된 가치관에 기인하고 있다는 것이다. 특히 이 글
에서 주목하는 것은 젊은 유권자를 중심으로 발견되고 있는 탈물질주
의적 가치(post-materialistic values)의 대두와 확산이다.

   이 글은 모두 5개의 절로 구성되어 있다. 다음 Ⅱ절에서는 이 글에
서 다루고자 하는 핵심 요인인 세대, 이념, 가치에 대해서 개념적, 이
론적으로 논의한다. Ⅲ절에서는 지난 16대 대선 설문자료를 중심으로
세대와 이념이 미친 영향력을 경험적으로 분석한다. Ⅳ절에서는 세계
가치조사(world value surveys) 자료를 중심으로 탈물질주의적 가치
와 세대 및 이념과의 관계를 살펴본다. 마지막 Ⅴ절에서는 탈물질주
의가 한국 민주주의의 미래에 주는 시사점을 논의한다.

Ⅱ. 세대, 이념, 그리고 가치: 개념적 논의와 이론적 논의

   본 논문에서 가장 중점적으로 다루고자 하는 핵심 요인은 세대, 이념,
그리고 가치이다. 이번 절에서는 이들 세 변수의 관계에 대해서 이론적
으로 논의하고자 한다. 그러나 이들 간의 관계에 대한 논의에 앞서 먼저
이 세 가지 요인에 대한 개념적인 논의가 선행되어야 할 것이다.

1. 세대

세대(generation)란 용어는 여러 가지 의미로 사용되고 있다. 일반적으로는 일정한 연령대에 속하는 사람들을 총괄하여 세대라고 부르고 있다. 그러나 학술적으로는 더 한정적으로 사용하고 있다. 출생시기가 거의 같고, 역사적 체험을 공유하며 이로 인하여 유사한 견해나 감각, 그리고 그에 따른 유사한 행동양식을 나타내는 한 무리의 동시대인이라고 정의할 수 있다.

문제는 이러한 세대를 구분하는 일이다. 생물학적으로는 일반적으로 30년을 기준으로 세대를 구분하고 있지만, 사회학적으로는 그리 간단하지 않다. 어떤 역사적 체험을 중시할 것인가, 그리고 같은 세대가 실제로 얼마나 유사한 태도와 행동을 보이고 있는가에 대한 논란이 늘 뒤따르기 때문이다. 물론 언론에서는 386세대, 4.19세대, X세대, N세대 등 수많은 용어를 만들어 사용하고 있지만, 그 이론적 · 경험적 기반은 그리 단단하다고 볼 수 없다. 보다 정교한 이론과 체계적인 검증이 뒷받침되지 않는 한, 세대란 용어의 학술적인 사용은 조심스러울 수밖에 없다.

이러한 어려움에도 불구하고, 조중빈(2003)은 주요 정치적 사건을 중심으로 한국의 유권자를 몇 개의 세대로 나누고자 시도한 바 있다. 대략 7~10년을 주기로 하여, 한국전쟁세대, 전후세대, 유신체제세대, 민주화-노동운동 세대, 탈냉전세대, 탈정치화세대 등 6개의 정치 세대로 구분하였다.[1]

---

1) 한국보다는 선행 연구가 풍부한 미국의 경우에도 정치 세대 구분은 그리 쉽지 않다. 예를 들어, 퍼트남(Putnam 2000)은 미국 유권자를 2차 세계대전 이전에 탄생한 "long civic" 세대, 전후 1946~64년 사이에 탄생한 "baby boom" 세대, 그리고 1965년 이후 탄생한 "X" 세대로 구분한 바 있다. 그러나 실제 경험적 분석에서는 이러한 특정 세대를 기준으로 하기보다는 통상적인 10년 주기를 기준으로 사용하고 있다.

물론 이러한 시도가 탐색적인 가치를 갖는 것은 분명하다. 그러나 필자도 인정하고 있는 바와 같이, 아직 선행 연구가 부족한 상태에서 이러한 구분이 갖는 자의적인 성격을 피하기는 어렵다고 본다.

이 글에서는 구체적인 이름을 붙여서 세대를 구분하기보다는 단순히 10년을 주기로 연령별로 세대를 구분하도록 한다. 앞서 언급한 바와 같이 아직 이론적, 경험적 토대가 미비한 상태에서 이러한 전략이 안전하다고 판단하기 때문이다. 보다 중요하게는 이 글의 목적이 각 정치 세대의 특성 파악 그 자체에 있는 것이 아니라 세대별 가치와 이념의 차이를 분석하는 데에 있다는 점에서, 각 세대에 구체적인 이름을 붙일 필요성이 그리 크지 않기 때문이다.

여기서 한 가지 강조할 점은 이처럼 통상적인 20대, 30대, 40대, 50대, 60대의 구분을 사용한다고 해서 이 글이 세대의 사회학적 특성보다 생물학적 특성을 중시하는 것은 아니라는 사실이다. 곧 뒤에서 논의되겠지만, 이 글에서 세대의 중요성은 젊음-늙음이라는 생물학적 특성보다는 각 세대가 갖고 있는 고유한 가치관과 태도라는 사회학적 특성에 있다. 다만 그러한 세대의 사회학적 특성을 구체적으로 파악하지 못한 상태에서 각 세대에 고유한 이름을 붙이는 것이 위험하기 때문에 단순히 10년을 주기로 세대를 구분하려는 것이다.[2]

2. 정치 이념

정치이념(political ideology)의 원래 의미는 한 개인이 생각하는 가장 이상적인 정치 상태를 의미하는 것이다. 그러나 이 용어의 실질적인 유용성은 복잡한 정치적 실체를 단순화시켜 조직함으로써 잠재적으로 무한하게 존재하는 정책이슈와 정당, 그리고 사회 단체에 대한

---

2) 물론 이러한 10년을 기준으로 한 기계적인 세대 구분이 대략 7~10년을 기준으로 한 조중빈(2003)의 세대 구분과 경험적으로는 상당 부분 일치하고 있다.

전반적인 태도를 제공해 주는 데에 있다. 다시 말하면, 일종의 정보 요약 도구(information short-cut)의 기능을 수행하는 것이다(Downs 1957; Sniderman et al. 1991).

현대정치에서의 정치이념은 일반적으로 좌파(진보)-우파(보수)의 차원에서 논의되고 있다. 이러한 구분은 서구 정치의 역사에서 출발하였으나, 비단 서구 정치뿐만 아니라 현대의 모든 정치체제에서 어느 정도의 적실성을 갖고 있다고 할 수 있다. 물론 각 국가의 독특한 정치 상황에 따라, 그리고 시대적 상황에 따라 진보-보수의 의미와 내용이 달라지는 것은 당연하다. 예를 들어, 서유럽에서의 진보-보수는 전통적으로 사회적 계급과 종교에 의해 많은 영향을 받았음에 반해, 한국에서는 두 요인의 영향력이 별로 크지 않다.

이러한 국가별, 시대별 다양성에도 불구하고, 진보-보수의 정치이념 구분에 공통적인 의미가 있음은 분명하다. 그것은 바로 보다 평등주의적인 방향으로의 사회 변화에 대한 태도로서, 진보가 이에 대해 적극적인 지지를 보내는 입장이라면, 보수는 이에 대해 반대 혹은 신중한 입장을 취하고 있다. 그리고 중요한 것은 시간과 공간을 초월하여 가장 기본적인 정치적 투쟁은 바로 이러한 변화와 현상유지를 둘러싸고 발생해 왔다는 사실이다. 바로 이러한 이유로 좌파-우파 혹은 보수-진보의 구분은 오랜 세월에 걸쳐서 새롭게 부상한 이슈들을 포괄하며 계속 유지해 올 수 있었던 것이다.

엄밀하게 말하면 진보-보수, 그리고 좌파-우파의 구분은 동일한 것이 아니다. 진보-보수는 보다 일반적이고 철학적인 기반을 갖고 탄생한 데 반해, 좌파-우파는 서유럽 역사의 구체적인 맥락에서 탄생한 매우 정치적인 색채가 강한 용어이다.[3] 필자의 개인적인 견해로는 정치이념으로서 사용하는 경우에는 정치적 색채가 분명한 좌파-우파가 보다 적절한 용어라고 생각한다. 다만 한국 사회에서 이 용어가 갖는 생

---

3) 이에 대한 보다 자세한 논의는 김경미(2004)를 참조.

소성 및 이중성 때문에 한국에서의 정치이념 논의에서는 진보-보수라는 용어를 주로 사용하고 있으며, 이 글에서도 이러한 일반적 관행을 따르도록 하겠다.

3. 가치

가치(values)는 정치문화 연구에 있어서 핵심적인 위치를 차지하고 있다. 정치문화 연구의 선구자격이라고 할 수 있는 로키치(Rokeach 1968)는 정치문화를 신념(beliefs), 태도(attitudes), 그리고 가치(values), 세 개의 계층으로 분류하였다. 이 중에서 가장 구체적이고 표피적인 것이 신념으로서 이는 구체적인 대상이나 문제에 대한 개인의 견해나 믿음을 의미한다. 태도는 의견보다는 일반적이고 심층적인 개인의 성향을 의미한다. 마지막으로 가치는 개인의 가장 심층적인 가치관으로서, 이는 한 개인이 이 세상을 바라보고 이해하는 기본적인 시각을 의미한다.

이 세 가지가 서로 연결되어 있음은 물론이다. 그 중에서도 가장 일반적이고 중요한 것은 가치로서, 가치는 태도에 영향을 주고, 가치와 태도에 영향을 받아 구체적인 신념이나 의견이 형성된다고 할 수 있다. 예를 들면, 한 개인이 이 세상을 살아가는 데 있어서 가장 중요하게 여기는 가치가 "독립성"(independence)이라고 하자. 이러한 가치를 가진 사람은 미국이라는 우리의 우방이자 초강대국에 대해서 그리 긍정적인 태도를 가지기가 어렵다. 왜냐하면 미국은 자신의 힘을 배경으로 그리고 우리의 우방임을 명분으로 우리에게 상당한 영향력을 행사하려고 하기 때문이다. 마지막으로 이러한 가치와 태도는 주한미군 철수와 같은 구체적인 사항에 대한 이 사람의 신념과 의견에 영향을 미친다. 주한미군 철수가 가져오는 여러 가지 부정적인 효과에도 불구하고, 이 사람은 이에 크게 반대하지 않을 가능성이 클 것이다.

이러한 정치문화의 3층 구조에 착안한다면, 정치문화 연구에 있어서 가장 핵심은 그 사회 구성원들의 가치체계라고 할 수 있다. 대중의 가치체계를 이해하고 나면, 그들의 정치적 태도 및 구체적인 이슈에 대한 신념이나 의견은 쉽게 이해할 수 있기 때문이다. 특히 한 사회의 정치문화의 변동을 연구하는 경우에 있어서는 더더욱 이러한 기본적인 가치의 변화에 초점을 맞출 수밖에 없다.

한 개인의 가치체계는 다양한 요소들로 구성되어 있지만, 특히 정치문화의 변동에 관한 연구에 있어서 중요한 연구 대상이 되었던 것으로는 권위주의, 그리고 물질주의-탈물질주의 등을 들 수 있다. 권위주의에 대한 연구는 제3세계 국가의 근대화 및 민주화 과정과 관련하여 많은 이들의 관심을 끌었다. 한편 물질주의-탈물질주의 가치는 보다 최근 들어 이미 후기 산업사회에 들어간 서유럽 국가들의 정치문화의 변동에 대한 연구에서 부각되었다. 이 글에서는 후자, 즉 물질주의-탈물질주의 가치에 초점을 맞추고 있다.

4. 가치와 이념

먼저 여기서 분명히 해야 할 점은 가치와 이념 두 개념 간의 관계이다. 사실 가치와 이념을 구분하는 경계가 그리 분명한 것은 아니다. 둘 모두 여러 가지 다양한 구체적인 이슈에 대한 일관되고 통일된 성향을 나타내는 일종의 신념체계이기 때문이다. 또한 앞에서 언급한 바와 같이, 정치이념의 기저에는 변화라는 가치에 대한 판단이 깔려 있는 것이 사실이다. 그러나 두 개념의 차이점은 분명 존재한다.

이념은 그 철학적 기반과는 별도로 구체적인 정당이나 정치적 운동에 의해 주창되는 정치적 행동 계획과 깊은 관련이 있다. 따라서 대부분의 경우 다분히 의도적이고 명시적인 교육과 설득의 결과로서 의식적으로 채택된다. 반면에 가치는 한 개인이 경험한 사회화 전반을 반영하는 것으로서, 이념에 비해 정치적 관련성이 상대적으로 떨어진다. 특히 사회화는 크게 의식적(직접적) 사회화와 무의식적(간접적)

사회화로 구분되는데, 그 중에서도 특히 어린 시절에 경험하는 무의
식적인 사회화가 가치 형성에 가장 중요한 것으로 이해되고 있다.

〈표 1〉에서는 이상에서 논의된 이념과 가치의 차이를 정리하고 있
다. 요약하자면, 가치란 이념과는 달리 어린시절의 무의식적인 사회
화를 통해 형성되며, 이념에 비해 정치적 행동과 비교적 멀리 떨어져
있으며, 이념에 비해 인지적 요소보다 감정적 요소가 강하며, 또한 이
념보다 쉽게 변하지 않는 속성을 갖고 있다. 결국 가치는 이념보다 더
욱 기저에 있는 것으로서, 이념에 의해 가치가 영향을 받기보다는 가
치가 이념에 영향을 준다고 보는 것이 더욱 타당할 것이다.

〈표 1〉 이념과 가치의 차이점

	주된 형성 방식 (사회화 유형)	정당 및 정치적 행동과의 관련성	인지/감정	변화 가능성	양자간 인과관계
이념	의도적인 교육과 설득	상대적으로 가까움	인지적 요소 강함	상대적으로 변화 가능성이 큼	가치의 영향을 받음
가치	무의식적인 사회화	상대적으로 멈	감정적 요소 강함	상대적으로 변화 가능성이 작음	이념에 영향을 줌

5. 세대와 이념, 그리고 가치

세대와 정치이념이 지난 16대 대선에서 상당한 영향력을 행사하였
음은 이미 앞에서 언급하였다. 그리고 이는 곧 다음 절에서 경험적으
로 검증해 볼 것이다. 그런데 이 두 요인은 각기 독립적인 영향력을 행
사하고 있지만, 동시에 서로 밀접한 관계를 갖고 있는 것이 사실이다.
일반적으로 젊은 세대일수록 진보적 성향을 가지고 있으며, 반대로
기성세대의 경우 상대적으로 보수적 성향을 가지고 있는 것으로 널리
알려져 있다.

사실 이러한 세대간 이념의 차이는 두 가지의 전혀 다른 과정에 의해서 발생할 수 있다. 하나는 소위 인생주기 효과(life-cycle effects)로서, 인생의 시기에 따라서 이 세상을 보는 시각이 달라진다는 것이다. 흔히 젊은 시절에는 가진 것이 별로 없기 때문에 사회의 변화에 보다 긍정적인 시각(즉 진보적인 시각)을 갖게 되지만, 반대로 나이가 들수록 가진 것이 많아지면서 사회의 변화보다는 안정 쪽에 더 무게를 두는 보수적인 시각을 갖게 된다고 한다. 게다가 젊은 시절에는 사회 경험이나 현실 감각이 뒤떨어지기 때문에 사회의 변화 가능성에 매우 낙관적인 반면, 사회 변화가 얼마나 위험하고 어려운지에 대하여 보다 현실적인 감각을 갖고 있는 기성 세대는 그러한 변화에 대해 낙관적일 수만은 없다고 한다. 이러한 인생주기 효과는 비단 한국뿐만 아니라 대부분의 사회에 적용된다고 할 수 있다.

이러한 인생주기 효과와는 별도로 세대간 이념 차이에 영향을 미칠 수 있는 또 하나의 과정은 세대간 가치관의 차이에 따른 소위 세대 효과(generational effects)이다. 각 세대마다 다른 사회경제적 환경 속에서 다른 사회화 과정을 경험함으로써, 각 세대는 서로 다른 독특한 가치관을 갖게 될 수 있다. 그런데 이러한 가치관의 차이가 각 세대의 정치이념의 차이를 야기할 수 있다는 것이다.

보다 구체적으로, 이 글에서 초점을 맞추고 있는 것은 물질주의적 가치관을 가진 세대와 탈물질주의적 가치관을 가진 세대간에 발생할 수 있는 정치 이념의 차이이다. 일반적으로, 탈물질주의적 가치관을 가진 세대일수록 진보적인 정치이념을 가질 가능성이 높을 것이다. 탈물질주의자는 아직 사회에서 소수에 불과하기 때문에,[4] 물질주의자의 주도하에 형성된 기존의 사회질서에 만족하지 않을 가능성이 높

---

4) 물론 세월이 많이 지나 탈물질주의자가 사회의 다수가 되어 이들이 원하는 사회질서가 형성되어 있다면, 이러한 가설은 달라질 수 있다. 그러나 아직 탈물질주의적 가치가 이제 막 부상하고 있는 한국의 경우는 물론이고, 이미 상당한 탈물질주의화가 진행된 서구 사회에서도 이들이 바라는 이상적인 사회가 완

다. 따라서 이들은 사회의 변화에 보다 긍정적인 입장을 취하는 정치적 진보에 끌리는 경향을 갖게 될 것이다(Inglehart 1990).[5]

그런데 이러한 세대간 가치관의 차이에 따른 정치이념의 차이는 각 사회마다 다르게 나타날 수 있다. 예를 들어 이미 지난 70년대부터 탈물질주의적 가치관이 대두된 서구 사회의 경우 젊은 세대와 기성 세대 간에 적어도 물질주의-탈물질주의 차원에서의 커다란 가치관의 차이는 존재하지 않을 것이며, 따라서 그에 따른 세대간 정치이념의 차이도 그리 크지 않을 것이다. 반면 한국 사회와 같이 최근 들어서 탈물질주의화가 급속히 진행되고 있는 경우에는(어수영 2004) 세대간 가치관의 차이에 따른 정치 이념의 차이가 존재할 가능성이 높다. 보다 구체적으로 물질주의적 가치관을 갖고 있는 기성 세대에 비해 탈물질주의적 가치관을 갖고 있는 젊은 세대는 보다 진보적인 정치이념을 가질 가능성이 높을 것이다.

한국 사회에서 발견되고 있는 세대간 급격한 정치이념의 차이는 앞서 언급한 인생주기 효과보다는 세대 효과의 영향을 더 많이 받는 것으로 생각한다. 물론 인생주기 효과가 어느 정도 있는 것을 부정할 수는 없을 것이다. 그러나 한국 사회에서의 세대간 이념 차이가 다른 사회에 비해 훨씬 더 크다는 점을 고려할 때, 이러한 차이의 상당 부분은 각 세대가 갖는 상이한 가치관에서 기인한다고 보아야 할 것이다.

지금까지의 논의를 정리하면, 한국 사회에서 세대와 이념은 아주 밀접한 관계를 가지고 있다. 구체적으로 젊은 세대일수록 진보적인

성되기까지는 많은 세월이 필요하다. 사회의 변화는 그 속성상 매우 느리게 진행되며, 특히 정치문화의 변화와 사회제도의 변화 사이에는 늘 시간차가 발생하기 때문이다.

5) 물론 여기서의 진보란 사회적 변화를 추구한다는 폭넓은 의미의 진보로서, 노동자의 이익을 대변하는 고전적 의미의 진보(혹은 좌파)와는 조금 다른 의미이다. 탈물질주의적 가치가 기존의 좌-우 정치이념의 변화에 미치는 영향에 대한 보다 자세한 논의는 Inglehart(1990)을 참조.

정치이념을 가질 확률이 높다. 그런데 이러한 세대와 이념 간의 관계에 영향을 미치는 가장 중요하고 근본적인 요인은 각 세대가 갖고 있는 상이한 가치관이다. 즉 탈물질주의적 가치관을 가진 젊은 세대는 상대적으로 물질주의적 가치관이 강한 기성 세대에 비해 진보적인 이념을 갖게 된다는 것이다.

III. 세대와 이념의 영향력 분석: 16대 대선 자료를 중심으로

이번 절에서는 지난 16대 대선에서 세대와 이념이 미친 영향을 경험적으로 분석하고자 한다. 가장 이상적인 것은 세대, 이념과 함께 가치의 영향력을 함께 분석하는 것이나, 16대 대선 관련 설문조사에는 유권자의 탈물질주의적 가치관을 제대로 측정할 수 있는 설문이 포함되어 있지 않다. 따라서 여기서는 일단 세대와 이념의 영향력을 지역주의 등 다른 요인의 영향력과 비교하는 데 초점을 맞추고, 가치의 영향력은 별도의 설문을 사용하여 다음 절에서 고찰해 보도록 한다.

1. 세대와 투표 선택

지난 16대 대선에서 세대가 투표 선택에 미친 영향은 선거 직후 언론을 통해 크게 강조된 바 있으며, 그 후 학술 논문을 통해서도 검증된 바 있다(조중빈 2003). 따라서 여기서는 대선 직후 실시된 설문조사 자료를 이용하여 그 영향력을 다시 한 번 확인해 보고자 한다. 이 자료는 한국사회과학데이터센터가 제공하였으며, 표본 수는 1,500명이고 면접조사를 통해 수집되었다.

〈표 2〉는 세대와 투표선택과의 관계를 교차분석을 통해서 살펴 보고 있다. 투표 선택의 경우 분석의 편의를 위해 이회창, 노무현 두 후보 이외의 다른 후보를 선택하거나 기권한 유권자 집단(약 250명)은

〈표 2〉 세대별 투표 선택

세대	투표 선택		전체
	이회창	노무현	
20대	72 (26.7%)	198 (73.3%)	270 (100%)
30대	109 (34.8%)	204 (65.2%)	313 (100%)
40대	134 (48.0%)	145 (52.0%)	279 (100%)
50대	91 (52.0%)	84 (48.0%)	175 (100%)
60대 이상	103 (48.4%)	110 (51.6%)	213 (100%)
전체	509 (40.7%)	741 (59.3%)	1,250 (100%)

카이 제곱 = 47.142, 유의 수준(양쪽 검정):.000

분석에서 제외하였다. 그리고 세대는 앞에서 언급한 대로 20대부터 60대 이상까지 5개의 집단으로 분류하였다.

교차분석 결과는 예상한 바와 같다. 젊은 세대일수록 노무현 후보를 선택할 확률이 높았으며, 반대로 기성 세대에서는 이회창에 대한 지지도가 상대적으로 높았다. 20대, 30대 유권자의 경우 노무현 지지자가 각기 73.3%, 65.2%를 차지한 데 반해, 50대 이상 유권자의 경우는 노무현을 선택했다고 응답한 비율이 50대는 48.0%, 60대 이상은 51.6%에 머물렀다. 이는 상당한 차이로서, 카이제곱 검증 결과 .000 수준에서 통계적으로 유의미하였다.

분석 결과에 따르면 모든 세대에 걸쳐서 실제 선거 결과에 비해 노무현 지지도가 높게 나타나고 있다. 이는 설문조사가 갖는 한계의 하나로서, 행동을 직접 관찰하는 것이 아니라 행동을 사후 보고하는 형식을 취하기 때문에 발생하는 오차이다.[6]

선거 후 설문조사에서는 상당수 응답자가 의식적, 혹은 무의식적으로 당선된 후보를 찍었다고 거짓 보고함으로써 자신의 행동을 합리화하는 경향이 있기 때문이다. 이러한 오차는 이번 설문조사뿐만 아니라 대부분의 설문조사에서 통상적으로 발생하고 있다.[7]

물론 본 분석에서 중요한 것은 실제 각 후보가 받은 투표율이 아니고 세대간 투표율의 차이이기 때문에, 이러한 오차가 분석에 결정적인 영향을 미치는 것은 아니다. 다만 60대 이상 유권자의 경우 노무현 지지자가 절반을 넘었을 뿐만 아니라, 50대 유권자보다 오히려 노무현 지지도가 높게 나타난 현상은 아무래도 이러한 오차의 영향을 받은 탓으로 생각된다. 아마도 60대 이상 유권자의 경우 당선된 후보를 찍었다고 거짓 보고하는 응답률이 상대적으로 높은 것이 아닌가 추정된다.

보다 중요한 논의는 왜 젊은 세대가 기성 세대에 비해서 상대적으로 노무현을 지지할 확률이 높았는가 하는 것이다. 이에 대해서는 논란도 많고, 여러 가지 대안적 설명이 제시되고 있다. 대표적인 예로서, 노무현 후보의 감성을 강조하는 정치스타일과 광고가 젊은 유권자에게 크게 어필했다는 주장이 있다. 또한 지역주의 타파를 주장하는 노무현의 메시지가, 상대적으로 지역주의적 색채가 약한 젊은 유권자에게 더 잘 먹혔다는 설명도 설득력이 있다.

여기서 여러 대안적 설명의 옳고 그름을 판단할 생각은 없다. 다만 여러 가지 요인들이 동시에 작용하는 가운데에서도, 필자의 판단에 가장 중요하게 작용한 요인은 젊은 세대와 기성 세대의 정치이념의 차이라고 생각한다. 기성 세대에 비해 상대적으로 진보적인 성향이

---

6) 설문조사가 갖는 이러한 한계에 대한 자세한 논의는 김욱(2002)을 참조.

7) 이처럼 설문조사 결과와 실제 선거 결과가 자주 다르게 나오는 또 한 가지 항목은 투표 참여율이다. 통상적으로 설문조사 결과 실제 투표율보다 높게 나오는데, 이 또한 투표참여가 바람직한 행동이라고 믿는 유권자가 투표를 안 하고서 투표했다고 거짓 보고하기 때문에 발생하는 현상으로 알려져 있다.

〈표 3〉 세대와 정치이념

세대	정치 이념			전체
	진보	중도	보수	
20대	176 (49.3%)	120 (33.6%)	61 (17.1%)	357 (100%)
30대	201 (52.6%)	119 (31.2%)	62 (16.2%)	382 (100%)
40대	125 (37.5%)	97 (29.1%)	111 (33.3%)	333 (100%)
50대	61 (31.3%)	56 (28.7%)	78 (40.0%)	195 (100%)
60대 이상	53 (22.7%)	92 (39.5%)	88 (37.8%)	233 (100%)
전체	616 (41.1%)	484 (32.3%)	400 (26.7%)	1500 (100%)

카이 제곱 = 105.996, 유의 수준(양쪽 검정):.000

강한 젊은 세대가 이회창에 비해 상대적으로 진보적 이미지가 강한 노무현을 지지할 확률이 높았다는 것이다. 물론 앞에서 이미 강조한 바와 같이, 이러한 세대간 이념의 차이의 기저에는 세대간 가치관의 차이가 자리잡고 있다고 생각한다.

실제로 세대와 이념과의 관계를 살펴보면 양자는 아주 밀접한 관계를 맺고 있다. 〈표 3〉에 따르면, 20대, 30대 유권자의 경우 50대, 60대 이상 유권자에 비해 진보적 성향을 가질 확률이 훨씬 높게 나타나고 있다. 20대와 30대 중 자신이 진보라고 응답한 비율이 각기 49.3%, 52.6%임에 반해, 50대와 60대 이상에서는 그 비율이 각기 31.3%와 22.7%로 떨어진다. 카이제곱 검증 결과 두 변수 간 관계 역시 .000 수준에서 통계적으로 유의미하였다.

그렇다고 정치이념의 차이가 세대가 투표선택에 미친 영향력을 전부 설명하는 것은 물론 아니다. 이념 외에 다른 경로를 통해 세대가 투표 선택에 영향을 미쳤을 가능성은 이론적으로 얼마든지 열려 있다. 앞에서 언급한 대안적 설명은 두 개의 예에 불과하며 그 밖에도 여러 가지 다른 요인이 작용할 수 있다. 또한 다음의 회귀분석에서 살펴보 겠지만, 경험적으로도 정치이념을 통계적으로 통제한 상태에서도 세 대는 투표선택에 상당한 영향력을 행사하고 있다.

결론적으로, 세대는 지난 대선에서 유권자의 투표 선택에 커다란 영향을 미친 매우 중요한 요인임에 틀림없다. 그런데 세대가 영향력 을 미친 경로는 여러 가지가 이론적으로 가능하지만, 그 중에서도 가 장 중요한 것은 세대간 정치이념의 차이를 통한 것이라고 생각한다. 다르게 표현하자면, 세대와 이념은 이번 선거에서 커다란 영향을 미 친 두 개의 요인으로서, 각기 별도의 영향력을 행사하면서, 동시에 양 자는 서로 밀접한 연관을 맺고 있다는 것이다.

2. 정치이념과 투표 선택

세대와 함께 지난 16대 대선에서 커다란 영향력을 미친 요인 중의 하나는 정치이념이다. 정치이념에 대한 개념적 논의는 앞에서 이미 했기 때문에, 여기서는 정치이념의 측정방법을 설명한 후 정치이념과 투표선택과의 관계를 고찰해 보고자 한다.

정치이념을 측정하는 방법에는 크게 두 가지가 있다. 하나는 응답 자 자신이 밝힌 이념성향을 활용하는 주관적인 측정방법이며, 다른 하나는 여러 가지 이슈에 대한 응답자의 의견을 종합하여 연구자가 객관적으로 각 응답자의 이념성향을 측정하는 방법이다. 일반적으로 는 후자가 전자보다 타당성이 높은 측정으로 알려져 있으나, 이 글에 서는 전자, 즉 주관적인 측정을 통한 자료를 사용한다.

그 이유는 이번 설문에는 유권자의 이념성향을 진단할 수 있는 문 항들이 각 이슈 영역별로 다양하게 포함되어 있지 않기 때문이다. 그 리고 실제 다양한 문항으로 객관적으로 이념성향을 측정한 경우에 이

<표 4> 정치이념별 투표 선택

이념성향	투표 선택		전체
	이회창	노무현	
진보	115 (22.5%)	395 (77.5%)	510 (100%)
중도	169 (43.3%)	221 (56.7%)	390 (100%)
보수	225 (64.3%)	125 (35.7%)	350 (100%)
전체	509 (40.7%)	741 (59.3%)	1,250 (100%)

카이 제곱 = 151.386, 유의 수준 (양쪽 검정):.000

를 주관적으로 측정한 것과 경험적으로 비교해 보면, 양자간에는 매우 높은 상관계가 발견되기 때문에 (김욱·장수찬 2004), 주관적 측정 자료의 사용이 커다란 문제는 아니라고 생각한다.[8]

이번 설문조사에서는 응답자에게 "매우 진보", "약간 진보", "중도", "약간 보수", "매우 보수" 등 5개 중 하나를 선택하도록 하였다. 그런데 조사 결과 "매우 진보" 및 "매우 보수"라고 응답한 유권자는 극소수에 불과했다. 여기서의 교차분석에서는 분석의 편의를 위해 이들을 각기 "약간 진보"와 "약간 보수"와 합쳐, 결과적으로 "진보", "중도", "보수" 세 개의 집단으로 재분류하였다. 투표선택 역시 앞에서와 마찬가지로 이회창, 노무현 두 후보만 고려하였다.

정치이념과 투표선택과의 관계는 역시 예상한 바와 같았다. <표 4>의 교차분석 결과에 따르면, 진보적 이념성향을 가진 유권자일수록

---

8) 다만 이슈 영역을 구분하여(정치, 경제, 사회 등) 응답자의 정치이념을 측정하고자 하는 경우에는 객관적인 측정방법을 반드시 사용해야 할 것이다(김욱·장수찬 2004).

보수적 유권자에 비해 노무현을 지지할 확률이 훨씬 높았다. 진보적 유권자의 77.5%가 노무현을 지지한 반면, 보수적 유권자 중 노무현에게 표를 던진 비율은 35.7%에 불과했다. 카이검증 결과, 두 변수 간 관계는 .000 수준에서 유의미하였다.

앞에서 살펴본 세대와 투표선택과의 관계와 비교해 볼 때, 정치이념과 투표선택의 관계는 더욱 강한 것으로 나타나고 있다. 예를 들어, 세대의 경우 노무현 지지율이 가장 높은 집단과 가장 낮은 집단의 노무현 지지율의 차이가 25.3%포인트(20대 73.3% - 50대 48.0%)임에 반해, 이념의 경우 진보적 유권자와 보수적 유권자의 노무현 지지율의 차이는 무려 41.8%포인트에 달하고 있다.

물론 이는 평면적인 비교에 불과할 뿐이다. 이미 앞에서 언급한 바와 같이 세대는 정치이념을 통해서 간접적으로도 투표선택에 영향을 미치고 있기 때문에, 이러한 분석 결과만 가지고 세대보다 정치이념이 더욱 중요하다고 할 수는 없을 것이다. 다만 정치이념과 투표선택 간의 이러한 강한 관계를 고려할 때, 세대가 투표선택에 미치는 영향력 중에서 정치이념을 통해 간접적으로 미치는 영향력이 가장 중요하다는 앞에서의 주장이 상당한 설득력을 갖는다고 할 것이다.

이처럼 지난 대선에서 정치이념의 영향력이 크게 나타난 원인은 무엇일까? 한 가지 가능한 설명은 이회창, 노무현 두 후보의 이념성향이 서로 극명하게 달랐다는 점을 들 수 있다. 대부분의 설문조사에 따르면, 유권자들이 노무현을 매우 진보적인 정치인으로, 그리고 이회창을 매우 보수적인 정치인으로 보고 있음은 분명하다. 그러나 15대 대선의 두 주요 후보인 김대중과 이회창의 이념성향도 매우 달랐다는 점을 감안할 때, 이러한 설명의 설득력은 그리 크지 않다고 판단된다.

또 한 가지 가능한 설명은 유권자 스스로의 이념적 성향이 과거보다 더욱 분명해졌다는 점을 들 수 있다. 과연 한국 유권자들이 과거보다 더욱 이념적으로 변했는가에 대해서 아직 확실한 검증은 이루어지지 않고 있다. 아직 체계적인 자료의 누적이 부족할 뿐만 아니라, 유권자의 이념성향은 조사 시기에 따라 그리고 설문항에 따라 민감하게 변화할 수 있기 때문이다.

매우 단편적이지만 지난 1997년 15대 대선직후 설문자료와 이번 16대 대선직후 자료를 비교해 볼 때, 이러한 주장은 뒷받침되지 않고 있다. 두 자료는 거의 비슷한 설문을 사용하였는데, 15대 대선의 경우 진보적 유권자의 비율이 36.3%, 중도 22.3%, 보수 41.5%였다. 5년후인 16대 대선에는 그 비율이 각기 41.1%, 32.3%, 그리고 26.7%로 변화하였다. 중도적 유권자의 비율이 오히려 약 10%포인트 증가했다는 점을 볼 때, 한국 유권자가 보다 이념적으로 변했다고 보기는 어렵다. 변화가 있다면, 보수적 유권자의 비율이 약 15%포인트 줄고, 진보적 유권자의 비율이 약 5%포인트 증가했다는 점을 들 수 있을 것이다.[9]

또 한 가지 이념의 중요성에 영향을 미쳤을 가능성이 있는 요인은 이념 외 다른 요인의 중요성 약화이다. 특히 그동안 한국 선거에서 가장 지대한 영향력을 미쳐왔던 지역주의 요인이 약화되었다면, 상대적으로 이념의 중요성이 증가될 수 있었을 것이다. 그렇다면 과연 지난 16대 대선에서 지역주의 요인은 영향력은 어떠하였는가? 다음의 회귀분석에서는 세대, 이념, 지역주의 등 지금까지 논의된 주요 변수들을 동시에 고려해 보도록 한다.

3. 세대, 이념, 그리고 지역주의: 다중회귀분석

앞에서 세대와 이념이 지난 16대 대선에서 매우 중요한 요인으로 작용했음을 살펴 보았다. 여기서는 이 두 변수와 함께 다른 관련 요인들을 다중회귀분석을 통해 동시에 고찰해 보고자 한다. 모델에는 주

---

9) 이러한 소위 한국 유권자의 진보성향화는 이미 언론에도 여러 번 보도된 바 있다. 다만 앞에서 언급한 자료의 민감성을 감안할 때, 보다 체계적인 자료가 누적될 때까지 단정적인 결론은 유보되어야 할 것이다.

요 인구통계학적 변수인 성별, 교육 수준, 소득 수준 등과 함께 지역주의 변수가 추가되었다. 이러한 다변인분석을 통해 다른 변수의 영향력을 통제한 상태에서 각 변수의 영향력을 살펴보고, 또한 각 변수의 상대적 중요성을 파악해 보고자 한다.

모델에 추가된 인구통계학적 변수인 성별, 교육 수준, 소득 수준 등은 특별한 이론적 근거 없이 주로 통제의 목적으로 추가되었다. 따라서 이 세 변수가 투표선택에 어떤 분명한 영향을 행사했을 것으로 기대하지는 않았다. 물론 소득 수준의 경우는 노무현 후보가 이회창 후보에 비해 저소득층과 노동자 계급을 더욱 대변하려고 노력했다는 점에서 영향력을 행사했을 가능성이 있다. 그러나 소득 수준과 밀접한 연관을 맺고 있으면서도 더 포괄적인 변수인 이념이 동시에 분석에 포함되었기 때문에 그 영향력이 그리 크지는 않았을 것으로 예상된다.

지역주의 변수의 추가에 있어서는 그 방법에 있어서 몇 가지 어려운 결정을 해야 했다. 첫째는 지역주의를 어떻게 정의하는가의 문제이다. 정의에 따라 지역주의 변수의 성격이 달라지기 때문이다. 지역주의의 개념과 정의에 대한 논의는 이 글의 범위 밖에 있기 때문에 생략하기로 하겠다.[10]

다만 이 글에서 채택하고 있는 지역주의는 미시적 차원에서 매우 광범위한 의미로 사용되었음을 밝힌다. 즉 "한 유권자가 자기가 살고 있는 지역을 대표하는 정당의 후보에게 표를 던지는 행위"라고 정의되었다.

두 번째 직면한 문제는 어떤 정당이 어떤 지역을 대표하는가를 결정하는 것이었다. 당시 한나라당과 그 후보인 이회창이 경상지역을 대표하였음은 논란의 여지가 없다. 하지만 당시 새천년민주당과 그 후보인 노무현이 어떤 지역을 대표하였는가의 결정은 그리 간단하지 않다. 일단 앞에서 지역주의를 정의할 때 후보의 출신지역보다는 정

---

10) 이에 대한 자세한 논의는 김욱(2003)을 참조.

당을 중심으로 했기 때문에 비록 노무현이 전라지역과 그간 별 관계가 없음에도 불구하고 새천년민주당이 전라지역을 계속 대변해 왔다는 점에서 전라지역을 포함하였다.

문제는 충청지역이다. 사실 새천년민주당은 충청지역과 별 연관이 없는 정당이었으며, 노무현도 그 점에서는 마찬가지였다. 그런데 노무현이 선거공약의 하나로서 충청권으로의 행정수도 이전을 발표하면서 상황이 달라졌다. 그렇다면 과연 충청지역을 새천년민주당이 대변하는 지역으로 포함해야 할 것인가? 충청지역 유권자가 노무현에게 표를 던지는 행위를 지역주의적 투표로 볼 수 있을까?

이 글에서는 충청지역을 포함하지 않기로 했다. 노무현 및 새천년민주당과 충청지역과의 관계가 선거운동 기간 중에 갑자기 형성되었을 뿐만 아니라, 사실 그 관계 형성의 주역은 새천년민주당이라기보다는 노무현 후보 개인이라고 보아야 할 것이다. 따라서 선거 당시 새천년민주당이 충청지역을 대변하는 정당이라고 보기는 힘들다. 보다 중요하게는 우리가 알고 있는 전통적인 지역주의는 특정정치인이나 정당과 특정지역 주민과의 감정적 유대감과 그에 따른 막연한 기대감에 기반하고 있음에 반해, 충청지역의 지역주의(이를 지역주의라고 칭한다면)는 아주 구체적인 이익의 약속에 기반하고 있다. 즉 이는 전통적인 지역주의와는 구별되는 공리주의적인 성격을 강하게 띤 새로운 형태의 지역주의라고 할 수 있다(김욱 2004).

지역주의 변수의 추가와 관련하여 또 한 가지 결정은 이를 하나의 변수로 처리할 것인가, 아니면 경상, 전라 두 지역으로 구분하여 두 개의 변수로 처리할 것인가 하는 것이었다. 이 글에서는 두 개의 별도의 변수로 처리하였다. 물론 하나의 변수로 처리하는 것이 단순하고 바람직하나, 이를 위해서는 경상지역의 지역주의 투표와 전라지역의 지역주의 투표를 하나의 차원으로 묶어야 한다는 부담이 생긴다. 각 지역의 지역주의 투표가 어느 정도 독특한 특색을 가지고 있다는 점을 고려할 때 두 개의 변수로 만드는 것이 개념적으로 안전할 뿐만 아니라, 또한 두 지역의 지역주의의 상대적 중요도를 경험적으로 비교해 볼 수 있다는 부수적 이점도 발생한다.

결국 분석 모델은 총 7개의 독립변수로 구성되어 있다. 인구통계학적 변수인 성별, 교육 수준, 소득 수준 3개, 이미 앞에서 논의된 이글의 주요 변수인 세대와 이념 2개, 그리고 마지막으로 지역주의 관련 변수로서 경상지역 거주 여부와 전라지역 거주 여부 2개를 포함하고 있다. 이러한 7개 독립변수를 이회창, 노무현 두 후보에 대한 선택이

〈표 5〉 투표 선택에 대한 다중 회귀분석

변수	비표준화계수	표준오차	표준화계수 (베타)	t-value	유의 수준
상수	2.274	.093		24.488	.000
성별 (1:남성, 2:여성)	-.006	.025	-.006	-.240	.810
교육수준 (1: 중졸 이하, 3: 대졸 이상)	-.016	.021	-.025	-.764	.445
소득수준 (1: 150만 원 이하, 3: 300만 원 이상)	-.041	.019	-.059	-2.172	.030
세대 (1: 20대, 5: 60대 이상)	.049	.011	-.134	-4.334	.000
정치이념 (1:매우 진보, 5:매우 보수)	-.141	.013	-.287	-10.847	.000
경상 거주 여부 (1: 비경상, 2: 경상)	-.259	.029	-.233	-8.921	.000
전라 거주 여부 (1: 비전라, 2: 전라)	.333	.042	.209	8.010	.000

R^2=.248, 수정된 R^2=.243, F=55.312(유의수준 .000)

라는 종속변수에 다중회귀분석한 결과는 〈표 5〉와 같다.

　먼저 인구통계학적 변수를 살펴보면, 성별과 교육 수준은 투표 선택에 별다른 영향력을 행사하지 못하고 있다. 소득 수준의 경우는 어느 정도 영향력을 행사하고 있는데, 그 방향은 예상대로이다. 소득 수준이 높을수록 이회창 후보를 지지할 확률이 높은 것으로 나타났다. 다만 뒤에 언급될 다른 주요 변수들에 비해서 그 영향력이 크다고 보기는 어렵다. 유의 수준이 .03으로서 p<.01 이라는 통상적인 기준을 통과하지 못하고 있다.

　세대와 이념의 영향력은 앞에서 살펴 본 바와 크게 다르지 않다. 예상대로 젊은 세대보다는 기성 세대에서, 그리고 진보적 유권자 집단보다는 보수적 유권자 집단에서 이회창 후보를 지지할 확률이 높았으며, 두 변수의 영향력은 각기 .000 수준에서 통계적으로 유의미하였다. 두 변수의 상대적 중요도를 표준화계수(베타)의 절대값을 통해 비교해 보면, 세대가 .134, 이념이 .287이다. 역시 세대보다 이념이 더 중요하게 작용했음을 알 수 있는데, 이 또한 앞에서 살펴 본 바와 같다. 결국 여기서 확인할 수 있는 것은 세대와 이념 두 변수는 다른 변수들을 통제한 상태에서도 투표선택에 상당한(그리고 통계적으로 유의미한) 영향력을 행사했다는 사실이다.

　지역주의 관련 변수인 경상지역 거주 여부와 전라지역 거주 여부 또한 예상한 방향으로 투표 선택에 상당한 영향력을 행사하였다. 경상지역 거주자는 비경상지역 거주자에 비해 이회창을 지지할 확률이 높았으며, 반대로 전라지역 거주자는 비전라 거주자에 비해 노무현을 지지할 확률이 높았다. 그리고 두 변수의 영향력 역시 .000 수준에서 통계적으로 유의미하였다. 결국 지난 16대 대선에서도 지역주의의 영향력은 무척 강했다고 할 수 있다.

　투표 선택에 대한 두 변수의 상대적 중요도를 표준화계수의 절대값을 사용하여 비교해 보면, 경상지역 .233, 전라지역 .209로 서로 비슷하지만 경상 지역이 약간 높았다. 이는 경상지역보다는 전라지역의 지역주의 투표성향이 더 강하다는 일반적인 상식이나 집합자료 결과와는 상치되는 결과인데, 아마도 그 이유는 세대와 이념과 같은 다른 요인들을 통제했기 때문이 아닌가 추정된다. 예를 들어, 집합자료 상으로 경상지역의 이회창 지지율이 전라지역의 노무현 지지율에 비해 떨어진다고 할 때, 어쩌면 경상지역 유권자 중 노무현을 지지한 사람들의 대부분은 젊고 진보적인 유권자들일 가능성이 있다. 그럴 경우 세대와 이념을 통제하고 나면 경상지역의 지역주의 투표성향이 결코 전라지역의 그것에 뒤떨어지지 않을 수도 있다.[11]

전체적으로 보면, 지난 16대 대선에서 세대와 이념의 중요성이 크게 부각되었지만, 동시에 지역주의의 영향력도 이에 못지 않았다. 이들간의 상대적 중요도를 나타내는 베타 절대값을 비교해 보면, 이념(.287)이 가장 중요하였고, 다음으로 두 지역주의 변수(경상 .233, 전라 .209), 그리고 세대(.134) 순이었다. 물론 이러한 결과를 가지고 지난 16대 대선에서 이념이 지역주의 변수보다 중요하였다고 결론 짓는 것은 매우 위험하다. 이는 어디까지나 요약된 통계 분석 결과 중의 하나에 불과할 뿐이며, 결과가 도출되는 과정에는 다양한 종류의 오차(예를 들면 측정 오차, 표본 오차)와 이론적 오류가 숨겨져 있을 가능성이 있다.

보다 안전한 결론은 지난 16대 대선에서 과거 선거에서 거의 절대적인 영향력을 미치던 지역주의 변수 외에 세대와 이념이라는 두 변수가 새롭게 중요 변수로 부상했다는 것이다. 물론 이러한 결론을 보다 확실히 뒷받침하기 위해서는 과거 선거자료와 16대 대선 자료를 체계적으로 비교 분석하는 것이 필요하다. 예를 들어, 15대 대선에 비교할 때 과연 정말로 16대 대선에서 지역주의 변수의 영향력이 감소하였는가? 그리고 그 빈자리를 이념이라는 새로운 변수가 채웠다는

---

11) 물론 이것은 하나의 추정에 불과하며, 보다 체계적이고 치밀한 분석을 통해 검증해 보아야 할 것이다. 그러나 그 일은 이 글의 범위 밖에 있다.

앞에서의 해석이 타당한 것인가?

과거 대선 자료와 이번 16대 대선 자료에 대한 체계적인 비교 분석은 이 글의 범위를 벗어난다. 다만 필자가 15대 대선 자료와 16대 대선 자료를 사용하여 비교 분석을 시도해 보았으나, 이 또한 결정적인 증거는 되지 못한다. 왜냐하면 15대 대선과 16대 대선의 선거상황이 다르기 때문이다. 예를 들어 집합자료 분석 결과를 보면, 15대에 비해 16대 대선에서 지역주의 투표가 더욱 강화되었음을 알 수 있다. 그러나 이는 15대 대선에서는 꽤 강력한 제3의 후보(이인제) 등장이라는 상황적 요인에 의해 경상지역 유권자의 이회창 지지도가 상대적으로 떨어졌기 때문이었다. 이러한 상황을 감안한다면 16대 대선에서 지역주의 투표가 오히려 약화되었다는 결론이 타당성을 갖는다. 결국 더 많은 자료가 체계적으로 축적되었을 때, 이러한 돌출적인 선거 상황 요인의 효과가 서로 상쇄되어 보다 일반화된 결론을 도출할 수 있을 것이다.

Ⅳ. 탈물질주의적 가치와 세대 및 이념: 세계가치조사를 중심으로

앞의 절에서는 세대와 정치이념이 지난 16대 대선에 미친 영향을 살펴 보았다. 그런데 이미 서론에서 언급한 바와 같이, 이같은 세대와 이념의 영향력 증대의 기저에는 한국 유권자의 가치 변화가 자리잡고 있다. 특히 이 글에서 초점을 맞추고 있는 것은 젊은 세대를 중심으로 발생하고 있는 탈물질주의적 가치의 대두로서, 바로 이것을 통해 세대와 이념의 중요성이 증대하고 있다고 생각한다.

앞에서의 경험적 분석에서는 탈물질주의적 가치라는 요인을 포함시키지 않았다. 16대 대선 직후 실시된 설문조사에는 탈물질주의적 가치를 측정하는 적절한 설문이 없었기 때문이다. 따라서 이번 절에

서는 다른 설문조사자료를 활용하여 탈물질주의적 가치가 미친 정치
적 영향력을 고찰해 보고자 한다. 분석에 활용하는 자료는 세계가치
조사(world value surveys) 자료이다.

탈물질주의적 가치와 세대 및 이념 간의 이론적 관계에 대해서는
이미 앞에서 논의한 바 있다. 이를 다시 간단히 요약하면 최근 한국의
젊은 유권자를 중심으로 확산되고 있는 탈물질주의적 가치는 기성 세
대와 젊은 세대간 커다란 가치관의 차이를 초래하였다. 사회경제적으
로 어려운 환경에서 사회화를 경험한 기성세대가 물질주의적 가치를
중시하는 데 반해, 상대적으로 풍요롭고 안정적인 환경에서 자란 젊
은 세대는 탈물질주의적인 가치를 중시하게 되었다.[12]

그런데 이러한 세대간 가치관의 차이가 세대간 정치이념의 차이를
가져오게 되었다. 탈물질주의적 가치관을 가진 젊은 세대는 사회의
소수 세력으로서 기성 세대의 주도하에 형성된 기존의 사회질서에 만
족하지 않을 가능성이 높으며, 따라서 사회의 변화에 보다 긍정적 진
보적인 이념을 갖게 될 가능성이 높다. 결과적으로 젊은 세대는 진보
적, 기성 세대는 보수적인 정치이념으로 끌리게 된다.

세대와 탈물질주의적 가치와의 관계는 세계가치조사 자료를 활용
한 어수영(2004)에 의해 이미 검증된 바 있다. 젊은 세대일수록 탈물
질주의적 가치관을 가질 확률이 높은 것으로 나타났다. 여기서는 같
은 자료를 가지고 어수영(2004)의 탈물질주의 분류 방식 대신에 잉글
하트가 개발한 탈물질주의 지수를 사용하여 다시 한 번 둘과의 관계
를 확인해 보았다.[13] 교차분석 결과는 〈표 6〉과 같다.

분석 결과 세대와 탈물질주의적 가치의 관계는 명확하다. 예상대로
젊은 세대일수록 탈물질주의적 가치를 가질 확률이 훨씬 높으며, 반

---

12) 탈물질주의에 대한 일반적인 논의는 Inglehart(1990), 그리고 한국에서의 탈
　물질주의에 대한 자세한 논의는 어수영 (1999; 2004)을 참조.
13) 어수영의 분류 방식에 대한 설명은 어수영(2004)을 참조. 잉글하트의 분류방
　식은 세계가치조사자료집에 설명되어 있다.

<표 6> 세대와 탈물질주의적 가치

연령	물질주의적 (0)	1	2	3	4	탈물질주의적 (5)	전체
15~24	5 (3.1%)	23 (14.1%)	56 (34.4%)	41 (25.2%)	32 (19.6%)	6 (3.7%)	163 (100%)
25~34	15 (4.7%)	83 (26.0%)	92 (28.8%)	99 (31.0%)	25 (7.8%)	5 (1.6%)	319 (100%)
35~4	18 (6.3%)	78 (27.1%)	117 (40.6%)	57 (19.8%)	17 (5.9%)	1 (.3%)	288 (100%)
45~54	27 (9.4%)	8 (27.9%)	104 (36.2%)	63 (22.0%)	13 (4.5%)		287 (100%)
55~64	19 (17.1%)	54 (48.6%)	29 (26.1%)	9 (8.1%)			111 (100%)
65 이상	5 (17.9%)	15 (53.6%)	8 (28.6%)				28 (100%)

카이 제곱 = 166.512, 유의 수준(양쪽 검정):.000

면 연령이 높은 유권자의 경우는 물질주의적 가치관을 갖고 있을 확률이 높다. 예를 들어, 15~24세 사이의 연령층에서는 상대적으로 강한 물질주의적 가치(0과 1)를 가진 비율이 17.2%(3.1%+14.1%)임에 반해, 65세 이상의 유권자층에서는 그 비율이 무려71.5%(17.9%+53.6%)에 달하고 있다.[14]

세대와 탈물질주의적 가치의 관계와 관련하여 한 가지 논란은 이것이 인생주기 때문에 발생하는 일시적인 영향인지, 아니면 세대교체

---

14) 잉글하트(Inglehart 1995)도 한국에서 개최된 세미나에서 한국에서의 세대별 탈물질주의적 가치의 차이는 다른 어떤 사회에 비해서도 매우 크다고 언급하였다. 물론 이러한 현상은 한국이 그만큼 단기간 동안에 압축된 경제성장을 이룩한 데서 기인하는 것이다.

(generational replacement)에 따른 영구적인 영향인가 하는 것이다. 가치 변화에 비판적인 학자들은 탈물질주의적 가치는 젊었을 때 발생했다가 나이가 들면서 다시 물질주의적 가치로 되돌아간다는 소위 인생주기 가설(life cycle thesis)을 주장했다. 반면 잉글하트는 탈물질주의의 대두라는 가치 변화는 세대간의 경험의 차이를 바탕으로 발생한 것으로 이는 나이가 들어도 계속 유지된다고 주장한다.

〈표 6〉의 결과만을 가지고는 이것이 인생주기의 영향인지 세대교체의 영향인지 구분하기 어렵다. 이를 판단하기 위해서는 오랜 기간에 걸친 시계열자료를 가지고 코호트(cohort) 분석을 해야 한다. 서구사회의 경우 이미 20여 년에 걸친 시계열 자료가 축적이 되었는 바, 이러한 자료의 분석에 따르면 인생주기 효과보다는 세대교체의 효과가 훨씬 더 큰 것으로 나타났다(Inglehart 1990). 또한 어수영(2004, 201)도 지난 1990년부터 2001년까지 한국사회의 자료 분석을 바탕으로 인생주기 가설보다는 세대교체 가설이 더욱 적실성을 갖고 있음을 보여주고 있다.[15]

다음으로 탈물질주의적 가치와 정치이념과의 관계를 고찰해 보았다. 분석의 편의상 잉글하트의 탈물질주의 지수를(0에서 5) 바탕으로 0~1은 물질주의자, 2~3은 혼합형, 그리고 4~5는 탈물질주의자로 다시 분류하였다. 정치이념은 세계가치조사에서도 주관적으로 측정되어 있는데, 응답자는 가장 진보를 나타내는 1부터 가장 보수를 나타내는 10 중에서 하나를 선택하도록 되어 있다. 역시 분석의 편의상 1~4까지는 진보적 유권자, 5~6은 중도적 유권자, 그리고 7~10은 보수적 유권자로 분류하였다.[16]

---

15) 물론 어수영(2004)의 경우는 시계열 자료의 축적이 불충분하기 때문에 잉글하트가 실시한 코호트(cohort) 분석을 실시하지는 못했다. 따라서 이미 앞에서 언급한 바와 같이, 경험적 검증이 아주 확실한 것은 아니었다. 향후 자료가 더욱 축적되면 보다 정확한 검증이 가능할 것이다.

16) 설문조사에 따라서는 정치이념의 측정을 위해 1~10까지의 측정방법 대신에

〈표 7〉 가치체계와 정치이념

가치체계	정치 이념			전체
	진보	중도	보수	
물질주의자	105 (24.9%)	161 (38.2%)	156 (37.0%)	422 (100%)
혼합형	226 (33.5%)	267 (39.6%)	182 (27.0%)	675 (100%)
탈물질주의자	53 (53.5%)	24 (24.2%)	22 (22.2%)	99 (100%)
전체	384 (32.1%)	452 (37.8%)	360 (30.1%)	1,196 (100%)

카이 제곱 = 37.655, 유의 수준(양쪽 검정):.000

가치체계와 정치이념 두 변수 간 교차분석 결과는 〈표 7〉에 보고되어 있다. 예상대로 물질주의자일수록 보수적인 성향을 가질 확률이 높았으며, 반대로 탈물질주의자일수록 진보적인 이념 성향을 가질 확률이 높았다. 물질주의자의 24.9%가 진보적인 반면, 탈물질주의자의 경우 거의 두 배에 가까운 비율인 53.5%가 진보적인 성향을 가졌다. 한편 물질주의자의 37.0%가 보수인 반면, 탈물질주의자의 경우 이에 훨씬 못 미치는 22.2%만이 보수적인 성향을 가졌다. 또한 통계적으로도 두 변수 간의 관계는 유의미한 것으로 나타났다(p 〈 .000).

이상의 분석 결과를 바탕으로 할 때, 적어도 한국 사회에서 탈물질주의적 가치는 세대 및 정치 이념과 밀접한 연관을 맺고 있는 것으로 보인다. 그리고 앞에서 논의한 이론적 추론이 맞다면, 젊은 세대를 중심으로 한 탈물질주의적 가치의 대두는 세대간 가치관의 차이는 물론 나아가 세대간 이념 차이를 초래하였다. 결국 지난 16대 대선에서 나

0~10까지의 측정방법을 사용하는 경우도 있다. 이런 경우에는 진보, 중도, 보수의 분류도 달라져야 함은 물론인데, 대개 0~3까지 진보, 4~6까지 중도, 7~10까지 보수로 분류한다.

타난 세대와 이념의 중요성 증대에는 한국 유권자의 가치변화라는 관
찰하기 어려운 현상이 밑에서 작용했다고 할 수 있다.

V. 논의: 탈물질주의와 한국 민주주의의 미래

지난 16대 대선의 가장 중요한 특징은 세대와 이념이라는 새로운
균열구조의 등장이었다. 물론 이것이 지역주의 균열구조를 완전히 대
체했다고 할 수는 없다. 그러나 그동안의 한국 선거에서 지역주의가
차지해 온 독점적인 위치를 감안할 때, 지역주의와 경쟁할 수 있는 새
로운 균열구조가 탄생했다는 것 자체만으로도 한국 민주주의의 발전
이라는 측면에서 커다란 의의를 부여할 수 있을 것이다.

이러한 변화의 근본적인 원인으로서 이 글에서는 한국의 정치문화
변동이라는 장기적인 요인에 초점을 맞추었다. 그동안 한국 사회에서
는 보다 풍요롭고 안정된 사회경제적 환경에서 사회화를 경험한 젊은
세대를 중심으로 탈물질주의적 가치가 확산되어 왔으며, 이것이 최근
의 한국 선거에서 세대와 이념의 중요성을 증대시키는 데 결정적인
역할을 수행했다는 것이다. 세대와 이념이라는 새로운 균열구조의 등
장은 지난 16대 대선에서 폭발적으로 나타났지만, 수면 아래에서는
한국 유권자의 가치 변화가 소리없이 지속적으로 진행되어 왔다.

사실 탈물질주의적 가치가 한국 민주주의에 미치는 영향은 이 글에
서 살펴본 세대와 이념의 중요성 증대 외에도 다양하다. 일단 유권자
의 정치적 태도와 관련해서 탈물질주의적 가치는 권위에 대한 비판
정신, 관용, 신뢰 등 민주주의 공고화에 도움이 되는 정치적 태도를 확
산시키는 효과를 가져온다. 어수영(2004)의 경험적 연구에 따르면, 탈
물질주의자는 물질주의자에 비해서 시민적 관용성이 높으며, 정치제
도 및 사회제도에 대해 보다 비판적인 태도를 견지하고 있다.

유권자의 정치적 행동 면에서도 탈물질주의적 가치는, "동원된" 참

여와 구분되는 "자발적인" 참여를 증진시키는 효과를 가져온다. 특히 지난 16대 대선 과정에서 일부 젊은 유권자들이 보여준 새로운 선거운동 방식은 탈물질주의적 가치와 밀접한 연관이 있다. 탈물질주의적 가치로 무장된 이들은 단순한 투표 행위로 만족하지 않고 여러 형태의 어려운 참여를 주도했다. 인터넷 등 새로운 수단을 이용하여 일련의 촛불 시위를 조직하는 등, 정치적 의제를 설정하는 데 주도적 역할을 수행하였으며, 또한 "노사모" 등 자발적인 정치조직체를 통해 선거운동에도 적극적으로 참여했던 것이다.

물론 이러한 가치 변화가 만병통치약은 아니며, 또한 좋은 측면만 있는 것도 아니다. 특히 이들 젊은 유권자가 보여준 충동성(impulsiveness)과 감성(sense) 혹은 감성주의(sensationalism)에 대한 지나친 의존은 비판받아 마땅하다. 정치에는 신중한 토의(deliberation)와 이성적 판단(reasoning)이 반드시 필요하기 때문이다. 그러나 이러한 단기적인 부작용과 문제점에도 불구하고, 장기적인 관점에서 볼 때 현재 한국사회에서 진행되고 있는 탈물질주의화는 한국의 정치과정에 긍정적인 영향을 미칠 것이며, 나아가 한국 민주주의의 발전과 공고화에 기여할 것으로 기대된다.

■ 참고문헌

강원택. 2004. "탄핵 정국과 17대 총선." 한국정치학회 총선분석특별학술회의
　　'17대 총선 분석: 대통령 탄핵과 향후 정국의 전망' 발표 논문 (2004. 4. 22.
　　서울 프레스센터).

김경미. 2004. "진보와 보수, 좌파와 우파에 대한 이론적 고찰." 충청국제정치학
　　회 춘계학술대회 발표 논문 (2004. 9. 24. 대전 목원대학교).

김용호. 1998. "97년 대선에 대한 종합적인 분석." 이남영 편. 『한국의 선거 II』.
　　서울: 푸른길.

김 욱. 2002. "선거와 정치주식시장." 『한국정치학회보』 36집 2호.

＿＿＿. 2003. "지역주의 연구의 새로운 방향 모색: 개념적, 방법론적 논의를 중
　　심으로." 『세계정치연구』 2권 2호.

＿＿＿. 2004. "한국 지역주의의 지역별 특성과 변화 가능성: 대전 충청 지역을
　　중심으로." 『21세기정치학회보』 14집 1호.

＿＿＿. 2005. "충청정치문화의 특징과 변화 전망." 『아태정치연구』 1권 1호.

김 욱·장수찬. 2004. "정치엘리트와 일반국민의 이념성향 비교 분석."
　　한국정치학회 연례학술회의 발표 논문 (2004. 12. 3. 서울 외교안보연구원).

마인섭·장 훈·김재한. 1997. "한국에서의 탈물질주의적 가치관의 등장과 사
　　회적 균열구조의 변화." 『한국과 국제정치』 27: 29-52.

박종민. 1994. "한국에서의 비선거적 정치참여." 『한국정치학회보』 28집 1호,
　　164-82.

어수영. 1999. "한국인의 가치변화와 지속성, 그리고 민주화." 『한국정치학회보』
　　33집 3호.

＿＿＿. 2004. "가치변화와 민주주의 공고화: 1990-2001년간의 변화 비교연구."
　　『한국정치학회보』 38집 1호.

이갑윤. 1998. 『한국의 선거와 지역주의』. 서울: 오름.

이남영. 1998. "유권자의 지역주의 성향과 투표." 이남영 편. 『한국의 선거 II』.
　　서울: 푸른길.

이명석 외. 2001. "한국민주주의 공고화와 시민의 정치의식." 『의정연구』 7권 1호.

이현우. 2004. "민주화와 시민참여의 변화: 1987년과 2002년 비교." 『한국정당학보』 3권 2호.

정진민. 1994. "정치세대와 제14대 국회의원선거." 『한국정치학회보』 28집 1호, 257-274.

조중빈. 2003. "16대 대통령 선거와 세대." 한국정치학회 춘계학술회의 '2002년 선평가와 차기행정부의 과제' 발표 논문 (2003. 2. 6. 서울 프레스센터).

조찬래·이상환·주미영. 2003. 『가치변화에 따른 투표행태: 1990년대 한국과 미국의 대통령선거에 대한 비교분석』. 서울: 집문당.

Abramson, Paul, and Ronald Inglehart. 1995. *Value Change in Global Perspective.* Ann Arbor: University of Michigan Press.

Almond, Gabriel, and Sidney Verba, eds. 1990. *The Civic Culture Revisited.* Boston: Little, Brown.

Burns, Nancy, Kay L. Scholzman, and Sidney Verba. 2001. *The Private Roots of Public Action: Gender, Equality and Political Participation.* Cambridge: Harvard University Press.

Downs, Anthony. 1957. *An Economic Theory of Democracy.* New York: Harper and Low.

Fiorina, Morris P. 1997. "Voting Behavior." In Dennis C. Mueller, ed. *Perspectives on Public Choice.* Cambridge: Cambridge University Press.

Flanagan, Scott C. 1980. "Value Change and Partisan Change in Japan: The Silent Revolution Revisited." *Comparative Politics* 11:253-78.

_____ . 1987. "Changing Values in Industrial Societies Revisited: Towards a Resolution of the Values Debate." *American Political Science Review* 81:1303-19.

Inglehart, Ronald. 1977. *The Silent Revolution: Changing Values and Political Styles among Western Publics.* Princeton, NJ: Princeton University Press.

_____ . 1990. *Culture Shift in Advanced Industrial Society.* Princeton, NJ: Princeton University Press.

_____ . 1995. "Modernization and Postmodernization: Changing Korean Society in Global Perspective." A paper presented at the International Symposium on "Korean Culture in Global Perspective: Phenomenology and Human Studies in Korea." Organized by the Institute of Social Sciences,

Seoul National University, on June 7-10, Seoul, Korea.

_____ . 1997. *Modernization and Postmodernization: Cultural, Economic, and Political Change in 43 Societies*. Princeton, NJ: Princeton University Press.

Inglehart, Ronald, and Pippa Norris. 2003. *Rising Tide: Gender Equality and Cultural Change around the World*. Cambridge: Cambridge University Press.

Linz, Juan J., and Alfred Stepan. 1996. *Problems of Democratic Transition and Consolidation: Southern Europe, South America, and Post-Communist Europe*. Baltimore, MD: The Johns Hopkins University Press.

Putnam, Robret D. 2000. *Bowling Alone: The Collapse and Revival of American Community*. New York: Simon and Schuster.

Rokeach, Milton. 1968. *Beliefs, Attitudes, and Values*. San Francisco: Jossey-Bass.

Rosenstone, Steven J., and John Mark Hansen. 2003. *Mobilization, Participation, and Democracy in America*. New York: Longman.

Verba, Sidney, Kay L. Scholzman, and Henry E. Brady. 1995. *Voice and Equality: Civic Voluntarism in American Politics*. Cambridge: Harvard University Press.

제4장

16대 대통령 선거 분석:
정치변동에서 사회변혁으로*

정구종

I. 처음에

2002년 12월 실시된 한국의 제16대 대통령선거는 한국사회의 보수세력과 진보세력 간의 대결이라고도 불리었다. 선거는, 국회에서 과반수가 넘는 최다의석을 갖고서, 안정적인 국정운영능력을 내건 보수세력기반의 야당인 한나라당의 이회창(67) 후보와, 개혁과 세대교체론을 전면에 들고나와 진보계층과 젊은 유권자층의 지지를 호소한 여당인 새천년민주당(이하 민주당)의 노무현(56) 후보와의 사실상의 양자대결이었다. 개표결과, 노무현 후보가 간발의 차로 승리, 한국은 처음으로 전후세대 대통령의 출현을 보게 되었다.

---

* 이 논문은 2003년 5월 日本 가나자와(金澤)에서 있었던 2003년도 日本選擧學會研究會 · 패널디스커션에서 발표한 것으로 日本選擧學會年報『選擧硏究』(No.19, 2004)에 게재된 것을 번역한 것임.

지난 제16대 대통령선거는 여·야 간의 대결이라기보다는 한국사
회의 계층간·세대간·이념간의 균열구조를 반영하는 선거라고 지적
되고 있다.

세대간의 대결에서는 유권자의 48.3%를 차지하고 있는 20대, 30대
의 젊은 유권자와, 29.3%를 차지하는 50대 이상의 장·노년층 유권자
가 40대(22.4%)의 중립적 균형을 경계선으로 하여 양후보에 대한 각
각의 지지태도를 확실히 하고 있다. 이 계층간·세대간의 대립의 축
으로 움직인 것이 「이념의 대립」으로서, 구체적으로는 「안보관」과
「경제관」을 둘러싼 가치관의 차이였다.

한국사회에 있어서의 안보논쟁은 통일관·대 북한관·한미관계에
서의 견해차이로 갈라진다. 냉전기간 중에 보수·기득권계층은 국가
중심의 안보·경제정책의 수혜자였으나, 주변·진보계층은 소외되었
었다. 이 보수·기득권층의 편에 한나라당·이회창 후보가 있었고,
소외·주변계층·못가진 자의 진보세력쪽에 민주당의 노무현 후보가
서 있었다.

필자는 「동서냉전체제의 종언이라는 국제질서의 변화가 국내정치
사회에도 변화를 초래한다」는 가설을 평생의 연구테마로 하여 연구를
계속하고 있는 바, 이 보고 역시 그 가설을 검증하는 프로세스의 하나
라고 할 수 있겠다.[1]

---

1) 탈냉전과 국내정치 사회의 변화를 테마로 한 필자의 논문으로는 「政治改革の
   チェック·システムとしての選擧」—「多黨化時代」を反映した韓國の1992年
   總選擧(日本選擧學會年報『選擧硏究』No.8-1993)와 「社會構造と投票行動」,
   『法學政治學論究』第22号(慶應大學大學院法學政治學論究刊行會, 1994年)등
   이 있음.

II. 전후세대(戰後世代) 대통령의 탄생

1. 개표의 결과

한국의 제16대 대통령선거는 2002년 12월 19일 투표, 당일개표되어 여당·민주당의 노무현 후보가 1,201만 4천 표(득표율 48.9%)를 획득하여 당선되었다. 야당·한나라당의 이회창 후보는 1,144만 3천 표(同46.6%)를 얻었다. 노 씨는 이 씨를 57만 표차로 눌렀으나, 5년 전의 대통령선거에서 김대중 씨가 이회창 씨를 누른 39만 표차보다 약간 많은 것이었다. 투표율은 70.8%로서 역대 대통령 선거 사상 가장 낮았다.

노 후보의 여당·민주당은 이 당의 전(前) 총재 김대중 대통령의 지지기반인 호남(광주·전남북)에 강한 지지기반을 갖고 있다. 한편 이 후보의 야당·한나라당은 그 당의 전신이었던 신한국당의 전(前) 총재 김영삼 전 대통령의 고향인 부산을 비롯, 대구, 경상남북도 등 영남을 지지기반으로 하고 있다. 영남과 호남의 지역대결구도는 1992년의 제14대 대통령선거에서 영남출신의 김영삼 씨가 당선하였고, 1997년의 제15대 대선에서는 호남출신의 김대중 씨가 당선하는 등 한국의 대선에 있어서 제1의 주요변수로 작용해 왔다.

한나라당의 지역기반인 영남은 민주당의 지역기반인 호남보다 유권자 수가 2배 이상 많다. 민주당은 이번 대선에서 한나라당의 지지기반인 영남의 유권자를 한나라당 지지로부터 분산시키기 위해 영남출신의 노무현을 호남에 강한 지지기반을 가진 민주당의 후보로 맞이했다. 그 결과, 이번 대선에서 민주당 지지기반인 호남의 유권자는 노 씨에게 94.6%의 압도적인 표를 주어 「지역정당」후보에의 지지를 지켰다(〈표 1〉 참조).

노 후보는 영남에서도 26.5%를 얻는 성과를 거둠으로써 한나라당 이 후보의 영남에서의 득표를 67.68%에 머물게 하는 데 성공했다.

<표 1> 제16대 대통령선거 후보자별 득표수 및 득표율

※ ( )는 %

시도명	선거인수	투표수	한나라당 이회창	민주당 노무현	하나로연합 이한동	민주노동당 권영길
계	34,991,529	24,784,963	11,443,297(46.6)	12,014,277(48.9)	74,027(0.3)	957,148(3.9)
서울	7,670,682	5,475,715	2,447,376(45.0)	2,792,957(51.3)	12,724(0.2)	179,790(3.3)
부산	2,786,142	1,983,492	1,314,274(66.7)	587,946(29.9)	2,148(0.1)	61,281(3.1)
대구	1,827,162	1,299,968	1,002,164(77.8)	240,745(18.7)	1,699(0.1)	42,174(3.3)
인천	1,824,905	1,236,447	547,205(44.6)	611,766(49.8)	3,600(0.3)	61,655(5.0)
광주	967,222	755,398	26,869(3.6)	715,182(95.2)	803(0.1)	7,243(1.0)
대전	998,541	675,029	266,760(39.8)	369,046(55.1)	2,157(0.3)	29,728(4.4)
울산	729,645	510,496	267,737(52.9)	178,584(35.3)	997(0.2)	57,786(11.4)
경기	6,944,934	4,831,412	2,120,191(44.2)	2,430,193(50.7)	26,072(0.5)	209,346(4.4)
강원	1,131,168	773,560	400,405(52.5)	316,722(41.5)	3,406(0.4)	38,722(5.1)
충북	1,079,642	734,385	311,044(42.9)	365,623(50.4)	3,205(0.4)	41,731(5.8)
충남	1,398,762	922,882	375,110(41.2)	474,531(52.2)	4,973(0.5)	49,579(5.4)
전북	1,427,135	1,064,744	65,334(6.2)	966,053(91.6)	2,505(0.2)	14,904(1.4)
전남	1,521,109	1,161,511	53,074(4.6)	1,070,506(93.4)	2,830(0.2)	12,215(1.1)
경북	2,044,285	1,463,664	1,056,446(73.5)	311,358(21.7)	3,332(0.2)	62,522(4.3)
경남	2,249,044	1,628,033	1,083,564(67.5)	434,642(27.1)	2,832(0.2)	79,853(5.0)
제주	391,151	268,227	105,744(39.9)	148,423(56.1)	744(0.3)	8,619(3.3)

자료: 중앙선거관리위원회

영남과 호남의 투표수를 합친 양 후보의 득표는 이 후보가 486만 9천 표, 노 후보가 450만 5천 표로 표차는 36만 4천 표밖에 안 되어 최소한 영남에서는 지역대결구도가 과거의 선거만큼 작용하지 않았음을 알 수 있다.[2]

---

2) 1997년 제15대 대통령선거에서의 여·야 두 후보 간의 지역충성도에 의한 영·호남을 합친 득표는 영남지지기반의 여당 이회창 후보 333만 1천 표, 호남 지지기반의 김대중 후보 402만 4천 표로, 70만 3천 표의 표차를 보였다(자료: 중앙선거관리위원회 「제15대 대통령선거 총람」).

2. 정당 간 대결구도의 퇴조

호남을 지지기반으로 하는 민주당이 영남출신의 후보를 내세워, 영남을 지지기반으로 하는 한나라당 후보를 공략함으로써 영남의 한나라당 지지표를 분산시키는 전략은 성공했으며, 지역대결구도를 얼마간이나마 완화시킨 점은 평가할 만하다.

제16대 대통령선거는 정당의 이미지나 조직이 힘을 발휘하지 못한 선거였다. 이 대선과정에서의 정당지지도의 추이와 후보자 지지도의 추이는 서로 달리 나타났으며, 선거의 결과는 후보자 지지도의 추이를 반영하는 결과로 나타났다.

〈그림 1〉에서 보듯이 조선일보나 한국방송공사(KBS)의 정당지지도 추이조사에서 야당·한나라당은 2001년 12월 조사개시 이래 대통령선거 공고직전의 2002년 11월26일까지의 17회에 걸친 조사 중 2002년 3월조사의 단 1회를 빼고는 모든 조사에서 여당·민주당을 리드하고 있다. 민주당의 지지율이 계속 낮았던 이유는 그 당 총재인 김대중 대통령 정권의 부정·부패 및 아들의 비리구속, 그리고 대통령선거 후보자 옹립을 둘러싼 당의 내분과 그에 따른 일부의원의 이당(離黨) 등으로 당에 대한 국민의 지지 및 신뢰가 떨어졌기 때문이다.

그러나 그 당의 대통령 후보·노무현 씨에 대한 인기와 지지도는 노씨의 민주당 내 후보경선 승리 이후, 몇 차례의 정치적 위기와 변수에 의해 오르내리기를 거듭했으나, 노 씨가 최종적으로 정몽준 씨와의 후보단일화에 성공하여 민주당의 단일후보가 된 2002년 11월 24일 이후는 선거일까지 모든 여론조사에서 일관해서 이회창 후보를 리드해 온 결과, 노씨는 지지율대로 승리를 거두었다〈그림 2〉.

이번의 대통령선거 과정에서 나타난 부정적인 특징으로서「정당정치의 실종현상」을 들 수 있다. 여당·민주당 내 일각에서는 국민경선으로 스스로 뽑은 노무현 후보의 지지율이 한때 정몽준 씨의 출현으로 하락하자 신당결성 또는 노후보 사퇴권고의 소리도 나왔다. 또한

〈그림 1〉 정당지지도 추이

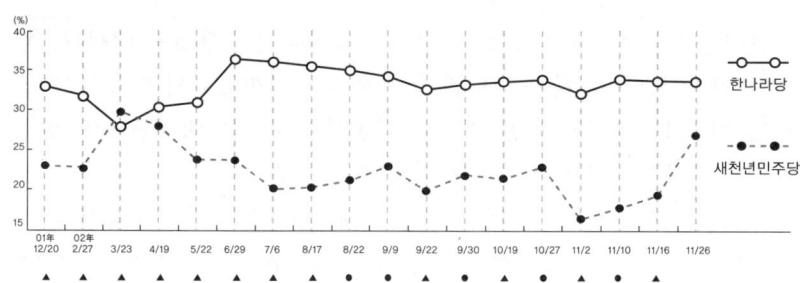

*주 ● 는 한국방송공사(KBS) ▲ 는 조선일보의 의뢰에 의한 조사

〈그림 2〉 제16대 대통령선거 양대후보 지지율 추이

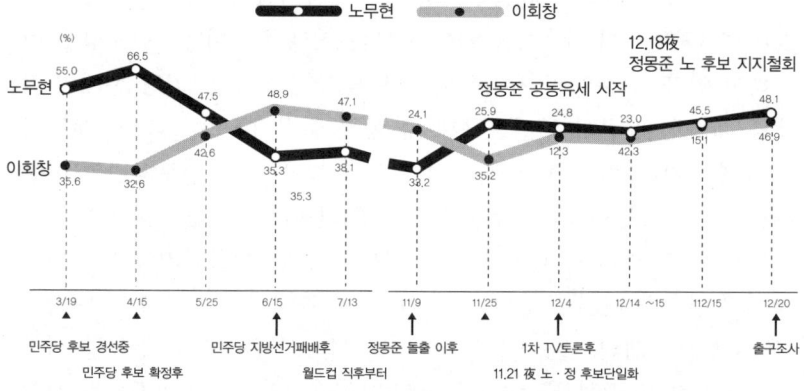

① 2002년 3월 19일부터 11월 26일은 중앙일보에 의한 여론조사의 결과
② 2002년 11월 25일부터 투표전날의 12월 18일은 동아일보의 여론조사
③ 12월 18일과 19일의 출구조사는 MBC · KRC에 의한 것

경선결과에 불복해서 소속의원이 탈당하는 사태도 빚어져, 노 씨는
당조직보다 「노사모」와 같은 팬클럽 사조직에 의존하기도 했다.[3]

III. 세대 간의 대결이 된 대통령 선거

1. 세대의 구분

제16대 대통령선거에서의 가장 뚜렷한 특징적 현상은 세대간 투표행동의 차이가 확연히 나타나 세대별 투표결과의 분석이 주요과제로서 부상했다는 점이다. 선거연구자 가운데는 「한국 선거사에 있어서 지역주의의 다음으로 나타난 세대간 투표행동의 차이가 또 하나의 사회적 균열의 등장을 의미하는 지를 탐색해보기」 위한 연구도 시작되었다 (조중빈,「제16대 대통령선거와 세대」,『2003년 한국정치학회 춘계학술회의 발표논문집』71).

세대별 투표결과를 분석함에 있어서는 한국사회에 있어서의 「세대의 구분」이 중요하다. 먼저 선거관리상의 편의나 통계상의 기준으로서 일반화해 있는 연령별 유권자 구성에 따라 20대 · 30대 · 40대 · 50대 이상의 연령층을 각각 하나의 단위로서 구분할 수가 있다. 그러나, 한국에서는 그때 그때의 정치 · 사회적 사건이 국민의 심리적 배경에 영향을 주어 개인의 정치적 태도를 형성하는 경향이 강하다는 데서, 중요한 정치 · 사회적 변화가 일어난 시대를 전후로 해서 세대를 구분하는 방법이 일반화해 있다. 각 세대의 사회적 의식이나 정치적 태도에 가장 큰 영향을 끼치는 교육환경과 정치 · 사회적 사건 및 성장과정에 있어서의 당시의 정치권력의 행태를 배경으로 종합해서 본다면, 크게 나누어 「냉전세대」,「민주화세대(386세대)」와 「탈냉전세대」의 세 가지로 나눌 수가 있다.

이 세 부류의 세대의 한국사회에 있어서의 위상과 가치관을 살펴보

---

3) 「노사모」란 노무현을 지지하는 네티즌들이 2000년에 결성한 노무현 지지모임의 줄임말. 7만여 명의 회원이 주로 인터넷을 통하여 의견을 교환, 2002년 대선에서 노무현 후보 지지캠페인을 전개했다.

면 냉전세대인 50대 이상의 장·노년층에는 보수적 안보·경제관을 가진 기득권 계층이 많다. 민주화 세대인 40대는 샐러리맨, 관리직, 전문직의 중산층이 많고, 이념적으로는 보수와 진보의 중간에서의 균형축으로 활약하고 있다고 지적된다. 탈냉전세대의 20대, 30대는 대학생·근로자·군인 등 사회진출의 문전에서 서성대거나 점차적으로 사회에 편입되어가고 있는 젊은층으로 냉전시대의 반공교육이나 군사독재 등을 경험하지 않은 진보적 신세대를 이른다.

2002년 대통령선거에서 나타난 세대간의 가치관의 차이나 투표행동을 명료하게 설명하기 위해서는 이와 같은 세대구분이 적합하다고 판단하여, 이 보고서에서는 위의 세 부류의 세대구분을 적용하여 선거의 결과를 분석해 보았다.

2. 세대별 대립의 축 ― 안보와 경제관

1) 미국 및 북한에 대한 인식에서 보는 이념의 차이

세대간의 안보관의 차이를 측정하기 위한 여론조사는 대통령선거를 전후해서 몇 곳의 매스컴 및 여론조사기관에 의해 실시되었다. 안보관의 측정에는 한국이 오랫동안 나라의 안전보장을 의존해 온 미국에 대한 국민의 의식이나 태도의 변화와 북한에 대한 인식의 변화 등이 바로미터(barometer)로 활용되었다. 안보관에 대한 여론조사에서, 50대 이상의 냉전세대는 미국에 대해서는 우호적·의존적 인식을 나타내고 있으나, 북한에 대해서는 비판적·적대적 인식이 강한 것을 알 수 있다. 반면 20, 30대의 탈냉전세대는 반미인식이 높고, 북한에 관해서는 호의적 인식을 갖고 있다.

한국에서는 2002년 6월 경기도 의정부시에서 여자중학생 2명이 훈련 중인 주한미군의 장갑차에 치어 숨지는 사건이 발생하여, 운전병이 미군의 군사재판에서 「무죄」가 된 데서 국민의 반미 감정이 높아졌다. 그래서 주한미군의 지위에 관한 행정협정(SOFA)의 개정을 요

〈그림 3〉 미국 · 북한에 대한 세대별 호감도(%)

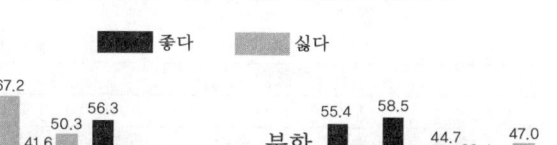

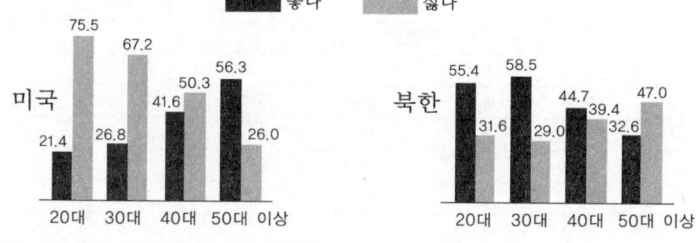

자료: 한국갤럽조사(2002년 12월 14일)

구하는 소리도 높아졌다.

　여론조사기관인 한국 갤럽이 대통령선거 4일 전인 2002년 12월 14일 한국국민의 미국과 북한에 대한 세대별 호감도를 조사한 결과, 20대의 미국「싫다」는 75.5%로, 「좋다」(21.4%)의 3배 이상이었다(〈그림 3〉 참조).

　이 때는 사망한 여중생의 추도촛불집회가 거의 매일 있었던 시기로서 일시적으로 젊은층의 반미감정이 높아진 때문이 아닐까 분석된다. 탈냉전세대의 강한 반미감정과, 그와는 상대적으로 북한에 대한 높은 호감도 등이 20대 · 30대 탈냉전세대의 투표행동에도 영향을 끼쳐 진보적 성향의 노무현 후보 지지로 쏠린 것으로 분석된다.

　대통령 선거를 3~4일 앞두고 동아시아 연구원과 중앙일보가 실시한 공동여론조사에서 한국국민 가운데 젊은 층의 반미성향이 매우 높아져 있음이 밝혀졌다.[4]

　이 조사에서 주한미군의 계속 주류를 희망하는 사람이 48%로서 단계적 철수희망자(44.6%)보다 약간 많은 것으로 나타나 일반적으로 국민의 안보인식은 중간 지점에서 균형을 취하고 있음을 알 수 있다. 그

---

4) 동아시아 연구원과 중앙일보의 여론조사는 대선직전인 2002년 12월15일~16일 이틀간에 주한미군과 미국에 대한 인식을 측정하기 위해 전국 성인 1,030명을 대상으로 전화조사로 실시되었다.

〈표 2〉 한국인의 미국과 북한에 대한 인식

(동아일보여론조사 · 2003년 4월)

	연령별 호감도 (%)					
	미국			북한		
	좋다	싫다	중립	좋다	싫다	중립
20대	7.2	47.3	45.1	24.8	20.1	53.7
30대	11.6	33.5	54.4	27.6	14.8	56.4
40대	24.5	26.7	47.9	22.9	30.6	45.2
50대 이상	45.0	13.4	38.1	17.7	48.3	30.7

러나 『미국이 좋다』(13%)보다 『싫다』(36.4%)가 조사자 가운데 3배 가까이 되고 있다. 젊을 수록, 또한 젊은층 가운데서는 대학생들이 미국을 싫어하고 있다. 『탈미자주외교』를 주장하는 사람이 28.1%로, 한·미동맹 강화론자(20.4%)보다 많다. 이 조사에서도 연령과 교육변수(젊은 대학생층)가 미국에 대한 호감도 반응에도 같이 작용하고 있다.

한국사회과학데이터센터(KSDC)가 대통령 선거 직후인 2002년 12월20일부터 27일까지 전국 1,500명을 대상으로 실시한 「제16대 대통령선거 관련 유권자 의식조사」에서 『북한에 대한 지원은 북한의 핵개발 문제와 관계없이 민족적 차원에서 가능한한 많이 해야 한다』라는 설문에 대학재학생 이상의 탈냉전세대(20~30대)는 62~68%가 찬성하고 있으나 냉전세대(50세 이상)는 50~63%가 반대하고 있다. 40대를 중심으로 한 민주화 세대는 51~55%가 찬성, 47~48%가 반대입장으로서 찬반이 거의 균형을 이루고 있다. 즉 40대의 민주화 세대의 안보인식은 냉전세대와 탈냉전세대의 중간지점에서 완충역을 하고 있음을 알 수 있다.[5]

미국과 북한에 대한 호감도조사는 선거와는 관계없이 연중 실시되고 있기 때문에 국민의식의 변화경향을 측정할 수 있다. 동아일보가

---

5) 이 조사는 大學間社會科學研究會(KICOS)의 한국사회과학데이터센터가 실시한 유권자의식조사로서 회원뿐 아니라 일반에게도 공개하고 있다.

2003년 3월에 실시한 여론조사에서도 20대와 30대의 탈냉전세대는 미국에 대해서 호감보다 반감쪽이 많으나, 50대 이상의 냉전세대는 그 반대였다. 40대의 민주화세대는 『좋다』와 『싫다』가 반반이었다.[6] 이 조사에서 북한에 대해서는 탈냉전세대는 『좋다』가 많고, 냉전세대는 『싫다』가 『좋다』의 두 배 이상이었다(〈표 2〉 참조).

탈냉전세대의 반미감정은 고학력자일수록 높고, 대학재학생 이상인 20~30대의 『미국 싫다』(37.7%)는 『좋다』(12.9%)의 3배로서 앞서 중앙일보가 대선직전에 실시했던 유권자의식조사의 결과와 그다지 다르지 않았다. 이 조사에서 지지정당별 대미(對美)인식을 물어본 결과, 2002년 대통령선거에서 이회창이 후보였던 한나라당 지지자는 미국에 대한 호감(34.0%)이 반감(23.5%)보다 많고, 북한에 대해서는 『좋다』(22.0%)보다 『싫다』(36.9%)가 많은 것으로 미루어 냉전세대 · 보수적 안보관을 가진 국민 가운데 한나라당 지지자가 많음을 알 수 있다. 한편, 노무현을 후보로 내세운 민주당 지지자는 미국에 대해서는 『싫다』(30.2%)가 『좋다』(22.4%)보다 많고, 북한에 대해서는 『호감』(29.4%)이 『반감』(23.9%)보다 많았다.[7]

이 여론조사에서 세대별 안보관의 차이를 확인할 수 있는 또 하나의 질문은 한국군의 이라크 파병에 대한 찬반이었다. 이라크전에의 파병에 대해서는 조사대상 전체적으로는 찬성(48.2%)이 반대(45.1%)보다 많았다. 그러나 20대의 탈냉전세대는 이라크전 파병에 대해『좋은 일은 아니다』(59.1%)가 『좋은 일』(37.9%)보다 많았다. 50대 이상의 냉전세대에서는 『좋은 일』(64.7%)이라는 대답이 『좋은 일이 아니다』(23.7%)보다 훨씬 많았다. 이 여론조사의 결과에서 알 수 있듯이

---

6) 동아일보는 2003년 4월 1일의 창간 83주년을 앞두고 국민여론조사를 실시, 그 결과를 4월 1일자에 게재했다. 전국에서 1,500명을 대상으로 한 설문지에 의한 면접조사였다.

7) 『동아일보』, 2003년 4월 1일자.

젊은 · 고학력 · 진보적 이념의 탈냉전세대에는 노무현 및 민주당 지지가 많고, 장 · 노년층의 보수적이념의 냉전세대에는 이회창 및 한나라당 지지가 많았다.

2) 경제 · 기업관의 차이

경제 및 기업관에 대한 세대별 인식의 차이를 측정할 수 있는 효과적인 여론조사는 실시되지 않았다. 한국사회과학데이터센터가 실시한 앞서의 제16대 대통령선거 유권자의식조사에서 『기업활동에 대한 정부의 간섭을 어떻게 볼 것인가』라는 취지의 질문에서 각 세대별 기업관을 추측할 수 있는 정도이다. 『기업이 스스로 개혁하지 못할지라도 기업의 활동에 정부가 간섭해서는 안 된다』 라는 질문에 대해서 (대학재학생 이상의) 20대 · 30대의 탈냉전세대는 『반대』가 58.0~64.9%로서 정부의 적극개입에 찬성하고 있으나, 50대 이상의 냉전세대에서는 55.6%가 정부의 기업에의 간섭에 반대하고 있다.

대학생들의 재계 및 대기업과 노동계에 대한 인식은 서울 등 6대도시의 대학생 1,600명을 대상으로 실시한 「한국대학생의 정치의식조사」에서 나타나, 20대의 경제 및 기업관을 측정할 수 있었다.[8]

대기업의 신뢰도에 대한 설문에 『대단히 신뢰』0.5%, 『어느 정도 신뢰』 23.2%에 대하여, 『그다지 신뢰하지 않는다』61.9%, 『전혀 신뢰하지 않는다』14.1%로 76%가 불신한다고 답했다.

또한 일본의 경단연(經團連)에 해당하는 전국경제인연합회 등 재계의 정치참여확대에 대한 대학생의 의견은 『동의』가 51.5%이나 노동계의 정치 참여확대에는 84.6%가 『동의』하고 있는 것으로 나타났다.

경제 · 기업관에 대한 노무현 후보와 이회창 후보 간의 인식의 차는

---

8) 아산재단연구총서 제85집, 『한국대학생의 정치의식』(배한동, 2001년 9월). 이 조사는 2000년 6~7월에 서울, 부산, 광주 등 6대도시 대학생 1,600명을 대상으로 실시되었다.

〈표 3〉 세대간 대결의 축: 한국사회의 가치관과 이념의 차이

		탈냉전세대(20·30대)	민주화세대(40대)	냉전세대(50대 이상)
안보·통일관	대미관(對美觀)	평등·반미적	중도적	친미·의존적
	대북관(對北觀)	지원·우호적	중도적	반공·적대적
경제·노사관	정책면	평등·분배주의	중도적	성장주의
	기업관	개혁적	중도적	보호·보수적
지지성향	—	강한 노무현 지지	중도적	강한 이회창 지지

대선에서 각각의 소속정당이 제시한 경제정책에서 드러나고 있다. 경제·기업관에 있어서도 변화와 개혁을 요구하는 탈냉전세대의 진보적인 젊은층에 노무현 지지가 많고, 안정과 현상유지를 바라는 냉전세대의 장노년층에 이회창 지지가 많음을 알 수 있다.

지금까지 예시한 몇 가지의 여론조사 및 국민의식조사, 그리고 양당의 정책분석에서 한국사회의 가치관의 차이와 이념의 대립을 세대별로 구분해서 정리하면 〈표 3〉과 같이 요약할 수 있겠다.

탈냉전세대와 냉전세대 간의 이념과 가치관의 차이에서 노무현 지지와 이회창 지지의 세대별 경향이 확연히 구분되고 있다. 그 한가운데에 중도적 입장을 유지하고 있는 40대, 민주화 세대는 변화하고 있는 한국사회의 균형의 축이라고도 할 수 있을 것이다.

IV. 세대별 지지율의 분석

1. 20·30대는 노무현 지지, 50대 이상은 이회창 쪽에, 40대는 중립

중앙선거관리위원회는 2002년 12월의 제16대 대통령선거에서의 성별·연령별유권자분포 및 투표율에 관한 전수(全數)조사를 실시하여 그 결과를 2003년 8월에 발표하였다. 이 세대별 투표율조사는 한국의

〈표 4〉 출구조사에 의한 세대별지지표의 분포

(%)

세대별		20대	30대	40대	50대 이상
유권자 구성비		23.2	25.1	22.4	29.3
노무현 후보	미디어 리서치 조사	62.1	59.3	47.4	39.8
	코리아 리서치 조사	59.0	59.3	48.1	36.5
이회창 후보	미디어 리서치 조사	31.7	33.9	48.7	58.3
	코리아 리서치 조사	34.9	34.2	47.9	60.7

국정선거사상 처음의 일로서 제16대 대통령선거에서의 세대별 투표
행동을 분석함에 있어 중요한 자료로서 활용할 수 있게 되었다.[9]

이 전수조사에 따르면 세대별 투표율은 20대 56.5%, 30대 67.4%,
40대 76.3%, 50대 83.7%, 60세 이상 78.7%, 탈냉전세대인 20·30대
의 투표율은 전국투표율(70.8%)을 밑돌고 있으나, 냉전세대인 50·60
대 이상의 투표율은 전국투표율을 웃돌고 있다. 그러나, 투표자의 세
대별 분포에서는 20·30대가 46.6%, 50·60대가 28.0%이기 때문에
전체투표에 끼치는 비중은 20·30대의 탈냉전세대 쪽이 크다. 이 세
대별 투표율을 투표당일의 출구조사의 결과와 대조해 보면 각 세대의
후보별 지지율의 분포를 추정할 수가 있다(〈표 4〉 참조).

투표당일 투표종료직후에 전국적으로 실시된 두 가지의 출구조사
의 결과는 세대별·후보별 지지율의 분포를 나타내고 있다. 한국방송
공사(KBS)는 미디어 리서치와 공동으로 전국의 투표소 부근에서 4만
명의 유권자를 대상으로 출구조사를 실시했다. 또한 한국문화방송
(MBC)도 코리아 리서치와 공동으로 전국에서 7만 명을 대상으로 출

---

9) 중앙선거관리위원회는 2002년 12월의 제16대 대통령선거에서의 연령별 세대
별 투표율을 분석하기 위해 전체 투표자를 대상으로 하는 전수(全數)조사분석
을 실시하여 2003년 8월에 발표했다. 투표에 참가한 유권자 전체를 연령별로
분류한 이 연령별 투표율 조사는 한국의 국정선거사상 처음의 일로서 선거분
석의 중요한 자료가 되고 있다.

〈표 5〉 제16대 대통령선거에 있어서의 연령별 지지도와 당선공헌도

	유권자수	구성비	투표율	투표자수	노지지율	노득표수	이지지율	이득표수	노·이의표차	차이기여도
20대	8,106,862	23.2%	0.475	3,850,759	0.621	2,302,535	0.317	1,226,207	1,076,328	188.5%
30대	8,790,679	25.1%	0.689	6,056,778	0.593	3,458,316	0.339	2,062,527	1,395,789	244.5%
40대	7,844,964	22.4%	0.858	6,730,979	0.474	3,072,026	0.487	3,292,801	-220,775	-38.7%
50대이상	10,249,006	29.3%	0.810	8,301,695	0.398	3,181,399	0.583	4,861,761	-1,680,362	-294.3%
계	34,991,511	100.0%		24,940,211		12,014,277		11,443,297	570,980	100.0%

자료: 동아시아연구원(EAI) 편, 「2002大選評價와 盧武鉉 政府의 課題」(2003), P.97(이 표에서의 투표율과 지지율은 미디어 리서치 출구조사에 의한 것임)

〈표 6〉 제14대 대통령선거 · 지역주의선거연합에 의한 여야당의 득표차

(득표수)

	부산 · 경남	광주 · 전남북	대구 · 경북
김영삼	3,065,516	131,039	1,681,669
김대중	458,428	2,814,218	238,081
차이	2,607,088	2,683,179	1,443,588

※ 대구 · 경북은 김영삼의 지지기반은 아니나 같은 영남이므로 김영삼의 지지기반 (부산 · 경남)에 선거협력하여 김영삼을 지지하는 투표행동이 나타났다.

구조사를 실시했다(〈표 5〉 참조).

　KBS · 미디어 리서치의 출구조사에 따르면 20대 유권자의 62.1%, 30대의 59.3%가 노무현 후보에 투표하였다. 20대 · 30대를 합친 탈냉전세대의 60%가 노 후보를 지지하고 있음을 알 수 있다. 50대 이상에서는 유권자의 39.8%가 노 후보를 지지했다. 이 조사에서 50대 이상의 유권자의 58.3%가 이회창 후보를 지지했으나 20대는 31.7%, 30대는 33.9%로, 20대 · 30대의 이후보 지지율을 50대 이상의 노후보 지지율에 미치지 못했다.

　KBS · 미디어 리서치의 이 출구조사에 따른 세대별 투표율은 20대가 47.5%였으나 중앙선관위의 전수조사에서는 이보다 높은 56.5%였다. 30대의 경우 미디어 리서치 조사의 68.9%는 실제 전수조사의

67.4%와 상당히 접근하고 있다. 50대 이상의 투표율에 있어서도 출구조사 81.0%와 전수조사 81.2%로 거의 일치하고 있다. 세대별 투표자 분포는 20·30대가 압도적으로 많아 세대별 지지도에 따른 당선공헌도는 20·30대가 압도적으로 높기 때문에 세대별 지지도는 노 후보에 유리하게 작용하고 있다.[10)]

40대는 투표율은 가장 높았으나 지지율은 노 후보 47.4%, 이 후보 48.7%로 중간적 입장을 취하고 있기 때문에 두 후보의 우열에는 거의 영향을 끼치지 않은 것을 알 수 있다. MBC·코리아 리서치의 조사에서도 노 후보와 이 후보에 대한 세대별 지지율은 20대에서 59.0%대 34.9%, 30대에서는 59.3%대 34.2%, 40대에서 48.1%대 47.9%, 50대에서 40.1%대 57.9%, 60대 이상에서 34.9%대 63.5%의 분포로, 20·30대는 노 후보에의 지지를, 50대 이상은 이 후보에의 지지를 나타내고 있어 미디어 리서치의 출구조사의 결과와 거의 일치하고 있다.

한편 후보자별 최종득표예상 출구조사에서 KBS·미디어 리서치는 노무현 49.1%, 이회창 46.8%로 노 후보가 이 후보에 2.3포인트 차이로 이길 것으로 예상했는 바 최종투표결과와 똑같은 수치를 나타냈다. MBC·코리아 리서치는 노 48.4%, 이 46.9%로 노 후보의 1.5포인트 우세를 예측했다. SBS(서울방송)와 소프레스의 출구조사에서도 노 48.3%, 이 46.7%로 노 후보가 1.6포인트의 차로 이길 것으로 예측했다. 세 곳의 여론조사기관에 의해 실시된 출구조사에서 노·이 두 후보의 전체득표예상이 모두 노 후보의 우세를 예측하였고, 그것도 최종득표결과의 오차범위 내에서 제시한 것을 볼 때 여론조사기관 출구조사의 지지율에 대한 신뢰도는 대단히 높다.

---

10) 〈표 5〉의 「연령별 지지도와 당선공헌도」는 동아시아 연구원이 KBS·미디어 리서치의 출구조사에 의한 세대별 투표율과 지지율을 바탕으로 추산한 것. 후보의 득표수 추정은 연령별 투표자 수에 지지율을 곱하여 연령별 득표구성비를 얻고, 이를 실제의 득표수에 대조, 조정하여 얻은 수치라고 동원(同院)은 설명하고 있다.

2. 부재자 투표에서의 젊은 유권자의 노 후보 지지

이번 대통령선거에서 전체유권자의 2.5%를 차지하는 부재자투표는 투표대상자 86만 7,476명 가운데 93.9%인 81만 4,963명이 투표했다. 이 가운데 노 후보가 61.8%를, 이 후보는 27.7%를 득표했다. 두 후보의 부재자투표에서의 득표차 26만 3,354표는 노 후보가 전체투표에서 이 후보에게 이긴 57만 980표의 46.1%에 해당하는 것으로, 이 부재자투표에서의 노 후보의 득표는 그의 승리에 크게 기여했음을 알 수 있다.

부재자투표자의 67%는 군복무 중인 20대의 젊은층으로서 젊은 군인들이 노 후보에 많은 표를 던진 것으로 분석된다. 이 후보는 아들 두 명이 군복무를 하지 않고 병역을 면제받은 일로 해서 여론이나 상대당으로부터 비판받은 것이 불리하게 작용한 것으로 보여진다.

또한 이번 선거에서는 사상 처음으로 서울대, 연세대, 대구대 등 3개 대학의 구내에 부재자투표소를 설치하여 지방출신 대학생의 투표에 편의를 꾀했다. 그 결과, 20대의 지방출신 대학생 다수가 투표에 참가함으로써 노 후보의 득표에 유리하게 작용했다고 분석된다.

3. 젊은 세대의 「선거혁명」: 평가와 분석

출구조사와 부재자 투표의 결과에서 밝혀진 20·30대의 노무현 지지와 50대 이상 유권자의 이회창 지지가 명백히 갈려진 현상은『연령에 의해 분단된 세대전쟁』이라고도 불리었고,『한국사회는 이번 대통령선거에서 연령으로 분단된 전쟁을 치렀다』고도 표현되었다(『한겨레 신문』, 2002년 12월 26일자).

세대가 대통령선거를 움직였다. 기성체제를 거부하는 20·30대의 감성의 세대는 그 이상의 힘을 발휘하여 노무현 후보를 대통령으로 탄생시켰다고 전문가는 진단했다(『朝鮮日報』, 2002년 12월 21일자).

서울대 송호근 교수는 「지역」으로부터 「세대」로 선거의 중심축이 이동했으며, 기존의 가치와 전통적 요소에 대한 반발과 도전이 20·30대의 감성과 결합하여 새로운 유권자의 경향을 대변했다고 분석했다(『朝鮮日報』, 2002년 12월 21일자). 많은 선거분석에 관한 리포트에서 이번의 대통령선거는, 지역대결의 요소가 약해진 대신에 세대간의 대결이 새로이 등장한 새로운 선거양태라고 지적되었다.

동아시아연구원의 「대통령선거 평가」에서는 제16대 대선에서 나타난 세대변수를 『세대정치의 등장』이라고 지적하면서 『세대정치는 이번의 대선에서 나타난 일시적 현상이라기보다는 한국의 선거정치에 있어서 지속적·장기적인 영향을 끼칠 가능성이 높다』고 분석했다. 그 세대간의 대결에 있어서의 대립의 축은, 지금까지 분석해온 것처럼 동서냉전의 대리전이라고도 불리우는 이른바 한국전쟁을 체험한 세대와 전쟁을 교과서에서만 배운 전쟁 미체험세대와의 이념의 차와 안보의식의 갭이라 하겠다.

제16대 한국 대통령선거 결과를 분석하는 외신 및 해외의 신문들도 「한국전쟁」이 여야당 양 후보의 지지자의 대립의 축이 되었다고 지적했다. 워싱턴 포스트는 이번 대선의 결과를 『한국정치의 세대교체』라고 표현하면서 『한국전쟁을 전후로 한 세대교체』라고 지적했다. (*Washington* Post, 2002년 12월 20일자). 미 시사주간지 뉴스위크는 『두 개의 한국』(*Two Korea*)이라는 타이틀의 기사에서 이번의 대통령선거를 『한국전쟁을 역사교과서에서 배운 세대』와 그것을 『직접 체험한 세대』간의 갈등의 문제라고 규정하면서, 동서냉전의 대리전으로서의 한국전쟁이 세대간 대립의 경계선이 되어, 보수와 진보의 대립으로서 나타났다고 지적했다(*Newsweek*, 2002년 12월 23일자).

국제적 냉전질서가 강요한 국내의 권위주의적 정치환경 아래서 태어나 한국전쟁을 체험하고 자란 냉전세대의 안보관 및 보수적 사고방식과, 전쟁을 체험하지 않았고 그것도 민주화라고 하는 새로운 정치질서 아래서 태어나 자라난 탈냉전세대의 진보적 이념과 정치적 태도는 선거에서의 투표행동을 규정하는 새로운 요인으로 나타났다.

V. 제16대 대통령 선거의 특징 ─ 진보세력의 신장

2002년 12월의 제 16대 대통령선거는 투표율이 역대 대선가운데 가장 낮은 70.8%로, 전회(前回)의 제15대 대선의 80.7%보다 10포인트나 하락한, 국민의 정치이탈을 반영하는 국정선거가 되었다. 그러나 선거과정에 있어서의 전환과 이변의 속출은 역대 어느 선거보다도 역동적으로서 유권자의 다양한 정치태도를 반영하는 선거가 되었다.

이번 대선의 특징은 제4절에서 분석한 바처럼「세대」라고 하는 변수가 선거과정에 깊은 영향을 끼쳐 투표행동을 통하여 선거를 움직였다는 점이다. 이번 선거에 있어 정당대결에 대신하는 세대간의 대결이라고 하는 새로운 선거양태는 출구조사의 결과 등에서 확실히 나타났다. 지금까지의 한국의 국정선거에서 20대·30대의 젊은 층은 투표참가도 소극적이어서 선거결과에 중요한 영향을 끼치는 요인으로 치지 않았었다. 그러나 이번 선거에서 20·30대, 탈냉전세대의 젊은 유권자가 가치관과 이념에 따라 지지후보를 결정하는 이념투표의 경향이 선명하게 나타났다.

〈그림 5〉는 제15대와 제16대 대통령 선거에서의 양대후보의 연령별 지지도를 출구조사의 자료를 바탕으로 산출한 결과이다. 제15대 대선에서의 세대별 지지도는 20대가 김대중 43.2%, 이회창 27.9%, 30

〈그림 4〉 연령별 지지율(%)

	MBC─KRC 출구조사결과(19일)		MBC─KRC 12월/15일 조사결과	
노무현	20대	59.0 · 34.9	서울 (581명)	
	30대	59.3 · 34.2	20대	55.7 · 22.8
	40대	48.1 · 47.9	30대	58.9 · 26.0
이회창	50대	40.1 · 57.9	40대	39.9 · 39.8
	60대 이상	34.9 · 63.5	50대	26.0 · 51.3

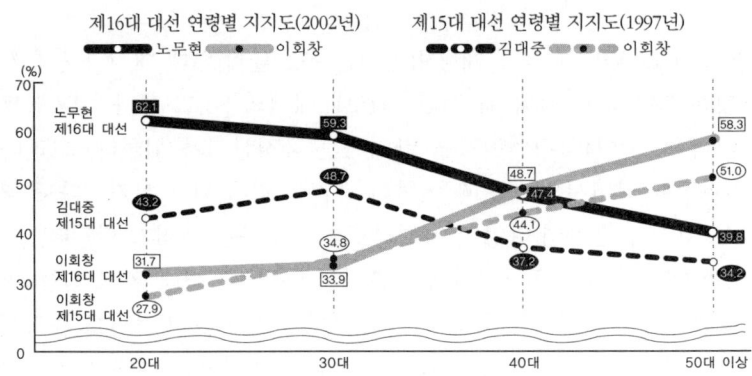

〈그림 5〉 제15 · 16대 대선 연령별 지지도

자료: 미디어리서치 출구조사(2002. 12. 19)
자료: 한국갤럽 출구조사(1997. 12. 18)

대가 김 후보 48.7%, 이 후보 34.8%로 20대 · 30대 모두 김대중 지지
가 많다. 30대 후반이 되면 김 · 이 두 후보 간의 지지가 역전해서 40
대의 지지율은 이 후보 44.1%, 김 후보 37.2%로 역전해 있음을 알 수
있다. 제16대 선거에서의 세대별 지지도는 20대가 노무현 62.1%, 이
회창 31.7%, 30대가 노 후보 59.3%, 이 후보 33.9%로, 20 · 30대 모두
노무현 지지가 2배 가까이 많다.

이 선거에서의 세대별 지지도의 역전은 40대 전반으로 되어 있다.
두 개의 선거결과에서 보면 선거에서의 보수와 진보의 변곡점은 제16
대에서는 40대 전반까지로 늘어나 있다. 그 위에 진보세력의 지지후
보에의 충성도도 이번 대선이 높다. 투표율은 역대 최저를 기록했으
나, 노 후보는 냉전 이후의 세 차례의 대통령 선거 가운데 가장 높은
득표율(48.9%)로 당선하고 있다. 이는 한국사회에 있어서의 진보세력
의 전반적인 신장과 선거에서의 영향력 증대를 나타내고 있음을 말해
주는 것이다.

이번 대선에서의 노무현 후보의 득표율 48.9%에 혁신세력이라고

<그림 6> 한국인의 이념분포 및 정치세력의 이념지수

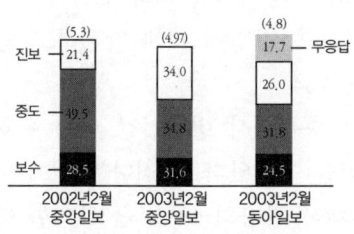

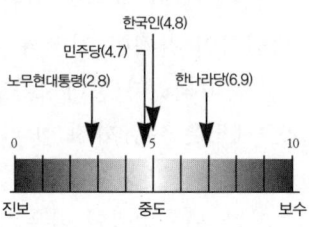

자료: 동아일보(2003년 4월 1일자). 「國民이 보는 政治勢力의 理念指數」는, 동아일보의 여론조사(2003년 4월 1일)에 의한 것임

불리우는 민주노동당의 권영길 후보의 득표율 3.9%를 합치면, 진보세력이 얻은 표는 53%에 가깝다. 권 씨는 전회의 제15대 대선때에 얻은 1.2%보다 이번에 세 배 이상으로 지지를 늘렸다.

이 같은 진보세력의 신장은 냉전종언이 국내정치에 끼친 이념대결의 무력화에 따른 결과이다. 거기에다 진보세력은 젊은 세대층의 정치참가가 점점 늘어남에 따라 국정선거를 좌우하는 요인으로서 작용하고 있다(〈그림 6〉 참조).

VI. 맺는 말 — 유권자는 무엇을 선택했는가

제16대 대통령 선거에서의 노무현의 승리는 젊은 세대의 약진·인터넷의 보급·확대 및 중심세력의 이동등 한국사회의 변화를 반영하는 것이었다고 지적되고 있다.

한국에서 정치적 주변세대라고도 불리었던 20대 ·30대는 이번 선거를 통해서 정치적 선택을 좌우하는 중심세력이 될 수도 있음을 증

명해 보였다. 노무현은 이 젊은 세대의 지지를 얻어 정치권력의 전면
에 출현하였다. 이번 대선의 전후에 실시된 각종 여론조사에서, 한국
사회에는 진보와 보수의 이념적 분화가 명백히 존재하며, 또한 이 같
은 이념적인 간격이 정당과 지지후보의 결정에 크게 작용하고 있는
것으로 분석되었다(동아시아연구원, 104).

　보수세력은 지금까지 한국사회의 주류로서 냉전기간 중에 우호적
인 정치권력을 만들어내면서 기득권을 지켜왔다. 그러나 냉전이후 태
어나 자란 20 · 30대의 젊은층이 전체 유권자의 48.3%를 차지한 이번
대선에서 탈냉전세대는 진보적 이념 아래서 투표행동을 함께 함으로
써 새로운 정치권력을 창출했다. 한국사회의 세대교체요, 보수와 진
보의 역할교대라 하겠다.

　지난 16대 대통령선거에서는 기성정당의 조직과 선거전략이 기능
부전에 빠진 반면 그 대신으로 젊은 세대의 「바람(風)」이 선거의 흐름
을 좌우해 왔다. 젊은 세대를 움직인 공통의 키워드는 진보적 이념과
개혁에의 요구였다. 냉전기간 중에 한국사회의 소외계층으로서 주변
세력이었던 진보세력은 16대 대통령선거에서 한국사회의 보 · 혁 대
결의 한쪽 편에 서서 그 위치를 넓혀갔다〈그림 6〉. 한국국민의 대다
수가 진보를 택한 것은 아니지만 민주주의 정치의 기본 룰인 선거는
진보 쪽의 손을 들어주었다. 한국의 유권자는 선거를 통해서 개혁의
주체세력을 바꿨다.

　개관하여서, 2002년 한국의 대통령 선거에서 보수세력과 진보세력
을 나누어, 대립의 축을 만들어 낸 것은 동서냉전의 종언에 따른 냉전
논리의 청산이었으며, 그 국내적 대립의 축으로서 작용한 것이 1950
년에 발발한 한국전쟁이었다. 50년이나 이전에 정전상태가 된 한국전
쟁이 어찌해서 50년 후의 2002년 12월의 대통령 선거의 대립의 축으
로서 되살아나서 유권자의 투표행동을 구속하는 최대의 요인이 되었
는가. 그 이면에는 이 반 세기 동안에 한국의 국내정치에 영행을 끼치
고 국민을 얼어붙게하여 유권자를 지배해 온 국내적 냉전체제의 단계

적 붕괴가 있었다. 2001년 6월의 김대중 대통령과 북한 김일성 국방
위원장과의 남북정상회담은 한반도에 화해의 바람을 불게 하였고, 남
북한의 평화공존에의 가능성을 불러왔다.

　해빙기의 한국의 국내정치는 지금 정치변동에서부터 사회변혁에
이르기까지 변화와 개혁을 요구받고 있다. 이와 같은 국내정치의 유
동화는, 대통령 선거라고 하는 국민 최대의 정치 이벤트를 통하여 표
출되었다. 그런 의미에서 2002년의 대통령선거는 냉전논리적 안보 ·
경제관의 청산과 국내적 냉전구조의 완전한 해체를 강요하는 사회혁
명적 프로세스였다 할 것이다.

　이번 선거를 통하여 나타난 보수와 진보라는 각각의 이념 아래서
가치관을 함께하는 사회세력 간에 새로운 대립과 긴장관계도 생겨나
고 있다. 또한 노무현 정권의 개혁을 둘러싼 갈등과 대립도 적지않다.
과거의 주류 기득권층은 퇴조하는 추세이나 이에 대신할 새로운 정치
세력은 아직 조직화되어 있지 않다. 개혁의 기수는 출발했으나 그것
이 갈 길은 순조롭지는 않다. 그러나 노무현 정권의 개혁의 행방은 이
보고서의 메인 테마는 아니다. 이 보고는 국제적 냉전질서의 종결이
국내정치 · 사회구조에 영향을 끼쳐서, 변화와 개혁을 이끌어간다고
하는 가설을 검증하기 위해서 2002년 한국대통령 선거분석을 중심으
로 하여 검증해 왔다. 선거는, 한국의 정치변동과 사회 변혁의 프로세
스를 반영하며, 그것을 유권자의 투표행동을 통하여 구체화시키는 경
로로서 기능한다는 사실이 확인되었다고 생각한다.

■ 참고문헌

김병국 등. 2003. 『2002년 대선평가와 노무현 정부의 과제』. 동아시아 연구원 편.

배한동. 2001. "한국대학생의 정치의식." 『아산재단 연구총서』 제85집.

새천년 민주당. 2002. 『제16대 대통령선거백서』.

정구종. 1993. "政治改革のチェック・システムとしての選擧—多黨化時代を反映した韓國の１９９２年總選擧." 日本選擧學會 年報 『選擧研究』 No. 8.

_____ . 1994. "社會構造と投票行動—韓國の第14回大統領選擧分析を中心として." 慶廣義塾大學大學院編 『法學政治學論究』 第22.

_____ . 1998. "政治變動の韓・日比較研究-1997년12월 韓國의 第12代 대통령선거분석." 연세대 행정대학원 고위과정 특강자료.

중앙선거관리위원회. 2003. 『제16대 대통령선거 총람』.

제2부

제17대 국회의원 선거 분석

제5장

17대 총선과 유권자의 투표참여

이준한

I. 머리말

이 글은 2004년 4월 제17대 국회의원 선거에서 드러난 유권자의 투표참여 행위에 대하여 체계적으로 분석하는 것을 목적으로 한다. 제17대 국회의원 선거가 끝난 후 투표참여라는 주제와 관련해서 일반 유권자뿐만 아니라 정치학자의 관심을 많이 모은 것은 아무래도 투표율의 반등과 유권자 투표참여의 요인 때문일 것이다.

이번 선거에서는 2000년 제16대 국회의원 선거에 비하여 투표율이 3.4%포인트 증가함으로써 1987년 이래 지속되어 온 투표율의 전반적이고 심각한 하락추세에서 벗어나 투표율이 반등하게 되는데, 이 글은 이러한 투표율 증가의 정치학적 함의와 투표율 반등의 원인에 대하여 규명해 본다. 그리고 이번 선거를 코앞에 두고 역사상 유래가 없이 대통령 탄핵이 이루어졌는데 이 글은 이러한 거대 이슈가 끼친 유권자의 투표참여에 대한 영향도 다각적으로 분석한다. 또 탄핵이슈

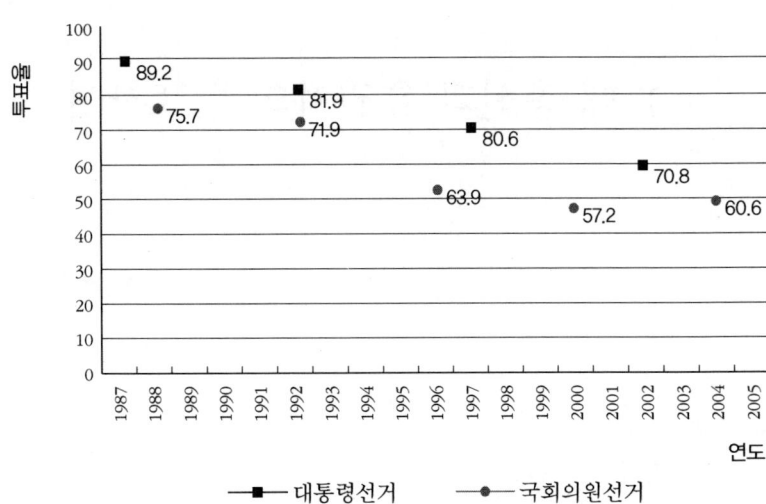

〈그림 1〉 **투표율의 변화: 1987~2004**

출처: 중앙선거관리위원회 (http://www.nec.go.kr/)

외에 어떤 요인들이 2004년 총선에서 유권자의 투표참여에 영향을 주었는지 찾아 본다.

이 글은 2000년대 두 번의 국회의원 선거에서 투표율이 3.4%포인트 증가한 것은 주로 탄핵이라는 이슈의 영향으로 말미암은 것으로 파악한다. 하지만 탄핵이슈라는 사안의 중요성과 유권자의 의식에 미친 폭발력에 비하면 3.4%포인트라는 증가폭은 기대에 훨씬 못 미치는 것으로 이해한다.

노무현 대통령 탄핵안이 가결되면서 유권자의 정치적 관심과 투표참여의 의사는 전반적으로 매우 크게 증가했다. 젊은 세대는 탄핵에 반대하는 촛불시위와 네티즌의 활발한 인터넷 캠페인으로 말미암아 투표참여에 적극적 의사를 형성하게 되었을 것이고, 기성세대는 총선을 이용하여 탄핵에 찬성하는 의사를 표시하기 위하여 투표장으로 가

서 한 표를 행사하고자 했을 것이다. 그리고 60대 이상 연령층의 유권
자들은 자신들을 무시하는 정동영의 발언에 반발하여 투표에 보다 많
이 참여했을 것이라고 기대할 수 있다. 또한 2004년 선거는 과거 선거
와 달리 여성 지도자들(박근혜와 추미애)의 맹활약으로 여성 유권자
들의 투표참여가 증가했을 가능성도 컸다.

　이 논문은 위와 같은 여러 가설들을 테스트하는 것으로 구성되며
각종 테스트를 위하여 선거후 전문여론기관들을 통하여 수집된 집합
자료들과 한국 사회과학데이터센터의 선거후 설문자료가 이용된다.

II. 제17대 국회의원 선거의 투표율 반등

　지난 제17대 국회의원선거에서 가장 두드러진 특징 가운데 하나는
4년 전 제16대 총선과 비교하여 투표율이 증가했다는 사실이 될 수 있
다. 〈그림 1〉에서 보이듯이 1987년 민주주의 이행 이래 한국의 투표
율은 계속적으로 하강하고 있는데 국회의원 선거에서는 75.7%(1988
년), 71.9%(1992년), 63.9%(1996년)로 낮아진 후 2000년 총선에서는
역대 최하의 57.2%로 떨어진 바 있다. 〈그림 1〉은 대통령 선거에서도
투표율은 89.2%(1987년), 81.9%(1992년), 80.6%(1997년), 70.8%
(2002년)로 떨어진 것을 보여준다. 이러한 투표율의 전반적이고 심각
한 하강 추세에서 이번 2004년 선거는 반등이 생긴 것이다. 제17대 선
거 투표율이 60.6%이니 지난 2000년 선거의 투표율(57.2%)에 비해
3.4%포인트가 오른 셈이다.

　예년 국회의원 선거의 투표율 하강 추세에 비추어 다른 모든 조건
이 동일하다는 전제 아래 회귀선을 그린 후 2004년 국회의원 선거의
투표율을 예측했을 때 제17대 총선 투표율은 50%와 55% 사이로 떨어
질 가능성이 컸다. 그럼에도 불구하고 유권자의 60.6%가 투표에 참가
했다면 위와 같은 예측값에 비해 최고 10.6%포인트에서 최소 5.6%포

인트 증가했다고 할 수 있다. 따라서 제17대 총선의 투표율은 과거 총선 투표율의 하락 추세와 비교하면 상당한 수준 증가한 셈이다.

그러나 결코 다른 조건들이 고정되지 않았던 "현실세계"에서는 시시각각 다른 예측 값들이 등장했다. 중앙선거관리위원회는 공식선거운동이 시작되기 약 1주일 전인 3월 23~24일 유권자의식을 조사하기 위한 설문을 실시했는데 그 결과에 따르면 "이번 선거에서 반드시 투표하겠다"고 대답을 밝힌 유권자는 61.5%였다. 이 유권자의식 설문조사에서는 84.3%에 달하는 유권자가 "투표의향이 있다"고 밝혔다. 따라서 이때 적극적 투표의사를 밝힌 61.5%에 비한다면 4월 총선의 결과인 60.6%는 기대치에 못 미친 것이다.

공식선거운동이 시작되기 1주일 전에 다시 치러진 중앙선거관리위원회의 유권자의식조사는 다른 시점의 여론조사보다 유권자들의 투표참여에 대한 예측값을 더 정확하게 제공하곤 했다(한겨레신문 3월 17일). 예를 들면 2000년 제16대 총선의 공식선거운동이 시작되기 1주일 전 중앙선거관리위원회에 의해 실시된 여론조사에서 "이번 선거에서 반드시 투표하겠다"라고 대답한 유권자가 57.3%였다. 이러한 예측값은 2000년 4월에 있었던 국회의원 선거의 공식투표율인 57.2%와 거의 비슷하다. 매우 놀라운 근사치이다.

그러나 공식선거운동기간 동안에 실시되는 여론조사는 실제상황과 거의 흡사하나 선거운동의 직접적인 영향권 속에 있기 때문에 유권자의 투표의사에 인플레이션이 생기는 경향이 있다. 후보자의 유세도 언론매체 등을 통하여 이루어지고 유권자의 선거에 대한 관심이 증폭되기 때문이다. 2004년 공식선거운동기간인 지난 4월 8~9일 중앙선거관리위원회가 전국 유권자 1,500명을 대상으로 벌인 여론조사에서는 "반드시 투표하겠다"는 적극 투표층이 77.2%에 육박했다. 설문이 이루어진 때는 탄핵안이 국회에서 가결된 후 거의 한 달이 되어가면서 총선을 꼭 한 주 남겨놓은 시점이다.

하지만 실제 선거에서는 겨우 60.6%의 유권자만 투표했다. 아무리

공식 선거운동을 전후한 유권자 투표참여 조사에 인플레이션이 있다고 하더라도 탄핵을 비롯한 여러 가지 선거의 중요한 이슈가 있음에도 불구하고 여론조사 때의 61.5% 또는 77.2%가 아니라 불과 60.6%만 투표했다면 크게 만족할 만한 증가가 아닐 수 있다. 결론적으로 2004년 총선의 투표율은 2000년 국회의원 선거의 그것과 비교해서 조금이나마 상승했다는 측면에서는 다행으로 보이지만, 선거를 즈음한 실제상황에서 조사되었고 예측되었던 투표율과 비교하면 크게 증가하지 않았다는 사실을 간과해서는 안 된다.

III. 제17대 국회의원 선거 투표율의 반등 요인

현재까지 2004년 총선에서 보여졌던 투표율의 반등이라는 현상에 대한 입체적인 평가가 부족한 것보다도 이러한 투표율의 반등을 이끌었던 요인에 대한 부정확한 이해는 더욱 문제가 될 수 있다.

윤성이(2004)와 이현우(2004)의 글에는 20대와 30대의 투표참여가 이번 투표율의 증가에 크게 기여했다고 지적되어 있다. 특히 윤성이의 글에서는 이번 선거에서 네티즌들이 인터넷을 통하여 새로운 형태의 정치참여를 활발히 벌였으며 인터넷을 통한 선거참여운동이 젊은 세대의 투표율을 높이는 데 영향을 주었다고 주장한다. 사실 이러한 관찰은 전문가들이나 일반인 모두에서 상당히 지배적인 견해로 자리잡고 있다.

그러나 디지털 조선일보 4월 20일자에 따르면 여론조사 전문기관인 미디어리서치가 투표 당일 17만 명을 대상으로 한 출구조사에서 추정한 연령별 투표율이 20대가 37.1%, 30대가 56.9%, 40대가 68.8%, 50대가 82.6%, 60대 이상이 68.7%로 보고되었다.

물론 중앙선거관리위원회의 최종 집계가 공식 발표될 경우 차이가 생길 수도 있지만, 다음의 〈그림 2〉에서 확인되듯이 20대 유권자의

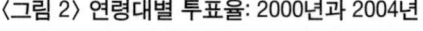

〈그림 2〉 연령대별 투표율: 2000년과 2004년

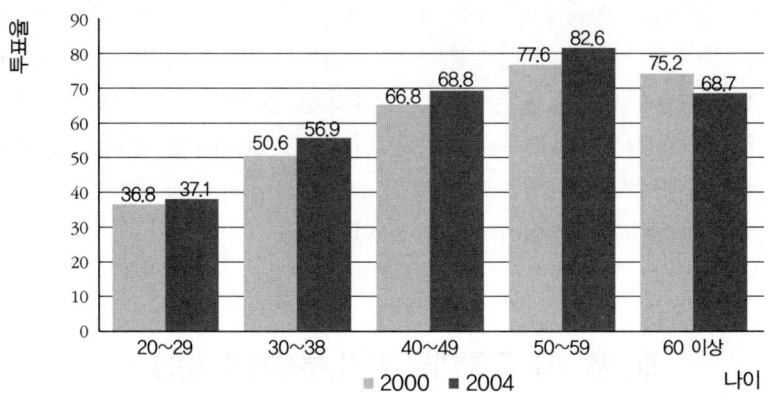

출처: 중앙선거관리위원회 (http://www.nec.go.kr/), 디지털 조선일보 (2004년 4월 20일)

투표율은 지난 2000년 제16대 국회의원 선거 공식결과와 비교할 때 36.8%에서 2004년 제17대 국회의원 선거의 37.1%로 변화해서 불과 0.3%포인트만 올랐을 뿐이다. 0.3%포인트는 두 선거에서 전체 투표율의 차이인 3.4%포인트에도 크게 못 미치고 있다. 따라서 이번 선거에서 투표율의 증가가 20대의 투표참여로 인해 상승했다는 분석은 유보해야 한다.

사실 20대의 투표참여를 비롯한 여러 가지 투표행태는 2000년대에 들어서 매우 가늠하기 어려운 대상이다. 이번 선거에서 윤성이와 이현우가 지적했듯이 20대 유권자는 탄핵가결로 투표참여 의사를 갖는 데 가장 크게 영향을 받았을 것으로 꼽혔다. 하지만 이와 관련해서 3월 17일자 한겨레신문은 일반적인 기대에 상반되는 매우 흥미로운 여론조사결과를 발표했다. 탄핵이 가결되기 전인 3월 6일과 탄핵이 가결된 후인 3월 16일에 각각 조사한 여론조사결과를 보면 "반드시 투표하겠다"는 유권자가 48.4%에서 67.9%로 전체적으로 19.5%포인트

〈그림 3〉 투표참여의사의 변화: 탄핵가결 전후

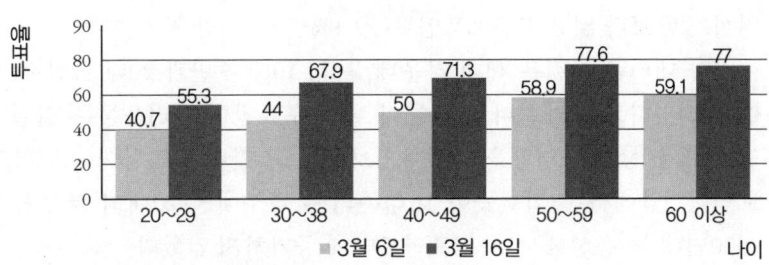

출처: 중앙선거관리위원회 (http://www.nec.go.kr/)

만 증가했음을 알 수 있다(〈그림 3〉 참조).

　〈그림 3〉은 탄핵안이 가결되기 전과 후에 거의 모든 연령대의 유권자에 걸쳐 거의 균등한 비율로 투표의사가 증가했음을 알려준다. 이러한 차원에서 탄핵이슈는 분명 투표참여 의사결정에 큰 영향을 준 것으로 인정할 수 있다. 그러나 연령대별로 살펴보면 20대의 무감각함이 확연히 드러난다. 〈그림 3〉에서 알 수 있듯이 20대는 평균 증가 폭(19.5%)에 훨씬 못 미치는 14.6%포인트(40.7%~55.3%)만 증가했다. 일반적인 인식과 반대로 탄핵가결이라는 역사적 사건은 20대 유권자로 하여금 새로이 적극적 투표의사를 갖도록 만드는 데 매우 역부족이었다. 또한 〈그림 3〉은 20대가 탄핵 가결전이나 후에도 투표참여자가 가장 적은 연령대임을 알려준다. 이러한 관점에서 두터운 네티즌층으로 구성되었고 촛불시위에도 많이 참여하는 것으로 알려진 20대가, 2004년 총선의 투표율 상승에 큰 역할이 없었다는 것을 추정할 수 있다.

　사실 20대의 투표율은 1990년대 후반 이후의 각종 선거에서 다른 연령대의 투표율에 비해 가장 낮다. 〈그림 3〉에서는 탄핵안이 가결되기 전후를 비교해서 30대는 23.9%포인트(44.0%~67.9%) 증가했고 40대가 21.3%포인트(50.0%~71.3%) 증가함으로써 평균인 19.5%포인트

보다 크게 영향을 받았다는 것을 알려준다. 반면 50대는 평균보다 낮은 18.7%포인트(58.9%~77.6%)로 증가했으며 60대 이상의 유권자도 역시 평균보다 낮은 17.9%포인트(59.1%~77.0%)만 증가했다.

만약 네티즌이 젊은 세대 가운데, 특히 10대 후반과 20대 초반에 많이 몰려있다고 이해한다면 그들이 벌인 투표참여 독려운동은 실질적인 투표율 상승에 영향을 주었다기보다는 그 반대로 영향이 없었다고 보인다. 앞에서 지적했듯이 네티즌의 주력부대인 20대의 투표율이 2000년대 두 총선에서 0.3%포인트밖에 증가하지 않았다.

물론 〈그림 2〉를 보면 2004년 선거에서 30대의 투표율은 2000년에 비해 적지 않은 폭으로 상승한 것은 사실이다. 하지만 분석대상을 20, 30대의 젊은 연령층에 한정하지 않고 유권자 전 연령층을 포함시키면, 인터넷 캠페인이 투표참여에 영향이 없었다는 사실이 더욱 극명해진다. 투표율에 관한 인터넷의 효과가 20대에도 크게 미치지 못했다면 인터넷에 친숙하지 않은 연령대로 간주되는 50대 이상의 유권자에게도 영향이 없는 것이 분명할 때 인터넷의 전체적인 효과가 극히 제한적이라는 의미이다.

실제로 네티즌들의 투표 참여운동을 벌인 것에 대한 실효성은 일반적으로 매우 의심받을 만하다. 인터넷을 통한 선거운동이 1997년부터 시작되었는데 이번 선거를 제외하고 가장 활발하게 이루어진 것은 2002년 제16대 대통령선거를 예로 들 수 있다. "노무현을 사랑하는 모임"(노사모)이 주축이 되어 인터넷을 통한 젊은 세대의 동원과 투표 당일 투표독려 메신저나 문자전송은 현재까지 노무현의 선거승리에 큰 역할을 한 것으로 알려져 있지만 투표율에 대한 영향에 있어서는 전혀 확인될 수 없는 주장으로 이해된다.

다시 말해 〈그림 4〉에서도 확인되듯이 1997년 대통령 선거에서 20대는 68.2%가 투표했는데 노사모가 활동을 했던 2002년 대통령 선거에서는 20대의 투표율이 상승하기는커녕 오히려 56.5%만 투표하는 등 11.7%포인트의 큰 폭으로 줄어들기 때문이다. 그리고 〈그림 4〉는

〈그림 4〉 연령대별 투표율 : 1997년과 2002년

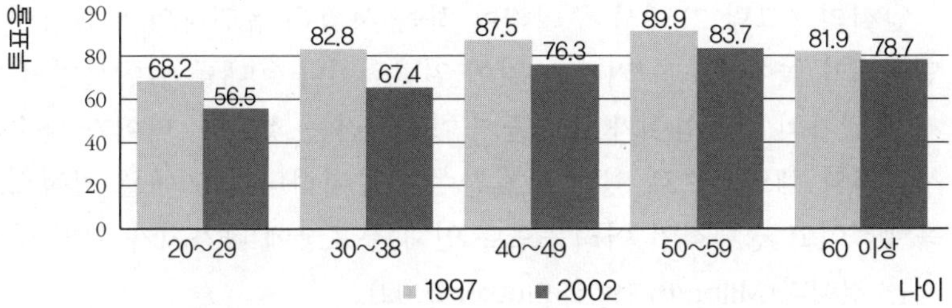

출처: 한겨레신문 (2004년 3월 17일)

노사모의 캠페인에도 불구하고 2002년 대통령 선거에서 30대의 투표율이 다른 연령층에 비해 가장 크게 떨어진 것도 알려주고 있다. 따라서 노사모의 인터넷 캠페인의 영향을 가장 많이 받았으리라 추정되는 연령대의 투표율이 떨어졌다는 것은 적어도 한국의 투표율과 관련지어서 인터넷의 효과에 대한 부정적인 평가를 내리지 않을 수 없게 한다.

이번 선거에서 50, 60대 이상 기성세대의 투표율에 영향을 줄 수 있었던 것은 먼저 탄핵이라는 이슈를 들 수 있다. 이미 지적했듯이 이 세대의 일반적인 정서로는 노무현 대통령 탄핵에 찬성의사를 표하기 위하여 투표장에 갈 가능성이 컸다. 그리고 60, 70대 이상의 연령대는 정동영의 노인폄훼발언에 자극을 받아 적극적으로 투표를 행사했으리라 예견되었다.

하지만 〈그림 2〉와 같이 지난 2000년 국회의원 선거와 비교하여 이번 선거에서 50대만 평균 투표율 상승(3.4%포인트)보다 조금 높은 5.0%포인트 폭으로 투표율이 상승했을 뿐 60대 이상에서는 오히려 6.5%포인트 하락한 것으로 드러났다. 따라서 정동영의 실언은 일반적인 기대와 달리 60대 이상의 세대가 투표장으로 동원되는데 영향을 주지 못했다고 추론할 수 있다. 그리고 이것은 동시에 탄핵이라는 이

슈가 50대를 포함한 전체 기성세대의 투표참여에 큰 영향력을 행사했을 것이라는 주장을 재고하게끔 만든다.

앞서의 〈그림 2〉에서 주의해야 하는 사항은 유권자의 투표참여가 연령대가 높아질수록 커지는 것이 일반적이나 60대를 넘어서면서 다시 유권자의 투표참여가 줄어들기 마련이라는 것이다. 나이가 들수록 사회화와 책임감으로 인해 투표참여가 증가하다가 60대를 기점으로 육체적이고 경제적인 어려움으로 인해 투표장에 나가기가 쉽지 않아지는 것이다(Milbrath 1965; Plutzer 2002).

전체적으로 2000년 국회의원 선거와 비교해서 평균 상승률(3.4%포인트)보다 투표율이 오른 연령대는 30대(6.3%포인트)와 50대(5.0%포인트)에 불과하다. 40대는 2.0%포인트만 증가했고 20대는 소폭(0.3%포인트)으로 증가했으며 60대 이상이 대폭(6.5%포인트)으로 감소했다.

따라서 전체적으로 탄핵이라는 거대 이슈가 여론조사에서와는 다르게 실제 선거에서는 유권자의 투표율 상승에 크게 영향을 주지 않았거나 모든 연령대에 고르게 영향을 주지 않았던 것으로 보인다. 미디어리서치의 여론조사인 〈그림 3〉은 각 연령대가 거의 고르게 큰 폭으로 탄핵이슈에 영향을 받아 새로 투표의사를 갖게 되었던 것을 보여주지만 실제 투표결과가 담긴 〈그림 2〉는 투표율의 변화가 고르지 않은 것을 알려준다.

지역별로 살펴보면 이번 투표율의 변동에 대한 재미있는 특징이 하나 나타난다. 서울이 60.9(55.1%~이하 2000년), 부산이 61.7(55.8%), 대구가 58.9(54.6%), 인천이 57.1(50.9%), 광주가 60.2(54.5%), 대전이 58.7(52.6%), 울산이 62.0로 수도권과 대도시의 투표율이 2000년 선거와 비교하여 2~6%포인트 차이로 증가했다.

반면에 경기가 58.0(54.6%), 강원이 59.4(61.0%), 충북이 58.2(58.6%), 충남이 55.7(57.5%), 전북이 61.0(61.5%), 전남이 63.4(65.3%), 경북이 61.3(63.7%), 경남이 62.3(61.4%), 제주가 61.3(65.7%)로 변화하여 경기

와 경남을 제외한 모든 도단위에서는 2000년 선거와 비교하여 조금씩 떨어졌다(www.donga.com 4월 16일).

이러한 결과가 나온 데에는 여러 가지 이유가 있을 수 있겠지만 지금까지 이 글에서 살펴본 투표율 변동과 일관성 있는 분석이 되려면 아무래도 대도시에 거주하는 30대와 50대의 투표율 증가와 관련이 있을 것이라는 정도의 추론만이 가능하다.

마지막으로 선거 막바지에 이르러 박근혜의 선거유세와 추미애의 3보1배는 여성들이 정당의 대표로서 선거운동의 전면에 등장한 유래 없는 현상이었다. 이러한 광경은 여성유권자들로 하여금 새로이 선거에 관심을 갖게 만들고 투표에 참여하도록 촉진하기에 충분한 유인요소가 되었을 것이다. 하지만 앞서 인용했던 미디어리서치의 17만 명을 대상으로 한 출구조사에 따르면 2004년 총선에서 남성과 여성의 투표율은 63.6% : 57.8%이다. 이러한 투표율은 2004년에 여성의 투표율이 의미 있게 증가했다고 결론 내리기 어렵게 만든다. 1996년 총선에서는 남성과 여성의 투표율이 65.3% : 62.0%였고 2000년 총선에는 58.7% : 56.5%이었다. 2000년의 여성유권자의 투표율에 비해서는 겨우 1.3%포인트 증가했을 뿐이며 1996년에 비하면 이보다 더 큰 격차(4.2%포인트)로 낮아졌다.

이상과 같은 분석을 바탕으로 한다면 2004년 국회의원 선거에서 이루어진 투표율의 반등은 20대를 포함한 젊은 세대의 투표참여, 인터넷 효과(촛불시위), 정동영의 노인 폄훼발언, 여성유권자의 참여 등과 크게 관련이 없는 것으로 해석된다. 반대로 투표율의 반등을 이끌었다고 보이는 부분은 탄핵이라는 거대이슈와 2000년 총선에 비해 대도시에 거주하는 30대와 50대 투표율의 증가와 관련이 있을 것이다.

그러나 왜 대도시의 30대와 50대가 2004년에 투표장에 더 갔는지 직접적인 원인을 찾기는 쉽지 않다. 혹자는 이들에 대한 인터넷 효과를 지적할 수 있을 것이나 앞에서 살펴보았듯이 도시에 거주하는 50대가 인터넷의 영향을 얼마나 받았을지 부정적이다. 그리고 혹자는

30대와 50대 도시인들에 대한 탄핵 이슈의 영향을 거론할 수 있는데 이 이슈가 유독 이들에게 영향을 주었는지 설명하기 쉽지 않다.[1]

Ⅳ. 제17대 국회의원 선거의 투표참여 요인

그러면 2004년 총선에서 누가 왜 투표했나? 이 질문에 대답하기 위하여 한국사회과학데이터센터가 총선이 끝난 후인 4월 16일부터 1주일 동안 설문조사한 자료(N=1,500)를 통계적으로 분석한다.

앞에서 제17대 국회의원 선거의 투표율 반등요인을 분석하는 데 사용되었던 집합자료와 달리 한국사회과학데이터센터의 설문조사자료는 개개인 유권자의 투표 행위를 분석할 수 있게 한다. 통계모델은 종속변수가 투표를 하고 안하고 하는 양자택일(binary selection)의 성격을 가졌기 때문에 프로빗 모델(probit model)로 테스트하고 통계분석에 이용될 통계 프로그램은 "STATA 7"이다. 이 통계 모델의 독립변수들은 인구사회학적 변수들, 사회심리적 변수들, 경제선거 변수, 거주지 변수들, 선거에서 중요하다고 느끼는 이슈들, 그리고 인터넷 효과 등을 포함한다.

인구사회학적 가설은 선거연구에서 일반적으로 받아들여지듯이 교육수준이 높을수록, 생활수준이 높을수록, 남성일수록, 나이가 많을수록, 대도시에 거주할수록 투표참여가 높아질 것이라고 가정한다. 이러한 유권자일수록 투표에 대한 책임감이 크고 투표가 바람직하다는 사회화가 많이 진행된다. 사회심리적 가설도 마찬가지로 정당소속감이 강할수록 그리고 정치적 효능감이 강할수록 투표에 참여할 가능성

---

1) 2004년 총선에서 투표율이 반등하는 데 기여했다고 볼 수 있는 또 다른 요인은, 이번에 새로 도입된 1인 2표제를 들 수 있다. 그러나 선행연구에 의하면 1인 2표제의 도입이 독일, 뉴질랜드, 일본과 같은 나라에서는 투표율을 높이는 데 영향을 주지 못했다고 지적한다(김영태 2002).

〈표 1〉 프로빗 테스트 결과: 2004년 국회의원선거

변수	계수	standard error
교육 (1=국졸 이하, 2=중졸 이하, 3=고졸 이하, 4=대재 이상)	.09	.08
생활수준 (1=하층, 2=중하층, 3=중산층, 4=중상층, 5=상층)	.13*	.06
성별 (0=여성, 1=남성)	.27*	.11
연령대별 (1=20대, 2=30대, 3=40대, 4=50대 이상)	.28**	.06
거주지 (1=지방소도시, 2=중소도시, 3=대도시)	-.17	.09
정당소속감 (0=없다, 1=있다)	.64**	.12
정치적 효능감 (1=거의 없다, 2=조금, 3=중간, 4=많다, 5=아주 많다)	.15**	.04
회고적 평가 (1=아주 잘못했다, 2=잘못했다, 3=잘했다, 4=아주 잘했다)	.09	.09
전라도거주	-.07	.17
경상도거주	-.14	.13
충청도거주	-.33	.19
탄핵이슈 (1=매우 찬성, 2=찬성, 3=반대, 4=매우 반대)	.06	.07
세대교체이슈	.09	.12
정동영 발언	-.11	.31
• 인터넷 이용 (1=전혀, 2=1년 한 번 이상, 3=1달 한 번 이상, 4=하루 한 번 이상)	-.26	.13
절편	-1.13*	.46
Log likelihood	-365.48	
Prob 〉 chi2	0.0000	
Pseudo R2	0.1342	
N		875

** p〈0.01, * p〈0.05

이 커진다고 가정하는 것이 일반적이다.

그리고 경제선거 변수와 관련하여 현정권이 집권기간 동안 정치를 못했다고 평가하면 투표를 하지 않을 가능성이 커진다고 가정한다 (Lau 1985; Rosenstone 1982; Schlozman and Verba 1979; Wolfinger and Rosenstone 1980). 이러한 가설은 정치상황이 나빠졌을 때 유권자들이 정치에 대한 관심을 잃거나 자신의 생존을 위한 경제활동에만 집중하게 된다는 사실에 주목한다.

또한 지역감정이 강해서 지역당이 승리하기를 원하는 정도가 강할수록 투표장에 갈 가능성이 커진다고 보고 전라도, 경상도, 충청도 거주자를 명목변수(dummy variable)로 포함했다. 이번 한국사회과학데이터센터의 설문조사는 과거와 달리 출생지를 묻지 않고 거주지만 물었다. 그리고 이번 선거에서 탄핵, 세대교체, 정동영 발언이 중요한 이슈라고 택한 사람들의 투표참여 정도를 측정하기 위하여 각각 명목변수(dummy variable)로 포함했다.

마지막으로 이번 선거 설문조사에는 처음으로 인터넷 효과를 측정할 수 있는데 인터넷을 많이 이용할수록 인터넷 선거운동에 많이 노출되고 따라서 투표장으로 많이 동원될 수 있다고 가정한다.

〈표 1〉은 간단하지만 매우 중요한 통계분석 결과를 보여준다. 〈표 1〉에서 계수의 부호가 양일 때는 투표할 가능성이 크다는 것을 의미하며 반대로 음일 때는 기권할 가능성이 크다고 해석해야 한다. 5개의 사회인구학적 변수들 가운데 성, 연령, 거주지 규모가 유권자의 투표참여에 통계적으로 유의미한 영향을 주었던 것으로 드러났다.

2004년 총선에서는 남성이 여성보다 투표에 참여할 가능성이 컸으며 나이가 많을수록 투표장에 많이 나가는 경향이 있었다. 이러한 사실은 앞의 가설뿐만 아니라 집합자료와도 합치되는 통계결과이다. 여기에서 주의해야 할 것은 연령대를 1=20대, 2=30대, 3=40대, 4=50대 이상으로 코딩함으로써 연령과 투표참여의 비선형적(nonlinear)인 상관관계 성격을 선형적(linear)으로 변화시켰다는 것이다.

반면 가설과 반대로 대도시에 거주할수록 투표장에 나가지 않는 것으로 나타났다. 일반적으로 대도시 거주자들이 투표에 많이 참여하지만 한국에서는 반대로 나타나는 경향이 많다. 대도시 거주자들은 선거에 대한 관심을 잃거나 근래에는 총선이 있는 꽃피는 4월 봄날 연휴를 만들어서 투표장 대신 해외여행이나 국내관광을 나서는 현상이 많이 생겼다.

그리고 〈표 1〉에 따르면 사회심리적 변수들인 정당소속감과 정치적 효능감은 가정했던 방향으로 통계적으로 유의미한 영향을 주는 것으로 드러났다. 2004년 총선에서 유권자들이 정당에 소속감을 가질수록 투표에 참여했던 것이며 정치적으로 영향력을 느낄수록 투표장에 갔던 것이다.

이와 반대로 〈표 1〉의 통계결과에 의하면 경제에 대한 회고적 평가와 거주지 변수들은 유권자의 투표참여에 통계적으로 유의미한 영향을 주지 않았다. 1992년 국회의원 선거부터 2002년 대통령 선거까지 유권자의 출생지를 변수로 했을 경우에는 전라도 출생자와 경상도 출생자가 투표장에 많이 등장했던 사실을 확인할 수 있었는데 2004년 국회의원 선거에서는 똑같은 사항을 확인하기는 어렵게 되었다(Lee 2004).

이번 선거에서 가장 큰 관심을 모았던 탄핵이슈는 일반적인 이해와 마찬가지로, 유권자들이 투표에 참여하는 데 통계적으로 의미있는 영향을 주었던 것으로 드러났다. 그러나 〈표 1〉의 통계결과는 탄핵이슈를 중요하게 생각할수록 투표장에 나가지 않을 가능성이 컸던 것으로 나타났다. 반면 이번 선거의 주요이슈였던 정치인 "물갈이"와 정동영 발언이 유권자가 투표참여의 결정을 내리는 데 통계적인 영향을 주지 못했던 것으로 확인되었다. 이러한 설문조사자료를 통한 통계결과는 앞의 집합자료 분석과 일관성이 있다.

마지막으로 〈표 1〉은 2004년 총선에서 인터넷 활용빈도와 유권자 투표참여의 관계도 측정할 수 있었다. 그러나 앞의 집합자료 분석이 알려주었던 것처럼 인터넷은 유권자의 투표참여에 통계적으로 의미 있는 영향력을 발휘하지 못했다. 이 통계분석은 유권자 일반에 미치는 인터넷 사용의 투표율 영향을 측정한 것이다. 이러한 결과는 한국에서 최초의 온라인 선거로 꼽히는 2002년 제16대 대통령 선거에서 투표율에 대하여 인터넷의 영향력이 있었다고 보기 어렵다는 보고와 같은 맥락에 서 있다(윤성이 2003). 온라인의 확산이 인터넷의 정치적 이용의 증가를 보장하지 않으며 아직도 뉴스 보도와 여론의 형성에는 전통적인 매체인 TV에 대한 의존성이 강하다.

다만 인터넷은 선거의 쟁점을 부각시키고 여기에 유권자의 관심을 집중시켜 특정 후보나 정당의 성공에 기여하기는 한다. 그리고 2000년 제16대 국회의원 선거에서도 인터넷의 정치적 활용이 지극히 미미하며 대부분 네티즌들의 인터넷 이용은 연예나 오락에 집중되어 있었다는 연구도 있다(김용철 · 윤성이 2000). 과거 20세기 중반 처음으로 TV가 등장했을 당시 TV를 통한 정치정보 전달의 증가가 유권자의 정치참여를 증가시키는데 기여할 것이라는 기대가 현실화되지 못했듯이 20세기 말 인터넷의 등장도 투표를 포함한 유권자의 정치참여에 유의미한 영향을 주는 데 크게 못 미치는 것으로 진단할 수 있다(이현우 2002).

Ⅴ. 결론

이 논문은 제17대 국회의원 선거후 수집된 각종 집합자료와 설문자료를 이용하여 2004년 제17대 국회의원 선거의 유권자 투표참여 행위를 체계적으로 분석했다.

먼저 제17대 국회의원 선거에서는 4년 전의 제16대 국회의원선거에 비해 3.4%포인트 투표율이 반등했는데 선거를 앞두고 역사상 유래가 없는 대통령 탄핵이라는 거대이슈가 존재했고 노무현 대통령 탄핵에 대하여 찬반의 여론이 전국적으로 뚜렷하게 형성되어 있었다는 상황을 염두에 두면 3.4%포인트라는 투표율의 증가는 오히려 적을 수 있다. 4월 선거가 있기 직전 중앙선거관리위원회가 실시했던 설문조사에서 유권자의 61.5% 또는 77.2%가 적극적인 투표의사를 밝혔으나 실제 선거에서는 불과 60.6%만 투표했다는 사실이 위와 같은 분석을 가능하게 한다.

그리고 여러 가지 집합자료들에 대한 분석결과에 따르면 4년 전 2000년의 제16대 총선에 비해 2004년 국회의원 선거에서 투표율이 증가한 것은 20대를 포함한 젊은 세대의 투표참여, 인터넷 효과(촛불시위), 정동영의 노인 폄훼발언, 여성유권자의 참여 등과 크게 상관관계가 없다고 하겠다.

반대로 투표율의 차이를 이끌었다고 보이는 요인은 탄핵이라는 거대이슈와 2000년 총선에 비해 대도시에 거주하는 30대와 50대의 투표율이 증가했다는 것으로 볼 수 있다. 그러나 왜 대도시의 30대와 50대가 2004년 총선에서 투표장으로 더 갔는지 직접적인 원인을 찾기는 어렵다. 혹자는 이들에 대한 인터넷 효과를 지적할 수 있을 것이나 앞에서 살펴보았듯이 도시에 거주하는 50대가 인터넷의 영향을 얼마나 받았을지 의문이 크다. 그리고 혹자는 30대와 50대 도시인들에 대한 탄핵 이슈의 영향을 거론할 수 있는데 이 이슈가 유독 이들에게 더 많은 영향을 주었는지 설명하기 쉽지 않다.

한국사회과학데이터센터의 설문조사자료를 분석하면 2004년 총선에서는 남성일수록, 나이가 많을수록, 그리고 지방 소도시 거주자일수록 투표장으로 많이 나가는 경향을 보였다. 그 외의 사회경제적 변수인 교육이나 생활수준은 투표참여와 통계적으로 상관관계가 없다. 그리고 유권자들이 정당에 소속감을 가질수록 투표에 더욱 많이 참여했으며, 또 정치적으로 영향력을 느낄수록 투표장으로 더 많이 나갔다.

이와 반대로 경제에 대한 회고적 평가, 거주지 변수, 그리고 이번 선거의 주요이슈였던 세대교체와 정동영 발언은 유권자가 투표참여라는 결정을 내리는 데 통계적으로 유의미한 영향을 주지 못했던 것으로 확인되었다. 다만 유권자들이 중요하게 인식했던 탄핵이슈는 투표 참여에 유의미한 영향을 행사했다. 이러한 설문조사 분석결과는 대부분 앞의 집합자료 분석과 일관성이 있다.

마지막으로 인터넷과 유권자 투표참여의 관계도 측정할 수 있었는데 앞의 집합자료 분석이 확인해 주었던 것처럼 인터넷은 유권자의 투표참여에 통계적으로 의미있는 영향력을 발휘하지 못했다. 투표참여와 관련하여 인터넷의 효과가 없다는 연구결과는 2000년대 한국선거에서 공통적으로 발견되고 있을 뿐 아니라 미국의 여러 선거에서도 이미 확인된 바 있다(Bimber 2001; Cornfield 2000; Johnson and Kaye 2003).

1인당 인터넷 이용률이 가장 높은 나라 가운데 하나인 핀란드에서도, 인터넷은 이미 정치적 관심도가 높은 유권자들에게 다시 한번 설교하는 수준이지 정치적 관심도가 낮은 사람들을 투표를 포함한 정치과정에 끌어들이는 데는 미흡하다는 보고도 있다(Carlson and Pjupsund 2001).

■ 참고문헌

김영태. 2002. "1인2표제의 제도적 효과와 정치적 영향: 독일, 뉴질랜드, 일본의
    경험과 시사점." 진영재 편. 『한국의 선거제도I』. 서울:한국사회과학 데이터
    센터.
김용철·윤성이. 2000. "인터넷의 정치적 활용과 16대 총선." 『한국정치학회보』
    제34집 제3호. 129-47.
윤성이. 2003. "16대 대통령선거와 인터넷의 영향력." 『한국정치학회보』 제37집
    제3호. 71-87.
_____. 2003. "인터넷과 17대 총선." 『17대 총선분석: 대통령 탄핵과 향후 정국
    의 전망』. 2004 한국정치학회 총선분석특별학술회의.
이현우. 2002. "인터넷과 사회자본의 강화를 통한 선거참여: 미국 2000년 대선의
    경우." 『한국정치학회보』 제36집 제3호. 309-31.
_____. 2004. "정당투표제 도입의 정치적 효과." 『17대 총선분석: 대통령 탄핵
    과 향후 정국의 전망』. 2004 한국정치학회 총선분석특별학술회의.

Bimber, Bruce. 2001. "Information and Political Engagement in America: The
    Search for Effects of Information Technology at the Individual Level."
    Political Research Quarterly 54(1, March): 53-67.
Carlson, Tom, and Goran Djupsund. 2001. "Old Wine in New Bottles? The
    1999 Finnish Election Campaign on the Internet." *Harvard International
    Journal of Press/Politics* 6(1): 68-87.
Cornfield, Michael. 2000. "The Internet and Democratic Participation." *National Civic Review* 89(3, Fall): 235-41.
Johnson, Thomas J., and Barbara K. Kaye. 2003. "A Boost or Bust for Democracy? How the Web Influenced Political Attitudes and Behavior in the 1996
    and 2000 Presidential Elections." *International Journal of Public Opinion
    Research* 8(3, Summer): 9-34.
Lau, Richard R. 1985. "Two Explanations for Negativity Effects in Political

Behavior." *American Journal of Political Science* 29:119-38.

Lee, Junhan. 2004. "Who Votes and Why in Korea." *International Journal of Public Opinion Research* 16 (2): 183-98.

Milbrath, Lester W. 1965. *Political Participation*. Chicago: Rand McNally.

Norris, Pippa. 2002. *Democratic Phoenix*. NY: Cambridge University Press.

Pintor, Rafael Lopez, and Maria Gratschew. 2002. *Voter Turnout Since 1945: A Global Report*. International Institute for Democracy and Electoral Assistance.

Plutzer, Eric. 2002. "Becoming a Habitual Voter: Inertia, Resources, and Growth in Young Adulthood." *American Political Science Review* 96(1, March): 41-56.

Rosenstone, Steven J. 1982. "Economic Adversity and VoterTurnout." *American Journal of Political Science* 26: 25-46.

Schlozman, Kay, and Sidney Verva. 1979. *Injury to Insult*. MA: Harvard University Press.

Wolfinger, Raymond E., and Steven J. Rosenstone. 1980. *WhoVotes?* New Haven: Yale University Press.

제6장

1인 2표제 도입의 정치적 효과*

김왕식

Ⅰ. 서론

제6대 국회의원 선거 이래로 한국 국회의원 선거는 소선거구 1위 대표제와 전국구 제도를 근간으로 하여 이루어져 왔다. 이런 면에서 한국의 국회의원 선거제도는 일종의 혼합 선거제도를 채택하여 왔다고 볼 수 있다. 전국구 제도는 소선거구 1위 대표제가 갖는 유권자 의사의 왜곡현상을 보완하고 군소정당의 원내 진출 및 필요한 전문 인력을 충원한다는 취지의 정당비례대표제의 형식을 띠고 있다. 그러나 그간에 시행되어 온 전국구 제도는 비례대표제가 갖는 원래의 취지는 실종된 상태에서 실제로는 집권세력이 국회 내에서 안정적인 다수를 이룰 수 있도록 하는 정략적 도구로 활용되어 왔다.

---

* 본 논문은 2004년 7월 2일 개최된 한국선거학회 학술대회에서 발표된 논문을 수정, 보완한 것이다.

예컨대, 제4공화국의 경우에서와 같이 전국구 제도는 유정회라는 이름하에 국회의원 정수의 1/3에 달하는 국회의원을 사실상 대통령이 임명하거나, 또는 제5공화국 초기에서와 같이 임명은 하지 않더라도 전국구 의원의 의석 배분을 소선거구 1위 대표제에서 나타난 의석점 유율에 근거하여 배분하는 방식을 취함으로써 제1당이 특혜를 받을 수 있도록 운용되어 왔다. 이러한 배분 방식 역시 소선거구 1위 대표제가 갖고 있는 문제점인 유권자 의사의 왜곡을 더욱 증폭시킬 수밖에 없었기 때문에 심각한 문제를 내포하고 있었다. 더욱이 의석 점유율에 의거한 의석의 배분은 제1당인 집권당이 원내에서 안정적 의석을 확보할 수 있도록 일정 수준의 의석을 제1당에 우선적으로 배분하는 방법을 운영함으로써 전국구 제도는 집권세력의 이익에 봉사하는 제도라는 비판을 면하기 어려웠다.

이에 대한 비판이 거세게 일자 전국구 의석 배분 방식을 개선하여 최근에는 각 정당의 득표율에 비례하여 의석을 배분하여 왔다. 그러나 이와 같은 배분방식도 지역구에서의 득표가 전국구 의석 배분을 결정한다는 점에서 위헌적이라는 비판이 끊임없이 제기되어 왔다. 마침내 2001년 헌법재판소가 전국구 비례대표의 의석배분은 위헌이며, 정당명부식 비례대표제를 실시하면서도 별도의 정당투표를 허용하지 않은 1인 1표제는 위헌이라고 판결하였다. 이를 받아들여 제17대 국회의원 선거에서는 유권자가 지역구 후보자 투표와 정당비례대표 투표를 독립적으로 행사하는 1인 2표제를 시행하게 된 것이다.

한국 국회의원 선거에서 처음으로 도입된 1인 2표제를 분석하는 것은 2가지 점에서 중요하다. 첫째, 새로운 선거제도의 도입은 기존의 선거와는 확연히 구별되는 투표양태가 나타날 것으로 예상되기 때문에 1인 2표제의 제도적 효과를 분석하는 것은 매우 중요한 일이라 하겠다. 둘째, 1인 2표제를 근간으로 하는 여러 형태의 혼합선거 제도를 도입한 국가가 이미 25개국에 달하기 때문에(Blais and Massicotte 1996, 115), 한국 국회의원 선거에 새로이 도입된 혼합 선거제도를 분석하는 것은 이 분야의 연구에 비교적 시각을 제공해 줄 수 있다는 점에서 중요하다.

따라서 본 연구는 제17대 국회의원 선거에 처음으로 도입된 1인 2표제가 유권자의 투표행태와 선거결과에 어떠한 영향을 주었는가를 살펴보는 데 그 목적이 있다.

우선 본 연구는 1인 2표제가 유권자의 투표행태에 어떠한 영향을 미치는가에 일차적인 관심을 기울이고자 한다. 1인 2표제의 채택으로 분할투표는 어느 정도의 규모로 나타나는가? 분할투표를 하는 유권자는 어떠한 속성을 갖고 있으며, 왜 유권자들은 분할투표를 하는가? 1인 2표제의 도입은 투표율의 변화를 가져왔는가? 1인 2표제의 도입으로 지역주의는 완화되었는가?

둘째, 1인 2표제의 채택과 관련하여 본 논문이 관심을 갖고 있는 또 다른 영역은 1인 2표제가 선거결과에 어떠한 영향을 미치는가 하는 것이다. 1인 2표제의 도입은 정당 득표율과 의석 점유율 간의 비례성을 높여 주었는가? 1인 2표제의 도입은 정당체제에 영향을 주는가? 영향을 주었다면 그 양상은 어떠한가 하는 데 관심을 기울이고자 한다

본 연구는 기본적으로 한국사회과학데이터센터와 한국선거학회가 공동으로 시행한 "제17대 국회의원선거 유권자 조사"에 나타난 설문조사 내용에 기초하여 이루어진 것이다. 그러나 필요한 경우에는 중앙선거관리위원회가 집계한 집합자료도 부분적으로 활용하였다.

II. 1인 2표제와 유권자의 투표행태

1. 분할투표의 규모와 유권자의 특성

1인 2표제 도입이 유권자의 투표행태에 영향을 미친다면 그것은 바로 분할투표가 어느 정도의 규모로 이루어지며, 또 그 분할투표가 유권자의 특성과 어떤 관계가 있느냐 하는 문제이다. 새로운 선거법은

유권자에게 지역구 후보자에게 1표, 그리고 정당의 비례대표에게 1표를 독립적으로 행사할 권한을 부여하고 있기 때문에 유권자는 자신의 판단에 따라 지역구 후보자의 소속정당과 동일한 비례대표 정당에게 일괄적으로 투표하는 경우가 있고, 이와는 달리 지역구 후보자 소속 정당과 상이한 비례대표 정당으로 나누어 투표하는 경우도 발생하게 된다. 전자의 경우를 일괄투표라고 하고, 후자의 경우를 분할투표라고 한다. 그런데 1인 2표제는 정당비례대표에 대한 투표는 당연히 정당이 투표기준이 되지만, 지역구 후보자에 대한 투표는 그 기준이 후보자 개인이 될 수도 있고 정당이 기준이 될 수도 있기 때문에 분할투표가 발생할 것이라는 가정을 전제로 하는 제도이다.

그렇다면 1인 2표제를 처음으로 도입한 제17대 국회의원 선거에서는 분할투표가 어느 정도의 규모로 이루어졌는가? 한국사회과학데이터센터와 한국선거학회가 공동으로 시행한 "제17대 국회의원선거 유권자 조사"에 담겨 있는 설문 내용을 분석해 본 결과 투표자의 79.2%가 일괄투표를 하였고 20.8%가 분할투표를 한 것으로 나타났다. 이와 같은 결과는 집합자료의 분석을 통하여 추정한 분할투표의 규모 약 10% 정도[1]와 선거일 직후 한국갤럽조사에 나타난 32.9%의[2] 중간에

---

1) 분할투표의 규모는 각 선거구에서 정당들이 지역구 투표에서 얻은 표와 정당 비례대표 투표에서 얻은 표의 차를 이용하여 추정할 수 있다. 이현우에 의하면 "전국 선거구별로 각 정당들이 두 가지 방식의 선거에서 얻은 표 차를 계산하면 4,324,025표가 된다. 이를 전체 투표자수 21,518,500으로 나누면 20.0%가 되는데 이 계산은 분할투표의 합이 되고 정당별로 늘어난 수와 줄어든 수를 이중 계산했으므로 단순계산하면 절반인 10% 정도가 분할투표비율이라고 볼 수 있다." 이현우, "정당투표제 도입의 정치적 효과," 한국정치학회 총선분석 특별학술회의 발표논문(2004년 4월 22).

집합자료를 이용하여 각 선거구에서 정당들이 지역구 투표에서 얻은 표와 정당비례대표 투표에서 얻은 표와의 차이를 갖고 추정하는 방식은 분할투표의 규모를 왜곡시킬 가능성이 높다. 지역구 투표에서 얻은 표와 정당비례대표 투표에서 얻은 표와의 차이는 분할투표의 규모를 보여주기보다는 오히려 정당 득표의 득실을 보여주는 측면이 더욱 강하다. 따라서 두 형태의 투표를 계산할

해당되는 것으로서 분할투표의 규모가 그리 크지 않음을 보여주는 것이다. 이것은 1인 2표제를 도입하고 있는 국가들의 분할투표의 규모 즉 독일의 24.8%, 뉴질랜드의 37.8%, 그리고 일본의 30.1%와 비교하여 볼 때도(김영태 2002) 17대 국회의원 선거에서의 분할투표 규모는 작은 편이라 할 수 있다.

제17대 국회의원 선거에서 처음으로 도입된 1인 2표제를 시행한 결과 20.8%로 상대적으로 작은 규모의 분할투표를 보인 점에 대하여 다음과 같이 추론해 볼 수 있다.

첫째, 1인 2표제의 도입이 급속히 이루어졌기 때문에 이 제도가 갖고 있는 유용성이 유권자들 사이에 널리 인지되지 않았고, 따라서 분할투표의 규모는 그리 크지 않았으리라 생각된다. 물론 2001년 7월에 헌법재판소에 의해 기존의 1인 1표제에 의한 전국구 국회의원 의석 배분이 위헌이라는 판결이 내려지긴 했으나, 비례대표 의석 배분의 위헌적 요소를 제거한 1인 2표제의 도입은 17대 국회의원 선거 직전에서야 겨우 이루어졌다. 때문에 사표방지를 위한 전략적 투표와 같은 이 제도가 갖고 있는 유용성이 상대적으로 소수의 유권자들에게는 이해되었는지는 몰라도 보편적으로 널리 이해됐으리라 보기는 어렵다. 따라서 전략적인 분할투표의 규모는 작을 수밖에 없다. 이 점에서

때 나타나는 상쇄효과를 감안한다면 실제 분할 투표의 규모는 집합자료에 의한 추정치보다는 훨씬 크다고 할 수 있다.

2) 『조선일보』 2004년 4월 20일자. 설문 내용을 바탕으로 하여 분할투표의 규모를 추정할 경우도 단순히 지역구 투표에서의 지지 정당과 정당비례대표 투표에서의 지지 정당이 같고 다름만을 물어보는 방식은 분할투표의 규모를 왜곡시킬 가능성이 높다. 왜냐하면 이러한 질문방식에 대한 대답은 흔히 실제로 행사한 투표를 그대로 반영하지 않기 때문이다. 이러한 방식보다는 지역구 투표와 정당비례대표 투표에서의 지지 정당을 각각 독립적으로 물어 보는 것이 분할투표의 규모를 왜곡함이 없이 보다 정확하게 측정할 수 있다. 이 점에서 본 설문 조사는 실제의 분할투표 규모를 보다 정확하게 측정할 수 있도록 설계되었다고 할 수 있다.

1인 2표제를 처음으로 도입한 국가의 경우 분할투표의 비율이 그리 크지 않았다는 경험적 연구도 주목할 필요가 있다.

둘째, 정당비례대표 선거로 선출되는 의원의 수가 지역구 선거를 통해 선출되는 의원의 수보다 훨씬 적은 점을 지적할 수 있다. 17대 총선에서의 총의석 299석 중 지역구 의석은 243석으로서 총의석의 81.3%를 차지하고 있으나 정당비례대표 의석은 56석으로서 불과 총 의석의 18.7% 밖에 되지 않는다. 따라서 유권자들의 전략적 선택의 폭이 그리 크지 않았다는 점을 들 수 있다. 더구나 1인 2표제를 도입 하기 전 한국 사회에서는 지역구 중심의 선거가 지배적이어서 정당비 례대표 의석의 배분은 소선거구 1위 대표제에서 나타난 의석점유율이 나 정당 득표율에 근거하여 이루어져 왔기 때문에 그러한 제도에 익 숙한 유권자들이 분할투표보다는 일괄투표 성향을 더욱 강하게 보였 을 가능성을 배제 할 수 없다.

셋째, 분할투표의 규모는 그 제도 자체뿐만 아니라 다른 요인에 의 해서도 영향을 받는데 특히 선거이슈의 영향을 크게 받는다. 1인 2표 제에는 분할투표 가능성이 내재되어 있는 제도이나, 제17대 국회의원 선거 과정에서는 대통령에 대한 탄핵심판, 물갈이와 개혁정치, 현 정 부에 대한 업적 평가, 지역주의 청산에 대한 요구 등이 커다란 쟁점이 었었기 때문에, 이러한 이슈에 대한 유권자들의 입장에 따라 분할투 표보다는 오히려 일괄투표가 보다 광범위하게 이루어졌을 가능성이 높았다. 예컨대 현 정부의 업적에 대해 부정적으로 평가하는 유권자 와 대통령에 대한 탄핵을 지지하는 유권자는 높은 일괄투표율을 보였 다. 따라서 1인 2표제에 내재해 있는 분할투표의 효과는 상당히 감소 되었으리라 생각된다.

그러면 어떠한 특성을 가진 유권자들이 분할투표를 했는가? 먼저 인구 사회학적 특성별로 일괄투표와 분할투표의 비율을 살펴보면 남 성의 23.3%가, 여성의 18.3%가 분할투표를 한 것으로 나타나 남성이 여성보다 훨씬 많이 분할투표를 했음을 알 수 있다. 세대별로 볼 때

20대, 30대, 40대는 골고루 평균 분할투표 수준을 훨씬 웃도는 비율로 분할투표를 한 것으로 나타난 반면, 50대 이상의 유권자들은 압도적 다수가 일괄투표를 했음을 알 수 있다. 이러한 성별, 세대별 분할투표의 차이는 통계적으로 유의미한 것이다.

그러나 유권자의 투표행태를 경제적 지위로 살펴보면 별 차이를 보이지 않는다. 학력별로 볼 때 고졸 수준의 학력을 가진 유권자가 평균 분할투표율보다 높은 분할투표율을 보이나 그 차이는 통계적으로 의미가 있지는 않다. 직업별로 볼 때 화이트칼라 계층과 자영업자가, 거주지역별로 볼 때 농촌지역 유권자와 대도시지역 유권자가 다소 높은 분할투표율을 보이며, 행정구역상의 거주지별로 볼 때 영남권 유권자는 낮은 분할투표율을 보이는 반면 호남권 유권자는 높은 분할투표율을 보이고 있다. 그러나 이러한 차이들은 통계적으로 볼 때 유의미한 것이 아니다.[3]

---

3) 박찬욱(2004)은 이 논문이 발표된 후 동일한 데이터를 사용한 비슷한 논문에서 "김왕식(2004)의 분석 결과는 여기서와 다르게 직업유형과 분할투표의 관계를 제대로 보여 주고 있지 못했다. 그 원인은 무응답이 많은 단일 문항에만 의존하고 관련 문항과의 결합을 통해 주부나 학생 등 다른 범주를 포함시키는 통계적 조작을 거치지 않았기 때문이다"라고 지적하고 있는데, 이러한 지적은 설문지에 나타난 원 자료와 통계 조작 방법상의 오해에서 비롯된 것이다. 우선 설문지에는 직업과 관련이 있는 설문이 두 가지 있다. 하나는 "화이트칼라, 블루칼라, 농업, 자영업, 무응답 등"의 선택지를 제시하고 그 중에서 응답자가 선택하는 것이고, 또 하나는 응답자가 직업 분류표를 참조하여 공란에 응답하는 것이다. 여기서 필자는 첫 번째 설문을 분석한 결과 통계적으로 의미가 있는 관계는 발견되지 않았음을 밝힌 바 있다. 두 번째 설문의 경우 박찬욱이 주장한 바대로 통계적 조작이 가능하다. 그러나 응답자가 밝힌 원자료를 보면, 응답은 "군인, 입법가, (고위) 공무원, 일반관리자, 물리·수학·공학전문가, 생명과학 및 보건 전문가, 교육 전문가, 기타 전문가, 물리·기술·과학 준 전문가, 생명과학 및 준전문가, 교육준전문가, 기타 준전문가, 일반사무원, 고객서비스 직원, 개인 비서 및 경호원, 모텔, 판매업, 선전업, 시장지향적 숙련농업 및 어업종사자, 생계지향적 농업 및 어업노동자, 광업 및 건축조합 노동자, 기타 동업조합노동자, 고정장치 및 관련작동자, 운전 및 이동장치작동자, 판매

〈표 1〉 유권자의 인구 사회학적 특성과 분할투표

유권자의 특성		일괄투표	분할투표	
성별	남자	76.7	23.3	x^2= 4.21
	여자	81.7	18.3	(p〈0.05)
나이	20대	75.2	24.8	
	30대	77.8	22.2	x^2= 8.53
	40대	77.0	23.0	(p〈0.05)
	50대 이상	84.3	15.7	
학력	중졸 이하	81.4	18.6	
	고졸	76.9	23.1	x^2= 4.33
	대재 이상	80.5	19.5	
	무응답	87.5	12.5	
경제적 지위	하	79.9	20.1	
	중	78.1	21.9	x^2= 0.46
	상	79.2	20.8	
	무응답	79.9	20.1	
직업	화이트칼라	77.4	23.0	
	블루칼라	85.2	14.8	
	농업	80.0	20.0	x^2= 3.87
	자영업	74.7	25.3	
	무응답	79.9	20.1	
거주지역 Ⅰ	농촌지역	71.6	28.4	
	중소도시	81.5	18.5	
	대도시의 교외	82.5	17.5	x^2=9.31
	대도시	76.8	23.2	
	무응답	92.0	8.0	
거주지역 Ⅱ	수도권	79.7	20.3	
	충청권	77.4	22.6	
	강원권	78.9	21.1	x^2=7.59
	영남권	82.5	17.5	
	호남권	70.9	29.1	

및 서비스 기초직업, 농업·어업과 이와 관련된 노동자, 기타 직업기초, 기타 분류 불가능한 직업, 주부, 학생, 무직, 응답거부" 등으로 구성되어 있어 관련 문항 등의 결합에 의한 통계적 조작은 상당히 자의적일 수밖에 없어 통계적 신 빙성의 문제를 자아낼 수 있다. 또한 직업을 "화이트칼라, 블루칼라, 자영업

결국 유권자의 경제적 지위, 학력수준, 직업, 농촌-도시의 구분이든 행정구역상의 구분이든 거주지역의 특성 등은 통계적으로 유의미한 분할투표의 차이를 가져오는 것이 아니고, 성별과 세대간의 구분만이 분할투표의 차이를 가져온다는 것을 알 수 있다. 그런데 이들이 지지하는 정당을 보면 남녀간에는 큰 차이가 없으나, 세대별로 보면 차이가 있다. 즉 분할투표 비율이 높은 20대와 30대는 타 정당에 비해 열린우리당 지지자가 압도적으로 많고, 40대는 열린우리당 지지자와 한나라당 지지자의 비율이 비슷하다. 반면 분할투표 비율이 높은 50대의 경우는 한나라당 지지자가 많다.

그러나 20대, 30대, 40대의 젊은 남성들이 분할투표를 하는 경향이 높았고 이들은 압도적으로 열린우리당에 많은 투표를 했다는 사실만 가지고는 어떠한 특성을 가진 유권자가 분할투표를 하는가를 명확히 알 수 없다. 따라서 누가 분할투표를 하는가를 보다 명확히 알기 위해서는 인구사회학적 변수 이외의 특성을 고려해야만 한다.

〈표 2〉는 유권자의 정치적 성향과 투표양태와의 관계를 보여 주는 것이다. 우선 유권자의 이념성향과 분할투표와는 선형관계를 보여 주고 있다. 즉, 진보성향 유권자일수록 분할투표율은 높았고. 보수성향의 유권자일수록 분할투표율이 낮았다. 정당의 선호도와 분할투표와의 관계 역시 통계적으로 의미 있으나 그 관계는 정당에 따라 다르다. 우선 한나라당 선호도와 분할투표는 선형관계를 보인다. 한나라당에 대한 선호도가 높을수록 분할투표의 비율이 낮고, 선호도가 낮을수록 분할투표의 비율이 높다. 민노당의 경우 역시 선형관계를 보여 주나 그 결과는 한나라당과는 정반대로 나타난다. 민노당에 대한 선호도가 높을수록 분할투표의 비율이 높게 나타난다. 이에 반하여 열린우리당

및 농업, 학생, 주부, 무직/은퇴"로 분류한 것은 첫 번째 설문 문항과 중복이 되며, 이러한 분류는 직업분류의 원칙에도 어긋날 뿐 아니라 지나친 단순화의 위험이 있다. 따라서 직업 유형과 분할투표의 관계는 이 설문 자료를 통하여 체계적으로 밝혀낼 수 없다.

〈표 2〉 유권자의 정치성향과 분할투표

		일괄투표	분할투표	
이념성향	진보	69.4	30.6	p⟨ 0.00
	중도	78.2	21.8	
	보수	88.6	11.4	
	모름/무응답	88.3	11.7	
한나라당에 대한 선호도	매우 싫어한다	74.6	25.4	p⟨ 0.00
	싫어한다	75.6	24.4	
	그저 그렇다	79.0	21.0	
	좋아한다	79.7	20.3	
	매우 좋아한다	92.7	7.3	
	무응답	91.1	8.9	
열린우리당에 대한 선호도	매우 싫어한다	87.8	12.2	p⟨ 0.00
	싫어한다	81.5	18.5	
	그저 그렇다	72.7	27.3	
	좋아한다	78.9	21.1	
	매우 좋아한다	82.8	17.2	
	무응답	87.9	12.1	
민주노동당에 대한 선호도	매우 싫어한다	88.2	11.8	p⟨ 0.00
	싫어한다	83.0	17.0	
	그저 그렇다	82.8	17.2	
	좋아한다	68.6	31.4	
	매우 좋아한다	61.2	38.8	
	무응답	84.8	15.2	
민주당에 대한 선호도	매우 싫어한다	77.3	22.7	p⟨ 0.05
	싫어한다	74.7	25.3	
	그저 그렇다	82.7	17.3	
	좋아한다	83.6	6.4	
	매우 좋아한다	69.2	30.8	
	무응답	85.9	14.1	

과 민주당의 경우는 그 관계가 비선형적으로 나타난다. 열린우리당을 싫어하거나 좋아하는 양극단으로 갈수록 분할투표율이 낮고, 중간 정도의 선호도를 보이는 유권자의 분할투표 비율이 가장 높다. 민주당의 경우는 이와는 정반대로 민주당을 좋아하거나 싫어하는 양극단으

로 갈수록 분할투표율이 높고, 중간 정도의 선호도를 보이는 유권자
의 분할투표 비율이 가장 낮다.

그런데 유권자의 정치적 성향과 그들이 투표한 정당 사이에는 일정
한 관계가 보인다. 분할투표 비율이 높은 진보성향과 중도성향의 유
권자들은 열린우리당에 압도적으로 많은 투표를 던졌고, 분할투표 비
율이 낮은 보수 성향의 유권자들은 한나라당에 투표한 유권자가 압도
적으로 많았다. 유권자의 이념성향이 분할투표에 미친 영향은 정당의
선호도에 따른 분할투표 양상과 결부시켜 보면 더욱 선명하게 나타난
다. 주지하는 바와 같이 제17대 국회의원 선거에서 나타난 큰 특징 중
의 하나는 각 정당들이 그 이념적 성향을 분명히 했다는 것이다. 즉 민
주노동당과 열린우리당이 진보적 성향을 보다 분명히 나타낸 반면,
한나라당은 보수적 성향을 보다 분명히 한 바 있다. 이에 상응하여 진
보적 성향을 띤 민주노동당이나 열린우리당에 호감을 가진 유권자들
의 분할투표율은 보다 높게 나타났다. 반면에 보수정당으로 간주되는
한나라당이나 상대적으로 덜 개혁적으로 인식되어 보수정당으로 치
부된 민주당의 경우 이들 정당을 싫어하는 유권자들의 분할투표율이
보다 높게 나타났다.

2. 1인 2표제와 투표율

1인 2표제의 도입이 유권자의 투표행태에 영향을 미치는 또 다른
분야는 바로 투표율의 문제이다. 1인 2표제는 정당비례대표제의 도입
을 전제로 하는 것이고, 비례대표제는 1위 대표제에 비하여 투표참여
를 높이는 것으로 알려져 있기 때문에 1인 2표제의 도입은 투표참여
율을 제고시킬 것으로 상정할 수 있다. 이론적으로 볼 때 1인 2표제는
세 가지 측면에서 투표율 제고에 영향을 미칠 수 있다.

첫째, 1인 2표제하에서는 유권자가 2표를 행사하기 때문에 정당비
례대표 투표에서 자신이 선호하는 정당과 지역구 투표에서 자신이 선

호하는 후보의 정당이 다를 경우에는 정당과 후보자를 분리하여 선택할 수 있기 때문에 투표참여에의 유인이 높다. 둘째, 비례대표제는 사표를 최소화하고, 유권자 개개인 투표의 효용을 높여주기 때문에 투표율이 높아질 수 있다. 셋째, 듀베르제가 지적한 것처럼 비례대표제는 다당체제를 유도하는 경향이 있는데, 다당체제하에서의 유권자는 자신의 정책적 선호에 부합되는 정당을 선택할 수 있는 폭이 넓어지기 때문에 투표참여에의 동기가 높아지고, 또한 유권자의 표를 획득하기 위한 정당들 간의 경쟁이 치열해지기 투표율이 상승될 가능성이 높다.

다음의 〈표 3〉을 보면 14대 국회의원 선거에서 71.6%를 기록한 이래 투표율이 매 선거마다 지속적으로 감소하다가 이번 17대 총선에서는 증가하였다. 즉 17대 총선 투표율은 16대 총선 투표율 57.6%보다 3%포인트 상승한 60.6%를 기록하였다. 처음으로 1인 2표제를 도입한 17대 총선의 투표율이 상승하였을 뿐만 아니라 투표율의 감소추세도 반전되었다는 점에서 1인 2표제가 투표율을 제고시켰을 가능성은 있다. 그러나 불행히도 한국데이터센터와 한국선거학회가 공동으로 시행한 설문 자료에는 1인 2표제와 투표율과의 직접적인 관계를 볼 수 있는 항목이 없기 때문에 1인 2표제가 투표율을 증가시켰다는 구체적인 증거를 보여 줄 수는 없다.

〈표 3〉 역대 국회의원 선거 세대별 투표율 변화

(단위: %)

	20대 이상	30대 이상	40대 이상	50대 이상	60대 이상	전체
14대	56.8	72.1	81.5	84.3	78.2	71.6
15대	44.3	62.9	75.3	81.3	74.4	63.6
16대	36.8	50.8	66.8	77.6	75.2	57.6
17대	37.1	56.9	68.8	82.6	68.7	60.6

*14~16대 중앙선거관리위원회 〈투표율 분석결과 집계표〉
 17대 세대별 투표율은 미디어 리서치 출구조사 자료, 전체 투표율은 선관위 자료

　다만 1인 2표제가 갖고 있는 특성과 투표율과의 관계를 통하여 간접적으로 추론해 볼 수는 있다. 이와 관련하여 한 연구는 1인 2표제가 가져온 분할투표율과 투표율과의 관계에 주목하여 젊은 층의 투표율이 상승하였을 가능성이 있음을 조심스럽게 추측하고 있다.[4] 이 연구는 상대적으로 높은 분할투표율을 보인 20, 30대의 투표율도 상승하였음으로 정당비례투표제가 영향을 미쳤을 가능성이 있다는 것이다. 과연 그럴 가능성이 있는지를 다시 한번 점검해 볼 필요가 있다. 우선 투표율의 경우 16대 총선에 비해 17대 총선에서는 전체적으로 보아 3%포인트 투표율이 상승하였다. 투표율 상승 폭을 세대별로 보면 20대의 경우 0.3%포인트, 30대 6.1%포인트, 40대 2%포인트, 그리고 50대 5%포인트 상승하였으나, 이와는 달리 60대 이상은 6.5%포인트 하락하였다.

　한편 1인 2표제 시행을 통하여 나타난 투표행태를 세대별로 보면 20대, 30대, 그리고 40대의 분할투표 비율이 비슷한 수준으로 높았다. 분할투표의 비율은 20대, 30대, 40대가 비슷한 수준을 보이고 있는 데 반하여 투표율 상승 폭은 세대간 큰 편차를 보이고 있고, 더욱이 30대의 경우는 전체 평균을 상회하는 투표율을 보이고 있는 반면 20대와 40대는 전체 평균을 밑돌고 있다는 점에서 분할투표와 투표율의 상승 간에는 체계적인 관계를 찾아보기 힘들다. 또한 투표율은 50대에서 상승한 반면 분할투표율은 50대 이상에서 낮았다는 점에서도 그렇다. 요컨대 1인 2표제의 시행이 투표율의 제고에 영향을 주었다고 보기는 어렵다고 할 수 있다. 이와 같은 관찰은 1인 2표제의 도입이 투표율을 제고시키지 않았다는 외국의 경험적 사례와도 일치한다(김영태, 앞의 논문).

---

4) 이현우는 분할투표율이 높은 20대, 30대가 투표율이 상승했다는 점에 주목하여 "직접적인 증거는 될 수 없지만 분할투표의 가능성이 높다는 것은 지역구 후보 투표 이외에 정당투표 결정의 다른 요인이 있다는 것을 의미하며, 따라서 정당비례투표제가 영향을 미쳤을 가능성을 추측해 볼 수 있다." 이현우, 앞의 논문.

17대 총선의 투표율이 상승한 것은 1인 2표제의 시행보다는 오히려 다른 요인들 특히 선거과정을 주도했던 쟁점들이었다. 이번 선거는 탄핵심판, 물갈이와 개혁정치 등과 같은 쟁점들이 총선과정을 주도하였던 바, 굳이 이남영의 연구(이남영 2002)를 지적하지 않더라도 이러한 쟁점들과 관련하여 20대, 30대 젊은 세대들의 "우리 힘으로 세상을 바꿀 수 있다"는 자신감 내지 정치적 효능감이 투표율을 제고시켰을 가능성이 더욱 크다고 할 수 있다.

3. 1인 2표제와 지역주의적 투표성향

1인 2표제 도입과 관련하여 살펴 보아야 할 또 하나의 주제는, 1인 2표제가 한국의 투표행태의 두드러진 특징 중의 하나인 지역주의적 투표성향을 완화시켰는가 하는 점이다. 우선 집합자료를 보면 17대 총선에서도 지역주의적 투표성향은 온존한 것으로 나타난다. 우선 전통적으로 지역주의적 성향이 두드러졌던 영남과 호남에서의 지역주의적 성향은 17대 총선에도 그대로 유지되었다. 즉 영남지역에서는 타 정당에 비하여 한나라당이 훨씬 많은 득표를 하였고, 호남지역에서는 열린우리당이 압도적 득표를 하였다. 다만 민노당이 강세를 보인 울산지역과 민주당과 각축을 벌였던 전남지역의 경우에는 양대정당에 대한 지역주의적 투표성향이 둔화되기는 하였으나 전체적으로 볼 때는 지역주의는 여전하다 할 수 있다. 이 같은 현상은 지역구 후보자 투표에서나 정당비례대표 투표에서나 비슷한 비율로 공히 나타나고 있어 1인 2표제의 도입이 지역주의 완화효과는 없었다고 할 수 있다.

충청지역에서도 지역주의적인 성향이 강하게 나타나고 있는데 과거와는 달리 이 지역에 기반을 두고 있던 자민련이 쇠퇴하고 대신 열린우리당이 압도적인 득표를 했다는 것이 흥미 있는 점이다. 이 지역 역시 자민련의 영향이 아직 남아 있는 충남지역에서는 약간 둔화된 모습을 보이나 전체적으로 볼 때는 지역주의가 강하게 나타나고 있

〈표 4〉 17대 국회의원 선거 정당비례/지역구 득표율

(단위: %)

		열린우리당		한나라당		민주노동당		민주당	
		비례	지역구	비례	지역구	비례	지역구	비례	지역구
전국		38.3	42.0	35.8	37.9	13.0	4.3	7.1	7.9
수도권	서울	37.7	42.8	36.7	41.3	12.6	3.4	8.4	9.8
	인천	39.5	44.7	34.6	38.9	15.3	7.4	5.4	5.2
	경기	40.2	45.7	35.4	40.7	13.5	4.1	6.1	6.7
충청	대전	43.8	45.8	24.3	22.4	11.8	1.5	3.1	3.3
	충남	38.0	38.9	21.1	15.8	10.5	2.2	2.8	3.6
	충북	44.7	50.5	30.3	32.6	13.1	3.3	2.2	1
영남	부산	33.7	38.9	49.4	52.5	12	2.9	1.9	0.8
	울산	31.2	28.1	36.4	36.6	21.9	18	1.5	0.6
	대구	22.3	26.7	62.1	62.4	11.6	2.5	1.1	1.8
	경남	31.7	34.4	47.3	47.7	15.8	8.4	1.4	0.4
	경북	23	25.8	58.3	54.6	12	3.4	1.4	0.4
호남	광주	51.6	54	1.8	0.1	13.1	5.6	31.1	36.4
	전남	46.7	46.9	2.9	0.8	11.2	2.6	33.8	38.4
	전북	67.3	64.6	3.4	0.1	11.1	4.6	13.6	18.7
기타	강원	38.1	38.8	40.6	43.3	12.8	4.2	3.5	6.4
	제주	46	49.4	30.8	40.2	14.1	3.4	5.1	3.8

다. 충청권의 지역주의적 투표성향은 행정수도 이전 이슈와 결부되어 있는 것으로 일반적으로 이해되고 있는데 이 점에서 충청권의 지역주의는 합리적 선택의 측면이 있음을 배제할 수 없다.

설문조사 자료를 분석하여 보면 1인 2표제의 도입에도 불구하고 지역주의는 완화되지 않고 온존하고 있음을 다시 한 번 확인할 수 있다. 지역구 후보에 대한 투표를 보면 영남권에서는 한나라당이, 호남권에서는 열린우리당이 타 정당에 비하여 압도적 지지를 받고 있음을 볼 때 지역주의는 강함을 알 수 있다. 더불어 충청 지역 역시 지역주의적 성향이 강하게 나타나고 있음을 확인할 수 있다. 정당비례대표에 대한 투표에서도 동일한 현상이 그대로 관찰되고 있어 1인 2표제가 지역주의 완화 효과를 갖고 있지 않다는 것을 알 수 있다. 따라서 여기서

<표 5> 지역별 유권자의 지역후보 투표 정당

(단위: %)

	열린우리당	한나라당	민주노동당	민주당	기타
수도권	50.0	35.4	4.8	8.0	1.9
충청지역	53.7	17.6	6.5	0.9	21.3
강원지역	57.9	39.5	0	0	2.6
영남지역	37.5	55.8	4.8	1.0	1.0
호남지역	68.0	0.8	3.9	23.4	3.9

p〈0.00

<표 6> 지역별 유권자의 정당비례 투표 정당

(단위: %)

	열린우리당	한나라당	민주노동당	민주당	기타
수도권	46.0	31.7	12.2	7.8	2.2
충청지역	53.8	20.8	13.2	1.9	10.4
강원지역	44.7	36.8	18.4	0	0
영남지역	34.3	50.8	13.5	1.0	0.3
호남지역	64.8	0.8	12.5	18.8	3.1

p〈0.00

확인할 수 있는 것은 새로운 선거체제의 설계만으로는 지역주의를 완화시킬 수 없다는 점이다.

Ⅲ. 1인 2표제와 선거결과

1. 정당별 득표율과 의석점유율

1인 2표제의 도입이 선거 결과와 관련하여 관심을 끄는 영역의 하나는 그것이 유권자의 정치적 의사가 왜곡되는 현상을 완화시켜 주었는가 하는 점이다. 즉 1인 2표제의 도입이 정당별 득표율과 의석 점유율 간의 비례성을 높여 주었는가 하는 점이다. 우선 1인 2표제를 도입할 경우 유권자는 자신의 정치적 의사나 선호에 따라 지역구 투표와 정당비례대표에 대한 투표를 동일한 정당에 일괄적으로 하거나 상이한 정당으로 나누어 분할투표를 할 수 있으므로 유권자의 의사가 대의기관에 더욱 정확하게 전달될 수 있다. 또한 1인 2표제는 정당비례대표제의 도입을 전제로 한 것이기 때문에 정당 득표율과 의석 점유율 간의 비비례성을 완화시켜 유권자의 정치적 의사를 보다 정확하게 정치과정에 반영시킬 수 있다.

1인 2표제의 도입이 유권자의 정치적 의사 왜곡 완화에 어떠한 영향을 주었는가를 보는 가장 좋은 방법 중의 하나는 1인 2표제의 도입이 정당별 득표율과 의석 점유율 간의 비례성을 높여 주었는가를 보는 것이다. 우선 지역구의 경우 유권자 의사의 왜곡은 여전히 심각하게 나타났다. 1인 2표제를 도입하더라도 지역구 의석은 소선거구 1위 대표제에 의해서 결정되기 때문에 이 제도에 내재해 있는 사표의 발생으로 정당의 득표율과 의석 점유율 사이의 비비례성은 그대로 유지되었다. 기존의 제도를 시행할 때 나타났던 것과 같이 제1당과 제2당은 지역구 투표에서 얻은 정당의 득표율에 비해 훨씬 많은 의석을 차지하였고, 제3당부터는 정당 득표율에 비해 훨씬 적은 의석을 차지한 것으로 나타났다. 제1당인 열린우리당은 41.9%의 득표로 53.1%의 과반수 의석을 차지하여 11.2%의 보너스율을 보였다. 제2당인 한나라당 역시 37.9%의 득표로 41.2%의 의석을 차지하여 많은 이득을 보았다. 그러나 제1당과 비교하여 볼 때 그 이득비는 훨씬 떨어진다. 반면에 군소정당인 민주노동당과 민주당의 경우는 득표율에 훨씬 못 미치는 의석을 확보함으로써 마이너스 보너스율을 기록하였다.

그러나 정당비례대표의 경우는 사정이 다르다. 최소득표 요건 때문에 정당의 득표율과 의석 점유율 사이에 약간의 차이가 보이기는 하지만, 그 이득비는 정당 간에 큰 차이를 보이지 않는다. 16대 총선까지는 비례대표의 의석배분이 지역구 투표에서 얻은 득표율에 따라 이

〈표 7〉 17대 국회의원 선거 주요 정당의 보너스율과 이득비

	지역구 의석(243)				비례대표 의석(56)			
	지역득표	의석률	보너스율	이득비	정당득표	의석률	보너스율	이득비
열린우리당	41.9%	53.1%	11.2%	1.27	38.3%	41.1%	2.8%	1.07
한나라당	37.9%	41.2%	3.3%	1.09	35.8%	37.5%	1.7%	1.05
민주노동당	4.3%	0.8%	-3.5%	0.19	13.0%	14.3%	1.3%	1.1
새천년민주당	7.9%	2.1%	-5.8%	0.27	7.1%	7.1%	0	1

루어졌기 때문에 소선거구 1위 대표제에서 나타나는 왜곡현상이 비례 대표 배분에도 그대로 이어졌었다. 그러나 17대 총선에서는 비례대표의 의석배분이 정당득표율에 비례하여 이루어졌기 때문에 왜곡현상이 거의 나타나지 않았다. 따라서 정당비례대표에 대한 독립적 투표를 채택한 1인 2표제는 정당비례대표의 크기에 비례하여 정당의 득표율과 의석 점유율 간의 비비례성을 감소시키는 효과를 갖고 있음을 알 수 있다.

1인 2표제의 도입이 정당의 득표율과 의석 점유율 간의 비례성을 구체적으로 어떻게 얼마만큼 높여 주었는가를 보기 위하여 17대 총선 결과를 16대 총선에 적용되었던 배분방식으로 시뮬레이션을 한 뒤 이를 17대 총선의 결과와 비교해 보기로 하자. 그런데 여기서 유의해야할 점은 16대의 경우 지역구 후보자 선거에서 각 정당이 획득한 표를 각 정당의 득표율로 가정하여 비례성을 계산하였으나, 17대에는 유권자가 지역구 후보자와 정당비례대표 양자에 독립적인 투표를 하였으므로 각각의 득표율에 가중치를 주어 합산한 것을 사용하였다.

결과를 비교하여 보면 군소정당인 민노당과 민주당의 비례지수가 증가함으로써 정당 득표율과 의석 점유율 간의 비비례성이 훨씬 약화 되었음을 알 수 있다. 물론 거대 정당인 열린우리당과 한나라당의 비례지수도 증가하여 비비례성도 다소 증폭되었으나 민노당과 민주당의 비례지수 상승 폭이 크기 때문에 전체적으로 볼 때 1인 2표제의 도입은 정당의 득표율과 의석 점유율 사이의 비례성을 증가시켰다고 볼

〈표 8〉 시뮬레이션을 통한 주요 정당의 보너스율, 이득비, 비례지수 비교

갑: 17대 총선 결과를 16대 총선 의석 배분 방식으로 시뮬레이션한 경우
을: 17대 총선의 결과*

	주요 정당	득표율 (A)	의석률(%)		보너스율(%)		이득비		비례지수
			지역구 (B)	전체 (C)	지역구 (B)-(A)	전체 (C)-(A)	지역구 (B)/(A)	전체 (C)/(A)	이득 ×100
갑	열린	41.3	53.1	50.8	11.8	9.5	1.29	1.23	123
을	우리당	41.9	53.1	51.2	11.2	9.3	1.27	1.22	122
갑	한나라당	37.5	41.2	40.5	3.5	3.0	1.11	1.08	108
을		37.9	41.2	40.5	3.3	2.6	1.09	1.07	107
갑	민주	5.9	0.8	3.3	-5.1	-2.6	0.14	0.56	56
을	노동당	4.3	0.8	1.3	-3.5	-3.0	0.19	0.30	30
갑	새천년	7.7	2.1	3.0	-5.6	-4.7	0.27	0.39	39
을	민주당	7.9	2.1	3.0	-5.8	-4.9	0.27	0.38	38

* 비교를 위하여 17대 총선의 정당 득표율은 지역구 후보 투표와 정당비례대표 투표
가 독립적으로 이루어졌으므로 지역구 득표율과 정당 득표율을 가중치를 두어 합산
한 값을 사용하였다.
  지역구 의석 비중:(243/299)×100=0.813, 전국구의 의석 비중:(56/299)×
    100=0.187
  (우리당 지역구 득표율 41.9%×0.813) + (우리당 정당비례 득표율 38.3%×
  0.187)=41.3%
  (한나라당 지역구 득표율 37.9%×0.813) + (한나라당 정당비례 득표율 35.8%×
    0.187)=37.5%
  (민노당 지역구 득표율 4.3%×0.813) + (민노당 정당비례 득표율 13%×
    0.187)=5.9%
  (민주당 지역구 득표율 7.9%×0.813) + (민주당 정당비례 득표율 7.1%×
    0.187)=7.7%

수 있다.

  이것을 바탕으로 볼 때 정당 득표율과 의석 점유율 간의 비례성을
높이기 위해서는 정당비례대표 투표에 의해 선출되는 의원의 수가 확
대되어야만 한다. 1인 2표제는 소선거구 1위 대표제와 병용되고 있으
므로 비례성을 높이기 위해서는 정당비례대표의 폭이 지금보다는 훨
씬 커져야 한다.

2. 1인 2표제의 도입과 정당체제의 변화

1인 2표제의 도입은 한국의 정당체제에 어떠한 영향을 미쳤는가? 우선 정당비례대표 투표에서 거대 정당인 열린우리당과 한나라당을 지지한 유권자들은 지역구 투표에서도 동일 정당 후보에게 각각 87.8%와 91.1%의 높은 일괄 투표율을 보였다. 이는 1인 2표제를 시행하고 있는 외국의 경우 거대 정당들은 지역구 투표에서도 유권자의 높은 지지를 받는 현상이 한국의 경우에도 그대로 재현되고 있음을 보여주는 것이다.

군소정당의 경우 사정이 약간 다르다. 민노당의 경우 정당비례대표 선거에서의 자당을 지지한 유권자들이 지역구 투표에서는 겨우 29.2%만이 민노당 후보자에게 투표한 반면, 같은 군소 정당인 민주당의 경우에는 자당 지지자들이 지역구 투표에서도 민주당 후보자에게 70.4%에 달하는 높은 수준의 투표를 함으로써 서로 상반되는 현상이 나타났다. 1인 2표제하의 군소정당의 경우 정당비례 투표에서는 자신이 선호하는 정당에 투표를 하지만 지역구 투표에서는 사표 방지의 심리가 작용하여 민노당 지지자의 경우처럼 전략적으로 분할투표를 하는 현상이 나타난다. 따라서 정당비례대표 선거에서 민노당에 투표한 유권자의 70.8%가 지역구 선거에서는 타 정당에 투표했다는 것은 1인 2표제가 도입되지 않고 종래대로 소선거구 1위 대표제가 시행되었을 경우 민노당의 득표율은 극히 저조했을 것이라 짐작할 수 있다.

한편 정당비례대표 선거에서 민주당에 투표한 유권자의 70.4%는 지역구 선거에서도 민주당에 투표했다. 같은 군소정당인 민노당과 비교해 볼 때 일괄득표율이 높은 민주당의 경우는 외국의 경험에 비추어 보아도 예외적인 것이라 할 수 있다. 그러나 민주당이 17대 총선 전까지는 제2당이었고 지역적 기반을 갖고 있었던 정당일 뿐만 아니라 17대 총선에서 열린우리당과 경쟁관계에 있었다는 점을 감안한다면 민주당 지지자들의 일괄투표율이 높다는 것은 놀랄 만한 일이 아니다.

〈표 9〉 정당비례대표 투표를 중심으로 본 분할투표의 분포

(단위: %)

		지역구 후보 투표 정당				
		열린우리당	한나라당	민노당	민주당	기타
정당 비례 대표 투표 정당	열린우리당	87.8	4.9	1.6	3.6	2.2
	한나라당	6.4	91.1	0.3	0.6	1.7
	민노당	43.1	20.1	29.2	3.5	4.2
	민주당	18.3	7.0	1.4	70.4	2.8
	기타	25.0	14.3	3.6	7.1	50.0

〈표 10〉 비례대표 투표정당과 지역구 후보 투표정당의 분포

		지역구 후보 투표 정당				
		열린우리당	한나라당	민노당	민주당	기타
정당 비례 대표 투표 정당	열린우리당	40.1(445)	2.2(25)	0.7(8)	1.6(18)	1.0(11)
	한나라당	2.1(23)	29.5(328)	0.1(1)	0.2(2)	0.6(6)
	민노당	5.6(62)	2.6(29)	3.8(42)	0.5(5)	0.6(6)
	민주당	1.2(13)	0.5(5)	0.1(1)	4.5(50)	0.2(2)
	기타	0.6(7)	0.4(4)	0.1(1)	0.2(2)	1.3(14)

$p < 0.01$

〈표 10〉은 지역구 후보 투표정당과 정당비례대표 투표정당의 분포를 보여 준다. 지역구 선거에서 열린우리당 후보에게 투표를 하고 정당비례대표 선거에서도 열린우리당에 투표한 유권자는 전체 유권자의 40.1%로 가장 많다. 한나라당의 경우 일괄투표의 득표율은 29.5%이고, 민주당의 경우 4.5%, 그리고 민노당의 경우 3.6%의 일괄투표 득표율을 보여 주었다.

그러나 분할투표의 정당별 득표분포는 일괄투표의 정당별 분포와는 전혀 다른 모습을 보여 주고 있다. 〈표 11〉은 분할투표의 정당별 득표분포를 보여주는 것이다. 지역구 선거에서는 타 정당의 후보에게 투표했으나 정당비례대표 선거에서 열린우리당에 투표한 유권자는 전체 분할 투표자 중 26.9%였다. 분할투표 중에서 한나라당의 득표율은

〈표 11〉 분할투표의 정당별 득표

(단위: %, 괄호 안의 숫자는 사례 수)

		지역구 후보 투표 정당				
		열린우리당	한나라당	민노당	민주당	기타
정당 비례 대표 투표 정당	열린우리당		10.8(25)	3.5(8)	7.8(18)	4.8(11)
	한나라당	10.0(23)		0.4(1)	0.8(2)	2.6(6)
	민노당	26.8(62)	12.6(29)		2.2(5)	2.6(6)
	민주당	5.6(13)	2.2(5)	0.4(1)		0.8(2)
	기타	3.0(7)	1.7(4)	0.4(1)	0.8(2)	

p 〈0.01

13.8%, 민노당의 경우는 44.2%, 그리고 민주당은 9%를 득표하였다.

위의 두 가지 사실을 종합하여 볼 때 1인 2표제 도입의 최대 수혜자는 민노당이었다. 민노당은 총 분할투표의 44.2%를 차지함으로써 지역구 선거에서 부진했음에도 불구하고 분할투표에서 얻은 이득에 힘입어 민주당을 제치고 제3당의 위치에 오를 수 있었다. 열린우리당 역시 1인 2표제 도입의 수혜자였다. 열린우리당은 평균 분할투표율을 상회하는 전체 분할투표의 26.9%를 득표함으로써 새로운 제도 도입의 혜택을 보았다. 뿐만 아니라 열린우리당에 대한 유권자들의 높은 수준의 일괄투표로 제1당이 될 수 있었다.

1인 2표제 도입의 최대 피해자는 민주당이었다. 민주당은 일괄투표 득표율도 낮았을 뿐만 아니라 지역구 투표에서 타 정당 후보자에게 투표한 유권자의 분할투표를 정당비례대표 선거에서 거의 얻지 못함으로써 제4당의 위치에 머무를 수밖에 없었다. 한나라당의 역시 피해자였다. 한나라당은 열린우리당에 비교하여 상대적으로 낮은 일괄투표 득표율과 분할투표에서의 낮은 득표율로 제2당에 머무를 수밖에 없었다.

그러면 왜 유권자들은 분할투표를 하였는가를 살펴보기로 하겠다. 〈표 12〉는 정당의 규모에 따른 분할투표의 분포이다.

우선 정당비례대표 선거에서는 군소정당에 투표하였으나 지역구

〈표 12〉 정당의 규모에 따른 분할투표의 분포

		지역구 후보 투표 정당	
		군소정당	대정당
정당 비례대표	군소정당	7.2%	51.9%
투표 정당	대정당	19.9%	20.8%

선거에서는 거대정당의 후보자에게 투표를 한 유권자는 총 분할투표자의 51.9%였다. 이러한 유권자들의 투표행위는 자신의 표가 사표로 처리되는 것을 방지하고 당선 가능한 거대 정당의 후보자에게 투표한 것이라는 점에서 전략적 분할투표행위로 간주할 수 있다.

정당비례대표 선거에서 군소정당에 투표하고 지역구 선거에서도 군소정당을 지지한 유권자는 총 분할투표자의 7.2%였다. 민주당 지지자이나 지역구 선거에서는 민노당에 투표한 유권자, 민노당 지지자이나 지역구 선거에서는 민주당에 투표한 유권자 등은 자신의 정치적 선호를 드러내 보이는 선호적 분할투표를 한 것이라 볼 수 있다. 비슷한 논리로 거대정당의 지지자가 지역구 투표에서 당선 가능성이 희박한 근소정당 후보자에게 투표하는 경우도 합목적적인 투표를 한 것이라기보다는 선호적 분할투표를 한 것으로 간주된다. 단, 이 경우에는 열린우리당 지지자나 한나라당 지지자가 지역구 선거에서 호남 지역에 지지기반을 둔 민주당에 투표한 경우가 전체 분할투표자의 8.6%를 차지하고 있어 지역주의적인 성향이 반영된 측면이 있다는 점을 무시할 수 없다.

문제는 양대 거대정당에 분할투표한 유권자가 20.8%나 되었다는 점이다. 정당비례대표 선거에서는 열린우리당에 투표했으나 지역구 선거에서는 한나라당에 투표한 유권자는 전체 분할투표 유권자의 10.8%, 그 반대의 경우는 10.0%로 거의 비슷한 수준을 보였다. 이에 대한 해석은 두 가지 경우 모두 가능하다. 그 하나는 17대 국회의원 선거의 주요 이슈 중의 하나가 거대정당의 견제였다는 점을 감안한다

면 미국 선거에서 보이는 것처럼 견제균형을 위한 전략적 분할투표가
이루어졌다고도 볼 수 있다.[5]

그러나 다른 면에서 보면 1인 2표제를 도입하기 전 한국 사회의 선
거는 지역구 선거가 지배적이었다는 점에서 비록 정당비례대표 선거
에서 특정정당을 지지한다하더라도 지역구 선거에서는 후보자 요인
이 더욱 영향을 미쳤을 가능성을 간과할 수 없다. 만약에 후보자 요인
이 작용했다면 자신의 정치적 성향을 내보이는 선호적 분할투표가 이
루어졌다고도 볼 수 있다.

종합해서 보면 17대 국회의원 선거에서의 분할투표는 대체적으로
유권자의 전략적 투표행위에 바탕을 두고 이루어졌다고 할 수 있다.
그러나 전반적으로 전략적 분할투표자가 선호적 분할투표자보다 다
소 많은 것으로 나타났으나, 그 차이는 별로 크지 않았다는 점에서 전
략적 분할투표가 강하게 이루어졌다고 보기는 어렵다. 이것은 두 가
지로 설명되어질 수 있다. 첫째, 최근에 비슷한 제도를 도입, 시행하고
있는 러시아나 일본과 비교하여 볼 때 한국의 분할투표율이 훨씬 낮
았다는 점에서 전략적 분할투표가 강하게 이루어졌다고 보기 어렵다.
둘째, 1인 2표제가 급속히 시행되었기 때문에 대부분의 유권자들이
사표 방지를 위한 전략적 투표를 할 수 있다는 이 제도의 유용성에 대
하여 학습할 수 있는 시간이 상대적으로 적었다는 점을 들 수 있다.

IV. 1인 2표제 도입의 정치적 함의

위의 논의를 바탕으로 하여 1인 2표제 도입이 갖는 정치적 함의를
논의 하면 다음과 같다. 첫째, 1인 2표제는 유권자의 정치적 의사가
왜곡되는 현상을 완화시켜 줄 수 있다. 우선 1인 2표제를 도입할 경우

---

5) 미국에 있어서의 전략적 분할투표에 대해서는 Fiorina(1988)을 참조할 것.

유권자는 자신의 정치적 의사나 선호에 따라 지역구 투표와 정당비례
대표에 대한 투표를 동일한 정당에 일괄적으로 하거나 상이한 정당으
로 나누어 분할투표를 할 수 있으므로 유권자의 의사가 대의기관에
더욱 정확하게 전달될 수 있다. 또한 1인 2표제는 정당비례대표제의
도입을 전제로 한 것이기 때문에 정당 득표율과 의석 점유율 간의 비
비례성을 완화시켜 유권자의 정치적 의사를 보다 정확하게 정치과정
에 반영시킬 수 있다.

　그러나 이를 위해서는 두 가지가 전제되어야만 한다. 한 가지는 사
표방지를 위한 전략적 투표와 같은 이 제도가 갖고 있는 유용성이 유
권자들 사이에 널리 인지되어야만 한다. 17대 총선에서는 이 제도의
유용성이 널리 이해되었다고 보기는 어렵고 의식적이고 합목적적인
분할투표 행위가 이루어졌다고 보기는 어렵다. 따라서 이를 위한 국
민적 교육과 선도가 이루어져야 한다. 이 점에서 정치교육의 중요성
은 다시 한 번 인식되어야 한다. 다음으로 정당 득표율과 의석 점유율
간의 비례성을 높이기 위해서는 정당비례대표 투표에 의해 선출되는
의원의 수가 확대되어야만 한다. 1인 2표제는 소선거구 1위 대표제와
병용되고 있으므로 비례성을 높이기 위해서는 정당비례대표의 폭이
지금보다는 훨씬 커져야 한다.

　둘째, 1인 2표제의 도입은 정당체제를 다당체제로 변화시킨다는 점
에 유의해야 할 것이다. 2표가 독립적으로 행사되기 때문에 지역구 투
표에서는 거대 정당들이 이 제도의 혜택을 보다 크게 받는다. 군소정
당 지지자들의 사표방지를 위한 전략적 분할투표 때문에 그러하다.
그러나 반대로 정당비례대표 투표에서는 군소 정당들이 혜택을 받기
때문에 거대 정당들의 득표율이 줄어드는 경향이 발생한다. 이러한
메커니즘 때문에 1인 2표제의 도입은 정당체제를 다당체제로 유도하
게 된다. 따라서 다당체제하에서 요구되는 정당 간의 대화와 타협, 무
엇보다도 정당 간의 연합 정치에 대비해야 할 것이다.

　셋째, 1인 2표제의 도입은 대표성의 문제를 다시 한번 생각하게 만

든다. 여성들의 광범위한 원내진출은 이미 현실화되고 있으나 1인 2 표제의 도입이 전제하고 있는 비례대표제도가 갖고 있는 장점을 적극 적으로 활용하여 사회 각계각층에 있는 전문가들을 대의기관에 대표 될 수 있게 하는 노력을 경주해야 할 것이다.

넷째, 1인 2표제의 도입과 관련하여 무엇보다도 우리가 가장 관심을 기울여야 할 것은 선거제도와 권력구조의 결합방식과 민주주의와의 상관관계이다. 로버트 달(Robert Dahl)은 선거제도와 권력구조의 결합방식으로 다섯 가지를 들고 있다(Dahl, 김왕식 외 옮김 1999). 달은 다섯 가지의 결합방식으로 비례대표제를 채택하고 있는 내각책임제 정부(유럽식 선택), 단순다수대표 선거제도를 채택하고 있는 내각책임제 정부(영국식 선택), 단순다수대표 선거제도를 채택하고 있는 대통령제 정부(미국식 선택), 비례대표제 선거제도를 채택하고 있는 대통령제 정부(라틴아메리카식 선택), 그리고 여타 다른 형태의 결합형태를 나타내는 혼합선택을 제시하고 있다. 그는 역사적 경험으로 보았을 때 라틴아메리카식 선택의 경우 민주주의가 꽃피우지 못했음을 지적하면서 오래된 민주주의 국가들의 경우 비례대표제를 압도적으로 채택하고 있으나 대통령제 정부형태는 채택하고 있지 않음을 밝히고 있다.

여기서 우리가 생각해야 할 점은 한국의 경우 현재 정부형태로서 대통령제를 채택하고 있기 때문에 선거제도에 있어서 비례대표제적 요소를 강화시키는 것이 민주주의 발전을 위해 바람직한 것만은 아닐 수 있다는 것이다. 따라서 비례대표제적 요소의 대폭적 도입을 위해서는 달이 지적한 점을 염두에 두면서 선거제도 개편 문제를 민주주의 발전과 관련하여 좀 더 심각히 고려해야 할 것이다.

V. 결론

본 연구는 제17대 국회의원선거에서 처음으로 도입된 1인 2표제가 유권자의 투표행태와 선거결과에 어떠한 영향을 주었는가를 살펴 보는 것이었다. 1인 2표제 도입의 효과를 알아보기 위하여 본 연구는 설문조사 자료를 분석하였는 바 그 결과를 요약하면 다음과 같다.

1인 2표 도입이 유권자의 투표행태에 미친 가장 큰 영향은 분할투표이다. 1인 2표를 처음으로 실시한 17대 총선에서의 분할투표율은 20.8%로 그 규모가 그리 크지 않았다. 이는 부분적으로 이 제도의 도입이 급속히 이루어져 사표방지를 위한 전략적 투표와 같은 이 제도가 가지고 있는 유용성이 유권자들 사이에 널리 인지되어 않았기 때문으로 판단된다. 동시에 총선과정을 주도했던 쟁점들에 대하여 유권자가 어떤 입장을 취하는가에 따라 일괄투표가 강하게 나타나 분할투표의 폭이 줄어들었다고 판단된다. 분할투표를 한 유권자들의 특성을 보면 20, 30대의 진보적 성향의 젊은 남성들로서 탄핵과 개혁의 이슈에 민감하며, 정당에 대하여 호불호의 감정이 분명한 인사들이었다. 이들의 투표행위는 정당의 행위나 정치현실에 대한 냉철한 판단에 근거하여 분할투표를 했다기보다는 감정적 판단에 근거하여 분할투표를 한 것으로 보인다.

1인 2표제의 도입은 한국 투표행태의 주요한 특징 중의 하나인 지역주의를 완화시키지는 못했다. 지역구 투표에는 물론이거니와 정당 비례대표에서도 지역주의적 투표성향은 그대로 온존되었다. 이 점에서 새로운 선거체제의 설계만으로는 지역주의 문제를 해결하기 어렵다는 점을 확인할 수 있다.

1인 2표제의 도입이 선거결과에 미친 영향을 보면 우선 이 제도가 정당 득표율과 의석 점유율 간의 비비례성을 완화시킬 가능성을 내포하고 있다는 점이다. 이를 위해서는 정당비례대표 투표에 의해 선출되는 의원 수가 대폭 늘어나야 한다.

1인 2표제의 도입이 투표율의 제고시키는 효과를 가져오지는 않았다. 외견상 17대 총선의 투표율은 향상되었으나 1인 2표제의 도입에 의한 것이라기보다는 제도 외적 요인 즉 총선과정을 주도했던 탄핵심판이나 개혁에의 요구 등이 투표율을 향상시켰다.

1인 2표제의 도입은 정당체제를 변화시킬 가능성을 내포하고 있다. 양대 정당인 열린우리당과 한나라당은 유권자들의 일괄투표에 힘입어 거대정당의 지위를 유지하는 혜택을 받은 반면, 군소정당인 민노당의 경우 일괄투표율이 낮았고 분할투표율이 높았으나 민주당 지지자의 일괄투표율은 상대적으로 높았다. 분할투표의 혜택은 열린우리당과 민노당이 가장 많이 보았다. 열린우리당은 제1당이 될 수 있었고, 민노당은 이 제도로 제 3당이 될 수 있었다. 또한 군소정당의 지지자들은 자신의 표가 사표로 처리되는 것을 피하기 위하여 전략적 분할투표를 한 것이 두드러지게 나타났다. 동시에 자신들의 정치적 선호에 따라 선호적 분할투표를 하는 유권자도 적지 않게 존재하고 있다는 사실도 발견되었다. 이러한 투표행태의 변화는 정당체제가 다당체제로 변화하고 있음을 보여 주는 것이다.

■ 참고문헌

김영태. 2000. "1인 2표제의 제도적 효과와 정치적 영향: 독일, 뉴질랜드, 일본의 경험과 시사점." 진영재 편. 『한국의 선거제도 I』. 서울: 한국사회과학데이터센터. pp. 207-249.

김왕식. 2004. "1인 2표제 도입의 정치적 효과." 한국선거학회 학술대회 발표논문(2004. 7. 2).

이남영. 2002. "세대와 투표참여." 계간사상. 제14권 3호. 2002년 가을호.

이현우. 2004. "정당투표제 도입의 정치적 효과." 한국정치학회 총선분석 특별학술회의 발표논문. 2004년 4월 22일.

박찬욱. 2004. "제 17대 총선에서 2표 병립제와 유권자의 분할투표: 선거제도의 미시적 효과 분석." 『한국정치연구』 제13집 제2호.

Cox, Gary W. 1997. *Making Votes Count*. Cambridge: Cambridge University Press.

Dahl, Robert. 1999. 김왕식 외 옮김. 『민주주의』. 서울: 동명사.

Farrell, David. 1997. *Comparing Electoral Systems*. London: Prentice Hall.

Fiorona, Morris. 1996. *Divided Government*, 2nd ed. Boston: Allyn & Bacon.

Jesse, Eckhard. 1988. "Split-Voting in the Federal Republic of Germany: An Analysis of Federal Elections from 1953 to 1987." *Electoral Studies* 7, pp. 109-124.

Karp, Jeffrey A., Jack Vowels, Susan A. Banducci, and Todd Donovan.2002. "Strategic Voting, Party Activity, and Candidate Effects: Testing Explanation for Split Voting in New Zealand's New Mixed System." *Electoral Studies* 21, pp. 1-22.

Kohno, Masaru. 1997. "Voter Turnout and Strategic Ticket Splitting under Japan's New Electoral Rules." *Asian Survey*, 37. No. 5, pp. 429-440.

Massicotte, Louis, and Andre Blais.1999. "Mixed Electoral Systems: A Conceptual and Empirical Survey." *Electoral Studies* 18, pp. 341-366.

Reed, Steven R. 1999. "Strategic Voting in the 1996 Japanese General Election."

Comparative Political Studies 32, No. 2, pp.257-270

McAllister, Ian, and Stephan White. 2000. "Split Ticket Voting in the 1995 Russian Duma Elections." *Electoral Studies* 19, pp.563-576.

제7장

17대 총선과 지역주의

정혜숙 · 임영규

Ⅰ. 서론

본 연구는 17대 선거결과에 대한 분석을 통해 투표결정과정에 있어서의 지역주의적 접근과 해석이 계속해서 한국의 선거과정에서 유의한 전략이 될 수 있을 것인지 아니면 새로운 전략으로의 변화가 필수적으로 요청되는 것인지를 살펴보는 것이 주요한 목적이다.

즉 17대 총선의 결과를 통해 "지역주의"는 더욱 강고해졌는가 아니면 약화되어졌는가? 영남과 호남지역에서 나타난 표의 결집을 동일한 지역주의로 설명하는 것은 타당한가? 존재하고 있다면 지역주의를 극복하기 위한 어떤 노력이 있어야 할 것인가?

이 글에서 가장 우선해야할 논의는 다양하게 설명되어지고 있는 지역주의에 대한 개념 정리일 것이다. 왜냐하면 대부분의 지역주의에 대한 논의들 중 통일되지 않은 지역주의에 대한 개념으로 인해 오해가 빚어지거나 논의가 한걸음도 진전되지 않는 경우들이 있기 때문이다.

과연 지역주의란 무엇인가? 최영진(1999)은 지역주의를 다음과 같이 정의한다. "'지역주의'는 민족주의와 마찬가지로 지역이라는 공간적 일체감을 기반으로 문화적·사회적·경제적·정치적 주체성과 자율성을 강조하는 것이다.… 단순한 설명을 위한 기술적 용어로 사용될 수도 있고 그러한 움직임을 추동하는 이데올로기로도 작용할 수 있다." 여기에 덧붙여 한국의 경우는 정치적 지역주의 혹은 지역주의 정치형태라는 표현을 통해 지역주의라는 말 속에 내포된 정치적 권력관계에 주목한다.[1] 그런데 선거라는 정치적 과정을 통해서 나타나는 지역주의를 정치적 권력관계의 반영으로만 보기에는 뭔가 부족하다. 예를 들면 비합리적이고 감정적이기까지 한 정치적 의식, 투표행태 등을 단지 정치적 권력관계로만 설명하기 힘들기 때문이다.

이는 지역의 경제, 사회, 문화 등 기타 전반의 이익과 무관함에도 불구하고 "그냥 싫어서" 혹은 "우리가 남이가"라는 식의 비합리적이면서 동시에 감정적인 판단에 의한 유권자의 집중적인 투표행태로 나타나기도 하고 정책과 행정에 대한 공정한 평가를 불가능하게 만들기도 하기 때문이다. 이런 경우의 지역주의는 '감정적' 지역주의라고 해야 한다. 그렇지 않으면 경제적 측면을 포함한 지역의 이익을 위한 이기적이지만 합리적 판단과 선택이라고 할 수 있을 '지역주의'와 혼용되어져 사용될 수 있기 때문이다.[2] 또한 유권자의 합리적 선택에 의해 지역주의를 극복할 수 있다는 지나친 낙관주의를 가져올 수 있기 때문이다.

그렇다면 17대 총선을 지나면서 과연 위와 같은 측면에서의 '지역주의'라고 부를 수 있는 지역주의적 결과가 나타났는가? 어떤 지역에

---

1) 정치적 구조화의 과정을 통해 나타난 지역주의를 "정치적 지역주의"라고 한다. 특히 정치적 권력과 지역 나아가 지역 내의 지역민(개인)을 동일시하는 '허위의식'은 선거과정을 통해 표의 결집으로 행사된다.

2) 지역의 이익을 위한 선거과정에서의 몰표 혹은 싹쓸이와 같은 투표행위는 지역주민들의 합리적인 유권자 행위로 이해할 수 있다.

서 이러한 지역주의적 성향이 두드러졌는가? 또 이러한 지역주의를 극복한다는 것은 과연 가능한 일인가?

II. 지역주의에 대한 기존의 이론적 접근

현재 한국의 정치와 선거문화를 지배하는 가장 강력한 단일 요인으로 '지역주의'를 들 수 있다. 지역주의에 대해 지역주의의 역사성으로 인해 한국정치사에서 지역주의는 공고화되어 가고 있는(이종오 2000[3] ; 강준만 2000)것으로 보기도 한다. 그러나 지역주의의 원인, 책임을 "3김 정치"에서 찾고 3김 정치의 종식을 통해 지역주의가 종식될 것이라고 보는 관점(조기숙 2000[4]) 도 있으며 "지역감정은 민주화와 더불어 나타난 특정형태의 정치적 현상일 뿐이며 이는 정당체제와 정책대안을 통하여 얼마든지 극복할 수 있는 것(최장집 2002[5])으로 보는 시각이 존재하기도 한다.

이 연구에서는 지역주의에 대한 역사적 접근이 가지는 한계를 지적함과 동시에 정치적 구조화과정으로서의 설명에 동의하면서 최근의 지역주의적 성향을 분석해 보고자 한다.

---

3) 2000년 총선에서 영남지역의 단일 수혜자는 3김의 일원이 아닌 영남권 연고가 없는 이회창이었다. 따라서 3김 정치에 의해 지역주의 정치가 더 이상 불가능할 것이라는 생각은 지역주의에 대한 지나친 낙관주의일 것(이종오 2000)이라고 평가한다.

4) "3김이 이 땅의 정치의 장에서 사라질 때면 그리고 대통령 지역주의 정책이 사라진다면 지역주의 선거는 빠른 시일 안에 용도폐기 될 것이다"(조기숙 2000, 35).

5) 최장집(2000)은 97년의 정권교체로서 한국의 지역감정은 해체되기 시작했다고 본다. 조기숙이나 최장집의 경우 한국의 지역주의는 극복할 수 있는 것으로 낙관적으로 보는 시각이며 상대적으로 이종오(2000)는 비관적 시각을 갖고 있다.

1. 역사적 접근

조명래(1994)는 삼국시대부터 조선 말기까지, 일제기간, 해방 후 1960년대 초까지, 1960년대 초부터 현재까지로 우리의 역사체제 발전단계를 나누고 이 시기를 거치면서 영호남 지역갈등의 물적 조건, 형태, 성격 등에 대한 사적 유물론적 고찰을 시도한다.

첫 번째 단계에서는 삼국시대 지역성을 바탕으로 하는 권력갈등이 고려라는 통일국가의 등장과 함께 중앙집권체제 내로 전화되면서 지역갈등이 등장한다. 이 시기 지배적인 갈등은 삼국형 지역주의 분파들 간의 갈등이었으며, 이 같은 갈등구조에서 영남세력은 기호세력과 더불어 항상 패권적인 위치를 점하고 있었으나 호남세력은 늘 배제되거나 주변적인 위치에 밀려나 있었다. 일본에 의한 식민지체제에서 지역갈등은 각 지역의 전통적인 생산력과 생산관계가 상이하게 해체되어 식민지 축적체제 내에서 상호 분열적이며 대립적인 식민지 지역 생산관계로 전환된 사실과 연결된다.

즉 호남은 '식민지 봉건적 농업생산관계로', 영남은 '식민지 원시적 산업생산관계'로 지역의 생산관계가 왜곡 변형되는데 이 조건은 영남이 초기 자본주의적 산업화를 타 지역에 비하여 보다 유리하게 이룩할 수 있었던 역사적 조건이 되었다. 상대적으로 호남의 경우 일제란 모순을 겪으면서 이 지역의 풍부한 농업잉여가 공업자본으로 전환할 수 있었던 역사적 기회가 박탈됨으로써 낙후된 경제력을 가지게 되었다.

따라서 1960년대 초까지의 영호남 갈등의 성격은 지역 간 생산관계의 재구성차이에 의한 물적인 것이며, 동시에 하층계급과 지배계급의 사회공간으로 대립관계가 형성되어 가는 계급적인 것이기도 했다.

이상의 지역주의에 대한 역사적 접근방법은 지역갈등의 배경으로 이해할 수는 있겠으나 현재 나타나는 지역주의의 직접적인 배경이 되었다고 설명하기는 어렵다. 또 정치, 경제, 문화, 교육 등 사회 전반의 서울 중심적 구조는 지역 간에 나타나는 불균등 발전과는 비교도 되지 않을 정도이다.[6] 그럼에도 서울과 지방 사이에 나타난 불균등하고 불합리한 발전에 따른 지역적 갈등 혹은 지역감정 등은 존재하지 않고 있으며, 단지 서울은 부러움의 도시일 따름이다. 따라서 지역 간 특히 영·호남 간에 나타나는 역사적 발전 정도의 차이가 현재의 지역주의의 주요한 원인이라고 설명하는 것은 적절하지 않다고 하겠다.

2. 정치적 구조화 과정으로서의 지역주의

우리나라 지역주의 발생근원으로 가장 많이 꼽는 것 중 하나가 제3공화국 시절 호남지역에 대한 정치·경제적 차별과 배제이다. 1960년대 이후 경제발전에 있어 지역 간 격차와 호남지역의 정치적 소외에서 지역감정과 사회적 편견의 원인이 있다는 것이다.

이 글에서는 정치적 구조화 과정으로서의 지역주의의 형성을 설명하는 논의에 동의하면서 3개의 지역(영남, 호남, 충청)에서의 지역주의적 경향을 간단히 살펴볼 것이다.[7]

1) 영남
영남은 61년 5·16 군사쿠데타 이래 93년 김영삼 대통령에 의한 문민정부의 등장 시까지 지속한 군부권위주의시대 정치 엘리트의 지역

---

6) 통계적으로 보면 서울과 지방은 각각 국토의 10%, 90%를 차지하지만 인구는 반씩, 특히 제조업체의 55%, 정부 및 공공기관의 82%, 대기업 본사의 95%는 서울에 집중되어 있다. 그러나 이러한 통계는 생활에서 체감하는 절대적 중앙집중도를 충분히 설명하지 못한다. 실제로 지방에는 땅과 사람만 있고 생활의 모든 결정은 서울에 의해 결정되며 삶의 가치관조차 서울이 기준이 되는 것이 현실이다(박홍규, 2004).
7) 정치적 구조화 과정으로서의 지역주의에 대한 자세한 설명은 다음의 글을 참고(김만흠 1987; 문석남 1989; 황태연 1997, 최영진 1999 등).

적 산실이었다. 따라서 60년대 이래 30년에 걸친 군부정권은 다른 의미로는 "경상도 정권" 혹은 "대구 경북 정권"이라는 속칭으로 불려지기도 하였다. 그러나 박정희가 5 · 16 군사쿠데타를 통해 권력을 장악하기 전만 하더라도 대구는 지금과 같은 보수적인 지역이 아니었다. 1946년에 대구에서 일어난 10월 항쟁이나 1956년 대통령 선거에서 나타난 진보당 조봉암 후보의 높은 득표율(전국 득표율은 23.9%이지만 그 당시 대구가 포함된 경북 득표율은 35.9%였다), 1960년의 2 · 28 학생 의거, 교원노조의 전국 최초 결성 등은 그것을 입증하고 남음이 있다(백승대 2004).

그러나 박정희 집권 이후 영남지역은 권력의 수혜 지역으로 정치 엘리트의 산실로 역할하면서 보수적 성향을 띠기 시작하였으며, 호남지역을 조직적으로 배제하기 시작하였다. 이 과정에서 영남의 지역주의는 "패권적 지역주의"로 전화되었다(손호철 1996).[8] 요약하면 대구의 지식인, 사회운동, 정치계의 문화는 61년 5 · 16을 전환점으로 하여 진보 · 비판적 문화에서 보수 · 수구적 문화로 변모하였다고 할 수 있다. 그런데 2002년 대통령 선거에서 김영삼이 당선된 이후 일정한 분화현상을 나타내며 이른바 TK와 PK의 구별현상이 나타난다. 이로써 대구는 자기 지역 출신을 대통령으로 가지지 못함으로 인해 정치적 상실감과 소외의식이 광범하게 확산되었다. 97년 대선에서 호남출신 김 대중의 집권과 2002년의 노무현의 집권을 통해 이러한 소외의식은 극도에 달한다. 물론 이러한 의식은 실질적인 수혜를 받는 집단이 아님에도 불구하고 그 집단과 자신을 동일시하는 허위의식[9]에서 비롯된 것이다.

---

8) 영남 패권주의의 실례로 군의 경우 제 3공화국에서 제 6공화국까지 육군참모 총장의 전체 임기 중 90% 가까이를 영남 출신이 차지하였다. 육군참모총장은 1966년~1990년 10대에 걸친 24년의 임기동안 20년을, 해군참모총장은 21년 가운데 18년을, 그리고 공군참모총장은 21년 가운데 16년을 영남 출신이 차지하였다(손호철 1996).

2) 호남

60년대 이후의 경제적 발전은 서울과 경상도를 주축으로 하고 있었으며 호남 이외의 다른 여타 지역도 대부분 차별을 경험하였고, 정치적 충원과정에서도 비슷한 소외를 감수해야 했기에 이것만으로 호남 지역에서의 강력한 지역적 결집을 설명하는 데 한계가 있다. 겔너의 지적처럼 열세지역은 차별 그 자체의 경험으로 저항하지는 않으며, 어떤 결정적 계기가 발생하여 열세지역이 집단적 각성과 정치적 결집을 시도하는 시점에서 그러한 차별의 체험은 훌륭한 동원력으로 작용한다(최영진 1999).

그렇다면 다른 지역과 달리 호남 지역민에게만 특유하게 내면화한 동질성이 존재하는가? 또 어떤 결정적 계기가 존재하였는가? 동질적 정서와 행위양식은 그에 상응하는 객관적 조건과 사회적 경험의 공유 과정을 통해서 체득된다고 봤을 때 호남 지역의 경우 지역민의 공통된 사회적 경험이 존재한다는 것을 알 수 있다.

60년대 이후 30여 년에 이르는 동안 호남은 지역차별과 고립, 배제와 소외를 경험해 왔으며, 1980년의 광주항쟁과 좌절 같은 결정적 계기를 통해(백운선 2001; 나간채 2004) 내면화한 동질성이 존재하며 이는 선거과정에서 강력한 지역적 결집으로 나타난다. 특히 1980년 5월 광주항쟁을 통해 호남은 독재정권에 대한 저항적 정치의식과 지역적 정체감을 하나의 역사의식으로까지 발전시킬 수 있었던 계기를 가지게 되었다. 이러한 호남 지역에서의 지역주의적 성향을 영남의 그것과는 차별된 것으로 보면서 '저항적 지역주의'(황태연 1997)로 설명하기도 한다.

그럼에도 불구하고 1987년 이후의 대통령 선거과정에서 나타났던

---

9) 이러한 허위의식을 "소중앙의식"으로 설명하기도 한다. 역사적으로 권력의 중앙에 있어왔음에도 불구하고 지속적으로 권력에서 소외되어지면서 상대적 박탈감을 갖게 되고 이는 다양한 통로를 거쳐 지역적 담론으로 존재하고 있다.

호남 지역의 한 후보에 대한 집중적이면서 반복적인 지지는 지역감정에 의한 몰표로 규정되어 부정적으로 인식되어졌다.

그러나 2002년 대선을 위한 민주당 경선과정[10]과 대선 결과를 통해 나타난 호남 지역의 영남출신 후보에 대한 90% 이상의 지지는 지역주의와 몰표를 연결하여 부정적으로 평가할 수 없게 한다. 호남 지역의 몰표현상을 다시 한번 자세히 분석할 필요가 생긴 것이다. 단순히 자기지역 출신 후보에 대해 맹목적으로 혹은 감정적으로 지지하는 것이 아니라 그 후보의 이념과 정책이 지역주민의 정치적 소신과 부합한다는 전제가 가능할 때 지역적 표가 결집되는 것이다.

나간채(2004)는 지역민의 이러한 상대적 진보성향과 이념성에 대해서 네 가지의 이유를 들어 설명한다. 첫째, 80년 5·18민중항쟁은 지역민의 삶과 경험에 지대한 영향을 주었으며, 둘째 5월의 경험을 통한 지역 사회운동의 양적·질적 비약, 셋째 시민사회의 강력한 전투성, 넷째, 민주화 운동과 사회운동의 조직적 기반이 비교적 강고한 점 등이 지역민을 상대적으로 진보적으로 만들었다는 것이다. 따라서 호남의 지역주의는 '지역주의와 이념성의 결합'(나간채 2004)으로 설명할 수 있는 영남과는 다른 특성을 가지고 있다는 점이다.

3) 충청도

13대 양 선거(대선과 총선)에서 당시 공화당(JP가 주도하는)은 충남에서 과반수 이상의 지지(충남 전체의 의석수는 18개로 그 중 공화당에서 13석, 민정당에서 2석, 민주당 2석, 기타 1석)를 이끌어 냈으나 충북에서는 오히려 열세라 할 정도로 지지도가 낮았다.[11] 구체적으로

---

10) 민주당 내 대선 후보 경선과정에서 자기 지역의 출신 후보가 있고 또 그 후보가 리틀 디제이라고 불릴 만큼 김대중의 측근이었음에도 불구하고 지역민의 다수가 그를 제치고 영남출신 후보를 지지하였다는 점은 전라도 지역의 부정적 지역주의의 이미지를 일정부분 상실하게 만드는 결과를 초래했다(나간채 2004).

충북에서 공화당은 13대 총선에서 고작 2개의 의석(총 9개의 의석 중 당시 여당이었던 민정당에서 7석, 공화당이 2석)을 얻는데 만족했으며, 이러한 사실에서 볼 때 88년 13대 총선까지 이 지역의 정치적 결집이 그렇게 뚜렷한 것은 아니었다.

그러나 이어진 3당 합당으로 인한 김종필의 배제는 충청도 지역의 지역적 반발을 가져 왔다. 집권당인 민자당에서 김종필이 박대 받고 밀려난 일은 충청도 지역 유권자들로 하여금 정치적 소외감을 불러 일으켰고 정치적으로 결집하여 힘을 보여주어야 한다는 내적 동질감이 형성되어졌다.

이 후 1995년의 정치사회 풍경은 3김 정치의 부활이라고 부를 만한 것이었는데 집권여당인 민자당, 김대중이 실질적인 영향력을 행사하는 민주당, 그리고 민자당에서 밀려난 김종필의 자민련 등의 삼각체제로 이루어졌다. 이러한 지역을 중심으로 한 경쟁적 정당체제가 등장하면서 경쟁의 지역 정치적 결집은 보다 강화되었고 충청도 지역의 경우 지역 간 경쟁구조에 따른 지역적 결집이 확실히 드러나기 시작하였다. 96년 15대 총선 에서는 '멍청도' 파문과 함께 충북까지 자민련의 지지지역으로 기울어지면서 유권자들의 정치적 결집이 강화되었고 지역주의 투표성향이 확연히 나타났다고 할 수 있다.

영남, 호남, 충청지역의 지역주의적 성향은 몇 대의 선거를 거치면서 더욱 확고해졌다고 보기도 하고 상대적으로 약화되어간다고 보기도 하는 상반된 평가가 존재한다. 특히 17대 선거과정에서는 탄핵과 지역주의 두 가지 중 유권자들의 선거과정에서의 투표행위를 결정하는데 어떤 요인이 더 큰 영향을 미쳤는가? 즉 민주주의의 수호와 지역주의 간의 경쟁에서 과연 지역들은 어떤 곳에 손을 들어줄 것인가?

11) 충북에서 공화당은 13대 총선에서 고작 2개의 의석을 얻었던 반면 당시 여당이었던 민정당(민주정의당)은 7석을 얻었다. 이때만 하더라도 충북의 유권자들은 여당인 민자당에 더 많은 의석을 허용하는 상황이었다(최영진 1999).

Ⅲ. 연구의 방법

1. 분석틀

본 연구에서는 제17대 국회의원 선거에서 나타난 지역주의를 분석하고자 다음과 같은 분석틀을 구성하고 이를 검정하였다.

첫째, 성별, 지역별(충청지역, 호남지역, 영남지역), 세대별(20~30대, 40대, 50대 이상), 학력별(중졸 이하, 고졸, 대졸 이상) 등 특성에 따라서 각 정당(한나라당, 민주당, 열린우리당, 자민련, 민주노동당)에 대한 선호도에는 어떠한 차이를 보이고 있는가를 알아보고자 하였다.

둘째, 성별, 지역별, 세대별, 학력별 특성에 따라서 각 정당에 대한 성향을 어떻게 평가하고 있는가를 밝혀보고자 하였다.

셋째, 성별, 지역별, 세대별, 학력별 특성이 제17대 국회의원 선거에서 투표한 후보자의 소속정당과 어떠한 연관성을 갖는가를 살펴보고자 하였다.

마지막으로 제17대 국회의원 선거에서 1인 2표제가 실시됨에 따라 성별, 지역별, 세대별, 학력별 특성이 투표한 정당과 어떠한 연관성을 갖는가를 알아볼 것이다.

2. 분석자료 및 측정방법

본 연구에서 분석자료는 2004년 4월 한국사회과학데이터센터와 한국선거학회가 공동으로 조사한 「제17대 국회의원 선거에 관한 유권자 조사」의 자료를 이용하였다.

「제17대 국회의원 선거에 관한 유권자 조사」의 원자료(raw data)는 제주도를 제외한 우리 나라 전 행정구역에서 추출된 전체 1500 사례로 구성되어 있으나 본 연구에서는 충청지역(대전광역시, 충청북도, 충청남도), 호남지역(광주광역시, 전라북도, 전라남도) 그리고 영남지역(부산광역시, 대구광역시, 울산광역시, 경상북도, 경상남도)에서 조사된 730 사례만을 발췌하여 분석하였다.

한국사회과학데이터센터와 한국선거학회가 공동으로 조사한 「제17대 국회의원 선거에 관한 유권자 조사」의 설문지는 본 설문 43개 문항과 거주지역, 성별, 연령을 포함한 개인 인적사항을 묻는 20여 개의 문항으로 구성되어 있다.

본 연구의 분석에 사용된 문항들은 정리하면 다음과 같다. 먼저 한나라당, 민주당, 열린우리당, 자민련, 국민통합21, 민주노동당 6개의 각 정당에 대한 선호도에 대한 문항들은 '매우 싫어한다'의 0점에서부터 '매우 좋아한다'의 10점에 이르는 11점 척도로 측정하고 있다. 따라서 정당별 선호도는 0점에 수렴해 갈수록 선호도가 낮은 반면, 10점에 수렴해 갈수록 선호도가 높게 측정되었다.

한편, 한나라당, 민주당, 열린우리당, 자민련, 국민통합21, 민주노동당의 6개 정당에 대한 각 정당별 성향을 파악하기 위한 문항들은 '진보(좌파)'의 0점에서부터 '보수(우파)'의 10점에 이르는 11점 척도로 측정하였다. 따라서 각 정당에 대한 성향에 대한 응답은 0점에 수렴해 갈수록 진보적인 성향을 갖는 반면, 10점에 수렴해갈수록 보수적인 성향을 띠는 것으로 볼 수 있다.

다음으로, 제17대 총선에서 지역구에서는 어떤 정당의 후보자에게 투표하였는가를 묻는 문항과 정당을 뽑는 투표에서 어떤 정당에게 투표하였는가를 묻는 문항에서는 1 '한나라당,' 2 '민주당,' 3 '열린우리당,' 4 '자민련,' 5 '국민통합21,' 6 '민주노동당,' 7 '기타정당'의 범주형 척도로 측정하고 있다.

3. 자료분석방법

본 연구의 자료분석에 적용된 통계 분석방법은 다음과 같이 요약할 수 있다.

첫째, 자료의 속성을 파악하기 위하여 빈도분석(frequency analysis)을 실시하였다.

둘째, 성별, 지역별, 세대별, 학력별에 따른 각 정당별 선호도와 각 정당별 성향에 대한 평균차 검정을 실시하기 위하여 분산분석(ANOVA)을 이용하였다. 분산분석에서 사후검정(post hoc)은 Tukey의 HSD 방법과 Scheffe의 방법을 병행 실시하였다.

셋째, 성별, 지역별, 세대별, 학력별 따른 투표 후보자의 소속정당과 투표 정당에 대한 투표행태에 어떠한 연관성을 갖는가를 알아보기 위하여 교차분석을 이용한 x^2(Chi-square) 검정을 실시하였다.

이상과 같은 자료분석은 SPSSWIN package 10.0 한글판을 이용하였다.

4. 표본의 특성분석

본 연구에서 자료의 특성을 살펴보면 〈표 1〉에서와 같다. 전체 730명 중에서 여자가 373명 51.1%로, 남자 357명 48.9%에 비해 여자가 더 많이 조사되었으며, 지역별로는 영남지역에서 413명 56.6%로, 충청지역과 호남지역 각각에 비해 약 2배 이상 더 많이 조사된 것으로 나타났다.

세대별에서 20-30대가 332명 45.5%로, 40대 160명 21.9%와 50대 이상 238명 32.6%에 비해 각각 더 많은 분포를 보이고 있다.

끝으로, 학력별에서 고졸의 학력을 가진 사람들이 338명 46.3%로 가장 많은 분포를 보이고 있으며, 대졸 이상이 209명 28.6%, 중졸 이하 159명 21.8% 그리고 무응답 24명 3.3%로 각각 나타났다.

〈표 1〉 표본의 속성별 분류

구 분	범 주	사례수	백분율	계
성 별	남 자	357	48.9	730
	여 자	373	51.1	(100.0)
지역별	충청지역	150	20.5	730
	호남지역	167	22.9	(100.0)
	영남지역	413	56.6	
세대별	20~30대	332	45.5	730
	40 대	160	21.9	(100.0)
	50대이상	238	32.6	
학력별	중졸이하	159	21.8	
	고 졸	338	46.3	730
	대졸이상	209	28.6	(100.0)
	무 응 답	24	3.3	

Ⅳ. 분석 결과

1. 정당별 선호도

「제17대 국회의원 선거에 관한 유권자 조사」에서 주요 특성에 따른 각 정당에 대한 선호도에 어떠한 차이를 보이고 있는가를 알아보기 위하여 분산분석을 실시한 결과는 〈표 2〉, 〈표 3〉, 〈표 4〉, 〈표 5〉, 〈표 6〉에서 보는 바와 같다.

1) 한나라당에 대한 선호도
한나라당에 대한 선호도는 성별에 따라서는 통계적으로 유의한 차이가 없었으나 지역별, 세대별, 학력별에 따라서는 통계적으로 유의한 차이를 보였다(〈표 2〉 참조).

첫째, 지역별에서 한나라당에 대한 선호도는 영남지역의 평균이 5.07점으로 충청지역의 평균 3.83점과 호남지역의 평균 1.53점 각각에 비해 높게 나타났으며, 충청지역의 평균이 3.83점으로 호남지역의 평균 1.53점에 비해 높은 통계적 유의성을 보이고 있었다. 따라서 한나라당에 대한 선호도는 영남지역이 충청지역과 호남지역 각각에 비해 높으며, 충청지역 또한 호남지역에 비해 높다고 할 수 있다.

둘째, 세대별에서 한나라당에 대한 선호도는 40대의 평균이 4.21점, 50대 이상의 평균이 4.77점으로 각각 나타나 20~30대의 평균 3.19점에 비해 각각 높은 통계적 유의성을 보였다. 한나라당에 대한 선호도는 40대와 50대 이상의 집단들이 20~30대 집단에 비해 높다고 할 수 있다.

〈표 2〉 특성별 한나라당 선호도에 대한 분산분석결과

구 분	범주	평균(표준편차)	F 값	자유도	유의확률	사후 검증
성 별	남	3.84 (3.02)	.452	1	.501	비해당
	여	3.99 (3.09)				
지역별	충청지역	3.38 (2.65)	102.829	2	.000	영남〉충청,호남. 충청〉호남
	호남지역	1.53 (1.71)				
	영남지역	5.07 (3.00)				
세대별	20~30대	3.19 (2.65)	19.157	2	.000	20~30대〈40대, 50대이상
	40대	4.21 (3.18)				
	50대이상	4.77 (3.28)				
학력별	중졸이하	4.50 (3.32)	4.146	2	.016	중졸이하〉대졸이상
	고졸	3.87 (2.95)				
	대졸이상	3.56 (2.96)				

셋째, 학력별에서 한나라당에 대한 선호도는 중졸이하 집단의 평균이 4.50점으로 대졸 이상 집단의 평균 3.56점에 비해 높은 통계적 유의성을 보여 중졸이하 집단의 한나라당에 대한 선호도가 대졸 이상 집단의 선호도에 비해 높다는 것을 알 수 있다.

2) 민주당에 대한 선호도

〈표 3〉에서 볼 수 있듯이 민주당에 대한 선호도는 성별에 따라서는 통계적으로 유의한 차이가 없었으나 지역별, 세대별, 학력별에 따라서는 통계적으로 유의한 차이를 보이고 있었다.

첫째, 지역별에서 민주당에 대한 선호도는 호남지역의 평균이 4.02점으로 영남지역의 평균 3.00점에 비해 높다는 통계적 유의성을 보이고 있었다. 따라서 민주당에 대한 선호도는 호남지역이 영남지역에 비해 높다고 할 수 있다.

〈표 3〉 특성별 민주당 선호도에 대한 분산분석결과

구 분	범주	평균(표준편차)	F 값	자유도	유의확률	사후 검증
성 별	남	3.89 (2.44)	.243	1	.622	비해당
	여	3.29 (2.39)				
지역별	충청지역	3.48 (2.34)	10.527	2	.000	호남 〉 영남
	호남지역	4.02 (2.88)				
	영남지역	3.00 (2.16)				
세대별	20~30대	3.05 (2.17)	4.539	2	.011	20~30대 〈 50대이상
	40대	3.50 (2.60)				
	50대이상	3.66 (2.59)				
학력별	중졸이하	3.74 (2.85)	3.998	2	.019	중졸이하〉고졸
	고졸	3.10 (2.25)				
	대졸이상	3.51 (2.30)				

둘째, 세대별에서 민주당에 대한 선호도는 50대 이상의 평균이 3.66 점으로 나타나 20~30대의 평균 3.05점에 비해 높은 통계적 유의성을 보였다. 여기서 민주당에 대한 선호도는 50대 이상의 집단들이 20~30 대 집단에 비해 높다는 것을 의미한다.

셋째, 학력별에서 민주당에 대한 선호도는 중졸이하 집단의 평균이 3.74점으로 고졸집단의 평균 3.10점에 비해 높은 통계적 유의성을 보여 중졸이하 집단의 민주당에 대한 선호도가 고졸집단의 선호도에 비해 높게 나타났다.

3) 열린우리당에 대한 선호도

〈표 4〉에서 열린우리당에 대한 선호도는 성별, 학력별에 따라서는 통계적으로 유의한 차이가 없었으나 지역별, 세대별에 따라서 통계적으로 유의한 차이를 보였다.

〈표 4〉 특성별 열린우리당 선호도에 대한 분산분석결과

구 분	범주	평균(표준편차)	F 값	자유도	유의확률	사후 검증
성 별	남	5.28 (2.89)	1.545	1	.214	비해당
	여	5.56 (2.94)				
지역별	충청지역	5.38 (2.79)	24.525	2	.000	호남〉충청, 영남
	호남지역	6.75 (2.30)				
	영남지역	4.89 (3.02)				
세대별	20-30대	5.78 (2.64)	5.401	2	.005	20~30대 〉50대이상
	40대	5.31 (3.01)				
	50대이상	4.96 (3.17)				
학력별	중졸이하	5.20 (3.19)	.747	2	.474	비해당
	고졸	5.55 (2.91)				
	대졸이상	5.38 (2.69)				

첫째, 지역별에서 열린우리에 대한 선호도는 호남지역의 평균이 6.75점으로 충청지역의 평균 5.38점과 영남지역의 평균 4.89점 각각에 비해 높은 통계적 유의성을 보이고 있었다. 따라서 열린우리당에 대한 선호도는 호남지역이 충청지역과 영남지역 각각에 비해 높게 나타났다.

둘째, 세대별에서 열린우리당에 대한 선호도는 20~30대 집단의 평균이 5.78점으로 50대 이상의 평균 4.96점에 비해 높은 통계적 유의성을 보였다. 따라서 열린우리당에 대한 선호도는 20~30대 집단들이 50대 이상의 집단에 비해 높은 경향을 보인다고 할 수 있다.

4) 자민련에 대한 선호도

〈표 5〉의 자민련에 대한 선호도는 성별, 세대별, 학력별 각각에 따라서 통계적으로 유의한 차이가 없었으나 지역별에 따라서만 통계적

〈표 5〉 특성별 자민련 선호도에 대한 분산분석결과

구 분	범주	평균(표준편차)	F 값	자유도	유의확률	사후 검증
성 별	남	2.65 (2.26)	.034	1	.854	비해당
	여	2.62 (2.15)				
지역별	충청지역	3.51 (2.66)	24.899	2	.000	충청〉영남,호남. 영남〉호남
	호남지역	1.76 (1.81)				
	영남지역	2.65 (2.01)				
세대별	20~30대	2.49 (2.13)	2.646	2	.072	비해당
	40대	2.53 (1.97)				
	50대이상	2.93 (2.45)				
학력별	중졸이하	2.61 (2.19)	.936	2	.393	비해당
	고졸	2.75 (2.31)				
	대졸이상	2.47 (1.98)				

으로 유의한 차이를 보였다.

지역별 자민련에 대한 선호도는 충청지역의 평균이 3.51점으로 나타나 호남지역의 평균 1.76점과 영남지역의 평균 2.65점 각각에 비해 높은 통계적 유의성을 나타냈으며, 영남지역의 평균 2.65점이 호남지역의 평균 1.76점에 비해 높은 통계적 유의성을 보였다.

따라서 자민련에 대한 선호도가 충청지역이 영남지역과 호남지역 각각에 비해 높으며, 영남지역이 호남지역에 비해 자민련을 더 선호하는 경향을 갖는다고 할 수 있다.

5) 민주노동당에 대한 선호도

〈표 6〉에서 민주노동당에 대한 선호도는 성별에 따라서는 통계적으로 유의한 차이가 없으나 지역별, 세대별, 학력별에 따라서는 통계적으로 유의한 차이를 보이고 있었다.

첫째, 지역별에서 민주노동당에 대한 선호도는 호남지역의 평균이 5.32점으로 충청지역의 평균 4.49점에 비해 높은 통계적 유의성을 보이고 있었다. 따라서 민주노동당에 대한 선호도는 호남지역이 충청지역에 비해 높다고 할 수 있다.

둘째, 세대별에서 민주당에 대한 선호도는 20~30대의 평균이 5.41점으로 40대의 평균 5.14점과 50대 이상의 평균 4.22점에 비해 각각 높으며, 40대의 평균 5.14점이 50대 이상의 평균 4.22점에 비해 높은 통계적 유의성을 보였다. 따라서 민주노동당에 대한 선호도는 20~30대가 40대와 50대에 비해 높고 40대가 50대에 비해 높다는 것을 알 수 있다.

셋째, 학력별에서 민주노동당에 대한 선호도는 대졸이상의 평균이 5.37점으로 고졸의 평균 5.12점과 중졸이하의 평균 4.26점 각각에 비해 높으며, 고졸의 평균 5.12점이 중졸이하의 평균 4.26점에 비해 높은 통계적 유의성을 보였다. 따라서 민주노동당은 대학 이상의 집단이 고졸이나 중졸이하 집단에 비해 선호하는 경향을 보이며, 고졸집

<표 6> 특성별 민주노동당 선호도에 대한 분산분석결과

구 분	범주	평균(표준편차)	F값	자유도	유의확률	사후검증
성 별	남	5.09 (2.72)	.829	1	.363	비해당
	여	4.90 (2.47)				
지역별	충청지역	4.49 (2.72)	3.956	2	.020	충청지역 〈호남지역
	호남지역	5.32 (2.55)				
	영남지역	5.06 (2.56)				
세대별	20~30대	5.41 (2.55)	12.996	2	.000	20-30대〉40대, 50대이상. 40대〉50대이상
	40대	5.14 (2.68)				
	50대이상	4.22 (2.46)				
학력별	중졸이하	4.26 (2.50)	7.324	2	.001	대졸〉고졸,중졸. 고졸〉중졸이하
	고졸	5.12 (2.66)				
	대졸이상	5.37 (2.49)				

단이 중졸이하 집단에 비해 민주노동당을 더 선호하는 경향을 보인다고 하겠다.

2. 정당별 성향 분석

「제17대 국회의원 선거에 관한 유권자 조사」에서 나타난 주요 특성에 따른 각 정당별 성향을 알아보기 위한 분산분석 결과는 〈표 7〉, 〈표 8〉, 〈표 9〉, 〈표 10〉, 〈표11〉에서 보는 바와 같다.

1) 한나라당에 대한 성향분석

〈표 7〉의 한나라당의 성향에 대한 분산분석에서 성별, 세대별, 학력별에 따라서는 통계적으로 유의한 차이를 보이지 않았으며, 지역별에 따라서만 통계적으로 유의한 차이를 보였다.

<표 7> 특성별 한나라당 성향에 대한 분산분석결과

구 분	범주	평균(표준편차)	F값	자유도	유의확률	사후 검증
성 별	남	7.26 (2.46)	2.026	1	.155	비해당
	여	7.52 (2.01)				
지역별	충청지역	6.92 (2.65)	7.298	2	.001	호남〉영남, 충청
	호남지역	7.93 (2.27)				
	영남지역	7.35 (2.03)				
세대별	20~30대	7.58 (2.12)	2.208	2	.111	비해당
	40대	7.21 (2.30)				
	50대이상	7.20 (2.42)				
학력별	중졸이하	7.32 (2.47)	.070	2	.933	비해당
	고졸	7.38 (2.27)				
	대졸이상	7.42 (2.13)				

지역별 한나라당에 대한 성향에 대한 분석결과 호남지역의 평균이 7.93점으로 영남지역의 평균 7.35점과 충정지역의 평균 6.92점에 비해 각각 통계적으로 유의한 차이를 나타내고 있었다. 따라서 호남지역 주민들이 영남지역과 충청지역 주민들에 비해 한나라당을 더 보수적인 성향을 띠는 정당으로 평가하고 있다고 하겠다.

2) 민주당에 대한 성향분석

<표 8>의 민주당의 성향에 대한 분산분석에서 성별, 지역별, 학력별에 따라서는 통계적으로 유의한 차이를 보이지 않았으며, 세대별에 따라서만 통계적으로 유의한 차이를 보이고 있었다.

세대별에 따른 민주당의 성향에 대한 분산분석 결과 20~30대 집단의 평균이 6.52점으로 50대 이상의 평균 5.95점 보다 높은 것으로 나타나 50대 이상의 집단에 비해 20~30대 집단이 민주당의 성향을 더

<표 8> 특성별 민주당 성향에 대한 분산분석결과

구 분	범주	평균(표준편차)	F값	자유도	유의확률	사후 검증
성 별	남	6.29 (2.41)	.308	1	.579	비해당
	여	6.29 (2.41)				
지역별	충청지역	6.51 (2.44)	.953	2	.386	비해당
	호남지역	6.45 (2.31)				
	영남지역	6.22 (2.31)				
세대별	20~30대	6.52 (2.37)	3.171	2	.043	20~30대 〉50대이상
	40대	6.39 (2.16)				
	50대이상	5.95 (2.41)				
학력별	중졸이하	6.42 (2.44)	.179	2	.836	비해당
	고졸	6.29 (2.37)				
	대졸이상	6.25 (2.25)				

보수적으로 평가하고 있는 것으로 나타났다.

3) 열린우리당에 대한 성향분석

〈표 9〉에서 볼 수 있듯이 열린우리당의 성향에 대한 분산분석에서 성별, 지역별, 세대별, 학력별의 모든 특성변수에서 통계적으로 유의한 차이를 보이지 않는 특성을 보이고 있다.

특성별에 따른 열린우리당의 성향에 대한 분석에서 통계적인 유의성을 보이지 않지만 성향을 측정하기 위한 문항이 0점 진보(좌파)에서 10점 보수(우파)에 이르는 11점 척도로 측정되었다는 점을 고려할 때 각 특성별 세부범주의 평균들이 3점대로 상대적으로 열린우리당을 진보정당으로 평가하고 있음을 알 수 있다.

4) 자민련에 대한 성향분석

〈표 10〉의 자민련의 성향에 대한 분산분석에서 성별, 세대별, 학력

〈표 9〉 특성별 열린우리당 성향에 대한 분산분석결과

구 분	범주	평균(표준편차)	F 값	자유도	유의확률	사후 검증
성 별	남	3.81 (2.35)	3.329	1	.069	비해당
	여	3.48 (2.18)				
지역별	충청지역	3.89 (2.58)	1.120	2	.327	비해당
	호남지역	3.50 (2.17)				
	영남지역	3.62 (2.19)				
세대별	20~30대	3.52 (2.22)	2.046	2	.130	비해당
	40대	3.97 (2.24)				
	50대이상	3.62 (2.38)				
학력별	중졸이하	3.70 (2.46)	.193	2	.825	비해당
	고졸	3.63 (2.27)				
	대졸이상	3.54 (2.09)				

〈표 10〉 특성별 자민련 성향에 대한 분산분석결과

구 분	범주	평균(표준편차)	F 값	자유도	유의확률	사후 검증
성 별	남	7.14 (2.52)	.032	1	.858	비해당
	여	7.10 (2.38)				
지역별	충청지역	7.12 (2.45)	7.919	2	.000	호남〉충청, 영남
	호남지역	7.81 (2.45)				
	영남지역	6.81 (2.40)				
세대별	20-30대	7.35 (2.40)	2.257	2	.106	비해당
	40대	6.97 (2.24)				
	50대이상	6.87 (2.69)				
학력별	중졸이하	6.97 (2.60)	.269	2	.764	비해당
	고졸	7.07 (2.48)				
	대졸이상	7.19 (2.38)				

별에 따라서는 통계적으로 유의한 차이를 보이지 않았으나 지역별에 따라서만 통계적으로 유의한 차이를 보이고 있었다.

지역별에 따른 자민련의 성향에 대한 분산분석 결과 호남지역의 평균이 7.81점으로 나타나 충청지역의 평균 7.12점과 영남지역의 평균 6.81점 각각에 비해 높은 통계적 유의성을 보였다.

결과적으로 호남지역의 주민들이 영남지역 주민과 충청지역 주민들에 비해 자민련을 더 보수적인 성향을 띠는 정당으로 평가하는 것으로 나타났다.

5) 민주노동당에 대한 성향분석

〈표 11〉의 민주노동당의 성향에 대한 분산분석에서 성별, 세대별, 학력별에 따라서는 통계적으로 유의한 차이를 보이지 않았으며, 지역에서만 통계적으로 유의한 차이를 보였다.

〈표 11〉 특성별 민주노동당 성향에 대한 분산분석결과

구 분	범주	평균(표준편차)	F값	자유도	유의확률	사후 검증
성 별	남	3.41 (2.53)	.167	1	.683	비해당
	여	3.49 (2.41)				
지역별	충청지역	4.14 (2.89)	7.134	2	.001	충청〉호남, 영남
	호남지역	3.11 (2.30)				
	영남지역	3.31 (2.31)				
세대별	20~30대	3.27 (2.40)	1.432	2	.240	비해당
	40대	3.67 (2.43)				
	50대이상	3.56 (2.62)				
학력별	중졸이하	3.92 (2.90)	2.651	2	.071	비해당
	고졸	3.39 (2.42)				
	대졸이상	3.23 (2.22)				

지역별에 따른 민주노동당의 성향에 대한 분산분석 결과 충청지역의 평균이 4.14점으로 나타나 호남지역의 평균 3.11점과 영남지역의 평균 3.31점 각각에 비해 높은 통계적 유의성을 보였다. 따라서 호남지역 주민들과 영남지역의 주민들이 충청지역 주민들에 비해 민주노동당을 더 진보적인 성향을 띠는 정당으로 평가하고 있다고 하겠다.

3. 후보자에 대한 투표 행태분석

〈표 12〉의 주요 특성에 따른 투표후보자의 소속정당에 대한 x 검정 결과 성별에서는 통계적으로 유의한 차이로 보이고 있지 않았으나 지역별, 세대별, 학력별 각각에서 통계적으로 유의한 차이를 보였다.

첫째, 지역별 후보자에 대한 투표행태에서 충청지역의 경우 열린우리당, 자민련, 한나라당 후보의 순으로 나타났으며, 호남지역의 경우 열린우리당, 민주당, 민주노동당 후보의 순으로, 그리고 영남지역에서는 한나라당, 열린우리당, 민주노동당 후보의 순으로 각각 나타났다. 지역에 따른 투표 후보자에 대한 투표행태 간에는 독립적이지 않다는 사실을 발견할 수 있었다.

둘째, 세대별 후보자에 대한 투표행태에서 20~30대 집단의 경우 열린우리당, 한나라당, 민주노동당 후보의 순으로, 40대 집단의 경우 열린우리당, 한나라당, 민주당 후보 그리고 50대 이상에서는 한나라당, 열린우리당, 민주당 후보의 순으로 나타났다. 다음으로 열린우리당과 민주노동당 후보의 경우 낮은 연령대에서 높은 지지율을 보이는 한편, 한나라당의 경우에는 반대적인 현상을 보였다.

셋째, 학력별 후보자에 대한 투표행태에서 중졸이하의 집단의 경우 한나라당, 열린우리당, 민주당 후보의 순으로 나타났으며, 고졸 집단의 경우 열린우리당, 한나라당, 민주당과 민주노동당의 순으로 그리고 대졸 이상의 집단에서는 열린우리당, 한나라당, 민주노동당의 순으로 각각 나타났다. 그리고 한나라당과 자민련은 학력이 낮은 집단

〈표 12〉 특성별 투표후보자 소속정당에 대한 x^2 검정 결과

구분	범주	정당별						x^2값
		한나라당	민주당	열린 우리당	자민련	민주 노동당	기타 정당	
성 별	남자	93(32.7)	21(7.4)	140(49.3)	11(3.9)	15(5.3)	4(1.4)	3.100(N.S)
	여자	101(38.3)	13(4.9)	122(46.2)	12(4.5)	12(4.5)	4(1.5)	
지역별	충청지역	19(17.6)	1(.9)	58(53.7)	23(21.3)	7(6.5)		289.98***
	호남지역	1(.8)	30(23.4)	87(68.0)		5(3.9)	5(3.9)	
	영남지역	174(55.8)	3(1.0)	117(37.5)		15(4.8)	3(1.0)	
세대별	20~30대	56(25.2)	12(5.4)	127(57.2)	5(2.3)	18(8.1)	4(1.8)	43.29***
	40대	52(39.1)	9(6.8)	56(42.1)	4(3.0)	8(6.0)	4(3.0)	
	50대이상	86(44.6)	13(6.7)	79(40.9)	1(.5)	1(.5)		
학력별	중졸이하	54(43.2)	9(7.2)	52(41.6)	8(6.4)	2(1.6)		22.53*
	고졸	82(33.7)	13(5.3)	121(49.8)	13(5.3)	10(4.1)	4(1.6)	
	대졸이상	53(32.1)	12(7.3)	81(49.1)	1(.6)	14(8.5)	4(2.4)	

* : p<.05, ** : p<.01, *** : p<.001.

의 지지가 높은 반면, 열린우리당과 민주노동당의 경우는 학력이 높은 집단에서 더 지지하는 경향을 보였다.

4. 정당에 대한 투표 행태분석

〈표 13〉에서 보는 바와 같이 주요 특성에 따른 투표정당에 대한 x^2 검정 결과 성별, 지역별, 세대별, 학력별 등 모든 특성에서 통계적으로 유의한 차이를 보였다.

첫째, 성별에 따른 정당의 투표행태에서 남, 여집단 모두 열린우리

〈표 13〉 특성별 투표정당에 대한 x^2 검정 결과

구분	범주	정당별						x^2값
		한나라당	민주당	열린 우리당	자민련	민주 노동당	기타 정당	
성 별	남자	87(31.4)	18(6.5)	121(43.7)	4(1.4)	47(17.0)		14.50*
	여자	90(34.6)	11(4.2)	123(47.3)	7(2.7)	24(9.6)	5(1.9)	
지역별	충청지역	22(20.8)	2(1.9)	57(53.8)	11(10.4)	14(13.2)		203.96***
	호남지역	1(.8)	24(18.8)	83(64.8)		16(12.5)	4(3.1)	
	영남지역	154(50.8)	3(1.0)	104(34.3)		41(13.5)	1(.3)	
세대별	20-30대	43(19.7)	9(4.1)	122(56.0)	1(.5)	40(18.3)	3(1.4)	63.30***
	40대	51(38.6)	6(4.5)	52(39.4)		22(16.7)	1(.8)	
	50대이상	83(44.4)	14(7.5)	70(37.4)	10(5.3)	9(4.8)	1(.5)	
학력별	중졸이하	53(43.3)	13(10.7)	43(35.2)	6(4.9)	6(4.9)	1(.8)	36.15***
	고졸	75(31.4)	8(3.3)	112(46.9)	4(1.7)	36(15.1)	4(1.7)	
	대졸이상	43(26.5)	8(4.9)	83(21.2)	1(.6)	69(13.2)		

* : p<.05, ** : p<.01, *** : p<.001.

당의 지지가 가장 높았으며, 그 다음으로는 한나라당, 민주노동당의 순으로 지지를 보이고 있다. 열린우리당과 한나라당의 지지율은 남자 집단에 비해 여자 집단의 지지율이 높은 반면, 민주노동당의 경우는 남자 집단의 지지율이 여성 집단의 지지율에 비해 더 높은 것으로 나타났다.

둘째, 지역별에 따른 정당에 대한 투표행태에서 충청지역의 경우 열린우리당, 한나라당, 민주노동당의 순으로 높게 나타났으며, 호남지역의 경우 열린우리당, 민주당, 민주노동당 순으로 지지율이 높았다. 영남지역은 한나라당, 열린우리당, 민주노동당 순으로 높은 정당지지

율을 보였다.

셋째, 세대별에 따른 정당에 대한 투표행태에서 20~30대와 40대 집단 모두 열린우리당, 한나라당, 민주노동당의 순으로 높은 지지율을 보이고 있으나 50대 이상의 집단에서는 한나라당, 열린우리당, 민주당의 순으로 높은 지지율을 보이고 있다. 열린우리당과 민주노동당의 경우 20~30대 집단에서 가장 높은 지지율을 보이는 한편, 한나라당의 경우 50대 이상에서 가장 높은 지지를 얻고 있다.

끝으로 학력별에 따른 정당에 대한 투표행태에서 중졸이하의 집단의 경우 한나라당과 열린우리당의 지지가 근소한 차이를 보이고 있는 한편, 고졸 집단에서는 열린우리당, 한나라당, 민주당의 순으로 높은 지지를 보이고 있으며, 대졸 이상의 집단은 한나라당, 열린우리당, 민주노동당의 순으로 높은 지지율을 보이고 있다. 그리고 한나라당, 민주당 자민련의 경우 중졸이하 집단의 지지율이 가장 높게 나타난 반면, 열린우리당과 민주노동당의 경우에는 고졸 집단의 지지율이 가장 높다는 것을 알 수 있다.

5. 세대별 인터넷 및 커뮤니티활동에 대한 분석

세대별에 따른 인터넷 이용 및 인터넷 커뮤니티 활동여부에 대한 χ 검정 결과는 〈표 14〉에서 보는 바와 같다.

세대별에 따른 인터넷 이용에 대한 χ 검정 결과 40대와 50대 이상의 집단에서는 인터넷을 전혀 이용하지 않는다는 응답이 가장 높았던 반면, 20~30대 집단에서는 1일 1회 이상 인터넷을 이용한다는 응답이 가장 높게 나타났다.

세대별에 따른 인터넷의 커뮤니티 활동 여부에 대한 χ 검정 결과 20~30대의 경우 56.6%, 40대 25.0% 그리고 50대 이상에서는 7.6%가 각각 인터넷을 이용한 커뮤니티 활동을 한다고 응답하고 있다.

한편, 세대별에 따른 활동하고 있는 커뮤니티 정치, 사회적 비중에

〈표 14〉 세대별 인터넷이용 및 커뮤니티활동 여부에 대한 x^2 검정 결과

구분	범주	세대별			x^2값
		20~30대	40대	50대 이상	
인터넷 이용	전혀 없다	55(16.6)	76(47.5)	195(81.9)	246.02***
	일1회미만	104(31.3)	50(31.3)	33(13.9)	
	일1회이상	173(52.1)	34(21.3)	10(4.2)	
인터넷 커뮤니티 활동	활동	188(56.6)	40(25.0)	18(7.6)	156.29***
	비활동	144(43.3)	120(75.0)	220(92.4)	
정치,사회적 이슈 비중	거의 없다	57(30.4)	10(25.0)	4(22.2)	3.52(N.S)
	대체로 없다	41(21.8)	10(25.0)	4(22.2)	
	조금 있다	72(38.3)	16(40.0)	10(55.6)	
	많다	18(9.6)	9(22.5)		

* : p〈.05, ** : p〈.01, *** : p〈.001

대한 x^2 검정에서는 통계적으로 유의한 차이를 보이지 않았다.

결과적으로 젊은 세대일수록 인터넷의 이용이 빈번할 뿐만 아니라 인터넷을 이용한 커뮤니티 활동을 더 많이 한다는 것을 알 수 있다.

V. 지역주의적 대결구도가 사회적 대결구도(진보/보수[12])로 전환될 수 있을 것인가?

1. 지역별 정치적 성향과 지역주의

1) 영남

영남의 경우에도 탄핵반대 비율이 탄핵이후 최고 70%까지 올라갔던 점으로 미루어 탄핵문제가 투표행위에 주요한 요건으로 작용할 것으로 기대되었다. 그러나 선거결과는 한나라당에 대한 몰표로 나타났다. 선거과정 초기 탄핵 반대를 통한 정치적 민주화에 대한 바램이 표로 나타날 것이 기대되었으나 선거 후반이 되면서 '지역=개인'이라는 허위의식과 권력에서 밀려나면서 느끼게 됐던 상대적 박탈감에 따른 위기의식과 이에 대한 공감대가 지역 언론을 중심으로 퍼져나가면서 분위기는 반전되기 시작하였다. 특히 정동영 의장의 노인폄하발언에 따라 영남지역의 분위기는 완전히 반전되었다.

대구지역의 경우 가장 가능성 있던 후보였던 중·남구의 이재용 후보는 두 번의 남구청장을 지내면서 지역에서 상당히 인정받던 인물이었는데도 불구하고 지역적 기반이 전혀 없는 한나라당 후보가 선출되었다.[13] 이는 이번 선거가 인물 혹은 정책중심의 선거라기보다는 정당, 지역이 중심이었다는 것을 의미한다.

영남지역이면서도 15대 대선 이후 TK와 PK 간에 나타나던 차별성

---

12) 진보와 보수의 개념에 대해서는 연구자에 따라 사용하는 집단에 따라 상당히 광범위하게 사용되어진다. 여기서는 학문적 차원에서의 진보와 보수의 개념 정의를 적용하기 보다는 상대적 차원에서의 진보/보수의 개념으로 비교의 차원에서 사용하고자 한다.

13) 한나라당 곽성운(63.1%), 열린우리당 이재용(33.6%), 자유민주연합 이수만(0.6%), 민주노동당 신영섭(2.8%)로 한나라당 후보가 압도적인 표차이로 승리하였다(중앙선관위원회홈페이지(www.nec.go.kr)).

〈표 15〉 17대 총선 시 부산, 대구, 울산, 경남, 경북의 각 정당에 대한 투표율 비교

정당별 \ 지역	대구	경북	부산	울산	경남
한나라당	62.1%	58.3%	49.4%	36.4%	47.3%
열린우리당	22.3%	23.0%	33.7%	31.2%	31.7%
민주노동당	11.6%	12.0%	12.0%	21.9%	15.8%

자료: 중앙선관위원회 홈페이지(www.nec.go.kr) 의 자료를 재구성함.

이 17대 총선을 통해 더욱 두드러지게 나타난 점이 이번 선거의 하나의 특징이라 할 수 있다. 17대 선거 지역구 의석(부산, 울산, 경남, 대구, 경북)을 비교해 보면 대구의 경우 12개 지역구 모두 경북의 경우 15개 지역구 중 1개 구(무소속)를 제외하곤 전부 한나라당의 전승으로 나타났다. 반면 부산지역의 경우 18개 지역구 중 17석을 한나라당이, 사하구 을에서 열린우리당이 1석을 차지했다.

경남의 경우 공장이 밀집해 있는 창원과 울산이 포함되어 있어서 선거의 판도가 더 차별적으로 나타났는데 17개 지역구를 가지고 있는 경남의 경우 창원시 을의 민주노동당 1석, 김해시 갑, 을의 열린 우리당이 2석을 얻었다. 울산의 경우 울주군 열린우리당 1석, 동구 국민통합 21 1석, 북구 민주노동당 1석으로 6개 지역구 중 반을 다른 정당이 차지하였다. 당선자 분포만으로만 보면 큰 의의를 찾기 힘들 수도 있으나 지역구에서 당선됨으로써 지역구도 극복의 희망과 가능성은 엿볼 수 있다.

〈표 15〉에서 정당 투표율의 경우에서도 영남지역 내의 부산, 울산, 경남지역과 대구, 경북 지역 간 차이를 발견할 수 있는데 이로써 대구, 경북지역이 다시 한번 지역주의의 강고한 성지라는 점이 드러난다.

한편으로 긍정적으로 평가할 수 있는 점은 17대 총선에서 양 지역 모두 열린우리당의 지지도가 20%를 넘고 있다는 점으로 하나의 가능성을 보여준다. 열린우리당이 결코 진보적인 정당이라고 하기는 어려

우나 한나라당보다는 진보적 성향을 띤다고 할 때 열린우리당에 대한 지지율이 이전에 비해 높은 것은 영남지역의 보수독점정치를 타개할 수 있는 가능성을 열어둔 점에서 희망적이라고 할 수 있다. 그리고 민주노동당에 대한 지지율을 통해서도 희망의 싹은 찾을 수 있다. 울산과 경남이 가지는 특성을 차지하고라도 영남지역 전체가 보낸 민주노동당에 대한 지지는 그동안 낡고 보수적이며 닫혀있던 정치구조 속에서의 새로운 정치에 대한 염원이 결코 낮은 수준은 아니라는 점이다.

2) 호남

17대 총선 결과 광주지역의 경우 7개 지역구 전부를 열린우리당에서, 전북의 경우 11개 지역구 의석을 열린우리당에서, 전남의 경우 13개 지역구 중에서 열린우리당이 7석, 민주당이 5석, 무소속이 1석으로 나타나 광주와 전북의 경우 지역적 결집이 크게 나타났다. 16대 총선과 비교해 보면(광주의 경우 민주당이 6석 전부를, 전남의 경우 13석 중 12석을, 전북의 경우10석 중 9석) 호남에 기반한 민주당의 지지도가 급락한 것을 알 수 있다. 이는 호남의 지역주의의 저항적 성격을 민주당이 탄핵발의를 통해 스스로 방기한데서 비롯된 것이다. 마찬가지로 호남지역의 경우도 17대 선거는 탄핵에 대한 심판이었으며 인물, 정책보다는 정당에 대한 선거였다. 그러나 앞서 얘기했던 바와 같이

〈표 16〉 17대 총선 시 광주, 전남, 전북의 각 정당별 득표율

정당별 \ 지역	광주	전남	전북
한나라당	1.8%	2.9%	3.4%
열린우리당	51.6%	46.7%	67.3%
민주당	31.1%	33.8%	13.6%
민주노동당	13.1%	11.2%	11.1%

자료: 중앙선관위원회 홈페이지(www.nec.go.kr) 의 자료를 재구성함.

열린우리당에 대한 표의 결집을 영남의 한나라당 몰표와 비교해서 동일한 것으로 설명할 수는 없다. 호남에 기반을 둔 지역정당은 민주당이었으며 영남과 동일한 지역주의적 선거라고 한다면 탄핵 이후 나타났던 열린우리당의 지지율은 곤두박질쳐서 다시 민주당으로 회귀하였어야 마땅하기 때문이다.

따라서 영남과 호남의 지역주의를 동일한 것으로 설명하는 일부 보수적 언론은 2002년 이후의 호남지역 몰표현상을 단순한 지역주의로 몰아붙이는 것을 그만두어야 한다.

〈표 16〉에서 정당별 득표율을 보면 16대 선거의 경우 나타났던 민주당에 대한 지지(광주의 경우 69.8%, 전남의 경우 66.3%, 전북의 경우 65.4%)가 급락했다는 사실을 알 수 있다. 한 가지 주목할 만한 점은 민주노동당이라는 진보정당에 대한 지지도가 전국 평균에도 미치지 못하고 영남지역보다도 낮게 나타났다는 사실이다. 물론 지역적 특성상 민주노동당의 지지기반이 되는 공장 노동자가 타 지역보다 적다손 치지만 진보적 성향 혹은 이념적 성향으로 본다면 이해하기 힘든 결과일 수 있다.

그럼에도 불구하고 열린우리당의 압승과 민주노동당의 약진이라는 결과는 이 지역에서 개혁세력과 진보세력이 부상하고 있음을 암시하는 것이며 특히 이전까지 민주당의 독점지역이었던 곳에서 나타난 이런 변화는 지역정치세력 구조에 변화가 이뤄지고 있음을 드러내는 것이다.

3) 충청도

17대 총선결과는 충청지역에서 자민련의 몰락과 열린우리당에 대한 지지로 나타났다. 이는 충청도에서는 '대통령 탄핵'이 유권자들의 투표를 결정하게 하는 제일의 기준으로 작용하였으며 동시에 행정수도 이전이 한나라 등의 승리에 의해 무산될지도 모른다는 압박감의 반작용이 정당투표를 촉진시킨 것이다. 지역구 의석수를 보면 충북은

〈표 17〉 17대 총선 시 대전, 충남, 충북의 각 정당별 득표율

정당별 \ 지역	대전	충남	충북
한나라당	24.3%	21.2%	30.3%
열린우리당	43.8%	38.0%	44.7%
자민련	14.5%	23.8%	6.3%
민주노동당	11.8%	10.5%	13.1%

자료: 중앙선관위원회 홈페이지(www.nec.go.kr) 의 자료를 재구성함.

8개 지역구 의석 모두가 열린우리당이, 충남의 경우 10개 중 5개가 열린우리당, 대전의 경우 6개 지역구 의석 모두를 열린우리당이 차지했다. 자유민주연합의 경우 충남지역에서만 4개 의석을 가졌을 뿐 정당별 지지도를 보면 자민련의 지지율은 매우 저조하였다.

급기야 자민련 비례대표 후보 1번이었던 김종필 의장은 국회의원직을 더 이상 유지할 수 없게 되었으며 원내 3당의 자리를 민주노동당에 내어 주어야만 했다. 김종필은 그 스스로도 "패전의 장수가 무슨 할 말이 있겠느냐"고 한 뒤 정계은퇴를 선언했는데 이는 곧 3김 시대의 종언을 의미하는 것이었다. 이에 대해 충청지역의 평가는 안타깝지만 자연스러운 현상으로 받아들이고 있는 듯하다.

전체적으로 본다면 지역균열구조의 일정한 해소의 가능성을 엿본 선거로 17대 총선을 평가할 수 있을 것이다. 영남지역의 경우만 지역주의적 투표행태가 나타났으나 그 이면에 또 다르게 지역주의를 극복할 수 있는 작은 희망을 발견할 수 있었던 선거였다고 평가할 수 있다.

결론적으로 역사적이든 정치적 구조화의 과정을 거쳤던 지역주의적 정치균열에 따라 나타났던 지역주의적 성향은 영남지역을 제외하면 거의 희석화되어간 반면, 학력과 연령 같은 인구사회학적 특성이 투표 행태를 설명하는 주요한 변수로 작용한다는 점을 알 수 있다.

2. 세대 간 차이와 선거

열린우리당에 대한 선호도가 20~30대 집단이 50대 이상의 세대에 비해 높게 나타났으며, 세대별 후보자에 대한 투표행태는 20~30대 집단에서는 열린우리당, 한나라당, 민주노동당 후보의 순으로, 40대 집단에서는 열린우리당, 한나라당, 민주당 후보 그리고 50대 이상에서는 한나라당, 열린우리당, 민주당 후보의 순으로 나타났다. 즉 열린우리당과 민주노동당 후보의 경우 낮은 연령대에서 높은 지지율을 보이는 한편, 한나라당 후보의 경우에는 반대적인 현상을 보이고 있다. 학력별 후보자에 대한 투표행태는 한나라당과 자민련은 학력이 낮은 집단의 지지가 높은 반면, 열린우리당과 민주노동당의 경우는 학력이 높은 집단의 지지가 높게 나타났다.

요약하면 20~30대 집단에서 열린우리당에 대한 정당 선호도가 높게 나타났으며, 후보자에 대한 지지와, 정당에 대한 지지에서도 열린우리당이 다른 정당에 비해 더 높은 지지를 받고 있는 것으로 나타났다. 학력별 후보자에 대한 지지와, 정당에 대한 지지에서 보면 학력이 높을수록 열린우리당과 민주노동당을 더 많이 지지하는 경향을 보이는 반면, 학력이 낮을수록 한나라당과 민주당, 자민련을 지지하는 경향이 높은 것으로 나타났다. 즉, 지역적 성향보다 세대, 학력과 같은 변수가 선거에서 더 중요한 변수로 작용할 가능성을 내포하고 있는 것이다.

3. 선거와 인터넷의 역할

세대별에 따른 인터넷 이용에 대해서는 20~30대의 경우 가장 높게 나타났으며 커뮤니티 활동 여부에 대해서도 20~30대의 경우가 다른 연령대에 비해 두 배 정도 더 많은 활동을 하고 있는 것으로 나타났다. 그러나 세대별에 따라 커뮤니티의 정치, 사회적 비중에 대해서는 유의한 차이가 나타나지 않았다. 이러한 결과는 정치적 무관심이라는

전체적인 정치성향과도 무관치 않을 것이다. 즉, 인터넷이 정보 통로
로서의 역할이 확대되면서 인터넷 접속이 많은 20~30대의 경우 커뮤
니티활동에서 사회, 정치적 비중이 높을 것이라는 기대는 이번 선거
에서는 맞지 않았다. 중앙일보(4월 9일자 "파리 날리는 출마자 홈페
이지")의 보도 역시 "개점 휴업상태"를 강조했다. 그러나 17대 총선
역시 2002년 16대 대선과 마찬가지로 노사모, 서프라이즈, 라이브이
즈 닷컴, 디시인사이드, 오마이 뉴스, 딴지일보 등에서의 전자적 활동
등을 보면 집합적인 형태로 인터넷을 통해 정치, 특히 선거와 연관 있
는 담론생산 및 전달에 관여하는 양상을 발견할 수 있다. 예를 들어,
17대 총선의 경우는 탄핵 심판론, 민주주의 위기론, 투표부대 등이 대
표적이라 할 수 있다. 다시 말하면 거여 견제론, 노풍과 같은 담론이
신문 등을 통해 형성되어 온라인에까지 확장된 거대담론이라고 한다
면 이 담론들은 대안적인 담론으로 기능한 것이다(박동진 2004).[14]

따라서 정치적으로 적극적인 의사표현과 정치적 행위를 하는 커뮤
니티를 지역별로 하나의 사회적 자본[15]으로 전환시킬 수 있다면 지역
사회의 활성화와 더불어 보수적 담론에 대항하는 지역 중심적 담론을
형성하는 토대로서 기여할 수 있을 것이다.

---

14) 박동진(2004)은 이들 대안담론이 거대담론으로 작동하기 시작하면서 17대
총선에서 인터넷은 2002년 16대 대선에서와 같이 지배적인 헤게모니에 저항
하는 대안담론의 중심 역할을 한 전자적 공론장으로서 기능하였다고 본다.
15) 사회적 자본에 대한 논의에서 가장 많이 인용되고 있는 Putnam(1995)에 따
르면 사회자본은 "참여자들이 협력하도록 함으로써 공유한 목적을 보다 효
과적으로 성취하도록 만드는 신뢰, 규범, 네트워크와 같은 사회조직의 특질"
로 정의하고 있다. 이러한 사회적 자본의 증진이 지역사회 발전의 전제가 된
다는 논의(박희봉·김명환 2000; 박희봉 2001)가 있는가 하면 온라인이 구성
원들 간의 지위와 형평성을 증진하고 느슨한 연줄을 촉진하며 분산된 네트워
크망의 형성, 다수의 부분적 관계를 증진시킴으로써 사회자본을 증진시킬 수
있다고 주장(서진완 2003)하기도 한다. 인터넷 커뮤니티의 활용을 통한 사회
적 자본의 증진은 가장 적은 비용으로 시민사회를 활성화시킬 수 있는 방안
이라고 할 수 있다.

이러한 대항적 담론의 형성은 보수적 담론구조를 통해 보수적 이데 올로기를 체화시키는데 기여하는 언론, 교육, 종교 등의 개혁을 통해 더욱 확대해 나갈 수 있을 것이다.

4. 진보정당의 진출

민노당은 지역구 투표에서 단 2석을 얻는데 그쳤으나 정당 투표에 선 16개 시도에서 10.5~21.9%의 고른 득표율을 보이며, 8명의 비례 대표 당선자를 배출해 민주당과 자민련을 제치고 원내 3당으로 부상 했다.[16]

지역주의적 성향이 있다고 판단되는 영남권(대구: 11.6%, 경북: 12.0%, 부산: 12.0%, 울산: 21.9%, 경남: 15.8%), 호남권(전남: 11.2%, 전북: 11.1%, 광주: 13.1%), 충청권(충북: 13.1%, 충남: 10.5%)을 비교 해서 살펴보면 공장이 밀집된 지역인 울산, 경남지역의 경우 민노당 에 대한 지지율이 상대적으로 높게 나타나고 있는 점을 알 수 있다. 이 는 계급투표의 가능성을 보여준 것이라고 할 수 있을 것이다. 또한 전 국적으로 고른 득표율을 보임으로써 나타난 진보정당의 원내진출은 정당정치가 어느 정도 정상화될 수 있는 여지와 토대가 마련된 것으 로 이해할 수 있다.

이로써 지금까지 준정당의 역할을 자임해 왔던 시민운동 또한 새로 운 변화를 맞이하게 되었다. 시민운동의 역할과 내용에 대해 아직 많 은 논의가 있어야겠지만 지역대중과 밀착하는 대중운동이 가장 기본 이 되어야 할 것이며 지역에 대한 정확한 분석과 지역의제 개발을 통

---

16) 정당투표에서는 열린우리당이 38.3%, 한나라당이 35.8%, 민주노동당이 13.1%, 민주당이 7.1%를 얻어 각각 23, 21, 8, 4석의 비례대표의석을 배분 받 았다(문화일보, 2004.4.16). 이는 1인 2표제라는 정당투표제의 영향에 의한 것으로 선거제도의 변화를 통해 정치지형의 변화를 가져올 수 있음을 나아가 지역주의 극복을 위한 하나의 방안이 되었음을 알 수 있다.

해 중앙이 중심이 아닌 지역 주체적인 운동을 통한 지역시민사회의
활성화를 주요한 목적으로 삼아야 할 것이다.

VI. 결론

17대 총선의 결과를 통해 '지역주의' 란 현상이 과연 더욱 강고해질
것인가 아니면 약화될 것인가? 영, 호남간 지역주의를 동일한 것으로
설명할 수 있을 것인가? 지역주의를 해소하기 위해 어떤 제안이 가능
할 것인가?

몇 가지로 그동안의 논의를 요약해 보면, 첫째, 지역주의의 부분적
해체의 가능성을 보여주었다는 것을 지적할 수 있다. 우선, 새천년민
주당과 자유민주연합의 몰락을 통해 결과 된 JP의 현실정치에서의 퇴
장은 3김 시대의 종언을 의미했으며 인물 중심의 정당운영구조에 한
계를 드러낸 것이었다. 즉, 3김 정치의 종언은 정당운영이 인물이 아
닌 정책을 중심으로 이루어져야 함을 의미하는 것이 되며 이는 정상
적인 정당운영체계가 작동하게 된다는 것을 의미한다.

다음으로, 전체적인 지역에서 투표행위를 선택할 때 지역주의적 성
향보다는 "탄핵에 대한 평가" 혹은 "제2의 대통령 선거"라는 말에서
볼 수 있는 것처럼 17대 국회의원선거는 정책이나 인물에 대한 평가
나 선택이 아니라 정당의 선택[17]이었다. 또 탄핵에 대한 국회의 결정
과 이에 대한 국민들의 탄핵반대 시위와 집회를 통해 민주와 반민주
혹은 진보와 보수라는 대결구도에 의한 것으로 이는 이전의 '감정적'
지역주의와는 차원이 다른 진일보한 것이다.

---

17) 이번 선거에서는 초선의원이 전체의원 299명 중 188명이나 됐으며 여야 중
   진들이 대거 낙선했다. 특히 몇몇 지역에서는 지역에서 전혀 활동하지 않은
   신인임에도 정당투표의 영향으로 의원이 된 경우도 많다.

둘째, 세대간 격차가 지역주의보다 투표행위를 결정하는데 있어 더 중요한 기준으로 대두하면서 세대간 교체에 따른 지역주의의 완화 가능성이 존재한다. 물론 세대간 격차가 나타나는 것은 당연한 것이며 따라서 '시간'이 지나면 지역주의는 당연히 해결되어지는 것이라는 점은 아니다. 이는 대구 · 경북지역의 젊은 세대들은 젊지만 지역적 담론을 그대로 수용해서 지역주의적 투표행동을 하고 있기 때문이다. 따라서 보수적 담론의 구조에 대항하는 대안적 담론을 형성하는 전자적 공론장의 역할이 더욱 확대되어야 할 것이며 이는 지역주의를 극복하기 위한 하나의 작은 토대가 될 수 있을 것이다.

셋째, 진보정당의 진출은 영남지역에 까지도 지역주의가 완화될 수 있는 작은 기틀을 마련하였고 지역주의적 대결이 진보/보수라는 사회적 대결로 전환될 가능성을 내포하는 것이다. 창원이나 울산의 경우는 지역주의적 투표행위가 계급적 투표행위로 바뀌어가고 있음을 보여준다. 동시에 선거의 기준을 탄핵에 대한 평가로 삼음으로써 민주와 반민주 혹은 넓은 의미의 진보와 보수라는 사회적 대결구도의 가능성을 보았다.

넷째, 지역주의 해소와 지역발전을 위해서 다음과 같이 제안한다. 아직도 지역의 선거는 지역이 주체가 되는 선거가 되지 못하고 있다. 17대 총선에서도 '노풍', '박풍', '정풍'이라는 바람이 부는 대로 움직였던 선거라는 사실은 중앙정부에서 일어나는 행태가 지방선거에 곧장 연결된다는 사실을 알 수 있다. 이것이 현재 우리의 지역정치의 환경이다. 따라서 지역주의 극복을 위해서 각 정당에게는 정책중심의 전환이 요청되어짐과 동시에 지역에게는 지역민의 주체의식 고취와 이에 따른 지역중심적 선거로의 인식 전환이 필요하다.

덧붙여 이번 선거의 결과를 통해 정상적인 정당구조로의 전환이 이루어지면서 정치적 선전대로서의 역할을 자임해 왔던 시민운동단체들의 역할에 대한 조정 논의가 활발히 이루어지게 되었다. 이제 시민운동단체들은 정치중심적 의제가 아니라 지역 대중들을 위한 구체적이고 생활 속에서 제기되는 의제들에 관한 논의가 필요할 것이다. 지역활성화와 지역의 발전을 위한 시민운동단체의 역할은 일상 속에서 더욱 확대되어져야 할 것이다.

예를 들어 선거를 통해 볼 수 있었던 온라인상에서의 대안담론 형성과 연결되어 나타났던 오프라인상에서의 정치적이며 적극적인 행위들을 사회적 자본으로 전환시켜 나가는 역할들을 해 나간다면 시민이 또 지역민이 주체가 되는 지역 발전을 가져올 수 있을 것이다.

■ 참고문헌

강명구. 1992. "한국사회의 정치적 지역갈등: 이론적 접근의 모색." 이용필 외. 『정치경제학의 이론과 전개』. 법문사.

강희경. 2004. "충북지역의 투표성향: 17대 총선 결과와 의미." 한국사회학회 전기사 회학대회 발표문(미간행).

김만흠. 1996. 『한국 정치의 재인식: 민주주의, 지역주의, 지방자치』. 풀빛.

_____ . 2000. "한국근현대사와 지역주의". 참여연대 참여사회아카데미 엮음. 『20세기 한국을 돌아보며』. 한울.

김상웅. 1999. "지역주의 망령의 배후, 언론." 강 준만. 『인물과 사상 12』. 개마고원

김성준. 1990. "선거와 지역편향". 김 광웅 편저. 『한국의 선거정치학』. 나남.

김홍명. 1988. "지역감정과 계급정당". 『월간중앙』10월호.

나간채. 2004. "진보와 보수의 지역정치: 광주?전남 사례". 한국사회학회 전기 사회 학대회 발표문 자료집(미간행).

문석남. 1989. "지역감정의 원인과 해소방안." 김호진 등편. 『한국의 민주화: 과제와 전망』. 경남대 극동문제연구소.

문용직. 1992. "한국의 정당과 지역주의" 『한국과 국제정치』8권 1호.

_____ . 1995. "한국의 선거제도와 정당제: 소선거구제와 양당제". 『한국정치학회보』29권 1호.

박상훈. "한국지역정당체제의 합리적 기초에 관한 연구-합리적 선택이론을 통해서 본 민주화 이행기 유권자 투표행위 분석-". 고려대학교 정치외교학과박사학위논문(미간행).

박동진. 2004. "전자적 공론장과 16대 대통령 선거". 『아세아 연구』115호.

박홍규. 2004. "오래된 박탈감, 중앙과 지방-분권이 아닌 원권으로서의 자치". 『우리의 이분법』. 생각의 나무.

박희봉 · 김명환. 2000. "우리나라 지역사회의 사회자본 증진에 관한 연구: 사회자본 측정과 분석을 위한 시도", 『한국정치학회보』34권 4호.

박희봉. 2001. "사회자본이론의 적용의 한계와 정책적 시사". 한국정책학회 2001

년 춘계학술대회 발표논문집.

백승대. 2004. "보수와 진보의 지역정치: 대구지역 사례". 2004년도 한국사회학회 전 기사회학대회 발표문 자료집(미간행).

백운선. 2001.『호남의 지역지배구조 형성배경-호남의 정치와 지방정치-』백산서당.

서진완. 2003. "지역정보네트워크와 사회자본의 형성 가능성: BEV사례 분석을 중심으로".『정보화 정책』10권 3호.

손호철. 1996. "한국의 지역패권적 사회구조와 지역혁명의 논리."『정치비평』창간호. 아세아문화사.

_____. 2000. "한국의 국가주의와 국가-시민사회의 관계변화". 참여연대 참여사회아카데미 엮음.『20세기 한국을 돌아보며』. 한울.

유석춘 · 김진혁. 2002. "지역감정의 사회심리학". 유석춘 편저.『한국의 사회발전-변혁운동과 지역주의-』. 전통과 현대.

유석춘 · 심재범. 2002. "한국사회변혁운동의 두 가지 기반: 계급의식과 지역차별의식". 유석춘 편저.『한국의 사회발전-변혁운동과 지역주의-』. 전통과 현대.

이갑윤. 1988.『한국의 선거와 지역주의』. 오름.

이남영. 1998. "유권자의 지역주의 성향과 투표." 이 남영 편.『한국의 선거II』. 푸   른길.

이종오. 1994. "지방화 시대와 정치적 지역주의", 인제대학교 인문사회과학연구소,『인문사회과학 논총』1권 1호.

_____. 2000.『한국의 개혁과 민주주의』. 나남출판.

_____. 2000. "한국의 지역주의와 정치균열". 한국사회학회 전기 사회학대회 발표문 (미간행).

정근식. 1991. "광주민주화운동과 지역문제." 김 종철?최 장집 편.『지역감정 연구』. 학민사.

조기숙. 1998. "새로운 선거구제도 선택을 위한 시뮬레이션 결과".『의회연구』4권   1호.

_____. 2000.『지역주의 선거와 합리적 유권자』. 나남출판.

_____. 2003. "정당개혁 이렇게 하자".『철학과 현실』봄(통권 56호).

조명래. 1993. "한국사회의 계급과 지역".『경제와 사회』19호. 한울.

_____. 1994. "영?호남 갈등의 사적 유물론적 고찰". 한국공간환경연구회 엮음.『지역불균형 연구』. 한울아카데미.

조희연. 1998. "한국의 민주주의 이행과 '지역주의'."『한국의 국가, 민주주의,

정치변동』. 당대.

최영진. 1999. 『한국 지역주의와 정체성의 정치』. 오름.

초의수. 1994. "지역시민사회와 지역주의의 지역간 분화." 『지역불균형 연구』. 한울 아카데미.

최장집. 2002. 「민주화 이후의 민주주의」. 후마니타스.

최홍국. 1991. "한국인의 투표성향과 지역감정에 대한 조사연구: '87 대통령 선거 성향 분석." 『한국심리학회지』 12권.

한국사회학회(편). 1990. 『한국의 지역주의와 지역갈등』. 성원사.

황태연. 1997. "내부식민지와 저항적 지역주의". 한독사회과학회. 『한독사회과학논총』 7호.

Putnam, Robert D. " Turning In, Turning Out: The Strange Disappearance of Social Capital in America." *Political Science & Politics*, December, 664-683.

제8장

세대와 투표양태

어수영

Ⅰ. 서론

한국선거에서 전통적인 갈등의 요소는 민주와 반민주세력 간의 갈등이었다. 이러한 갈등의 요소는 60년대와 70년대를 걸쳐 지속되었으며, 80년대에 들어와서는 지역 간의 갈등이 한국선거의 중요한 갈등의 요소로 부각되어 2002년 16대 대통령선거와 2004년 17대 국회의원선거에서도 이러한 현상이 지속되고 있다. 여기에 16대 대통령선거에서부터 세대간의 갈등이 또 하나의 갈등의 요소로 부각되기 시작하였다.

세대간의 갈등은 어느 선거에서도 나타난 현상이였으나 16대 대통령선거부터 두드러지기 시작하였다. 1987년부터 한국사회에서 절차적 민주주의가 뿌리를 내리면서부터 민주 대 반민주세력 간의 갈등은 완화되기 시작하여 15대 대통령선거부터는 선거에서 주요 이슈로서 그 역할을 하지 못하고 있다. 16대 대통령선거에서는 여당의 대통령후보가 젊은 노무현 후보인 데 반해 야당의 후보는 보다 나이가 많은 보수적인 이회창 후보와의 대결이었기 때문에 세대간의 갈등이 증폭되었다.

한국사회에서는 전후세대, 전전세대, 4·19세대, 6·3세대 등 다양한 이름의 세대가 존재하고 있다. 최근 한국의 정치와 선거에서 크게 각광을 받는 세대는 386세대이고, 20·30세대나 50·60세대가 정치적으로 주목을 받고 있다. 이러한 세대들이 한국의 선거와 정치에서 주목을 받는 이유는 이들 세대가 갖는 독특한 이념 성향과 투표 양상 때문이다.

이러한 세대간의 이념 성향과 투표 양상의 차이는 16대 대통령선거에서 크게 부각되어 언론과 뉴스의 초점이 되었다. 이러한 세대간의 이념 성향과 투표 양태의 차이는 17대 총선에서도 나타나는가? 2004년 4월에 실시된 17대 국회의원 선거에서는 노무현 대통령이 의회로부터 탄핵을 받았기 때문에 탄핵에 찬성하는 보수적인 세력과 탄핵에 반대하는 세력 간의 극심한 대결 양상이 나타났다. 탄핵에 찬성하는 세력은 보수적이고 나이가 많은 층에서 나왔으며, 반대로 탄핵에 반대하는 세력은 진보적이고 젊은 층에서 나왔다. 이러한 현상 때문에 17대 4월 총선은 이념과 세대 간의 대결, 지역 간의 대결로 점철되는 양상을 보였다.

이 장에서는 세대란 무엇이며, 세대간에 이념 성향이 어떻게 다르고, 이념 성향과 투표 행태는 어떠한 관계가 있으며, 투표 행태는 어떻게 나타나는지 2004년 4월 총선 후 실시된 실증조사 자료(survey data)를 이용하여 분석하기로 한다.

II. 세대의 개념 및 구분

세대라는 개념을 정의하는 데 두 가지 접근법이 있다. 첫째로, 연령에 따라 세대 개념을 정의하는 방법이다. 20대, 30대, 40대, 50대, 60

대, 혹은 청년층, 장년층, 노년층 등으로 나누어 생리적 변화에 따라
나타나는 심리적 공통점을 기준으로 세대를 개념 정의한다. 인생의
성장단계(life cycle)에 따라 세대를 구분하며, 이러한 기준에 따라 나
타나는 특징을 인생주기 효과(life cycle effect)라고 한다. 세대가 투표
행태나 정치참여에 미치는 영향을 분석하기 위해서는 이러한 자연 연
령에 따른 효과, 즉 인생 주기 효과분석(cohort analysis)방법을 주로
사용하고 있다. 다양한 사회의 투표 행태를 분석하기 위한 방법으로
가장 빈번이 이용되고 있다. 가장 간편하고 구분이 명료하기 때문에,
여러 사회의 정치현상을 비교분석하는 데 사용되고 있다(Ronald
Inglehart 2003; Paul Abramson 1983; M. Kent Jennings & Jan W.
van Deth 1990).

둘째, 사람들이 성장하면서 어떤 정치·사회적인 경험을 했느냐에
따라 구분하는 방법이 있다. 한 개인이 인격형성기에 경험한 사회 정
치적 환경의 차이에 따라 세대를 개념 정의한다. 인격형성기에 정치
적 사건 즉 혁명이나 전쟁, 혹은 경제적인 대공황을 경험한 동일한 연
령의 사람들을 특정 정치세대(political generation)라 한다. 만하임
(Karl Mannheim 1952), 라이더(Norman Ryder 1965), 잉글하트
(Ronald Inglehart 1987; 1990) 등 여러 학자들이 정치세대에 대하여
이론을 제시하고 있다. 이들 학자들의 이론에 의하면 인간이 인격형
성기에 경험한 역사적 사건이나 정치적 혹은 경제적 충격은 일생 동
안 오래 지속된다고 한다. 정치사회화이론(political socialization the-
ory)에 의하면, 인격형성기(formative period)에 경험하여 형성된 정
치의식은 쉽게 변하지 않고 오랫동안 지속된다고 한다(Ronald Ingle-
hart 1977; Barnes and Kasse 1979; M. Kent Jennings & Richard
Niemi 1981).

이러한 정치세대의 개념을 우리 사회에 활용하면 다양한 정치세대
를 접할 수 있다. 전쟁의 경험 유무에 따라, 전전세대와 전후세대, 4·
19를 인격형성기에 경험한 4·19세대, 1980년대 광주민주화 운동을

경험하고 군부권위주의 세력에 맞서 투쟁했던 386세대, 정보과학 기술의 혁명적인 발달을 경험한 internet세대(혹은 e-세대), 산업화와 근대화를 이룩하는 데 주역을 담당했던 산업화세대 등 다양한 정치세대를 접할 수 있다.

한국사회에서 전쟁의 참화를 경험한 세대를 전전세대라 부를 때 이들은 제2차 대전과 한국전쟁을 경험한 세대를 말한다. 이 전전세대는 전쟁의 비참함과 민족의 비극이었던 6·25 전쟁을 경험하고 굶주림과 헐벗음을 경험하였다.

지금까지 논의한 세대에 대한 두 가지 접근법에 따라 세대를 구분하여 이 논문에서 그 역할이 어떻게 다른지 비교 분석하고자 한다. 자연연령에 따른 세대구분과 정치 환경에 따른 세대구분을 다 이용하려는 이유는 두 구분법이 모두 이용도가 다르기 때문이다. 여러 사회의 정치현상을 비교하려면 일반적인 자연연령에 따른 세대 구분법을 이용해야 비교가 용이하다. 한국과 동양의 여러 나라를 비교할 때, 또는 서구의 여러 나라를 비교할 때 자연연령에 따른 세대구분에 의한 분석(cohort analysis)이 필요하다. 이러한 분석방법이 보편적으로 쓰이고 있기 때문이다.

한국 사회의 특수한 정치·사회적인 환경과 관련된 세대구분, 즉 정치세대 구분법은 한국의 특수한 환경을 반영할 수 있기 때문에 이 방법 역시 이 장에서 활용하려 한다. 이 구분 방법에 가장 문제가 되는 것은 인격형성기(formative period) 혹은 정치의식 형성기를 언제로 잡느냐 하는 문제이다. 일반적으로 고등학교 재학시절과 대학시절 즉 17세부터 20세 초반까지를 인격형성기로 잡고 있다(Inglehart 1987, 1990; 정진민 1993; Mannheim 1952).

이 구분 방법을 활용할 경우 1941년 이전에 출생한 세대 즉 한국전쟁세대가 있을 수 있다. 이들 세대는 인격형성기를 대부분 한국전쟁이나 2차 대전 중에 보냈다. 이들 세대는 2004년 17대 국회의원 선거가 실시된 시점을 기준으로 보았을 때 대부분 65세 이상의 연로한 연령층이 한국전쟁세대에 속한다.

다음 세대로, 전쟁의 참화는 경험하지 않았으나 5·16 군사혁명 이후 박정희 정부에 의해 급속한 산업화정책을 추진하던 시기에 인격형성기를 보낸 산업화세대가 있을 수 있다. 그 다음 세대로 민주화유신투쟁세대라 부르는 세대가 있을 수 있다. 이들 세대는 박정희 정권이 유신체제를 수립하여 군사독재가 심화되는 과정에서 군부독재와 투쟁하며 민주화를 이룩하려는 세대였다. 이들이 고등학교를 졸업하고 대학에 입학하여 학원에서 민주화투쟁을 하였던 세대이다.

박정희 군부세력이 무너진 후 등장한 전두환 군부세력과 맞서 투쟁한 세대가 있다. 소위 386세대라 부르는 세대이다. 이들은 60년대에 출생하여 80년대에 대학에 수학하면서, 광주 민주화운동을 계승하여 전두환 군부정권과 투쟁하며 민주주의를 이룩하려 노력한 30대를 의미한다. 그러나 이들은 대부분 이미 30대 연령은 지났고, 2004년 총선을 기준으로 보았을 때 대부분 40대에 속하고, 30대에 남아 있는 사람들은 별로 많지 않다.

386세대 다음으로, 노동운동과 남북문제에 관심을 집중시켰던 세대가 있다. 전두환 군부세력이 물러나고 6·29선언 후 탄생한 노태우 정부는 정권의 정통성에서는 문제가 없었기 때문에 학생운동의 관심이 권위주의 해소, 빈부격차 해소, 노동운동, 통일문제에 집중되었다. 국제정치 면에서는 소련이 붕괴되고 유럽의 동구 공산국가가 몰락함으로써 2차 대전 후 수십 년 지속되었던 동서 냉전체제가 붕괴되었다. 탈냉전 시대를 맞아 국내 문제에 관심을 두었던 정치세대가 존재할 수 있다. 이 세대를 민주노동운동세대라 부르기로 한다.

노태우 정부 이후 등장한 김영삼, 김대중, 노무현 정부에 이르러서는 국민소득이 점차 증가하면서 세계여행의 자유화가 실시되고 개방화와 세계화가 급속하게 추진되었다. 뿐만 아니라 과학문명의 발달로 인터넷(internet)이 보급되면서 통신혁명이 일어나게 되었다. 젊은이들 사이에서 인터넷뿐만 아니라 핸드폰사용이 급속히 확산되어 이들

〈표 1〉 자연 연령에 의한 세대와 정치세대의 연령 구성

자연연령에 의한 세대(Cohort)		정치세대(Political generation)	
출생연도	연령	출생연도	연령
1984~1980	20대 전반 (19~24)	1984~1980	e-세대 19~24
1979~1975	20대 후반 (25~29)	1979~1970	민주노동운동세대 25~34
1974~1965	30대 (30~39)	1969~1960	386세대 35~44
1964~1955	40대 (40~49)	1959~1950	민주화유신투쟁세대 45~54
1954~1945	50대 (50~59)	1949~1940	산업화세대 55~64
1944~	60대 (60+)	1939~	한국전쟁세대 65+

*연령과 세대 구분은 17대 국회의원 선거가 실시된 2004년을 기점으로 하였다.

의 관심은 나이 많은 세대와는 큰 차이가 나타게 되었다. 소위 e-세대 혹은 인터넷세대가 등장하게 되었다. 이들은 정치적인 문제보다는 자기 개발과 개인적인 행복추구에 더 큰 관심을 보여 주고 있다. 탈정치화가 나타나는 세대이다.

지금까지 논의한 다섯 종류의 정치세대와 자연연령상의 세대와는 연령 구성이 다를 수 있다. 자연연령상의 20대, 30대, 40대, 50대, 60대는 출생연도를 기준으로 일정하게 나눌 수 있으나, 위에서 논의한 정치 사회적인 환경을 기초로 해서 본 정치세대는 그 연령 구성이 일정하지 않을 수 있다. 〈표 1〉에 자연연령에 의한 세대 구분과 정치세대 구분을 비교할 수 있는 연령 구성을 표시하였다. 〈표 1〉에 구분한 자연 연령에 의한 세대 구분(cohort)에 대해서는 학자 마다 큰 차이가 있을 수 없으나, 정치세대(political generation)를 구분하는 연령 구성과 그 명칭에는 차이가 있을 수 있다(조중빈 2003; 정영태 2004; 정진민 1993).

자연연령에 의한 세대와 정치세대 간에 정치의식과 투표행태에 어떠한 차이가 있을 수 있는가? 그리고 각 세대간에도 차이가 나는가? 20대, 30대, 40대, 50대, 60대 간에 어떠한 차이가 나는가? 뿐만 아니라 e-세대, 민주노동운동세대, 386세대, 민주화유신투쟁세대, 산업화세대, 한국전쟁 세대간에는 어떠한 차이가 나는가? 이러한 문제를 분

〈표 2〉 자연연령세대와 정치세대의 성비 구성 비교

(%)

	남성	여성		남성	여성
20대 전반	46	54	e-세대	46	54
20대 후반	58.3	41.7	민주노동운동세대	55.2	44.8
30대	49.9	50.1	386세대	49.0	51.0
40대	50.3	49.7	민주화유신투쟁세대	43.0	57.0
50대	43.7	56.3	산업화세대	54.9	45.1
60대	52.4	47.6	한국전쟁세대	46.5	53.5

〈표 3〉 자연연령세대와 정치세대의 교육수준 비교

(%)

	초등	중등	고등		초등	중등	고등
20대 전반	0.9	70.9	28.2	e-세대	0.9	70.9	28.2
20대 후반	0.0	43.8	56.2	민주노동운동세대	0.0	40.6	59.4
30대	1.0	44.5	55.2	386세대	1.5	58.4	40.1
40대	2.4	65.2	32.4	민주화유신투쟁세대	9.3	66.7	24.0
50대	13.6	68.6	17.8	산업화세대	16.4	66.1	17.6
60대	37.1	49.2	13.6	한국전쟁세대	44.2	45.5	10.4

석하기 위하여 2004년 17대 국회의원 선거 직후 한국선거학회와 한국
사회과학데이터센터(KSDC)가 공동으로 조사한 면접조사 자료를 활
용하기로 한다.

　이상과 같은 문제를 분석하기에 앞서 자연연령세대와 정치세대 간에
성비(gender ratio)와 교육수준에 차이가 나는지 먼저 알아보도록 한다.
〈표 2〉에 성비를 비교하였고, 〈표 3〉에는 교육수준을 비교하였다.

　〈표 2〉에 나타난 남성과 여성의 성비 비교표에 의하면 20대 전반과
e-세대는 성비의 구성이 같다. 다음으로 20대 후반과 민주노동운동 세
대와의 비교인데, 이 두 세대는 연령구성에서 큰 차이가 난다. 자연 연
령세대인 20대 후반은 25세에서 29세(1979-1975)까지이나, 이에 반해
정치세대인 민주노동운동세대는 25세부터 34세(1979-1970)까지이다.
이렇게 연령구성이 다른 이유는 정치세대의 특징을 부각시키기 위해
서이다. 20대 후반이 민주노동운동세대에 비해 남성의 비율이 58.3%

대 55.2%로서 약간 높다. 그 다음 세대인 30대와 386세대를 같은 선상에서 비교할 수는 없으나 비슷한 연령층이 두 세대에 다 속해 있기 때문에 편의상 같은 대열에 두고 비교한다면, 자연연령세대인 30대는 30세에서 39세(1974-1965)까지이고, 정치세대인 386세대는 35세부터 44세(1969-1960)까지이다. 이 두 세대의 성비는 남성의 비율에 있어 49.9% 대 49.0%로서 거의 동일하다.

　자연연령세대인 40대는 40세부터 49세(1964-1955)이며, 반면 민주화 유신투쟁세대는 45세부터 54세(1959-1950)의 연령층이다. 이 두 세대의 성비의 구성은 남성의 경우 50.3% 대 43.0%로서 자연연령세대가 남성이 조금 더 많으며 민주화유신투쟁세대가 여성의 비율이 조금 더 높다.

　50대의 경우 50세부터 59세(1954-1945)이고 정치세대인 산업화세대는 55세부터 64세(1949-1940)이다. 이 두 세대의 성비구성은 남성의 경우 43.7% 대 54.9%로서 정치세대가 남성이 좀 더 많다. 자연연령세대인 60대의 경우는 60세(1944-) 이상의 연령층이고, 정치세대인 한국전쟁세대는 65세(1939-) 이상의 연령층이다. 이 두 세대의 성비는 자연연령세대가 여성보다 남성이 조금 더 많다. 전체적으로 보았을 때 자연연령세대와 정치세대의 성비구성은 크게 격차가 나지 않는다.

　다음은 교육수준에서 어떤 차이가 나는가를 분석하기로 한다. 〈표 3〉에 나타난 교육수준을 전체적으로 보았을 때, 고등교육을 받은 사람들은 젊은 연령층에 많고 노년층으로 갈수록 교육수준이 낮아지고 있다. 자연연령세대인 20대 전반은 중등교육을 받은 사람이 70.9%로 절대다수를 이루고 있으며 고등교육을 받은 사람들은 28.2%에 그치고 있다. e-세대 역시 동일한 교육수준을 보여주고 있다. 이것은 앞에서 분석한 바와 같이 동일한 연령층이 각 세대를 구성하고 있기 때문이다. 20대 후반과 민주노동운동세대의 경우 두 세대 모두 고등교육을 받은 사람들이 다수를 이루고 있다. 30대는 고등교육을 받은 사람들이 다수이나, 386세대의 경우는 중등교육을 받은 사람들이 다수를 이루고 있다.

자연연령세대의 경우 40대, 50대, 60대 모두 중등교육을 받은 사람들이 다수를 이루고 있고 그 비율도 증가하고 있으며, 단지 60대의 경우 증가세가 줄어들고 있을 뿐이다. 정치세대의 경우도 자연연령세대와 비슷한 양상을 보여 주고 있다. 즉 민주화 유신투쟁세대, 산업화세대, 한국전쟁세대 모두 중등교육을 받은 사람들이 다수를 이루고 있으며, 초등교육을 받은 사람도 급격히 증가하고 있다. 한국전쟁세대의 경우 초등교육을 받은 사람이 44.2%나 되고, 자연연령세대인 60대의 경우도 초등교육을 받은 사람이 37.1%나 되고 있다.

III. 세대와 투표참여

세대와 투표는 어떤 관계가 있는가? 연령이 증가하면 투표율이 증가하는가? 정치세대와 투표는 또 어떤 관계가 있는가? 밀브레스(Lester Milbrath)의 연구에 의하면 연령과 투표와는 특수한 곡선관계, 즉 종의 모형(bell-shape)을 이루고 있다고 한다. 이 곡선관계에 대하여 그는 다음과 같이 언급하고 있다. "정치참여는 연령이 높아짐에 따라 점진적으로 증가하며, 어느 연령층에 이르러서는 최고봉에 달한 후, 50대에 이르면 조금씩 하락하다가, 60대 이후가 되면 급속히 하락하게 된다"(Lester Milbrath 1965, 134). 이러한 곡선현상은 나이 · 버바와 김재온(Norman Nie, Sidney Verba and Jae-on Kim 1974, 319-340) 교수 팀에 의한 5개국 교차 문화연구에서도 재확인되었다. 일본 대중에 대한 경험적 연구에서도 이러한 곡선현상이 발견되었다(어수영 1986, 52-77).

선진 민주주의 사회에서 나타난 이러한 곡선현상은 한국 사회에서는 나타나지 않았다. 1984년에 실시된 전국규모의 실증조사에서 투표와 연령과의 관계는 곡선현상이 아니고 거의 직선현상을 보여 주었

〈표 4〉 자연연령세대와 2004년 국회의원 선거에서의 투표참여

(%)

	투표했음	투표불참	무응답	합계	
20대 전반	59.1	40.0	0.9	100	235(명)
20대 후반	68.5	31.5	0.0	100	108
30대	77.0	22.5	0.5	100	369
40대	84.9	13.4	1.7	100	350
50대	83.7	14.9	1.4	100	295
60대	93.0	7.0	0.0	100	143

〈표 5〉 정치세대와 2004년 국회의원 선거에서의 투표참여

(%)

	투표했음	투표불참	무응답	합계	
e-세대	59.1	40.0	0.9	100	235(명)
민주노동운동세대	70.3	29.3	0.3	100	317
386세대	82.9	15.4	1.7	100	345
민주화유신투쟁세대	86.9	12.2	0.9	100	344
산업화세대	85.5	13.3	1.2	100	173
한국전쟁세대	91.9	8.1	0.0	100	86

다. 즉 나이가 젊은 층에서는 투표참여율이 낮으나 연령이 증가할수록 투표참여율이 증대하는 현상이 나타나고 있었다. 50대 이후 60대에 이르러도 투표참여율이 낮아지지 않고 계속해서 증대하여 최고봉에 이르고 있었다(한배호 · 어수영 1987, 180-198). 1995년에 실시된 전국규모의 실증조사에서도 같은 결과가 나타났으나, 남녀에 따라 약간의 변화가 나타났다. 남성의 경우는 60대에도 투표율이 전혀 하락하지 않고 어느 연령층보다 투표율이 높았다. 그러나 여성의 경우는 50대에 최고 봉에 이르고 60대에 이르러서는 투표율이 하락하는 현상이 나타났다(어수영 · 곽진영 2001, 174-175).

1995년 조사 이후 약 10년이 지난 후 2004년 조사 때에는 어떤 변화가 일어났을까? 〈표 4〉의 자료가 잘 보여주는 바와 같이 연령이 많아질수록 2004년 국회의원 선거에 참여하는 비율이 증가하고 있다. 중앙선관위가 집계한 실제 투표율보다 각 연령층의 투표율이 약간씩 높

으나, 이 장에서 관심을 갖는 것은 실제 투표율과 응답자들이 답한 투
표율이 얼마나 정확한가를 밝혀내는 것이 아니고 연령과 투표율과는
어떤 관계가 있는가를 밝히는 데 연구의 목적이 있기 때문에 응답자
들의 정확하지 못한 응답에 학문적으로 크게 문제를 제기하지 않는
다. 이러한 사실을 염두에 두고 〈표 4〉의 자료를 분석하기로 한다.

〈표 4〉에 나타난 자료에 의하면 20대 전반의 투표 참여율이 59.1%,
20대 후반의 참여율은 이보다 높은 68.5%, 30대는 77%, 40대는
84.9%, 50대는 83.7%였으나 60대에서는 투표참여율이 무려 93%나
되고 있다. 이와 같은 현상은 정치세대에서도 나타나고 있다. e-세대
의 투표 참여율이 59.1%였고, 민주노동운동세대의 참여율은 70.3%,
386세대는 82.9%, 민주화유신투쟁 세대의 참여율은 86.9%, 산업화세
대의 참여율은 85.5%인데 한국전쟁세대의 참여율은 91.9%나 되었다.
정치세대의 구분도 연령의 증가와 관련이 있기 때문에 자연연령에 의
한 세대구분에서 나타나는 현상이 정치세대에도 나타난다고 본다.

이상과 같이 연로한 세대의 높은 투표 참여율을 어떻게 해석할 것
인가? 왜 이러한 현상이 나타나는가? 한국선거에서 노년층의 높은 투
표 참여율이 나타나는 현상을 표동원화 현상으로 설명하여 왔다. 윤
천주 교수는 이러한 현상을 준봉투표라 설명하였다(윤천주 1961;
1963). 한국정치문화의 저자들은 이러한 현상이 나타나는 이유를 표
동원화 현상이라 설명하고 있다.

> 어느 연령층보다 50대와 60대가 투표와 선거유세에 참여하는 율이
> 높은 이유는 교육수준이나 정치효율감(political efficacy)과는 아무
> 관련이 없다… 교육수준이 낮고 정치효율감이 낮은 노년층이 투표와
> 선거유세에 높은 참여율을 보이는 것은 이들이 선거에 동원되기 때
> 문이다. 노년층은… 묵종적인 태도가 강하여 관에 의한 선거 동원,
> 선거운동원에 의한 표 동원과 지방유지에 의한 표동원에 쉽게 순복
> 하게 된다… 이 때문에 직장에서 은퇴하여 사회생활이 둔화되며, 육

체적으로 노쇠하기 때문에 정치에 관심이 적어지며 이에 따라 참여
활동이 둔화되는 일반적이 현상과는 달리 한국의 노년층은
투표와 선거유세에 있어서 높은 참여율을 나타내고 있다(한배호·어
수영 1987, 198).

준봉투표나 표동원화 현상이 2004년 국회의원 선거에 전혀 없었다
고 단언하기는 힘드나 과거 60, 70년대와 비교했을 때 비교적 많이 줄
어들었다고 본다. 한국사회가 개방되고 정보통신이 급속히 발달하면
서 농촌사회도 대중매체에 접하는 비율이 도시와 별로 다름이 없어졌
다. 과거에 비해 관에 의한 표동원은 쉽지 않다. 그러면 노년층의 높
은 투표참여는 어떠한 현상과 관련이 있는가? 노년층의 높은 투표 참
여는 한국정치의 이념 갈등 즉 진보와 보수의 갈등현상에 크게 연유
한다고 본다. 이러한 갈등현상은 탄핵정국에도 관련이 되어 있다. 노
무현 대통령에 대한 탄핵을 찬성하는 보수층과 이를 반대하는 진보층
의 갈등 역시 국회의원 선거에서 표 대결로 나타나게 되었다. 젊은 세
대는 노무현 대통령에 대한 탄핵에 대해 반대하는 경향이 많았고, 반
대로 연로한 세대는 대통령에 대한 탄핵을 지지하는 경향을 보였기
때문에 탄핵을 지지했던 연로한 보수층의 투표참여가 노인 폄하발언
으로 더욱 가열되었다고 해석할 수 있겠다.

2004년 국회의원 선거에서 연로한 세대의 높은 투표참여를 이끈 중
요한 요인은 열린우리당 선거대책본부장이였던 정동영 의원의 노인
폄하발언이었다. 대통령선거에서 보수적인 노년층이 야당 후보인 이
회창 한나라당 대통령 후보를 지지하는 경향이 높을 뿐만 아니라 노
무현 대통령에 대한 탄핵에 찬성하는 경향이 짙어지자, 정동영 선대
본부장이 노인들은 선거장에 가지 않는 것이 좋겠다는 발언을 함으로
써 노인세대는 물론 언론으로부터 엄청난 비판을 받게 되었다. 노인
폄하발언이 연로한 세대 특히 60대 이상의 노년층의 높은 투표참여를
이끌었다고 본다.

〈표 6〉 자연연령세대와 2002년 대통령선거에서의 투표참여
(%)

	투표했음	투표불참	무응답	합계	
20대 전반	48.1	51.1	0.8	100	235(명)
20대 후반	80.6	18.5	0.9	100	108
30대	86.2	13.3	0.5	100	369
40대	90.6	8.9	0.5	100	350
50대	87.5	11.9	0.7	100	295
60대	93.7	5.6	0.7	100	143

〈표 7〉 정치세대와 2002년 대통령선거에서의 투표참여
(%)

	투표했음	투표불참	무응답	합계	
e-세대	48.1	51.1	0.9	100	235(명)
민주노동운동세대	83.0	16.4	0.6	100	317
386세대	89.0	10.4	0.6	100	345
민주화유신투쟁세대	89.8	9.9	0.3	100	344
산업화세대	89.0	9.2	1.8	100	173
한국전쟁세대	94.2	5.8	0.0	100	86

진보와 보수의 갈등이 선거의 주요한 이슈로 등장하게 된 2002년 대통령선거에서도 노년층의 높은 참여현상이 나타나고 있다. 과거의 선거는 민주 대 반민주 세력 간의 갈등과 균열이 선거의 주요 갈등 구조였으나, 1987년 절차적 민주화가 정착되면서 민주세력과 군부권위주의 세력 간의 갈등은 선거에서 주요한 갈등구조를 이루지 못하게 되면서 2002년 대선에서 대선 후보가 진보와 보수를 대표하는 인물의 대결로 압축되면서 보수적인 노년층의 높은 투표참여 현상이 야기되었다고 본다.

〈표 6〉은 대통령선거와 자연세대의 투표율을 나타내고 있다. 자료가 보여주는 바와 같이 20대 전반의 저조한 투표참여율을 제외하고는, 모든 연령층의 참여율이 대단히 높으며 특히 60대의 투표율이 가장 높다. 20대 전반의 투표참여율은 48.1%로서 가장 낮고, 20대 후반의 투표율은 80.6%에 이르고, 30대는 86.2%, 40대는 90.6%이고 50대

는 87.5%에 이르고 있다. 선진 민주주의 사회에서 일반적인 현상인 연로한 60대가 되면 투표참여율이 저조하나, 한국에서는 가장 높은 참여율인 93.7%를 나타내고 있다.

정치세대의 투표참여율에서도 한국전쟁세대의 참여율이 가장 높은 94.2%를 나타내고 있다. 386세대나 민주화유신투쟁세대, 산업화세대 의 투표참여율은 모두 89%에 이르고 있어 이 세개의 정치세대 참여율 은 차이가 없다. 단지 e-세대만이 참여율이 48.1%로 저조할 뿐이다.

한국선거에 나타나는 특징인 연로한 층의 높은 참여율 특히 2002년 대통령선거에서 보여준 60대 노년층의 높은 투표참여율은 앞에서 언 급한 바와 같이 보수와 진보의 대결구도가 가져온 갈등구조가 이들의 투표율을 높였다고 할 수 있다. 진보를 표방한 50대의 노무현 후보와 보수진영을 대변하는 연로한 70대의 이회창 후보와의 대결이 60대 노 년층이나 한국전쟁세대의 투표율을 높였다고 본다. 양 후보 간의 남 북문제, 대미 외교문제에서 선명한 차이를 보여주었고, 노무현 후보 의 현상 타파적인 대미외교 정책을 표방함으로써 보수진영을 자극하 게 되었다.

젊은 세대 중에서 20대를 전반과 후반으로 나누어 투표율을 분석한 결과, 20대 전반은 투표율이 낮으나 20대 후반은 높은 투표율을 보여 주고 있다. 20대 후반의 투표율은 30대의 투표율과 큰 차이가 없다. 특히 대통령선거에서는 거의 같은 수준이고, 단지 국회의원선거에서 만 약간 낮을 뿐이다. 정치세대로 구분해서 이 두 세대의 투표율을 비 교해 보아도 같은 현상이 나타나고 있다. 같은 20대인데 전반과 후반 의 투표율에서 큰 차이가 나는 이유는 무엇일까? 20대의 전반과 후반 은 선거와 정치에 대해 같은 생각을 하고 있을까? 같은 세대라도 상당 한 차이를 보일 가능성이 있으며, 이로 인해 투표참여율에 차이가 날 가능성이 있다. 이 점을 선거의 효율성과 정치부패와 관련시켜 분석 해보도록 한다. 응답자들에게 다음과 같은 질문을 하였다. "우리나라 선거는 실제로 유권자의 의견을 얼마나 잘 대변한다고 생각하십니

〈표 8〉 선거의 효율성과 자연세대

(%)

	20대 전반	20대 후반	30대	40대	50대	60대
매우 잘 대변한다	0.9	1.9	0.8	2.3	2.4	4.2
상당히 잘 대변한다	17.0	18.5	22.5	19.7	18.6	25.9
별로 잘 대변하지 못한다	67.7	60.2	59.3	60.6	62.4	49.7
전혀 대변하지 못한다	10.6	12.0	13.8	14.9	10.5	8.4
무응답/모름	3.8	7.4	3.5	2.6	6.1	11.9
합계	100(%)	100	100	100	100	100

〈표 9〉 선거효율성과 정치세대

(%)

	e-세대	민주노동운동세대	386세대	민주화유신투쟁세대	산업화세대	한국전쟁세대
매우 잘 대변한다	0.9	1.3	1.4	2.3	2.3	5.8
상당히 잘 대변한다	17.0	22.7	19.7	19.5	20.2	25.6
별로 잘 대변하지 못함	67.7	57.4	60.3	63.1	59.0	48.8
전혀 대변하지 못한다	10.6	13.6	15.1	11.6	10.4	7.0
무응답/모름	3.8	5.1	3.5	3.5	8.1	12.8
합계	100(%)	100	100	100	100	100

까?" 이에 대한 응답으로 "매우 잘 대변한다", "상당히 잘 대변한다", "별로 잘 대변하지 못 한다", "전혀 대변하지 못 한다" 중에서 선택하도록 하였다. 그 결과를 〈표 8〉에 표시하였다.

〈표 8〉에 나타난 자료에 의하면 20대 전반에 속한 응답자들이 20대 후반에 속한 응답자들보다 선거효율성이 낮다. 표현을 달리하면 한국의 선거는 유권자의 의견을 잘 대변하지 못하고 있다고 판단하고 있다. 20대 전반의 응답자 중 선거가 유권자의 의견을 잘 대변하지 못한다고 믿는 응답자는 67.7%이고, 선거가 전혀 대변하지 못한다고 믿는 응답자는 10.6%로 이 두 응답자들을 합할 경우 약 78.3%가 선거의 효용성에 부정적이다.

반면 20대 후반의 응답자 중 선거가 유권자의 의견을 잘 대변하지

〈표 10〉 정치부패와 자연세대

(%)

	20대 전반	20대후반	30대	40대	50대	60대
매우 널리 퍼져 있다	43.0	41.7	41.7	42.6	37.3	44.8
상당히 퍼져 있다	52.3	49.1	52.8	48.9	52.9	38.5
별로 퍼져 있지 않다	2.1	7.4	3.8	5.7	6.4	4.9
거의 발생하지 않음	0.7	4.2	1.3	1.7	0.9	0.9
무응답/ 모름	0.9	0.9	0.8	1.7	2.7	7.7
합 계	100(%)	100	100	100	100	100

못한다고 믿는 응답자는 60.2%로서 20대 전반보다 훨씬 적으며 전혀 대변하지 못한다고 믿는 응답자는 12.0%이다. 이 두 응답자들을 합할 경우 약 72.2%가 선거의 효용성에 대해 부정적이다. 20대 전반의 응답자들이 20대 후반의 응답자들보다 더 선거의 의미를 느끼지 못하고 있다. 투표율이 가장 높은 60대 응답자들의 선거효용성은 20대와 비교했을 때 60대 응답자들의 선거효용성이 훨씬 높다. 60대 응답자 중 선거가 유권자의 의사를 잘 대변하지 못한다고 믿는 응답자는 49.7%밖에 되지 않으며, 전혀 대변하지 못한다고 믿는 응답자는 8.4%로서 이 두 응답자들을 합할 경우 58.1%만이 선거의 효용성에 대해 부정적이다.

정치세대의 경우도 자연세대와 비슷한 양상을 보여주고 있다. e-세대와 민주노동운동세대를 비교했을 때 자연세대와 별로 차이가 없다. 〈표 9〉에 나타난 자료에 의하면 선거의 효용성에 대해 부정적인 e-세대의 응답자는 78.3%인 데 반해, 민주노동운동세대의 응답자는 약 71%가 선거의 효용성에 부정적이다.

정치부패에 대해 20대 전반과 후반은 어떠한 차이를 보여 주는가? 〈표 10〉에 정치부패에 대한 응답자들의 의사가 표현되어 있다. 20대 전반의 응답자가 20대 후반의 응답자보다 정치부패가 한국사회에 더 만연되어 있다고 믿고 있다. 20대 전반의 응답자 중 43%가 한국사회에 널리 퍼져 있다고 믿고 있으며, 52.3%는 상당히 퍼져있다고 응답했다. 반면 20대 후반의 응답자 중 41.7%가 한국사회에 정치부패가

〈표 11〉 2004년 국회의원 선거와 자연세대에 따른 남성과 여성의 투표참여
(%)

		20대 전반	20대후반	30대	40대	50대	60대
남성	투표했음	61	70.6	78.1	87.3	85.2	89.9
	투표불참	39	29.4	21.3	12.1	13.3	10.1
	D/K	0	0	0.6	0.6	1.6	0
	합 계	100(%)	100	100	100	100	100
	N	105	51	178	165	128	89
여성	투표했음	57.7	66.7	75.9	82.7	82.6	98.1
	투표불참	40.8	33.3	23.6	14.6	16.2	1.9
	D/K	1.5	0	0.5	2.7	1.2	0
	합 계	100(%)	100	100	100	100	100
	N	130	57	191	185	167	54

매우 널리 퍼져있다고 믿고 있고, 52.3%가 상당히 퍼져 있다고 응답하고 있다. 전체적으로 보아 20대 전반의 응답자가 더 정치가들에 대해 부정적이다. 뿐만 아니라 선거의 효율성에 대해서도 부정적이다. 결국 20대 전반의 세대가 20대 후반의 세대보다 정치와 선거에 대해 냉소적이며 비판적이다. 선거와 정치가에 대해 냉소적이며 비판적일 때 투표소에 가지 않는 것은 어쩌면 당연한 일일지 모른다.

투표참여에서 남성과 여성은 세대별로 보았을 때 어떤 차이가 나는가? 1984년 조사를 토대로 분석한 『한국정치문화』(한배호·어수영 1987) 에서 여성은 남성보다 투표참여율이 높았다. 투표이외의 다른 정치참여 유형 즉 선거유세, 항의, 정보추구 유형에서는 여성이 남성보다 참여율이 대단히 낮았으나 오직 선거참여에서 높은 양상을 보여주었다. 그러나 10년 후 1995년에 실시된 실증조사를 토대로 연구한 논문인 "한국인의 정치 참여의 변화와 지속성: 남성과 여성의 정치참여 변화를 중심으로"(어수영·곽진영 2001)에서는 이러한 양상이 사라졌다. 즉 여성이 남성보다 투표참여율이 낮아졌다.

한국선거에서 여성이 남성보다 투표율이 높은 현상은 다른 사회에서는 나타나지 않는 현상으로 한국선거의 독특한 양상이었다. 이러한 양상은 여성이 남성보다 보수적이고 따라서 동원화가 더 쉽다는

현상과 밀접한 관련이 있었다(한배호·어수영 1987). 2004년 국회의원 선거에서 남성과 여성의 투표참여 양상을 세대별로 분석한 결과를 〈표 11〉에 제시하였다.

〈표 11〉에 나타난 자료에 의하면 남성의 경우 연령이 많아질수록 투표참여율이 높아지고 있다. 20대 전반의 참여가 가장 낮고 60대의 참여가 가장 높은 양상이다. 다만 50대가 조금 낮으나 전반적으로 보아 투표참여가 연령이 많아질수록 하락하는 서구사회의 남성들의 투표참여 모형과는 다른 양상을 보여주고 있다. 여성의 경우도 남성과 별로 다르지 않다. 20대 전반 여성의 투표참여가 가장 낮고 연령이 많아질수록 투표참여가 지속적으로 증가하며 60대가 가장 높은 참가 양상을 나타내고 있다. 1987년 13대 대선, 1988년 13대 총선 그리고 1995년 지방선거 등 이 3종류의 선거에서 응답자들이 선거에 참여했는가를 조사한 1995년의 실증연구에서 보여 주었던 여성의 투표참여 양상과 다른 양상을 보여 주고 있다(어수영·곽진영 2001, 174-175).

여성의 투표참여가 연령의 증가와 더불어 하락하는 양상을 보여 주었으나 2004년 국회의원 선거에서는 60대의 참여가 다시 증가하였다. 80년대와 90년 중반의 선거에서 연로한 여성의 투표참여는 서구 민주주의 사회에서 나타나는 양상을 보여 주었으나 이번 2004년 국회의원 선거에서는 아주 다른 양상이 나타난 이유는 어디에 있는가? 이미 앞에서 설명한 바와 같이 연로한 60대 이상의 유권자들의 높은 투표참여는 노무현 대통령에 대한 탄핵문제로 야기된 보수 대 진보의 이념적인 갈등이 연로한 세대의 참여를 높이는 주요한 이유가 되었으며, 더욱 직접적인 요인은 열린우리당의 선거대책본부장이었던 정동영의원의 노인 폄하발언에 있었다. 보수적인 노년층이 대통령선거에서 야당 후보인 이회창 대통령 후보를 지지하고, 노무현 대통령에 대한 탄핵을 지지하는 현상이 일자 정동영 의원이 노인들은 투표장에 가지 말 것을 시사한 발언이 도화선이 되어 오히려 노년층의 투표참여가 확대되는 계기가 되었다.

Ⅳ. 세대와 투표양상

　투표참여율에서 이상과 같은 차이를 나타내는 세대의 후보선택과 정당선택에는 어떤 차이가 나타나는가? 세대간의 후보선택과 정당선택에 관한 분석은 국회의원 선거에서는 지역구와 비례구인 전국구로 구분해서 분석하기로 한다. 2004년 국회의원 선거에서는 소선거구제와 전국을 하나의 선거구로 하는 비례대표제가 실시되어 한 사람의 유권자가 소선거구제하에서는 정당의 후보에게 한 표를 던지고, 비례대표제에서는 정당에 또 한 표를 던지는 1인 2표제가 실시되었다. 이제 유권자가 지역구에서 후보가 속한 정당에 투표를 했을 때 어떤 정당에 투표를 했는지 이에 관하여 먼저 분석하기로 한다.

　〈표 12〉의 자료는 흥미 있는 사실을 나타내고 있다. 지역구 투표에서 야당인 한나라당이 유권자로부터 받은 표는 연령의 증가와 밀접한 관련이 있다. 연령이 많아질수록 한나라당에 대한 지지는 증가하고 있다. 20대 전반에서 한나라당에 투표한 응답자는 11.1%에 지나지 않았으나, 20대 후반에서는 16.7%였고, 30대에서는 18.4%, 40대에서는 33.1%, 50대에서는 38.3%, 60대 이상에서는 41.3%로, 60대가 한나라

〈표 12〉 지역구에서 후보가 속한 정당에 대한 투표와 자연세대

(%)

	20대 전반	20대후반	30대	40대	50대	60대
한나라당	11.1	16.7	18.4	33.1	38.3	41.3
민주당	4.3	4.6	3.5	6.6	5.4	7.0
열린우리당	35.3	38.0	46.1	33.7	31.9	33.6
자민련	0.9	0.0	0.8	1.1	3.4	2.8
민주노동당	3.4	6.5	5.4	4.0	1.4	0.0
기타정당	1.3	0.9	1.1	2.9	0.0	0.7
무응답	43.9	33.4	24.7	18.5	22.4	14.7
합 계	100(%)	100	100	100	100	100
	235(명)	108	369	350	295	143

X=224.080　df=45　p〈.001

당에 가장 많은 표를 던졌다.

여당인 열린우리당에 대해서는 연로한 세대보다 젊은 세대의 지지 비율이 훨씬 높다. 20대 후반과 30대에서 지지율이 가장 높다. 20대 전반의 응답자 중 열린우리당에 표를 준 응답자는 35.3%였고, 20대 후반의 응답자는 38%, 30대 응답자는 46.1%가 열린우리당에 표를 던졌다. 그러나 50대와 60대에서는 33.6%와 36.9%의 지지율을 보이고 있다. 젊은 세대는 열린우리당을 지지했고, 반대로 연로한 50대와 60대는 한나라당을 지지했다. 민노당에 대한 지지도 연령과 관계가 있다. 젊은 층일수록 민노당에 표를 던지고 있으나 60대 응답자의 경우는 예외적으로 민노당을 지지하는 경향을 보여 주었다. 민주당에 표를 던진 응답자는 연령과 별로 관련이 없었으나, 자민련의 경우는 연령과 밀접한 관련이 있었다. 즉 연령이 많아질수록 자민당에 표를 던지는 응답자의 비율이 증가하고 있었다.

자연세대의 투표성향에서 흥미 있는 현상은 한나라당과 열린우리당 대결, 즉 2004년 국회의원선거에서 야당과 여당의 대결은 다른 정책적인 대결도 중요하겠으나 노무현 대통령에 대한 탄핵문제가 가장 중요한 대결이라 할 수 있다. 이 때문에 여당을 지지한다는 사실은 노무현 대통령에 대한 탄핵을 반대하는 표이고(탄핵반대와 열린우리당 선호와의 관계는 아주 밀접하다. Gamma .354 p<.001: tau-b .287 p<.001) 반대로 야당인 한나라당을 지지한다는 사실은 탄핵을 지지하는 표로(탄핵찬성과 한나라당 선호 역시 밀접하다. Gamma -.338 p<.001 : tau-b -.274 p<.001) 해석이 가능하다. 이런 사실을 염두에 둔다면 젊은 세대의 여당지지는 탄핵을 반대하는 표일 가능성이 높고, 연로한 세대의 한나라당 지지는 탄핵을 찬성하는 표일 가능성이 높다.

20대 전반의 응답자 중 여당과 야당 지지비율은 35.3% 대 11.1%였고, 20대 후반의 응답자의 지지 비율은 38% 대 16.7%, 30대는 46.1% 대 18.4%였다. 그러나 40대가 되면 이 비율이 거의 같아진다. 즉 33.7% 대 33.1%로 여당지지와 야당지지가 같아지고 있었다. 50대와

60대에 이르면 야당지지 즉 한나라당 지지-탄핵에 찬성하는 표가 더 많아진다. 50대 응답자의 경우 여당지지가 31.9%, 야당지지가 38.3% 였고, 60대의 경우 여당지지가 33.6%, 야당지지가 41.3%였다. 40대를 분기점으로 여야에 대한 지지, 열린우리당과 한나라당에 대한 지지, 탄핵에 반대하는 세력과 탄핵에 찬성하는 세력의 분포가 달라지기 시작하였다.

정치세대의 경우도 연령이 많아질수록 한나라당에 투표하는 율이 조금씩 증가하고 있었고, 젊은 층일수록 열린우리당에 표를 주는 경향이 강하다. 〈표 13〉에 나타난 바와 같이 e-세대의 응답자 중 한나라당에 표를 던진 응답자는 겨우 11.1%에 그쳤으나, 열린우리당을 지지하는 비율은 35.3%였다. 민주노동운동세대의 경우도 한나라당에 표를 준 응답자는 14.5%인 데 반해, 열린우리당에 표를 던진 응답자는 43.8%로 그 비율이 대단히 높았다. 386세대의 경우는 지지 폭이 그리 크지 않았으며, 민주화유신투쟁세대에서는 그 비율이 역전되어 한나라당을 지지하는 응답자가 더 많아졌다. 이러한 현상은 산업화세대에서도 한국전쟁세대에서도 나타났다. 정치세대에도 이와 같이 연령효

〈표 13〉 지역구에서 후보가 속한 정당에 대한 투표와 정치세대

(%)

	e-세대	민주노동운동세대	386세대	민주화유신투쟁세대	산업화세대	한국전쟁세대
한나라당	11.1	14.5	27.0	38.7	39.9	38.4
민주당	4.3	3.8	5.2	4.4	9.2	7.0
열린우리당	35.3	43.8	40.0	33.7	28.3	32.6
자민련	0.9	0.3	0.9	2.3	3.5	3.5
민주노동당	3.4	5.4	5.2	2.6	0.6	0.0
기타정당	1.3	0.9	2.3	1.2	0.6	0.0
무응답	43.5	31.3	19.2	17.2	18.0	18.6
합 계	100% 235(명)	100 317	100 345	100 344	100 173	100 86

$X=234.118$ df=45 $p<.001$

〈표 14〉 전국구에서의 정당투표 성향과 자연세대

(%)

	20대 전반	20대후반	30대	40대	50대	60대
한나라당	10.6	10.2	15.2	31.4	35.3	39.2
민주당	3.0	2.8	3.5	5.7	6.1	7.0
열린우리당	31.5	39.8	43.1	29.4	29.8	29.4
자민련	0.4	0.0	0.3	0.6	2.0	2.8
민주노동당	9.8	13.0	11.4	12.6	6.4	1.4
기타정당/무응답	44.8	34.3	26.6	20.2	20.3	20.3
합 계	100	100	100	100	100	100

X=251.4   df=50   p<.001

과(life cycle effects)가 나타나고 있다.

전국구에서 정당에 대한 투표성향은 어떠한가? 자연세대가 정당투표에서 어떠한 성향을 나타내고 있나? 정치세대는 어떠한가? 〈표 14〉에 정당투표성향과 자연세대와의 관계를 표시하였다.

〈표 14〉에 나타난 자료에 의하면 응답자 중 한나라당을 선택한 사람들은 연령이 높아질수록 그 비율이 증가하고 있다. 20대 전반과 후반의 응답자들이 한나라당에 투표한 비율은 10% 정도이나 40대 이상으로 갈수록 30%가 넘는 응답자들이 한나라당에 표를 던지고 있다. 한나라당에 가장 많은 표를 준 세대는 60대 이상 세대로 39% 이상의 지지율을 보이고 있다. 이에 반해 열린우리당의 선택은 연령의 증가와 비례하지 않고 곡선관계를 보여주고 있다. 20대 전반의 지지율은 31.5%였으나 20대 후반은 이보다 높은 39.8%였고, 30대에 이르러서는 43.1%로 최고조에 달한 후 40대에 이르러서는 그 지지율이 크게 하락하여 29.4%의 지지율에 머물고, 50대와 60대에서도 이와 비슷한 지지율을 나타내었다. 30대가 가장 높은 지지를 보낸 세대가 되었다. 민주노동당의 경우는 20대 후반이 가장 높은 지지를 보낸 세대로 13%를 기록하였다. 가장 지지율이 낮은 세대는 60대 세대로 민노당 선택율이 1.4%에 지나지 않는다.

이념적으로 보수적인 색깔을 띠고, 노무현 대통령의 탄핵을 찬성한

<표 15> 전국구에서의 정당투표 성향과 정치세대

(%)

	e-세대	민주노동 운동세대	386세대	민주화 유신투쟁 세대	산업화 세대	한국전쟁 세대
한나라당	10.6	10.4	23.5	36.6	37.0	38.4
민주당	3.0	2.8	5.5	3.8	10.4	5.8
열린우리당	31.5	43.5	35.1	32.0	23.1	30.2
자민련	0.4	0.3	0.3	1.2	2.3	3.5
민주노동당	9.8	10.1	14.8	8.1	5.8	0.0
기타정당/무응답	44.8	32.9	20.9	18.4	21.5	22.1
합 계	100	100	100	100	100	100

X=278.2   df=50   p<.001

한나라당에 대한 지지는 연령의 증가 즉 보수화와 관련이 있다고 해석할 수 있다. 이념적으로 진보적인 색채를 띤 열린우리당과 민주노동당에 대한 지지는 젊은 세대 특히 20대 후반과 30대가 높은 지지를 보내고 있다. 이러한 현상은 정치세대의 정당선택을 분석하면 더욱 선명하여진다.

〈표 15〉에 나타난 자료에 의하면 한나라당 선택과 정치세대와의 관계는 역시 연령의 증가와 관계가 많아 연령이 많은 정치세대일수록 보수적인 한나라당 선택비율이 증가하고 있다. 정치세대 중에서 가장 보수적인 한국전쟁세대의 한나라당에 대한 투표율이 가장 높아 응답자의 38.4%가 한나라당을 지지하였다. 반면 젊은 정치세대에서는 한나라당 지지율이 10%대에 머물고 있다. 그러나 열린우리당의 경우는 민주노동운동세대의 가장 높은 지지 즉, 응답자의 43.5%가 열린우리당을 선택했고, 386세대와 e-세대가 비슷한 선택비율을 나타내고 있다. 정당 중에서 가장 진보적인 색채를 띠고 있는 민주노동당의 경우는 386세대가 가장 높는 투표율(14.8%)을 나타냈고, 그 다음이 민주노동운동세대(10.1%)이다. 한국전쟁세대에서는 민주노동당을 지지하는 응답자가 한 명도 나타나지 않는 현상이 나타났다. 즉 보수적인 한국

전쟁세대는 민주노동당을 거의 지지하지 않았다고 본다. 그러나 가장 보수적인 자민련의 경우는 한국전쟁세대에서 가장 높은 지지를 받았고, 반면 젊은 정치세대에서는 거의 지지를 받지 못하였다. 이러한 이념 문제에 대해서는 다음 절에서 보다 심도 있게 분석하기로 한다.

2004년 국회의원 선거에서부터 실시된 1인 2표제가 실시되어 지역구에서 정당이 공천한 후보에게 한 표를 던지고, 비례대표제하의 전국구에서 정당에 한 표를 던지게 되어 있어, 유권자들은 지역구에서 후보자가 속한 정당과 전국구에서 선택한 정당과 일치하게 투표를 할수도 있고, 반대로 지역구와 비례구인 전국구에서 다른 정당을 선택할 수도 있다. 이러한 1인 2표제 실시로 유권자들이 지역구와 전국구에서 어떻게 정당을 선택했는지, 세대별로는 어떠한 선택이 이루어졌는지 분석하기로 한다. 〈표 15〉와 〈표 16〉에 지역구에서 후보자가 속한 정당투표와 전국구에서의 정당투표의 차이를 표시하였다. 〈표 15〉와 〈표 16〉에 나타난 −표시는 한 정당이 지역구에서 받은 표보다 전국구에서 받은 표가 적다는 의미이고, 반대로 +표시는 한 정당이 지역구에서 받은 표보다 전국구에서 받은 표가 더 많다는 의미이다. 〈표 15〉와 〈표 16〉에 표시된 숫자는 지역구에서 하나의 정당이 받은 표의 백분율(%)과 전국구에서 동일한 정당이 받은 표의 백분율(%)의 차이를 의미한다.

〈표 16〉에 나타난 자료에 의하면 지역구 투표와 비례구인 전국구 투표에서 −표의 격차(전국구에서 많은 표를 상실함)가 가장 많이 나

〈표 16〉 지역구와 전국구에서의 정당이 받은 표의 차이 ― 자연세대

	20대 전반	20대후반	30대	40대	50대	60대
한나라당	-0.5	-6.5	-3.2	-1.7	-3.0	-2.1
민주당	-1.3	-1.8	0.0	-0.9	+0.7	0.0
열린우리당	-3.8	-1.8	-3.0	-4.3	-2.1	-4.2
자민련	-0.5	0.0	-0.5	-0.5	-1.4	0.0
민주노동당	+6.4	+6.5	+6.0	+8.6	+5.0	+1.4

는 정당은 한나라당이고, 그 다음이 열린우리당이다. +표의 격차(전
국구에서 많은 표를 획득함)가 많이 나는 정당은 민주노동당이다. 표
현을 달리하면 한나라당은 지역구에서는 표를 많이 받았으나, 전국구
에서는 표를 지역구에서보다 훨씬 받지 못한 정당이 되었다. 모든 연
령세대가 전국구에서 한나라당에 투표를 많이 하지 않았다. 특히 20
대 후반에서는 그 격차가 가장 심하다. 20대 후반의 응답자들이 보여
준 표의 격차는 -6.5이다.

　즉, 지역구에서는 20대 후반이 한나라당에 투표한 투표율이 16.7%
였으나 전국구에서는 10.2%로 그 격차가 -6.5%가 되었다. 20대 후
반 다음으로 전국구에서 한나라당에 표를 주지 않은 세대는 30대이고
그 격차는 -3.2이다. 지역구에서 한나라당을 지지했던 유권자들이
전국구 투표에서는 한나라당을 지지하지 않은 현상이 나타났다.

　민주당의 경우는 한나라당과 다른 현상이 나타났는데 30대는 변동
이 없었고 50대는 전국구에서 미세한 차이이지만 전국구에서 표를 더
획득하였다. 그 외의 세대에서 격차는 그리 크지 않으나 전국구에서
약간 표를 잃어버린 정당이 되었다.

　열린우리당은 한나라당과 같이 전국구에서 표를 많이 잃어버렸다.
모든 세대가 전국구에서 열린우리당에 표를 주지 않았다. 20대 전반
의 경우 그 격차가 -3.8로서 이들 세대가 열린우리당에 투표를 하지
않았다. 20대 후반의 경우는 약간 격차가 줄어 -1.8에 그쳤으나,　30
대에서는 -3.0으로 표를 상당히 잃어버렸고, 40대에서 가장 많은 표
를 잃어 그 격차가 -4.3이나 되었다. 60대에서도 큰 격차 즉 -4.2로
많은 표를 잃었다. 지역구에서 열린우리당 후보에게 투표를 했던 사
람들이 전국구에서는 왜 열린우리당에 표를 주지 않았을까? 이 표는
어디로 갔을까? 이에 대한 답은 민주노동당에 대한 표를 분석하면 해
답을 찾을 수 있다.

　민주노동당은 위 3개의 정당과 달리 모든 세대에서 큰 격차로 많은
표를 전국구에서 얻을 수 있었다. 20대 전반에서 +6.4격차로, 20대

후반에서는 +6.5로, 30대에서는 +6.0, 40대에서는 가장 큰 격차인 +8.6으로 많은 표를 획득할 수 있었다. 50대에도 +5.0의 격차로 지역구에서보다 전국구에서 표를 더 획득했고, 심지어는 연로하고 보수 성향이 강한 60대에서도 +1.4의 격차로 표를 더 획득할 수 있었다. 이러한 현상은 민주노동당이 지역구에서는 2석을 얻는 데 그쳤으나 전국구에서는 8석을 얻어 전체 10석으로 민주당을 의석수에서 앞서 제3당으로 부상하는 데 성공하였다.

2004년 새로 실시된 1인 2표제 선거구제에 가장 큰 혜택을 본 정당은 민주노동당으로 그 지지 분포가 전 세대에 걸쳐 나타났다. 예상과 달리 보수적인 세대인 60대에서도 전국구에서는 민주노동당을 선택하는 현상이 나타났다. 왜 이러한 현상이 나타났을까? 모든 세대가 고루 민주노동당을 지지하는 현상은 무엇과 관련이 있는가? 여러 해석이 가능하나 우선 기존의 거대 정당 즉 한나라당이나 열린우리당과 민주당에 대한 실망, 이에 대한 반사현상이라 해석할 수 있다. 2002년 대통령 선거에서 민주노동당의 대통령 후보로 출마한 권영길 후보가 선전하여 선거운동과정에서 민주노동당을 크게 부각시켰다고 본다. 대통령선거 과정에서 기존 정당과 다른 색깔을 보여준 정당에 대한 기대가 전국구에서 표로 나타났다고 본다.

앞에서 분석한 바와 같이 지역구에서 열린우리당을 지지했던 유권자들이 전국구에서는 열린우리당에 표를 주지 않는 현상이 일어났는데 전국구에서 열린우리당에 표를 던지지 않은 유권자들이 이념적으로 열린우리당과 비슷한 진보적인 민주노동당에 투표했을 가능성이 가장 높다. 또 하나의 이유는 민주노동당이 전국적인 거대 정당이 아니기 때문에 전 지역구에서 기존의 정당 후보와 경쟁력이 있는 후보를 고르게 공천하기 어려운 사정으로 유권자들이 지역구에서는 민주노동당 후보에게 표를 주지 않았으나 전국구에서는 후보가 아닌 정당을 선택할 때 새로운 이미지를 보여 준 진보적인 정당에게 표를 주었다고 본다.

〈표 17〉 지역구와 전국구에서 정당이 받은 표의 차이 — 정치세대

	e-세대	민주노동운동세대	386세대	민주화유신투쟁세대	산업화세대	한국전쟁세대
한나라당	-0.5	-4.1	-3.5	-2.1	-2.9	0.0
민주당	-1.3	-1.0	+0.3	-0.6	+1.2	-1.2
열린우리당	-3.8	-0.3	-5.2	-1.7	-5.2	-2.4
자민련	-0.5	0.0	-0.6	-1.1	-1.2	0.0
민주노동당	+6.4	+4.7	+9.6	+5.5	+5.2	0.0

* 전국구에서 획득한 표(%)−지역구에서 획득한 표(%) 〉 +
  전국구에서 획득한 표(%)−지역구에서 획득한 표(%) 〈 −
  전국구에서 획득한 표(%)−지역구에서 획득한 표(%) = 0

전국구에서 민주노동당으로 표가 쏠리는 현상을 정치세대에서 더 선명하게 볼 수 있다. 정치세대는 자연세대보다 이념적인 색깔이 선명한 세대이기 때문이다. 이념적인 특징을 토대로 해서 세대를 구별했기 때문이다. 이념의 차이는 다음 절에서 자세히 분석하기로 하고 우선 〈표 17〉에 나타난 자료를 분석하기로 한다. 한나라당을 지지했던 유권자들은 별로 큰 변화가 없으나, 열린우리당을 지지했던 유권자들은 보다 선명한 변화를 볼 수 있다. 응답자 중 386세대가 전국구에서 열린우리당을 지지하지 않는 현상 즉, 많은 이탈자가 나왔는데 그 격차는 −5.2이다. 반면 같은 386세대에서 민주노동당은 +9.6이라는 큰 격차로 전국구에서 표를 얻을 수 있었다. 가장 젊은 정치세대인 e-세대에서 +6.4의 격차로 많은 표를 획득할 수 있었다. 다른 정치세대에서도 민주노동당은 큰 비율로 전국구에서 표를 얻는 데 성공하였다. 이와 같은 표의 쏠림현상에 대한 답은 이미 설명한 이유에서 해답을 찾을 수 있다.

V. 세대와 이념성향

우리가 이미 관찰한 바와 같이 유권자들이 정당에 대해 이념적인
틀(ideological concept) 혹은 시각(ideological framework)을 갖고 있

〈그림 1〉 정당에 대한 이념 평가

한나라당 이념

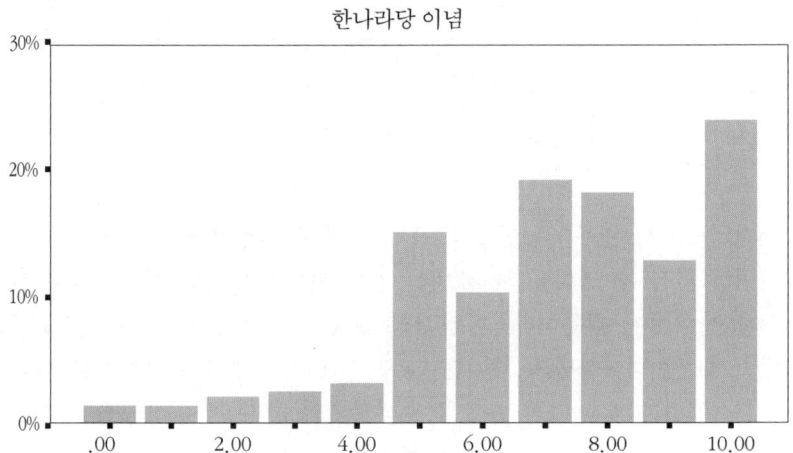

열린우리당 이념

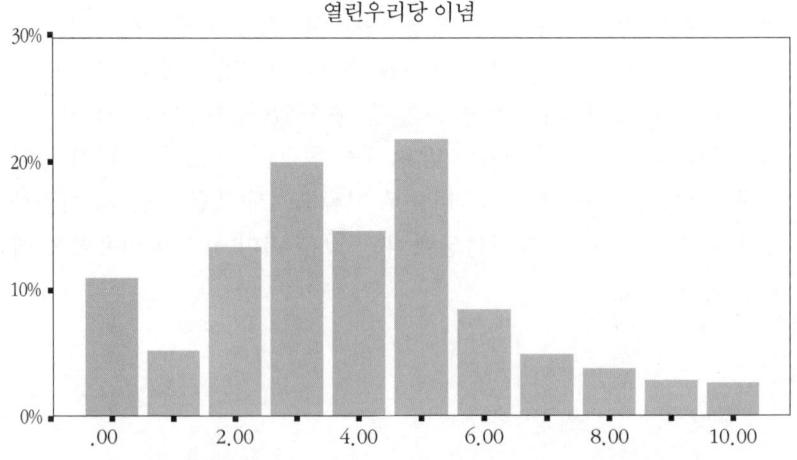

음을 알 수 있다. 어떤 정당은 보수적인 이미지를 갖고 있다고 판단하며, 어떤 정당은 진보좌파적인 색깔이 있다고 평가를 하기도 한다. 유권자들이 한나라당, 열린우리당, 민주당, 자민련, 그리고 민주노동당에 대해 이념적으로 어떤 시각을 갖고 있는지 살펴 보기로 한다.

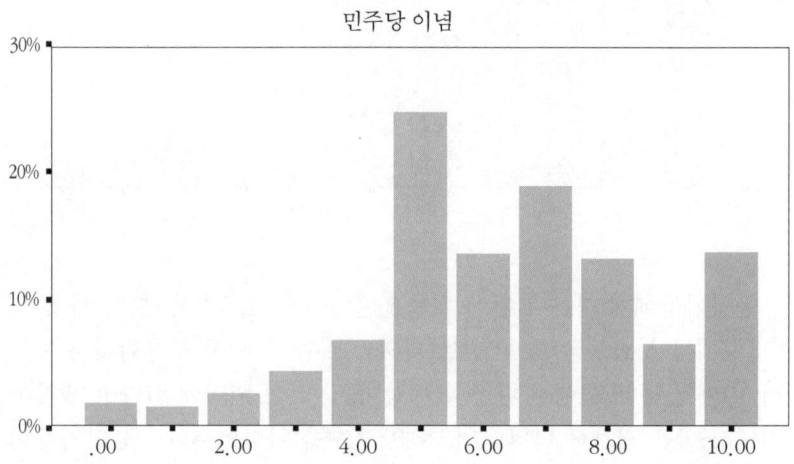

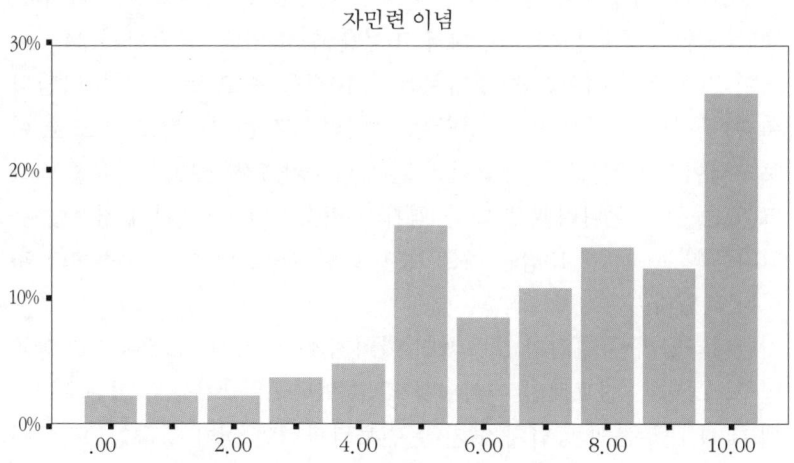

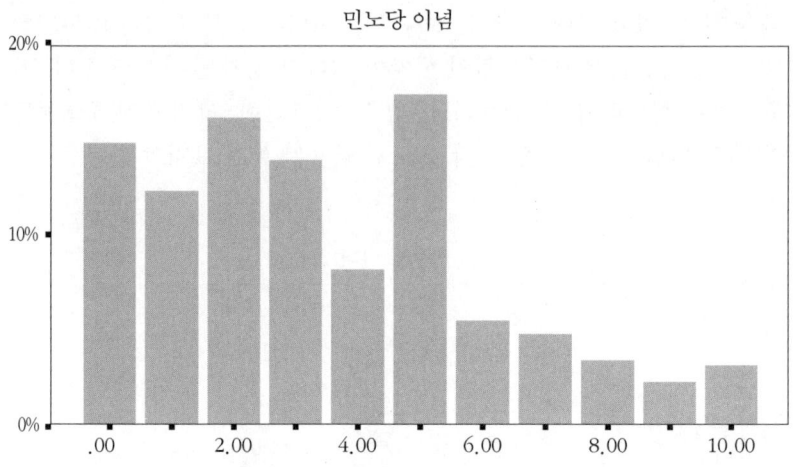

민노당 이념

응답자들에게 다음과 같이 설문을 주고 정당을 평가하도록 하였다. "정치에서 사람들은 보통 진보(좌파), 보수(우파)를 구분합니다. 0부터 10까지 눈금 중에서 다음의 정당이 몇 번의 위치에 있다고 생각하십니까? 0은 진보를 나타내며, 10은 보수를 나타냅니다." 응답자들이 표시한 정당의 이념적인 색깔을 〈그림 1〉에 표시하였다.

응답자들에게 비친 한나라당이 갖는 이념은 한 마디로 보수적이다. 응답자들의 절대다수가 5점에서 10점을 주고 있다. 응답자의 24% 이상이 가장 보수적이라는 평가항목인 10점을 주고 있다. 한나라당과 비슷한 이념 평가를 받는 정당은 자민련으로 한나라당보다 조금 더 보수적이라 보고 있다. 응답자의 절대 다수가 5점과 10점 사이를 택하고 있는 점은 한나라당에 대한 평가와 비슷하나, 자민련의 경우는 응답자들의 26.3%가 10점을 주고 있어 한나라당보다 더 보수적이라 평가하고 있다.

한나라당과 자민련의 보수적인 이미지와는 정반대로 열린우리당과 민주노동당은 진보적인 이미지를 갖고 있다. 응답자들은 열린우리당에 대해 대부분의 응답자가 가장 진보좌파적인 평가 항목인 0점에서

5점을 주고 있다. 5점을 준 응답자는 20.6%이고 3점을 준 응답자는 19.1%이며, 0점 즉 진보좌파라고 평가하는 응답자도 10.9%나 되고 있다. 민노당에 대해서는 보다 진보좌파적인 이미지를 응답자들이 갖고 있다. 즉 응답자들의 절대 다수가 민노당에 대해 0점부터 5점을 주고 있다. 0점 즉 가장 진보좌파라는 이미지와 1점 혹은 2점을 준 응답자가 각각 15.2%, 12.9%, 16.6%이며 3점을 준 응답자까지 합할 경우 응답자의 60%가 민주노동당을 진보좌파적이라 보고 있다.

민주당에 대해서는 한나라당과 비슷한 이미지인 보수적인 이미지를 갖고 있다. 응답자의 대부분이 5점과 10점 사이의 점수를 주고 있으며, 5점을 준 응답자가 가장 많고(24.1%) 그 다음이 7점(16.2%)이고 10점 즉 가장 보수우파라는 평가를 한 응답자도 12%나 되었다.

5개의 정당에 대한 이상과 같은 이념적인 이미지를 보여준 응답자 자신들의 이념적인 이미지를 어떻게 평가하고 있는가를 살피기로 한다. 응답자 자신들이 내린 이념평가는 〈그림 2〉에 표시하였다.

〈그림 2〉에 나타난 자료에 의하면 응답자들은 자신들을 중도적이라고 보는 사람들이 가장 많다. 응답자의 33%가 자신들을 5점 즉 중

〈그림 2〉 응답자 자신들의 이념 평가

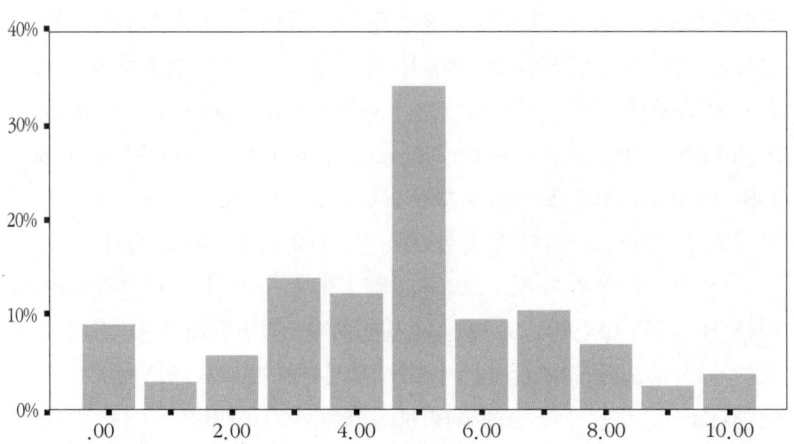

도적이라 평가하고 있으며, 3점을 준 응답자가 12.5%로 두 번째로 많으며, 가장 진보좌파적인 점수인 0점을 준 응답자도 8.2%나 되었으나 가장 보수우파라는 점수인 10점을 준 응답자는 3.9%에 그치고 있다. 전체적으로 보아 응답자가 보여준 이념적인 이미지는 약간 진보적인 성향을 띠고 있다.

이상과 같은 응답자들의 이념적인 자기 판단을 3개의 이념집단―보수, 중도, 진보집단으로 단순화시켜 분석하기로 한다. 응답자들의 점수가 7에서 10까지 속한 응답자를 보수집단이라 부르기로 하고, 4점에서 6점에 속한 응답자들을 중도라 부르기로 한다. 0점에서 3점까지 속한 응답자들을 진보집단이라 부르기로 한다. 이와 같이 응답자들을 분류했을 때 보수집단에 속하는 응답자는 19.4%이고, 중도는 50.3%, 집보집단은 30.3%로서 중도집단이 과반수를 차지하고 진보집단이 보수집단보다 약간 많아지고 있다. 응답자들의 연령분포로는 젊은 층이 장노년 층보다 훨씬 많으나 이념적으로는 진보라고 평가한 응답자가 약간 더 많다.

이제 응답자들의 이념성향과 정당선호 그리고 투표선택과는 어떠한 관계가 있는가를 분석하기로 한다. 보수적인 성향의 사람들은 보수적인 정당을 선호하고 따라서 보수당 후보에게 표를 주고, 반대로 진보적인 성향의 사람은 진보적인 정당을 지지하며 진보정당의 후보를 선호하는 경향이 일반적인 현상이다. 이런 현상은 선진 민주주의 국가의 선거연구에서 자주 발견되는 현상이다(Paul Abramson & Ronald Inglehart 1995; Hans-Dieter Klingemann 1997; Ronald Inglehart 1987,1990; Samuel Barnes & Max Kaase 1979). 이러한 현상으로 보아 한국의 유권자들도 이와 동일한 양상을 보여주고 있다고 본다.

한나라당의 경우 정당선호도와 응답자의 주관적 이념평가와의 관계는 Tb=.355 (p<.001)로 대단히 밀접하다. 지면관계로 표 전체를 제시하지는 않으나 그 일부의 자료만 제시한다면, 한나라당을 가장 싫어한다고 응답한 사람 중에서 진보성향에 속한 사람은 58.1%인 데 반

〈표 18〉 응답자들의 주관적인 이념성향과 2004년 국회의원 지역구 투표

(%)

	진보집단	중도집단	보수집단	합계
한나라당	9.0	50.6	40.4	100(%)
민주당	26.2	53.8	20.0	100
열린우리당	44.7	45.7	20.0	100
자민련	19.0	61.9	19.0	100
민노당	57.1	38.8	4.1	100

해 보수성향의 사람은 10.2% 밖에 되지 않았고, 반대로 가장 좋아한
다고 답한 응답자들 중 진보성향의 사람은 3.8%에 지나지 않았으나
보수성향의 사람들은 76.9%나 되었다. 이념성향이 보수적일수록 한
나라당을 선호하고 반대로 진보적일수록 한나라당을 싫어하고 있다.
열린우리당의 경우 이념성향과 정당선호와의 관계는 Tb=-.243
(p<.001)로 보수성향이 강하면 열린우리당을 싫어한다.

　다음으로 유권자들의 이념성향과 투표성향과의 관계를 살펴보기로
하자. 〈표 18〉에 응답자들의 주관적인 이념성향과 투표성향과의 관
계를 제시하였다. 〈표 18〉에 나타난 자료에 의하면 지역구 투표에서
한나라당 후보에게 표를 준 응답자 중에서 진보집단에 속한 사람은
9% 밖에 되지 않았으나, 보수집단에 속한 응답자는 40.4%로서 응답
자들의 주관적 이념성향이 보수적일 때 한나라당에 표를 주고 반대로
진보적일 때는 표를 주지 않는다. 열린우리당의 경우는 한나라당의
경우와 정반대이다. 즉 열린우리당에 표를 준 응답자 중에서 진보적
인 성향의 사람은 44.7%인 데 반해 보수적인 성향의 사람은 9.6% 밖
에 되지 않았다. 민노당의 경우는 더욱 선명하게 이념성향에 따라 유
권자가 표를 주었다. 민노당 후보에게 표를 준 응답자 중에서 진보적
인 성향의 사람은 57.1%인 데 반해 보수적인 성향의 사람은 겨우
4.1%에 그치고 있다. 그 외의 정당 즉, 민주당과 자민련의 경우는 위
의 3정당의 경우보다는 이념성향에 따라 표를 주는 경향이 그리 선명
하지 않았다.

〈표 19〉 응답자들의 주관적인 이념성향과 2004년 국회의원 전국구 투표

(%)

	진보집단	중도집단	보수집단	합계
한나라당	7.7	47.5	44.8	100(%)
민주당	24.6	63.9	11.5	100
열린우리당	42.6	47.0	10.5	100
자민련	21.4	50.0	28.6	100
민노당	51.1	41.5	7.4	100

〈표 19〉에는 유권자의 이념성향과 2004년 국회의원 전국구에서 투표성향과의 관계를 표시하였다. 전국구에서의 유권자의 이념성향과 투표선택은 지역구에서의 성향과 비슷한 양상을 보여주고 있다 다만 한나라당의 경우에만 더욱 이념에 따라 투표하는 경향이 뚜렷하다. 한나라당의 경우는 응답자가 진보적일 때 한나라당에 투표한 사람은 7.7%에 그쳤으나, 반대로 보수적일 때 44.8%가 한나라당에 투표했다. 이 수치는 지역구에서의 이념성향과 한나라당 선택에서 나타난 수치보다 더욱 선명하다. 열린우리당의 경우는 큰 차이가 없으며, 민노당의 경우도 크게 차이가 나지 않는다.

〈표 20〉에는 유권자들의 이념성향과 2002년 대통령선거에서의 투표성향과의 관계를 표시하였다. 〈표 20〉에 나타난 자료에서 이념성향과 정당의 후보선택과 밀접한 관계가 있음이 잘 나타나고 있다. 한나라당 대통령 후보인 이회창 후보에게 표를 준 응답자 중 진보성향의 사람은 14.5%이나 보수성향의 사람은 39.1%로 거의 2배가 넘는다. 반대로 진보적인 성향의 노무현 민주당 후보에게 표를 준 응답자 중 진보성향의 응답자는 40.4%인 데 반해 보수적인 성향의 응답자는 9.1%

〈표 20〉 주관적 이념성향과 2002년 대통령선거에서의 후보선택

(%)

	진보집단	중도집단	보수집단	합계
한나라당(이회창 후보)	14.5	64.4	39.1	100
민주당(노무현 후보)	40.4	50.4	9.1	100
민노당(권영길 후보)	53.1	37.5	9.4	100

에 그쳤다. 노무현 후보보다 더욱 진보성향이 강한 권영길 민노당 후보에게 표를 준 응답자 중 진보성향의 사람은 53.1%인 데 반해 보수성향의 사람은 겨우 9.4%에 그쳤다. 위의 자료가 유권자들 자신의 이념성향과 정당의 후보 선택과 밀접한 관계가 있음을 잘 보여주고 있다.

다음으로 우리의 관심은 세대와 이념성향과 어떤 관계가 있는가를 분석함으로써 세대에 따라 지역구에서의 정당선택이나 전국구에서 정당선택의 문제에 해답을 찾고자 한다. 특정한 세대가 특정한 정당을 선호하는 이유가 여러 가지 있을 수 있으나 이 절에서 관심을 갖고 분석하고자 하는 점은 세대에 따라 이념적인 색채가 다르기 때문에 특정한 세대가 특정 정당에 표를 많이 주는 사실은 이념성향과 관련이 있음을 밝히고자 한다.

〈표 21〉에 나타난 자료에 의하면 자연세대의 경우 젊은 세대일수록 진보적인 성향을 띠고 있다. 20대 전반의 경우 응답자의 약 40%가 진보적인 집단에 속하고 10.8%만이 보수적인 집단에 속한다. 20대 후반의 경우는 20대 전반보다 좀 더 진보적이다. 44%가 진보집단에 속하고 보수집단에 속하는 사람은 겨우 8.6%에 그치고 있다. 그러나 30대와 40대에 이르면 보수적인 집단에 속하는 응답자들이 점점 증가하고 있다. 40대는 진보적인 집단에 속한사람과 보수적인 집단에 속하는 사람의 비율이 거의 비슷해지고 있으며, 50대에 이르면 보수적인 집단에 속하는 비율이 더 많아지고 있다. 60대의 경우는 완전히 보수적

〈표 21〉 응답자들의 주관적 이념 평가와 자연세대

(%)

	진보집단	중도집단	보수집단	합 계	
20대 전반	40.4	48.8	10.8	100(%)	203(명)
20대 후반	44.1	47.3	8.6	100	93
30대	37.8	50.8	11.4	100	315
40대	26.1	49.5	24.4	100	291
50대	17.2	54.1	28.8	100	233
60대	17.0	48.1	34.9	100	106

Tb=.217 p〈.001   X=91.62 df=10 p〈.001

<표 22> 응답자의 주관적 이념 평가와 정치세대

(%)

	진보집단	중도집단	보수집단	합 계	
e—세대	40.4	48.8	10.8	100(%)	203(명)
민주노동운동세대	40.6	50.4	9.1	100	276
386 세대	32.4	50.5	17.1	100	281
민주화유신투쟁세대	20.6	49.1	30.3	100	287
산업화세대	15.6	57.8	26.7	100	135
한국전쟁세대	18.6	42.4	39.0	100	59

Tb=.216 p<.001   X=97.16 df=10 p<.001

인 집단에 속하는 비율이 진보적인 집단에 비해 2배로 증가하고 있다.

〈표 22〉에 나타난 정치세대의 경우도 자연세대와 비슷한 양상을 보여주고 있다. e-세대, 민주노동운동세대, 그리고 386세대가 가장 진보적인 성향을 띠고 있으며 민주화유신투쟁세대부터는 보수적인 집단에 속하는 응답자가 더 많아지기 시작한다. 한국전쟁세대가 가장 보수적이며, 진보와 보수집단에 속하는 비율이 18.6% 대 39%로 보수집단에 속하는 사람들이 훨씬 많아지고 있다.

앞에서 분석한 바와 같이 진보적인 성향을 띨수록 열린우리당이나 민주노동당에 표를 주는 경향이 강하고, 반대로 보수적일 수록 한나라당이나 자민련에 표를 주는 경향이 있다. 이런 경향을 세대와 관련시켜 본다면 젊은 세대일수록 진보적인 성향이 강하고 따라서 열린우리당이나 민주노동당에 표를 많이 준다는 사실은 어쩌면 자연적인 현상일 수 있다. 보수적인 성향을 띠는 연로한 세대가 보수적인 한나라당에 표를 많이 주는 사실도 자연스러운 현상일 수 있다.

VI. 결론

2004년 국회의원 선거에서 유권자의 투표성향을 분석하기 위하여
세대개념을 자연세대(life cycle cohort)와 정치세대(political genera-
tion)라는 두 개념을 활용하였다. 자연세대 개념은 연령에 따라 세대를
나누는 보편적이 방법이고, 정치세대는 한 세대가 동일한 정치사회적
인 경험을 한 세대를 중심으로 나누는 방법이다. 한국의 정치사회적인
특수한 상황이 세대에 따라 다를 수 있기 때문에 정치세대는 한국의
유권자의 투표성향을 분석하는 데 유효한 방법이라 평가받아 왔다.

이 장에서는 정치세대를 e-세대, 민주노동운동세대, 386세대, 민주
화유신투쟁세대, 산업화세대, 한국전쟁세대로 나누어 자연세대에서
나타나는 특징과 비교하였다. 투표참여와 투표성향에서 우리의 기대
와는 좀 다르게 자연세대에서 나타나는 특징과 정치세대에서 나타나
는 특징이 크게 다르지 않았다. 작은 차이는 있으나 획기적인 차이를
발견하지 못하였다. 지역구에서 정당이 공천한 후보를 선택하는 경우
에는 자연세대나 정치세대나 크게 다르지 않았으나, 전국구에서 정당
을 선택하는 경우에는 정치세대가 자연세대보다 이념의 차이에 따라
투표하는 경향이 더욱 선명하다는 사실을 발견하였다. 386세대와 민
주화유신투쟁세대가 선명한 차이를 보여 주었고, 민주노동당을 선택
하는 경우가 다른 정치세대에 비하여 더 많았다.

자연세대와 정치세대로 나누어 투표성향을 분석했을 때 기대와 달
리 큰 차이가 나지 않는 이유는 정치세대의 개념의 불명확성이라기보
다 같은 연령대가 자연세대로 분류했을 때나 정치세대로 분류했을 때
에도 다 속하게 되는 현상 때문이라고 본다. 정치세대를 나누는 연령
구분이 자연세대를 나누는 방법에서 약간의 차이가 날 뿐 근본적으로
비슷한 연령대의 유권자를 분석하기 때문이라고 본다.

자연세대나 정치세대를 분석했을 때 투표참여에서 나타나는 가장
큰 특징은 나이 많은 연로한 세대의 참여가 가장 높다는 사실이다. 응

답자의 연령대별 투표참여를 분석했을 때 2004년 국회의원 선거에서나 2002년 대통령 선거에서나 60대의 참여가 가장 높다. 정치세대 개념으로 분석했을 때, 한국전쟁세대의 참여가 가장 높다. 이런 현상은 1984년 한국정치문화를 연구한 연구에서도 나타나는 현상으로 한국선거의 가장 특이한 현상이다. 선진 민주사회에서 나타나는 일반적인 현상인 종 모형(bell shape)의 투표참여 현상이 한국에서는 나타나지 않는다. 서구사회에서는 연령이 많아지면 참여가 증가하다가 50대, 60대가 되면 참여율이 하락하는 현상이 일반적인데, 한국에서는 선거에서 투표에 관한한 이러한 현상이 나타나지 않고 있다. 남녀를 따로 분석해도 남성이나 여성 모두 연로한 60대 이상의 응답자들의 투표참여가 가장 높았다. 한국의 이러한 현상을 준봉투표 혹은 표 동원화 현상이라 불러왔다.

그러나 2002년 대통령선거와 2004년 국회의원선거에서는 이런 일반적인 현상이 없다고는 할 수 없으나 그보다 이념적인 갈등 즉, 보수적인 이념과 진보적인 이념의 갈등, 이회창 대통령 후보의 보수적인 이념과 노무현 대통령 후보의 진보적인 이념과의 갈등, 노무현 대통령에 대한 탄핵에 찬성하는 보수적인 세력과 이에 반대하는 진보적인 세력과의 갈등이 연로한 세대로 하여금 투표장으로 더 많이 가게 하였다고 본다. 이러한 이념갈등과 더불어 2004년 국회의원선거 과정에서 불거진 정동영 열린우리당 선대본부장의 노인 폄하발언이 도화선이 되어 보수적인 노년층의 선거참여를 더욱 가열시켰다고 본다.

세대개념으로 분석한 결과 나타난 또 하나의 특징은 젊은 세대, 자연세대로 보나 정치세대로 보나 이 세대는 진보적인 정치성향이 강하고 그 결과 정치적으로 진보적인 색깔을 띠는 열린우리당이나 민주노동당에 표를 많이 주었고, 반대로 보수성향이 강한 연로한 세대인 50대와 60대, 산업화세대와 한국전쟁세대는 한나라당이나 자민련에 표를 많이 주는 경향이 강하다.

젊은 20대를 전반과 후반으로 나누었을 때나 정치세대 개념으로 e-

세대나 민주노동운동세대의 개념으로 분석했을 때 20대의 전반과 후반의 상당히 투표양태가 다르다. 20대 전반이 후반보다 투표참여율이 현저히 떨어지고 있으며 e-세대 역시 민주노동운동세대보다 투표율이 떨어지고 있다. 같은 20대인데 많은 차이가 나는 이유를 분석한 결과 20대 전반이 선거에 대한 효율감이 더 떨어지고, 정치에 대해 더 냉소적이고 한국사회의 부패에 대해 더 심각한 우려를 나타내고 있다. 이러한 현상이 이들의 투표참여를 떨어뜨리는 요인이 되고 있다.

2004년 국회의원 선거에서부터 도입된 1인 2표제도하에서 가장 혜택을 본 정당은 민주노동당으로 나타났다. 어느 세대가 전국구 투표에서 민주노동당에 표를 많이 주었는가를 분석한 결과 자연세대에서는 30대와 40대이고, 정치세대에서는 386세대와 민주화유신투쟁세대이다. 이 두 세대가 이념적으로 진보적이고, 기성 거대정당인 한나라당이나 열린우리당 또는 민주당에 대해 실망하는 경향이 강하기 때문에 진보적이고 새로운 이미지를 주는 정당인 민주노동당에 대해 표를 많이 주었다고 본다.

한나라당과 자민련을 유권자의 눈에는 아주 보수적인 정당으로 비치고 있으며, 이 두 정당 중 자민련이 더 보수적이라 생각하고 있다. 민주당에 대해서도 보수적인 색채가 강하다고 느끼고 있으나, 한나라당보다는 진보적으로 보고 있다. 열린우리당과 민주노동당이 가장 진보적이라 믿고 있으며 민주노동당이 더 진보좌파적이라 보고 있다. 이러한 정당에 대한 이미지와 정책은 젊은 세대의 진보적인 생각과 교감이 되어 이들 젊은 20대, 30대 혹은 e-세대나 민주노동운동세대와 386세대가 민주노동당이나 열린우리당에 표를 많이 주는 이유가 되고 있다.

■ 참고문헌

길승흠·김광웅·안병만. 1987. 『한국선거론』. 서울:다산출판사.

김영호 외. 2004. 『17대 총선 현장 리포트』. 서울: 푸른길.

정영태. 2004. "진보정당의 원내진출." 『2004년 한국선거학회 학술회의 논문집』. 한국선거학회.

김 욱. 1998. "투표참여와 기권: 누가, 왜 투표하는가." 이남영 편. 『한국선거 Ⅱ』 서울: 푸른길.

박찬욱. 1993. "유권자의 선거관심도, 후보 인지도, 투표의사: 제 14대 총선 전국 조사결과를 중심으로." 『한국정치학회보』 제26집, 3호.

박찬욱 편. 2005. 『제17대 국회의원 총선거 분석』. 서울: 푸른길.

안병만. 1993. "제14대 총선에 있어서 유권자들의 투표행태," 『한국정치학회보』 제26집, 3호.

어수영. 1986. 『현대 일본정치론』. 법문사.

_____ . 1999. "한국인의 가치변화와 지속성 그리고 민주화." 『한국정치학회보』 제33집 3호.

어수영·곽진영. 2001. "한국인의 정치 참여의 변화와 지속성: 남성과 여성의 참여 변화를 중심으로." 『한국정치학회보』 제35집 4호.

어수영·한배호. 1996. "한국 정치문화의 변화와 지속성." 『한국정치학회보』 제 30집, 3호.

윤천주. 1961. "읍·면의 투표행태." 고대 아세아문제연구소. 『아세아연구』 제4권, 1호.

_____ . 1963. 『한국정치체계: 정치상황과 정치참여』. 서울: 서울대학교출판부.

이남영. 1992. "투표 참여와 기권: 14대 국회의원 선거 분석." 『선거와 한국정치』. 한국정치학회 하계학술회의.

_____ . 1995. "성별이 투표에 미치는 영향: 제14대 대통령 선거를 중심으로." 『한국과 국제정치』, Vol. 11, No.1.

이정복. 1993. "한국인의 투표행태: 제14대 총선을 중심으로." 『한국정치학회보』 제26집, 3호.

정진민. 1993. "한국사회의 세대문제와 선거." 이남영 편. 『한국의 선거』. 서울: 나남.

정영태. 2004. "진보정당의 성공과 향후 과제." 한국선거학회 연례학술회의 발표 논문(2004.7.2).

정진민. 1993. "한국사회의 세대문제와 선거." 이남영 편. 『한국의 선거 Ⅰ』. 나남.

조중빈. 2003. "16대 대통령 선거와 세대." 한국정치학회 춘계학술회의 발표논문 (2003.2.6).

한배호 · 어수영. 1987. 『한국정치문화』. 서울: 법문사.

한배호, 2003. 『한국정치문화와 민주정치』. 서울: 법문사.

Abramson, Paul. 1983. *Political Attitudes in America*. San Francisco: W. H. Freeman.

Abramson, Paul R. & Ronald Inglehart. 1995. *Value Change in Global Perspective*. Ann Arbor, Mi.: University of Michigan Press.

Barnes, Samuel H. & Max Kaase. 1979. *Political Action*. Beverly Hills, CA.: Sage.

Campbell, et al. 1960. *American Voter*. New York: John Wiley.

Conway, M. Margaret. 1991. *Political Participation in the United States*. Washington D.C. Congressional Quaterly Inc.

Di Palma, Giuseppe. 1972. *Apathy and Participation: Mass Politics in Western Societies*. New York: Free Press.

Flanagan, Scott C. 1980. "Value Cleavages, Economic Cleavages and the Japanese Voter." *American Journal of Political Science*, Vol. 24.

Inglehart, Ronald. 1977. *The Silent Revolution: Changing Values and Political Styles*. Princeton: Princeton University Press.

_____. 1987. "Value Change in Industrial Societies." *American Political Science Review* 81.

_____. 1990. *Culture Shift in Advanced Industrial Society*. Princeton: Princeton University Press.

_____, ed. 2003. *Human Values and Social Change: Findings from the Value Surveys*. Leiden. The Netherlands: Brill.

Janda, Kenneth, et al. 1997. *The Challenge of Democracy: Government in America*. Boston: Houghton Mifflin Company.

Jennings, M. Kent, & Niemi, Richard. 1981. *Generations and Politics*. Princeton: Princeton University Press.

Jennings, M. Kent, & Jan W. van Deth. 1990. *Continuities in Political Action: A Longitudinal Study of Political Orientations in Three Western Countries.* Studies on North America. New York: Aldine de Gruyter. 1990

Mannheim, Karl. 1952. "The Problem of Generations." P. Kecskemeti, ed. *Essays on the Sociology of Knowledge.* N.Y. Oxford University Press.

Milbrath, Lester W., and M. Goel. 1977. *Political Particpation.* 2nd. ed. Chicago: Rand McNally.

Przeworski, Adam, and John Sprague, 1985. "Party Stategy, Class Organization, and Individual Voting." In Adam Preworski. *Capitalism and Social Democracy.* Cambridge: Cambridge University Press.

Ryder, Norman. 1965. "The Age Cohort as a Concept in the Study of Social Change." *American Sociological Review* 30.

Shin, Doh C. 1999. *Mass Politics and Culture in Democratizing Korea.* Cambridge: Cambridge University Press.

Verba, Sidney, Kay L. Schlozman, and Henry E. Brady. 1995. *Voice and Equality: Civic Voluntarism in America.* Cambridge: Harvard University Press.

Verba, Sidney, Norman H. Nie, and Jae-on Kim. 1978. *Participation and Political Equality.* Cambridge and New York: Cambridge University Press.

제9장

17대 총선과 세대:
정당 지지 분석을 중심으로*

김형준

Ⅰ. 서론

일부 학자와 언론들은 한국선거가 2002년 대통령 선거부터 세대 요인이 선거 결과를 결정짓는 중요한 변수로 부각되고 있다고 지적한다. 또한, 세대별로 정치적 성향과 투표 성향의 차이가 두드러지면서 세대 갈등이 증폭되고 있다는 진단을 내리기도 한다. 이들은 지난 2002년 대선에서는 '2030'으로 불리는 젊은 세대의 정치적 참여 증대와 진보 성향의 정치적 태도가 젊은 후보인 노무현 후보의 승리에 기여했다고 주장한다. 또한, 2004년의 17대 총선에서는 대통령 탄핵이라는 초유의 상황에서 탄핵을 둘러싸고 친노(親盧)-반노(反盧) 세력으로 양분화되면서 세대별로 정당지지에서 확연한 차이를 보인 점을 강

---

* 이 글은 한국사회조사연구소 편, 『사회연구』 (2004년)에 게재된 논문을 보완한 것이다.

조한다.

기존의 세대 연구는 세대를 단순한 연령 개념으로 간주해서 '연령
효과(age effect)'를 분석하는 시각과 세대를 연령과 구별하여 '세대
효과(generation effect)'에 맞춰 분석하는 시각으로 양분된다. 연령효
과 분석은 사회 구성원을 20대, 30대 등 단순히 연령대에 따라 구분하
여 연령에 따라 투표 정당이나 정치적 성향의 차이가 있는지를 고찰
한다(이남영 2002; 강원택 2003; 박찬욱 1993). 한편, 세대효과 분석은
사회 구성원이 공유하고 있는 특정의 역사적 의미나 경험에 근거하여
형성된 차이를 탐색한다(정진민 1993, 1999; 조중빈 2003; 박재홍
2003; 강내원 2004). 예를 들어, 조중빈(2003, 71~72)은 유권자가 정
치의식 형성기에 어떤 경험을 했는가에 따라 탈정치화 세대(20세~23
세), 탈냉전 세대(24세~32세), 민주화 세대(33세~40세), 유신체제 세
대(41세~48세), 전후세대(49세~60세), 한국전쟁 세대(61세 이상)로
구분한 다음 지난 2002년 대선은 '진정한 세대갈등의 표출이 아니었
다'고 결론을 내린다. 후보자별 득표율을 보면 일견 세대간 대결 양상
이 뚜렷하지만, 역대 대선에서 젊은 세대의 후보자별 지지율을 비교
해 보면 2002년 대선도 비슷한 양상을 보인다는 것이다.[1]

정진민 · 황아란(1999, 13)도 17세부터 25세까지의 형성기에 겪게
되는 상이한 역사적 경험에 기초하여 세대를 1950년 이전에 출생한
'전전세대,' 1950년에서 1961년사이에 태어난 '민주세대,' 1962년 이
후에 출생한 '신세대'로 구분하여 13대 대선(1988), 14대 대선(1992),
15대 대선(1997)에서 나타난 정당 지지 선택을 비교했다. 그들은

---

1) 2002년 대선에서 나타난 유권자의 투표 행태를 연구한 김형준(2004)은 조중
빈과는 다른 주장을 펼친다. 즉, 20~30대의 젊은 세대의 투표 행태가 과거와는
달리 높은 정치적 효능감과 정치적 관심을 바탕으로 적극적이고 능동적인 면
을 갖기 시작했다는 점을 강조한다. 다시 말해, 젊은 세대의 투표 결정의 질이
바뀌고 있기 때문에 2002년 대선은 역대 대선과는 어느 정도 차별성을 가질
수 있다는 것이다.

1997년 15대 대선에서 나타난 여야 간의 정권교체는 "신세대 유권자들의 증가로 인한 세대교체가 가져 온 결과라기보다는 보수성향이 강한 전전세대들의 지지 정당 변화가 낳은 결과이다"라고 주장했다.

기존 세대 연구는 세대효과 연구와 더불어 2002년 대선부터 우리 사회가 얼마나 이념적으로 균열을 경험하고 있는가에 초점을 맞추고 있다(송호근 2003). 어느 시대를 막론하고 20~30대 젊은 세대는 변화 지향적인 진보적인 성향을 보이고, 40~50대 이상의 기성세대는 급격한 변화에 저항하는 현상유지적인 보수성향을 보인다. 그런데, 왜 이러한 보편적인 연령별 이념성향의 차이가 지난 2002년 대선 이후 이념 갈등의 수준으로 증폭되고 있는지를 체계적으로 연구하려고 한다. 예를 들어, 최형익(2003, 131)은 해방 이후 한국사회의 지배 이데올로기는 반공주의에 한계 지어진 자유 민주주의이었는데, 2002년 대선에서 노무현 후보의 등장은 "자유민주주의의 개혁 분파의 이념적 좌선회에 기초한 '제3의 길' 노선과 유사한 것"으로 정의내리고 있다. 한편, 강원택(2003, 167)은 2002년 대선에서 노무현 후보의 승리는 소위 386세대에서 특별하게 나타나는 진보적 성향이 대선 과정에 20대에 확산됨으로써 가능했다고 해석한다. 즉, "선거운동 기간 중에 발생한 미군 장갑차 여중생 사망사건 및 뒤이은 촛불집회와 반미감정의 고조, 대북 지원을 둘러싼 정치적 논쟁 등이 20대의 정치적 의식을 자극시켜 진보성을 갖도록 이끌었기 때문이다"는 것이다.

본 연구의 목적은 제17대 총선에서 세대가 어떤 이유와 경로를 거쳐 특정 정당을 선택하여 투표하게 되었는가를 고찰하는 데 있다. 여기서 세대는 특정의 역사적 의미나 경험에 근거하여 형성된 집단으로 규정한다. 이를 통해 과연 세대변수가 지역변수 못지 않게 한국 유권자들의 정치 행태를 결정짓는 데 어느 정도 중요한 역할을 하고 있는지를 밝히려고 한다. 이를 위해 본 연구에서는 세대가 정당지지 선택에 직접적으로 영향을 주는 효과뿐만 아니라 다른 매개 변수를 통해 간접적으로 영향을 주는 효과에 대해서도 초점을 맞춘다.

Ⅱ. 정당지지 분석 틀

이 연구에서는 세대 집단이 어떤 이유와 경로를 거쳐 투표에 참여하고 특정 정당을 지지하는가의 결정 과정을 심층적으로 분석하기 위하여 경로 분석 모형을 제시한다. 일반적으로 경로분석(path analysis)이란 여러 변수들 간의 인과적 관계를 설명하기 위하여 사용하는 통계 분석기법이다. 변수들 간의 인과적 관계를 특정화하여 변수들 간의 관계에 대해 논리적으로 명확하게 설명해 주는 분석 기법이다 (이해동 · 한근식 1998, 133-136).

'유권자가 왜 투표에 참여할까?' 라는 질문에 사회경제적 지위 (socio-economic status) 이론은 소득, 학력 등 사회경제적 지위가 높은 사람일수록 투표에 참여할 가능성이 크다는 가설을 제기한다(김욱 1998). 그러나 이러한 가설들은 사회경제적 변수와 투표참여 사이의 단순한 관계(relation)만을 부각시켜 겉으로 드러난 부분적 현상을 고착화시킬 가능성이 크다. 하지만, 경로 분석모형에서는 어떤 변수들로부터 영향을 받는 몇 개의 변수들이 다시 다른 변수들에게 영향을 미치는 관계들의 체계에 대해 다양한 가설을 설정한다. 예를 들어, 사회경제적 지위가 높은 사람일수록 정치 정보에 대한 수집과 처리 능력이 높고, 정치적 관심도 높아서 정치 효능감이 강하기 때문에 투표에 참여한다는 가설을 제기하면 세대와 투표 사이에 존재하는 유권자의 정보처리 능력, 정치 효능감, 정치관심 등 다양한 매개 변수들이 어떠한 경로를 거쳐 투표 참여에 영향력을 행사하는지에 대해 논의할 수 있다.[2] 이와 마찬가지로 유권자의 정당지지 인과 관계에 대한 이론

---

2) 이남영(2002, 186-87)은 지난 16대 총선 결과를 토대로 선거공정성, 선거관심도, 정치효능감과 같은 매개변수를 활용한 경로분석 모델을 통해 세대와 투표참여에 대해 연구했다. 경로 분석 모델 분석 결과, 젊은 세대는 선거관심과 효능감이 낮고 선거과정의 공정성에 대해 낮게 평가하여 투표에 참여하지 않는다는 결론을 내리고 있다. 이 분석이 갖는 중요성은 세대와 투표참여 간에 직접적

〈그림 1〉 정당 지지에 대한 세대 효과 분석 모형

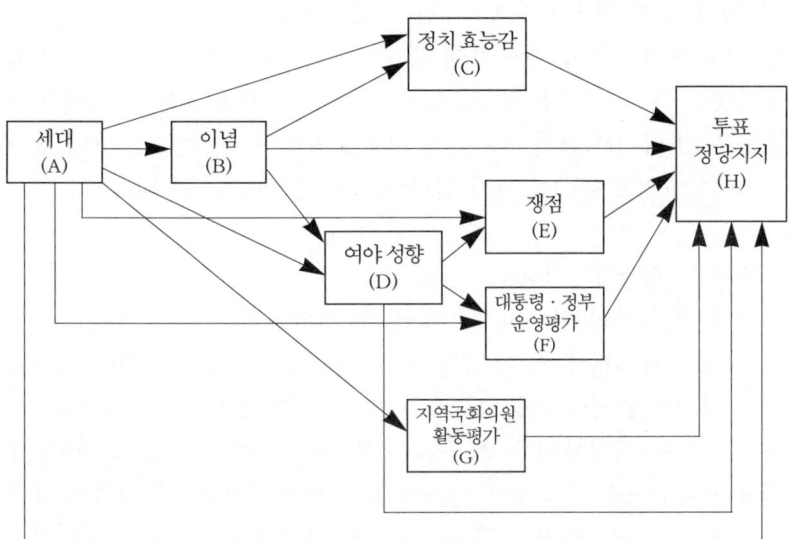

적 설명에서 어떤 변수들로부터 영향을 받는 몇 개의 변수들이 다시 다른 변수들에게 영향을 미치는 관계들의 체계에 대해서 어떤 가설을 제시할 수 있다. 따라서, 경로분석 모형 변수들 간의 단순한 관계가 아 닌 인과관계를 고찰하는 데 유용하다.

홍두승(2000, 260)은 단순선형 회귀분석 모형과 경로분석 모형의 차이점을 "단순선형 회귀분석 모형은 하나의 종속변수만을 다루기 때 문에 적절하지 못하지만 경로분석에서는 이론적 설명에 있어서 모든 가능한 관계들을 포함하도록 하기 위해 여러 개의 회귀 모형을 이용 한다"것을 지적한다.

인 효과뿐만 아니라 간접효과가 중요한 요인으로 작용하고 있음을 경험적으로 검증한 것이다. 이외에 경로분석 모형을 통해 정치참여를 분석한 최근의 연구 논문으로는 서현진, "미국 유권자의 정치적 신뢰도와 투표참여의 관계: 경로분 석을 통한 재검토," 『한국정치학회보』, 제37집 제1호(2003)를 참조할 것.

본 연구에서 세대가 특정 정당을 지지하게 되는 투표 결정 과정을 심층적으로 분석하기 위해 〈그림 1〉에 제시된 모형에 의존한다. 이러한 경로 분석 모형을 활용하여 세대가 특정 정당에 대해 미치는 직접 효과뿐만 아니라 이념, 정치효능감, 여야성향, 탄핵 쟁점 등의 매개 변수를 통해 미치는 간접 효과를 동시에 고찰한다. 본 연구 모형에 포함된 변수, 그리고 변수들 간의 인과 관계를 살펴보면 다음과 같다.

1) 이념과 정당지지 선택

세대 집단 간의 정당지지 선택에 큰 영향을 미치는 요인으로 정치이념(political ideology)이 많이 지적된다. 정치이념이란 개인 내부에 있는 정치적 인식의 틀을 의미하는데 '보수-진보' 라든지 '좌익-우익'을 지칭하는 개념들에 의해 우리는 각 개인이 어떠한 생각과 행동양식을 가지고 있는가를 쉽게 가늠해 볼 수 있다. 흔히 진보성향인 사람들은 변화를 희구하며, 자유보다는 평등을 지향하고, 인권이나 저소득층의 복지문제에 관심이 많다. 반면에 보수성향인 사람들은 변화보다는 안정을 희구하며, 평등보다는 자유를 지향하고, 불평등 문제를 자유경쟁사회의 필연적인 산물로 인정하는 경향을 보인다.

또한, 보수-진보라는 이념의 중요한 부분은 자본주의에 대한 해석이다. 자본주의를 소위 착취, 빈부격차와 같이 부정적으로 인식하는 경우 진보일 가능성이 높으며 물질적 풍요, 효율성과 같이 긍정적으로 인식하는 경우 보수일 가능성이 높다. 그리고 자본주의를 시장경제, 경쟁 등과 같이 중립적으로 인식하는 경우 중도일 가능성이 높다. 그리고 사회를 갈등구조로 보는가 아니면 서로 다른 요소들이 결합할 수 있는 구조로 보는가에 따라 이념이 달라질 수 있다. 사회를 갈등구조로 보고 그 해결책을 도모하고자 하는 사람들이 진보일 가능성이 높고 소위 다원주의적인 공존이 가능하다고 주장하는 사람들이 보수일 가능성이 높다.

일반적으로 세상에 대해 많은 변화를 요구하는 20~30대 젊은 세대

는 진보적이며, 변화보다는 현상유지를 원하는 40~50대 기성세대는
보수적인 경향이 있다. 따라서 변화와 개혁을 내세우는 정당은 진보
진영의 지지를 받고, 안정속의 발전이라는 정치적 화두를 내세우는
정당은 기성세대의 지지를 받는 경향이 있다. 즉, 세대가 정당선택에
직접 연결되거나(A→H) 이념을 통해서 간접적으로 영향을 미치는 경
로(A→B→H)를 상정할 수 있다.

2) 정치효능감과 정당지지 선택

정치 효능감이란 자신감을 의미하는 것으로 자신의 능력에 대한 주
관적인 평가로 정치적으로 자신의 능력을 인정한다는 의미로 사용된
다. 일반적으로 한국 선거정치에서 젊은 세대는 선거에 무관심하며
선거과정에 영향을 미칠 수 있다는 자신감이 적었다. 하지만, 지난
2002년 월드컵, 대선 등을 거치면서 정치효능감이 강화되면서 적극적
이고 능동적으로 선거에 참여하는 경향을 보이고 있다(김형준 2004).
따라서, 세대가 정치효능감을 통해서 간접적으로 특정 정당 지지에
영향을 미치는 경로(A→C→H)를 상정할 수 있다.

한편, 한 개인의 의식 속에 깊이 뿌리박혀 있는 잘 조직화된 신념체
제(belief system)로서의 이념은 정치 효능감과 같은 정치심리적 태도
에 영향을 줄 수 있다. 예를 들어, 개혁 지향성이 강한 진보성향의 경
우 자신들이 추구하는 개혁이 어느 정도 성공할 경우, 정치 효능감이
높아져 정치행위에 적극적이고 자발적으로 참여할 가능성이 높다. 따
라서, 세대가 이념과 정치 효능감을 통해 정당선택에 간접적인 효과
(A→B→C→H)를 미친다는 것을 상정할 수 있다.

3) 여야성향과 정당지지 선택

정당일체감이란 "유권자가 특정 정당을 대상으로 하여 상당한 기간
동안 내면적으로 간직하는 애착심 또는 귀속이다"(박찬욱 1993, 70-
71). 하지만 한국과 같은 정당 간 이합집산이 심하고 정당의 수명이 지

극히 짧은 상황에서는 정당일체감이라는 개념을 적용하는 데 한계가
있다. 따라서, 한국 선거연구에서는 정당일체감과 동일하지는 않지만
이것과 '기능적 대등성'(functional equivalence)을 갖는 비교적 장기
적으로 지속되어 온 당파적 태도로서 여야성향이라는 개념을 사용한
다. 한국선거에서 변화 지향적인 진보성향 유권자는 1997년 대선에서
여야간 정권교체가 이루어지기 전에는 야당을 지지했고, 현상 유지적
인 보수성향 유권자은 반대로 여당을 지지하는 경향이 강했다. 이러한
여야성향은 투표에 적극 반영되었다. 따라서, 세대가 여야성향을 통해
서 정당선택에 간접적으로 영향을 미치는 경로(A→D→H)를 상정할
수 있다. 또는 세대가 이념을 매개로 여야성향을 통해서 정당선택에
간접적으로 영향을 미친치는 경로(A→B→D→H)를 상정할 수 있다.

일반적으로 여야성향과 같은 당파적 태도는 정치적 쟁점이나 견해
와 입장을 형성하는 데 많은 영향을 미친다(박찬욱 1993, 71). 예를 들
어, 친여성향의 유권자는 야당이 제기하는 쟁점에는 반대하고, 친야
성향의 유권자는 여당이 제기하는 쟁점에는 반대하면서 자신의 입장
을 정해 지지정당을 선택할 개연성이 크다. 따라서, 세대는 여야성향
을 통해 신행정수도이전, 탄핵과 같은 선거 쟁점에 대한 입장을 정하
고 정당을 선택하는 경로(A→D→E→H)를 상정할 수 있다.

또한 친여성향의 유권자는 대통령 또는 행정부의 국정운영에 대해
긍정적으로 평가하고, 반대로 친야성향의 유권자는 부정적으로 평가
할 가능성이 크다. 이는 세대가 여야성향을 통해 대통령의 국정운영
평가와 연결되어 정당 선택에 간접적으로 영향을 주는 경로(A→D→F
→H)를 상정할 수 있다.

4) 쟁점과 정당지지 선택

선거에서 유권자의 정책 쟁점에 대한 견해(policy issue opinion),
또는 쟁점 투표(issue voting)가 최근에 올수록 중요성이 강조되고 있
다. 스토크스(Stokes 1963, 368-77)는 쟁점투표의 유형으로 대립쟁점

(position issue)과 합의쟁점(valence issue)을 구분했다. 전자는 유권자의 선호가 찬성과 반대의 상반되는 입장으로 나뉘어져 분포하는 것이다. 지난 2002년 대선에서 행정수도 충청이전, 2004년 17대 총선에서 제기된 대통령 탄핵 찬반 여부가 이와 같은 대립 쟁점의 사례이다. 한편 후자의 경우는 유권자의 거의 모두가 이 쟁점에 있어서 긍정적이든 부정적이든 동일한 선호를 갖는다. 정치비리, 경제발전 등과 같은 쟁점들이 이에 해당된다. 따라서 세대가 대립쟁점을 매개로 정당 지지에 영향을 주는 경로(A→E→H)를 상정할 수 있다.

한편, 키(Key 1966, 36-50)는 쟁점 투표의 유형으로 크게 두 가지를 제시했다. 하나는 '전망적 투표'(prospective voting)로 각 정당이나 후보가 미래에 실현하겠다고 제시하는 정책공약의 비교를 통해서 지지할 정당을 선택하는 것이고, 또 다른 하나는 '회고적 투표'(retrospective voting)로 집권당의 정책 수행 실적에 만족하는 경우 지지하고 만족하지 않는 경우 반대하는 것이다. 따라서 세대가 회고적 쟁점을 매개로 정당 지지에 영향을 주는 경로(A→F→H)를 상정할 수 있다.

한편, 피오리나(Fiorina 1981)는 매개된 회고적 평가 투표 모델를 제시했는데 이는 유권자가 접하게 되는 정보나 견해의 출처, 또는 자신의 성향 등에 매개되어 형성된 판단을 말한다. 따라서 본 연구에서는 이념과 여야성향을 매개로 이와 같은 회고적 투표가 가능하다는 것을 설정한다. 즉, 세대가 이념과 여야성향을 매개로 탄핵 찬성여부와 같은 대리쟁점에 대한 입장을 정하고 정당 지지를 선택하는 경로(A→B→D→E→H)를 상정하거나 또는 세대가 이념과 여야성향을 매개로 대통령의 국정운영에 대한 회고적 평가 입장을 정하여 정당을 지지 선택하는 경로(A→B→D→F→H)를 상정할 수 있다.

5) 후보자 인물과 정당지지 선택

후보자 이미지(candidate image)는 정당일체감과 정책에 관한 견해와 더불어 가장 중요한 투표 결정요인으로 제시되고 있다. 그런데 후보 이미지와 관련해서 한국 유권자의 투표결정 요인으로 가장 중요하게 부각되는 것은 후보자의 인물 기준이다. 현역 의원이 동일 선거구에서 재출마하는 경우에는 그의 활동에 대한 평가가 지지에 중요한 영향을 미칠 수 있다. 만약에 현역 국회의원의 4년간 지역구 활동이 부정적으로 평가받으면 변화 지향적인 진보성향의 유권자는 현역의원이 출마할 경우 교체를 원하거나, 현역 의원이 출마하지 않을 경우에는 그 현역이 소속된 정당후보보다는 다른 정당의 후보를 지지할 가능성이 있다. 반면, 보수 성향의 유권자는 현역 의원의 평가가 다소 나쁘더라도 급진적인 교체보다는 현상유지를 선호할 가능성이 있다. 따라서 세대는 국회의원 지역구 활동 평가를 기준으로 후보자에 대한 인물을 평가해서 지지 정당을 선택하는 경로(A→G→H)를 상정할 수 있다.

Ⅲ. 분석 결과

1. 자료

분석에 사용된 자료는 2004년 4월 15일에 실시된 제17대 국회의원 선거직후 중앙선거관리위원회와 한국사회과학데이터센터가 4월 15일부터 20일까지 전국의 성인 남녀 1,500명을 대상으로 실시한 면접조사 결과이다. 면접조사의 모집단은 20세 이상의 모든 유권자들이며, 유권자는 중앙선관위가 작성한 선거인명부에 기재된 사람들이다. 표본은 지역에 따른 유권자 분포, 성별, 연령별 분포를 기준으로 선정하였다. 유권자는 인구비례에 따라 목표 표본 1,500명과 예비표본 50명을 7대 대도시(서울, 부산, 대구, 인천, 광주, 대전, 울산)와 각 도의 중소도시, 그리고 군 지역에 할당하였다.

분석 대상자의 집단별 인구 통계학적 특성을 살펴보면, 전체 대상자 중 성별은 남성이 49.0%, 여성은 51.0%였고, 연령별로는 20대

22.9%, 30대 24.6%, 40대 23.3%, 50대 이상은 29.2%로 분포되었다.

2. 변수 측정

1) 종속변수

최종적인 종속변수인 정당 지지선택은 '2분 가변수'(dummy variable)이다. 지역구 선거를 기준으로 한나라당 지지, 열린우리당 지지, 민노당 지지라는 3개의 종속변수가 사용된다. 각 종속변수는 해당 정당을 지지하면 변수 값은 1이 되고, 그 이외에는 0이 된다.

2) 독립변수

본 연구에서는 7개의 독립변수가 사용된다. 첫째, 세대 변수는 연령을 6개의 특정 세대로 구별하여 분석했다. 조중빈(2003)이 2002년 대선직후 세대효과를 측정하기 위해 사용한 동일한 기준을 17대총선에 맞게 재조종하여 '탈정치화 세대(20세~25세)(18.1%)', '탈냉전시대(26세~34세)(18.7%)', '민주화 386세대(35세~42세)(18.1%)', '유신체제시대(43세~50세)(19.1%)', '전후세대(51세~62세)(18.9%)', '전쟁세대(63세 이상)(7.1%)' 등으로 구분하여 1에서 6까지 서열 변수 값을 부여했다.

둘째, 이념변수는 유권자의 주관적 이념 성향을 바탕으로 진보(1), 중도(2), 보수(3)의 순서로 변수 값을 부여했다. 자신의 주관적 이념성향에 대한 0점에서 10점까지 질문에서 0에서 3까지 대답한 사람은 진보(30.3%), 4에서 6까지 대답한 사람은 중도(50.3%), 7에서 10까지 대답한 사람은 보수(19.4%)로 구분했다.

셋째, 정치 효능감 변수는 "투표만이 정부에 영향을 미칠 수 있는 유일한 수단이다"라는 질문에 '정말 그렇다'(1), '그런 편이다'(2), '그렇지 않은 편이다'(3), '절대로 그렇지 않은 편이다'(4)의 순서로 변수 값을 부여했다. 따라서 변수 값이 낮을수록 정치 효능감이 낮은 것을 의미한다.

넷째, 여야성향 변수는 '완전히 여당에 가깝다' (1), '여당에 가깝다' (2), '중도' (3), '야당에 가깝다' (4), '완전히 야당에 가깝다' (5)의 순서로 변수값을 부여했다

다섯째, 탄핵 쟁점 변수는 탄핵에 '매우 찬성한다' (1), '대체로 찬성한다' (2), '대체로 반대한다' (3), '매우 반대한다' (4)의 순서로 변수 값을 부여했다.

여섯째, 대통령·정부 운영 평가 변수는 대통령과 행정부처의 국정운영에 대해 '매우 불만족' (1), '대체로 불만족' (2), '대체로 만족' (3), '매우 만족' (4)의 순서로 변수값을 부여했다.

일곱째, 국회의원 활동평가 변수는 지역구 국회의원의 지난 4년간 지역구 활동에 대해 '매우 만족하였다' (1), '대체로 만족하였다' (2), '별로 만족하지 못했다' (3), '매우 만족하지 못했다' (4)의 순서로 변수 값을 부여했다.

3. 정당지지에 대한 양변수 분석

정당지지 선택에 대한 복잡한 분석의 예비단계로서 각 독립변수와 정당지지 사이의 양변수적 관계에 대해 고찰하다. 〈표 1〉에서 보듯이 세대와 정당지지 간에는 상당히 강한 상관관계가 있다. 한나라당 지지율은 50대 후반 이상의 전후세대(41.1%), 전쟁세대(45.6%)에서 전국적 지지율을 크게 상회한다. 반면, 열린우리당은 20대 후반부에서 40대 초반까지의 탈냉전세대(45.5%)와 민주화 386세대(44.1%)에서 지지율이 상대적으로 높았다. 민노당에 대한 적극적인 지지 세대는 열린우리당 지지와 비슷한 경향을 보였다. 흥미로운 사실은 40대 중반의 유신체제세대에서 한나라당(35.7%)과 열린우리당(33.9%)의 지지율이 비슷하다는 점이다. 유신체제세대가 한국 선거정치에서 세대별 경계를 이루고 이 세대의 표심이 선거결과에 어느 정도 영향을 미

〈표 1〉 17대 총선 지역구 투표 정당 분석

		17대 총선 지역구 투표 정당							x²(p) 크레이머V
		한나라당	열린우리당	민노당	민주당	자민련	기타	무응답	
전 체		27.2	37.7	3.6	5.2	1.6	1.3	23.5	
세대	탈정치화세대	12.8	35.5	3.8	4.2	0.8	1.5	41.5	199.927 (.000) .165
	탈냉전세대	13.6	45.7	5.4	3.9	0.4	0.7	30.4	
	민주화세대	25.6	44.1	5.2	4.8	1.1	2.6	16.7	
	유신체제세대	35.7	33.9	4.3	6.1	1.1	1.8	17.1	
	전후세대	41.1	30.5	0.7	6.5	4.0	0.4	16.7	
	전쟁세대	45.5	37.7	-	6.9	3.0	-	10.9	
이념	진 보	8.1	57.5	7.5	4.6	1.1	1.1	20.2	213.469 (.000) .296
	중 도	27.6	35.7	3.1	5.7	2.1	1.3	24.5	
	보 수	57.0	19.4	0.8	5.5	1.7	1.3	14.3	
정치 효능감	정말 그렇다(弱)	29.6	43.0	3.7	8.1	3.0	0.7	11.9	47.816 (.000) .109
	그런 편이다	30.6	37.7	3.8	5.5	1.5	1.0	20.5	
	그렇지 않은 편이다	19.3	39.1	4.1	3.5	1.4	1.9	30.7	
	절대그렇지 않은 편이다(强)	19.2	35.6	4.1	8.2	-	2.7	30.1	
여야 성향	완전히 여성향에 가깝다	10.0	66.7	1.7	10.0	1.7	1.7	8.3	302.515 (.000) .243
	여성향에 가깝다	12.2	58.7	2.8	6.9	0.8	1.0	17.6	
	중도	22.1	36.6	4.5	4.1	1.7	1.1	30.0	
	야성향에 가깝다	55.4	15.6	5.1	6.6	1.2	1.8	14.4	
	완전히 야성향에 가깝다	52.2	17.4	8.7	-	4.3	8.7	8.7	
탄핵 찬성 여부	매우 찬성한다	65.4	14.1	-	3.8	1.3	1.3	14.1	418.821 (.000) .318
	대체로 찬성한다	60.0	8.7	1.9	8.3	2.6	1.9	16.6	
	대체로 반대한다	22.8	35.7	4.0	6.0	1.7	1.3	28.5	
	매우 반대한다	7.0	60.3	4.9	4.0	1.2	1.1	21.4	
대통령 운영 평가	매우 불만족	49.4	14.6	4.4	3.8	0.6	1.3	25.9	159.998 (.000) .226
	대체로 불만족	25.6	32.6	5.4	6.6	1.8	1.8	26.2	
	대체로 만족	12.1	59.7	2.9	5.4	1.3	0.6	18.1	
	매우 만족	-	100.0	-	-	-	-	-	
국회 의원 활동 평가	매우 만족	56.5	21.7	-	8.7	-	4.3	8.7	58.704 (.000) .123
	대체로 만족	37.4	34.9	1.9	8.8	0.9	0.3	15.7	
	대체로 불만족	24.9	41.1	4.6	4.5	1.6	1.2	22.0	
	매우 불만족	21.9	40.3	4.3	4.0	2.9	2.2	24.5	

치는 것으로 추론된다.

예상대로 정치 이념과 정당지지 간에는 상당한 상관관계가 있다. 진보성향의 유권자집단에서 열린우리당(57.7%)과 민노당(7.5%)의 지지율이 전국적 지지율을 크게 상회한다. 대조적으로 보수성향의 유권자 집단에서 한나라당의 지지율(57.0%)은 전국 지지율보다 높은 수준이다. 중도성향의 유권자에서 한나라당의 지지율은 27.6%로 전국 득표율과 거의 비슷한 수준인 반면 열린우리당(35.7%)은 전국 지지율보다 낮은 수준으로 득표했다.

2002년 대선 이후 각종선거에서 선거결과에 영향을 주는 중요한 정치적 심리태도 변수로 인식되고 있는 정치적 효능감은 이번 17대 총선에서도 지지정당에 영향을 미친것으로 나타났다. 집권당인 열린우리당과 제1야당인 한나라당은 투표만이 정부에 영향을 주는 유일한 수단으로 생각할 정도로 정치효능감이 상대적으로 낮은 집단에서 지지율이 높았다. 반대로, 민노당은 정치효능감이 높은 집단에서 지지율이 높았다. 진보성향이 강한 민노당이 정치 효능감이 큰 집단에서 지지율이 상대적으로 높게 나타났다는 것은 정치효능감과 정치이념 성향간에 어느 정도 의미있는 상관관계가 있음을 추론해 볼 수 있다. 정치효능감이 강한 사람일수록 변화지향적인 진보성향을 갖고 있을 가능성이 그만큼 크다. 실제로, 이번 연구 자료를 분석해 본 결과, 정치효능감이 강한 집단에서 진보성향 39.4%, 중도 44.6%, 보수 15.9%로 나타났다. 따라서, 정치효능감이 강한 유권자 집단에서 진보성향이 강한 민노당이 전국적 지지율보다 높은 지지를 받게 된 것은 당연하다.

한국선거에서 당파적 태도와 기능적 대등성을 갖는 여야성향과 정당지지 간에도 강한 상관관계가 발견된다. '완전히 여성향에 가깝다'는 유권자 집단의 66.7%, '대체로 여성향에 가깝다'는 유권자 집단의 58.7%가 열린우리당을 지지한 반면, 이들 집단에서 한나라당의 지지는 각각 10.0%, 12.2%에 불과해 전국적 지지율보다 훨씬 낮았다. 대조적으로 '완전히 야성향에 가깝다'는 유권자 집단의 52.2%, '대체로 야성향에 가깝다'는 유권자 집단의 55.4%가 한나라당을 지지한 반면, 이들 집단에서 열린우리당의 지지는 각각 17.4%, 15.6%에 불과해 전국적 지지율보다 훨씬 낮았다. 한편, 중도성향의 집단에서는 열린우리당 지지율은 36.6%로 전국적 지지율과 거의 비슷했지만, 한나라당의 지지는 22.1%로 전국적 지지율보다 낮았다.

민노당의 지지율도 여성향 집단보다는 야성향 집단에서 훨씬 높았다. '완전히 여성향에 가깝다'는 유권자 집단에서 민노당의 지지는 1.7%에 불과해 전국적 지지율보다 낮았지만, '완전히 야성향에 가깝다'는 유권자 집단에서의 지지율은 8.7%로 훨씬 높았다.

탄핵이라는 선거쟁점과 정당지지 간에는 상당히 강한 상관관계가 있었다. 크레이머 V 계수가 .318로 투표정당과 상당히 강한 상관관계가 발견되었다. 이번 17대 총선은 '탄핵총선'이라고 불릴 만큼 탄핵이 최대 쟁점으로 부상했다. 탄핵을 주도한 한나라당은 탄핵에 찬성하는 유권자집단으로부터 압도적인 지지를 받았다. 이는 '탄핵에 매우 찬성한다'는 유권자의 압도적인 65.4%가 한나라당을 지지했고, 반대로 '탄핵에 매우 반대한다'는 유권자의 60.3%가 열린우리당을 지지했다. 민노당도 탄핵 반대 집단에서 전국적 지지율보다 높은 지지를 받았다.

17대 총선은 2002년 12월의 대통령 선거 이후 1년 4개월만의 짧은 기간내에 치루어졌고 탄핵이라는 역풍속에 친노(親盧) 대 반노(反盧) 구도로 마치 대선의 연장전과 같은 성격으로 치뤄졌기 때문에 중간평가의 성격이 약할 것이라는 예상에도 불구하고 대통령의 국정운영에 대한 회고적 평가와 정당지지 간에 어느 정도의 상관관계가 발견되었다. 일반적으로 역대 한국 총선은 대통령에 대한 중간평가의 성격이 강했다. 한국 선거에서 민주화가 어느 정도 이루어진 후 1988년에 실시된 제13대 총선때부터 2000년 16대 총선때까지 집권당은 대선 이후 치루어진 총선에서 한번도 원내 과반수를 획득하지 못했을 정도로 총선은 대통령의 국정운영에 대한 회고적 평가가 주를 이루었다. 대통령 국정운영에 대해 '매우 만족하지 않는다'는 집단에서 야당인 한나라당의 지지율은 49.4%으로 전국적 지지율보다 훨씬 높았다. 민노당의 지지율도 대통령 국정운영에 '대체로 만족하지 않는다' 는 집단에서 5.4%로 가장 높았다. 대조적으로 대통령 국정운영에 '대체로 만족한다' 는 집단에서는 열린우리당의 지지율은 59.7%, '매우 만족한다' 는 집단에서는 100.0%의 지지로 다른 정당들을 압도했다.

현역의원에 대한 평가와 정당지지 간에도 상당히 강한 상관관계가 발견되었다. 현역 국회의원에 대한 4년간 지역구 활동에 대해 긍정적으로 평가하여 매우 만족하는 응답자일수록 압도적으로 한나라당(56.5%)을 지지했고 반대로 부정적으로 평가하는 응답자일수록 높은 비율로 열린우리당과 민노당을 지지했다. 17대 총선 당시 한나라당이 국회의석의 과반수 이상을 차지하며 탄핵을 주도했고 집권당인 열린우리당의 의석은 20%에도 못 미쳤다. 이번 17대 총선의 핵심쟁점은 탄핵과 맞물리면서 물갈이를 통한 정치권의 세력교체였다. 지난 4년간 국회의원 활동에 '매우 만족한다' 고 평가한 유권자 집단에서 한나라당 지지율은 전국적 지지율을 크게 상회하는 56.5%로 열린우리당 지지율 21.7%를 압도했다. 반면에 국회의원 활동에 '매우 불만족스럽다' 고 평가한 유권자 집단에서 열린우리당의 지지율은 40.3%였고, 한나라당 지지율 21.9%에 불과했다. 민노당의 경우, 17대 총선 당시에 원내 의석을 한 석도 갖고 있지 않았기 때문에 국회의원 지역구 활동을 부정적으로 평가하는 집단에서 상대적으로 높은 지지를 받았다.

4. 정당지지 경로분석

양변수 분석을 통해 각 독립변수와 정당지지 행위에 어떠한 영향을 미치는가에 대해 예비적으로 고찰해 보았다. 하지만, 양변수 분석에서는 제3의 다른 독립변수의 영향력에 대한 정확한 평가가 가능하지 못하다. 이제는 경로분석 모형을 통해 〈그림 1〉의 세대별 정당지지 경로 분석 모형에서 나타난 변수들 간의 인과관계를 추적하는 다변수

경로분석을 실행하여 본 연구에서 설정한 인과 모형이 어느 정도 타당성을 갖는지를 고찰한다.

경로분석 결과에서 나오는 화살표는 관계의 경로를 표시하며 경로에 표시된 수치는 '표준화 경로계수'(standardized path coefficient)이다. '표준화 경로계수'는 각종 종속변수에 영향을 미치는 독립변수들의 상대적 크기를 나타낸다. 한편, 경로모형에서 직접효과(direct effecft)는 직접 인과관계를 나타나는 것으로 이론적인 구성체계 내에 하나의 독립변수(예: 세대)가 종속변수(예: 특정 정당지지)에 영향을 미치는 것을 나타낸다. 다시 말해, 직접효과는 독립변수가 종속변수의 증감에 영향을 미치는 경우를 말한다(김계수 2001, 283-284). 반면, 간접효과(direct effect)는 독립변수의 효과가 하나 이상의 중간변수에 의해 매개되어 종속변수에 영향을 미치는 경우을 나타낸다. 경로분석 결과를 해석하는 데 주의할 사항은 효과의 크기를 판단할 때 직접효과만으로 판단하면 효과의 크기를 정확하게 파악할 수 없다는 사실이다.

1) 한나라당 지지 경로 분석

〈그림 2〉에서 보듯이 우선, 세대별로 역사적 경험이 다르다는 것만으로도 직접 한나라당 지지로 연결되는 경향이 뚜렷했다(표준 경로계수 = .05). 즉, 연령이 높은 전후·전쟁세대일수록 한나라당을 지지하는 경향이 강했다.

한편, 한나라당 지지에 대한 세대의 간접효과를 살펴보면, 세대는 이념, 여야성향, 탄핵 찬성여부, 대통령 국정운영 평가, 국회의원 활동 평가 등을 매개로 간접적으로 영향을 미친 것으로 드러났다. 첫째, 세대는 이념을 매개로 보수 성향이 강할수록 한나라당을 지지하게 된다(.27 x .19). 둘째, 세대는 여야성향을 매개로 야(野)성향이 강할수록 한나라당을 지지하게 된다(.12 x .18). 또한, 야성향이 강할수록 탄핵에 찬성하거나(.12 x -.32 x -.35) 또는 대통령의 국정운영에 대해 불만을 갖게 되어 한나라당을 지지하게 된다(.12 x -.33 x-.12). 셋째, 세

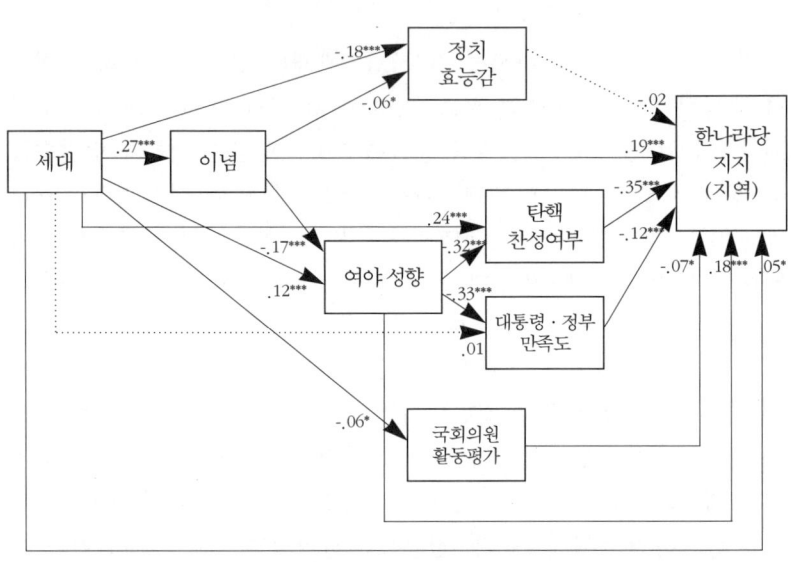

〈그림 2〉 한나라당 지지 경로 분석

$x2$ = 288.966, P〈.000; 표준적합지수(NFI: Normed Fit Index) = .98; 간명적합지수
(PNFI: Parsimonious Normed-of-Fit Index) = .302

대는 선거쟁점에 대한 견해를 매개로 탄핵에 찬성할수록 한나라당을
지지하게 된다(.24 x -.35). 넷째, 세대는 현역 지역 국회의원에 대한
평가를 매개로 지역구 현역의원 활동에 만족할수록 한나라당을 지지
하게 된다(-.06 x -.07). 다섯째, 세대는 이념과 여야성향과 연계되어
보수성향과 야(野)성향이 강할수록 탄핵에 찬성하거나(.27 x -.17 x -
.32 x -.35) 또는 대통령의 국정운영에 대해 불만을 갖게 되어 한나라
당을 지지하게 된다(.27 x -.17 x -.33 x -.12).

　일반적으로 경로분석 모형의 적합성 평가는 다양한 기준에 의해 이
루어진다.[3] 특히, 기초모형에 대한 제안 모형의 부합도를 평가하는
'표준적합지수' (NFI: Normed Fit Index)는 표준화된 부합치로 .09보

〈표 2〉 한나라당 지지 세대 효과 종합 분석

구 분		경 로	효 과
직접효과		세대→한나라당 지지	.05
간접 효과 (.194)	이념 (.066)	세대→이념→한나라당 지지	.27×.19 =.051
		세대→이념→여야성향→한나라당 지지	.27×-.17×.180 = .008
		세대→이념→여야성향→탄핵→ 한나라당 지지	.27×-.17×-.32×-.35 = .005
		세대→이념→여야성향→ 대통령 운영평가→한나라당 지지	.27×-.17×-.33×-.12 = .002
	여야 성향 (.04)	세대→여야성향→한나라당 지지	.12×.18 = .022
		세대→여야성향→탄핵→ 한나라당 지지	.12×-.32×-.35 = .013
		세대→여야성향→대통령 운영평가 →한나라당 지지	.12×-.33×-.12 = .005
	쟁점 (.088)	세대→탄핵→한나라당 지지	.24×-.35 = .084
		세대→국회의원활동평가→한나라당 지지	-.06×-.07 = .004

다 크면 모형의 적합도에 만족한다고 할 수 있다. 한나라당 지지 경로 분석 모형의 표준적합지수(NFI)는 .987로 모형의 적합도는 만족할 만 한 수준인 것으로 나타났다.

---

3) 경로분석 모형의 적합도는 모형과 실제 공분산 자료 사이의 일치성(consisten-cy)의 정도 또는 일치도를 나타낸다. 그런데, 경로 분석 모형의 적합성 평가는 기본적으로 '절대적합지수'(Absolute Fit Measure), '증분적합지수'(Incre-mental Fit Measure), '간명적합지수'(Parsimonious Fit Measure) 등을 이용 한다. '절대적합지수는 모델의 전반적인 부합도를 평가하는 지수로 x^2(카이제 곱)을 이용하는데, x^2은 이론을 근거하여 모형의 완전성, 모형이 모집단 자료 에 완전하게 적합하다는 귀무가설을 검증한다. 한편, '증분적합지수'는 기초 모형에 대한 제안모형의 부합도 '비표준 적합지수'(NNFI: Non-Normed Fit Index) 또는 '표준적합지수'(NFI: Normed Fit Index)를 사용한다. 반면, '간 명적합지수'는 제안모형의 적합수준, 즉 모형의 복잡성과 객관성의 차이를 비 교하는 것인데 여기서 간면성이란 모형이 각 추정계수에 필요한 적합도에 최 대로 도달하는 정도를 말하는데 보통, '간명표준적합지수'(PNFI: Parsimo-nious Normed-of-Fit Index)를 활용한다. PNFI가 높을수록 우수한 모형이다. 세 가지 기준에 대한 자세한 논의는 김계수(2001, 310-311)를 참조할 것.

〈표 2〉에서 보듯이 세대의 직접효과와 여러 경로를 통한 세대의 간접효과를 종합해 볼 때 세대와 한나라당 지지 간에 상당히 강한 인과적 관계가 있음이 입증되었다. 다만, 주목할 점은 세대의 간접효과(.194)가 직접효과(.05)보다 큰 것으로 나타났다. 특히, 세대→탄핵찬성여부→한나라당 지지(.084)로 연결되는 경로가 세대→이념→한나라당 지지(.051)나 세대→여야성향→한나라당 지지(.022)보다 훨씬 큰 것으로 나타났다. 더욱이, 이러한 경로는 세대의 한나라당 지지에 대한 직접효과(.05)보다도 훨씬 큰 것이 특징이다.

한편, 세대가 이념을 매개로 한나라당 지지에 영향을 미치는 통계적으로 유의미한 경로는 4개로, 총 부분효과는 .066으로 나타났다. 반면, 세대가 여야성향과 같은 당파적 태도를 매개로 한나라당 지지에 영향을 미치는 경로는 3개로 총 부분효과는 .04이고, 탄핵이나 국회의원 평가와 같은 쟁점을 매개로 한나라당 지지에 영향을 미치는 경로는 2개로 총 부분 효과는 .088로 나타났다. 다시 말해 탄핵과 정치권 물갈이와 같은 선거 쟁점에 대한 유권자의 입장이 당파적 태도, 이념보다는 한나라당 지지 결정에 더 많은 의미 있는 영향을 미쳤다. 정치효능감은 한나라당 지지에 통계적으로 의미 있는 영향을 미치지 못했다. 반면, 대통령 및 정부의 국정운영에 대한 회고적 평가는 세대→ 대통령 평가→한나라당 지지로 연결되는 것이 아니라 세대 → 여야성향 → 대통령 평가 →한나라당 지지 또는 세대 → 이념 → 여야성향 → 대통령 평가 →한나라당 지지라는 경로로 연결되는 경향이 뚜렷했다. 이러한 결과는 탄핵이라는 쟁점속에서도 대통령 업적에 대한 회고적 평가가 미약하게나마 작용해서 한나라당 지지에 어느 정도 영향을 미친 것으로 파악된다.

2) 열린우리당 지지 경로 분석

〈그림 3〉에서 보듯이 한나라당 지지 분석 경로때와는 달리 세대별로 역사적 경험이 다르다는 것만으로도 직접 열린우리당 지지로 연결

<그림 3> 열린우리당 지지 경로 분석

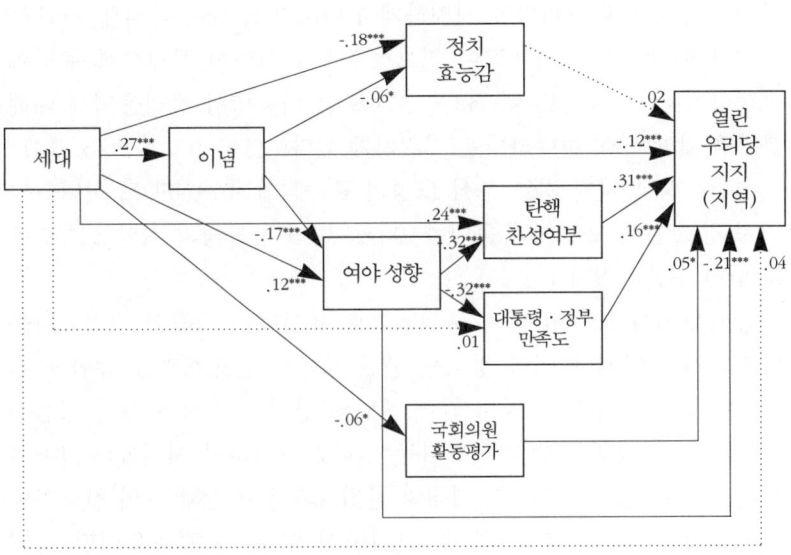

$x2$ = 286.401, P<.001; 표준적합지수(NFI: Normed Fit Index) = .987; 간명적합지수
(PNFI: Parsimonious Normed-of-Fit Index) = .302

되지 않는 것으로 나타났다. 즉, 세대의 정당지지에 대한 직접효과가
발견되지 않았다. 다만, 세대는 오로지 이념, 여야성향 등, 탄핵 등의
변수를 매개로 간접적인 경로를 통해서 영향을 미친 것으로 드러났
다. 첫째, 세대는 이념을 매개로 진보 성향이 강할수록 열린우리당을
지지하게 된다(.27 x -.12). 둘째, 세대는 여야성향을 매개로 여(與)성
향이 강할수록 열린우리당을 지지하게 된다(.12 x -.21). 또한, 여(與)
성향이 강할수록 탄핵에 반대하거나(.12 x -.32 x .31) 또는 대통령의
국정운영에 대해 만족하게 되어 열린우리당을 지지하게 된다(.12 x -
.32 x .16). 셋째, 세대는 탄핵쟁점에 대한 견해를 매개로 탄핵에 반대
할수록 열린우리당을 지지하게 된다(.24 x .31). 넷째, 세대는 현역 지

역 국회의원에 대한 평가를 매개로 지역구 현역의원 활동에 불만을
갖게 될수록 열린우리당을 지지하게 된다(-.06 x .05). 다섯째, 세대는
이념과 여야성향과 연계되어 진보성향과 여성향이 강할수록 탄핵에
반대하거나(.27 x -.17 x -.32 x .31) 또는 대통령의 국정운영에 대해
불만을 갖게 되어 한나라당을 지지하게 된다(.27 x -.17 x -.32 x .16).

열린우리당 지지 경로 분석 모형의 표준적합지수(NFI)도 한나라당
지지 경로 분석 모형때와 동일한 .987로 나타나 모형의 적합도는 만족
할 만한 수준이었다.

〈표 3〉에서 보듯이 비록 통계적으로 유의미한 세대의 직접효과는
발견되지 않았지만 여러 경로를 통한 세대의 간접효과를 종합해 볼
때 세대와 열린우리당 지지 간에 상당히 강한 인과적 관계가 있음이
입증되었다. 세대의 총 간접효과는 .188로 한나라당 지지때의 .194와
거의 차이가 없었다. 한편, 세대의 간접효과를 종합해 보면 한나라당
지지때와 마찬가지로 세대 → 탄핵찬성 여부 → 열린우리당 지지
(.074)로 연결되는 경로가 세대 → 여야성향 → 열린우리당 지지
(.036)보다 훨씬 큰 것으로 나타났다.

한편, 세대가 이념을 매개로 열린우리당 지지에 영향을 미치는 통
계적으로 유의미한 경로는 4개로 총 부분효과는 .049로 나타났다. 반
면, 세대가 여야성향과 같은 당파적 태도를 매개로 한나라당 지지에
영향을 미치는 경로는 3개로 총 부분효과는 .062이고, 탄핵이나 국회
의원 평가와 같은 쟁점을 매개로 한나라당 지지에 영향을 미치는 경
로는 2개로 총 부분 효과는 .077로 나타났다. 한나라당 지지 경로에서
는 이념을 매개로 한 간접 효과가 여야성향을 매개로 한 간접효과보
다 컸지만 열린우리당의 경우는 오히려 여야성향의 간접효과가 이념
의 간접 효과보다 큰 것이 두드러진다. 이러한 결과는 열린우리당이
노무현 대통령이 만든 실질적인 집권당으로서 갖는 여당 프리미엄이
강하게 작용한 것으로 판단된다.

주목할 만한 점은 한나라당때와 같이 여전히 탄핵과 정치권 물갈이

〈표 3〉 열린우리당 지지 세대 효과 종합 분석

구 분		경 로	효 과
직접효과		세대→열린우리당 지지	.04
간접 효과 (.188)	이념 (.04)	세대→이념→열린우리당 지지	.27×-.12 = .032
		세대→이념→여야성향→ 열린우리당 지지	.27×-.17×-.21 = .01
		세대→이념→여야성향→탄핵→ 열린우리당 지지	.27×-.17×-.32×.31 = .005
		세대→이념→여야성향→ 대통령운영평가→열린우리당 지지	.27×-.17×-.32×.16 = .002
	여야 성향 (.062)	세대→여야성향→열린우리당 지지	-.17×-.21 = .036
		세대→여야성향→탄핵→열린우리당 지지	-.17×-.32×.31 = 0.017
		세대→여야성향→대통령운영평가→ 열린우리당 지지	-.17×-.32×.16 = 0.009
	쟁점 (.077)	세대→탄핵찬성여부→열린우리당 지지	.24×.31 = .074
		세대→국회의원활동평가→열린우리당 지지	-.06×-.05 = .003

와 같은 선거 쟁점에 대한 유권자의 입장이 당파적 태도, 이념보다는 열린우리당 지지 결정에 더 많은 의미 있는 영향을 미쳤다는 것이다.

정치 효능감은 한나라당 지지 경로때와 마찬가지로 열린우리당 지지에서도 통계적으로 의미있는 직접적인 영향을 미치지 못했다. 반면, 대통령 및 정부의 국정운영에 대한 회고적 평가는 세대 → 여야성향 → 대통령 평가 → 열린우리당 지지 또는 세대 → 이념 → 여야성향 → 대통령 평가 → 열린우리당 지지라는 경로로만 연결되는 경향이 뚜렷했다. 이러한 결과는 대통령 탄핵이라는 초유의 상황속에서도 변화와 개혁을 주도하는 대통령 업적에 대한 긍정적 평가가 미약하게나마 열린우리당 지지에 영향을 미친것으로 파악된다.

3) 민노당 지지 경로 분석

〈그림 4〉에서 보듯이 한나라당 지지 분석 경로때와 마찬가지로 세대별로 역사적 경험이 다르다는 것만으로도 직접 민노당 지지로 연결

〈그림 4〉 민노당 지지 경로 분석

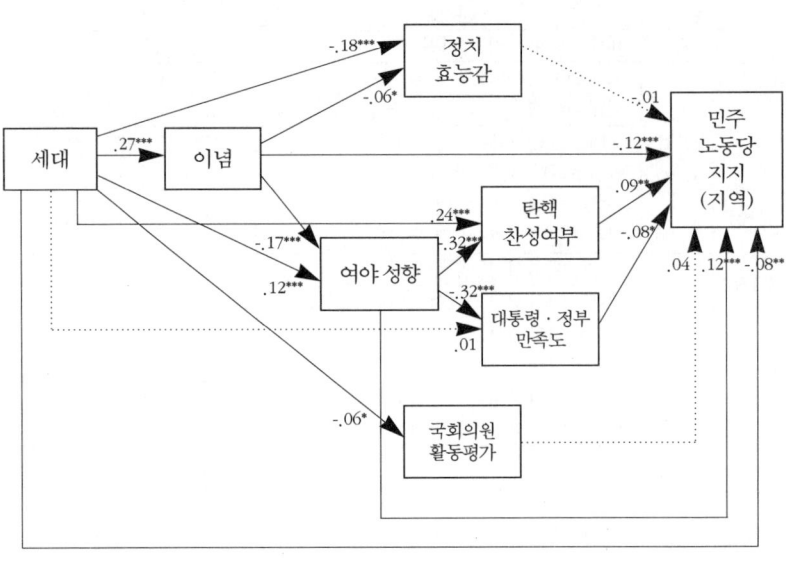

$x2$ = 288.966, P<.000; 표준적합지수(NFI: Normed Fit Index) = .987; 간명적합지수
(PNFI: Parsimonious Normed- of-Fit Index) = .301

되었다(표준경로 계수 -.08). 한편, 세대의 간접효과를 살펴보면, 첫
째, 세대는 열린우리당 지지때와 마찬가지로 이념을 매개로 진보 성
향이 강할수록 민노당을 지지하게 된다(.27 x -.12).

둘째, 세대는 여야성향을 매개로 오히려 야(野)성향이 강할수록 민
노당을 지지하게 된다(.12 x -.12). 그러나, 한나라당 지지때와는 달리
야성향은 강하지만 탄핵에 찬성할수록 민노당을 지지하거나(.12 x -
.32 x .09) 또는 한나라당 지지때와 같이 야성향이 강하면서 대통령의
국정운영에 불만을 갖게 될수록 열린우리당을 지지하게 된다(.12 x -
.32 x -.08).

셋째, 열린우리당 지지때와 마찬가지로 세대는 선거쟁점에 대한 견

<표 4> 민노당 지지 세대 효과 종합 분석

구 분		경 로	효 과
직접효과		세대→민노당 지지	-.08
간접 효과 (.062)	이념 (.04)	세대→이념→민노당 지지	.27×-.12 = .032
		세대→이념→여야성향→ 민노당 지지	.27×-.17×.12 = .006
		세대→이념→여야성향→탄핵→ 민노당 지지	.27×-.17×-.32×.09= .001
		세대→이념→여야성향→ 대통령운영평가→민노당 지지	.27×-.17×-.32×-.08 = .001
	여야 성향 (.02)	세대→여야성향→민노당 지지	.12×.12 = .014
		세대→여야성향→탄핵→민노당 지지	.12×-.32×.09 = .003
		세대→여야성향→대통령운영평가→ 민노당 지지	.12×-.32×-.08 = .003
	쟁점 (.002)	세대→탄핵찬성여부→민노당 지지	.24×.09 = .002
		세대→국회의원활동평가→ 민노당 지지	-

해를 매개로 탄핵에 찬성할수록 민노당을 지지하게 된다(.24 x .09). 하지만 탄핵쟁점이 민노당 지지에 직접 영향을 주는 효과는 열린우리당과 한나라당 지지때와는 그 규모가 현저하게 작은 것이 특징이다. 즉, 세대→탄핵→민노당 지지 경로(.002)가 세대→이념→민노당 지지 경로(.032)와 세대→ 여야성향→ 민노당 지지경로(.014)보다도 그 효과가 적은 것으로 나타났다.

넷째, 열린우리당 지지때와 같이 세대는 현역 지역 국회의원에 대한 평가를 매개로 지역구 현역의원 활동에 불만을 갖게 될수록 민노당을 지지하게 된다(-.06 x .04).

다섯째, 세대는 이념과 여야성향과 연계되어 진보성향과 야성향이 강하지만 탄핵에 찬성하거나(.27 x -.17 x -.32 x .09) 또는 진보성향과 야성향이 강할수록 대통령의 국정운영에 대해 불만을 갖게 되어 민노당을 지지하게 된다(.27 x -.17 x -.32 x .16).

민노당 지지 경로 분석 모형의 '표준적합지수'(NFI)도 한나라당과 열린우리당 지지 경로 분서모형때와 동일한 .987로 나타나 모형의 적합도는 만족할 만한 수준이었다.

〈표 4〉에서 나타나듯이 세대의 직접효과 간접효과를 종합해 볼 때 세대와 민노당 지지 간에도 상당히 강한 인과적 관계가 있음이 검증되었다. 하지만, 한나라당과 열린우리당 지지때와는 달리 세대의 직접효과는 .08로 총 간접효과 .062보다 크다. 더욱이, 세대의 민노당 지지에 대한 직접효과가 한나라당 지지에 대한 직접효과(.05)보다 큰데서 보듯이 세대 변수는 민노당 지지에 결정적인 영향을 미친 것으로 추론된다.

세대의 간접효과를 종합해 보면 탄핵쟁점이 민노당 지지에 직접 영향을 주는 효과는 열린우리당과 한나라당 지지때와는 그 규모가 현저하게 작은 것이 특징이다. 따라서, 세대 → 탄핵 → 민노당 지지 경로(.002)가 세대 → 이념 → 민노당 지지 경로(.032)와 세대 → 여야성향 → 민노당 지지경로(.014)보다도 그 효과가 적은 것으로 나타났다. 이러한 결과는 비록 민노당과 같은 진보정당이 1960년 제5대 선거 이후 44년만에 의회에 진출하는 성공한 것은 높이 평가할 만한 사실이지만 선거과정의 측면에서 보면 탄핵쟁점으로 인해 선거환경이 친노 대 반노 구도로 조성되어 오히려 민노당에 대한 평가가 반감되어 불이익을 받은 것으로 평가될 수 있다.

한편, 세대가 이념을 매개로 민노당 지지에 영향을 미치는 통계적으로 유의미한 경로는 4개로 총 부분효과는 .04으로 나타났다. 반면, 세대가 여야성향과 같은 당파적 태도를 매개로 민노당 지지에 영향을 미치는 경로는 3개로 총 부분효과는 .02이고, 탄핵이나 국회의원 평가와 같은 쟁점을 매개로 민노당 지지에 영향을 미치는 경로는 2개로 총 부분 효과는 .002로 나타났다. 한나라당과 열린우리당 지지 경로 분석에서는 쟁점을 매개로 한 효과가 이념이나 여야성향을 매개로 한 효과보다 컸지만, 민노당 지지 경로에서는 오히려 이념을 매개로 한 간접 효과가 가장 크게 나타난 것은 주목할 만한 사항이다. 진보적인 이념 정당으로서의 색채가 강한 민노당의 정체성이 민노당 지지 결정에 중요한 영향을 미친 것으로 추론된다.

　정치 효능감은 한나라당과 열린우리당 지지 경로때와 마찬가지로 민노당 지지 경로에서도 직접적인 영향을 미치지 못했다. 또한, 한나라당과 열린우리당 지지 경로때와는 달리, 국회의원 활동에 대한 평가는 민노당 지지에 직접적으로 연결되지 않았다. 즉, 세대 → 국회의원 평가 → 민노당 지지 경로는 통계적으로 유의미하지 않았다.

Ⅳ. 요약 및 결론

　세대별 정당지지 경로 분석을 통해 다음과 같은 잠정적 결론을 유도할 수 있다. 첫째, 최근 한국 선거에서 세대변수가 지역주의 변수와 마찬가지로 중요한 영향을 미치고 있다는 가설이 입증되었다. 한나라당, 열린우리당, 민노당지지 등 유권자의 지지 정당 선택 결정에서 나타난 세대의 직접효과와 간접효과를 종합해 볼 때 세대와 정당지지 간에 상당히 강한 인과적 관계가 있다는 것이 입증되었다. 이는 선거 연구에서 연령을 사회 구성원이 공유하고 있는 특정의 역사적 의미나 경험에 근거하여 세대로 구분하여 분석하는 것이 의미가 있음을 단적으로 보여주는 것이다. 더욱이, 세대변수는 이념변수와 강한 상관관계를 보이면서 세대 갈등이 이념갈등으로 증폭되어 지지 정당에 영향을 미친다는 가설도 입증되었다.

　둘째, 17대 총선이 '탄핵선거'였다는 세간의 평가가 실증적으로 확인되었다. 특히, 세대별로 탄핵에 대한 찬성 여부가 극명하게 갈리게 되어 탄핵을 반대하는 세대는 열린우리당을 지지했고, 탄핵을 찬성하는 세대는 한나라당을 지지했다. 이러한 결과는 민노당을 제외하고 열린우리당과 한나라당 지지경로에서 세대 → 탄핵 찬성 여부 → 정당지지 경로가 세대의 직접효과와 다른 간접 경로 효과들보다 훨씬 큰 데서 잘 나타나 있다.

셋째, 탄핵의 역풍속에서도 이번 17대 총선은 역대 총선과 마찬가지로 세대별로 미약하게 나마 노무현 대통령에 대한 중간평가의 성격을 띠었다. 이는 세대가 이념 또는 여야성향을 매개로 대통령의 국정운영에 대한 평가가 정당 지지에 영향을 주는 경로가 통계적으로 유의미한 데서 잘 나타나 있다. 이러한 결과의 함의는 비록 17대 총선에서는 탄핵쟁점에 눌려 대통령에 대한 중간평가가 큰 위력을 발휘하지 못했지만, 2005년 국회의원 재보궐선거와 2006년 지방선거는 노무현 대통령에 대한 실질적인 중간평가 선거로 자리매김 될 가능성이 크다는 것을 의미한다.

넷째, 민노당의 강한 지지 기반은 여야성향과 같은 당파적 태도도 아니고 대통령에 대한 회고적 평가도 아니며 이념 변수가 가장 강하게 작용했다. 향후 민노당이 진보적 이념 색채가 강한 정책을 더욱 공고히 하여 진보성향 세대의 지지 확산으로 이어질 경우, 집권당으로서 진보와 보수 성향을 동시에 내포할 수밖에 없는 열린우리당은 민노당과 한나라당 사이에서 이념적 정체성에 대한 도전을 받을 가능성이 크다. 당장 17대 국회 개원 직후 열린우리당이 국가보안법 폐지, 비정규직 노동자 문제 등 정국 현안을 풀어가는 과정에서 진보와 보수 양측으로부터 압박을 받고 있는 데서 극명하게 나타나고 있다.

경로분석 모델을 활용한 한국 유권자의 지지정당 결정에 관한 기존의 연구가 많지 않기 때문에 이 연구는 실험적인 성격을 갖고 있다. 따라서, 향후 연구에서는 다음과 같은 사안이 보완되어야 할 것으로 판단된다. 우선, 본 연구에서는 연령효과와 구분되는 세대효과를 고찰했지만, 과연 한국선거에서 유권자의 지지정당 결정에 연령효과와 세대효과 간에 어느 정도 차이가 존재하는 지에 대한 실증적인 검토가 필요하다고 본다. 또한, 본 연구는 17대 총선에 서 나타난 세대효과만을 고찰했기 때문에 과연 세대변수가 유권자의 지지 정당 선택에 일관성 있는지를 파악하기 위해서는 동일한 분석모형을 바탕으로 2000년 총선, 2002년 대선 결과와 비교·분석하는 작업이 필요하다.

마지막으로 본 연구에서 사용된 6개의 세대구분은 다분히 임의적인 성격이 강하다. 따라서, 세대효과에 대한 연구를 더욱 체계적으로 발전시키기 위해서는 무엇보다도 세대구분에 대한 보다 정교하고 과학적인 연구가 선행되어야 한다. 또한, 세대연구에 대한 정치학, 사회학, 언론학 등 학제간 연구가 보다 활성화되어야 한다.

■ 참고문헌

강내원. 2004. "인터넷과 대중매체이용이 참여에 미치는 영향에 관한 연구: 세대
　　집단간 비교."『한국언론학회보』48권 3호.
강원택. 2003. "16대 대선과 세대." 김세균 편.『16대 대선의 선거 과정과 의의』.
　　서울: 서울대학교 출판부.
김계수. 2001.『AMOS 구조방정식 모형 분석』. 서울: SPSS 아카데미.
김　욱. 1998. "투표참여와 기권." 이남영 편.『한국의 선거 Ⅱ』. 서울: 푸른길.
김형준. 2004. "인터넷과 TV 토론의 선거 영향력에 관한 비교 · 고찰: 2002년 대
　　통령 선거를 중심으로."『21세기 정치학회보』제14집 1호.
박재홍. 2003. "세대 개념에 관한 연구: 코호트적 시각에서."『한국사회학』제37
　　집 3호.
박찬욱. 1993. "제14대 국회의원 총선에서의 정당지지 분석." 이남영 편.『한국
　　의 선거 Ⅰ』. 서울: 나남.
서현진. 2003. "미국 유권자의 정치적 신뢰도와 투표참여의 관계: 경로분석을 통
　　한 재검토."『한국정치학회보』제37집 제1호.
송호근. 2003.『한국, 무슨 일이 일어나고 있나: 세대, 그 갈등과 조화의 미학』. 서
　　울: 삼성 경제 연구소.
이남영. 2002. "세대와 투표참여." 사회과학원 편.『계간 사상』(가을호), 제14권.
이준한. 2003. "16대 대선의 주요 쟁점과 유권자의 선택." 김세균 편.『16대 대선
　　의 선거 과정과 의의』. 서울: 서울대학교 출판부.
이해용 · 한근식. 1998.『조사연구방법론』. 서울: 문화사.
정진민. 1993. "한국사회의 세대문제와 선거." 이남영 편.『한국의 선거 Ⅰ』. 서
　　울: 나남 .
정진민 · 황아란. 1999. "민주화이후 한국의선거 정치." 한국정치학회 춘계학술
　　회의.『한국정치 50년의 성찰』발표논문.
조중빈. 2003. "16대 대통령 선거와 세대." 한국정치학회 춘계학술회의 발표논
　　문.
최형익. 2003. "16대 대선과 이데올로리: 분석과 전망." 김세균 편.『16대 대선의

　선거 과정과 의의』. 서울: 서울대학교 출판부.

홍두승. 2000. 『사회 조사분석』. 서울: 다산출판사.

Key, V. O. 1966. *The Responsible Electorate*. Cambridge: Belknap Press.

Fiorina, Morris. 1981. *Resrospective Voting in American National Elections*. New Heaven: Yale University Press.

Stokes, D. 1963. "Special Models of Party Competition." *Amrecian Political Science Review*, Vol. 57.

제10장

정당지도자 요인이 투표행태에 미치는 영향

이현출

Ⅰ. 서론

한국의 투표행태 연구에서 정당지도자 평가와 투표행태와의 관련성은 지금까지 그다지 주목을 받지 못하여 왔다. 대통령제하에서의 국회의원 선거는 통상 집권여당에 대한 중간평가가 된다. 즉, 대통령과 여당이 정치와 경제를 잘 이끈 경우 여당에 회고적 평가를 통한 지지를 보내고, 반대의 경우 지지를 철회하여 야당에 힘을 실어주었다. 그래서 역대 총선에서는 여당은 안정을, 야당은 변화를 외치며 선거에 임했다. 그러나 지역주의가 선거캠페인을 주도하였으며, 유권자의 후보자 선정의 중요 준거기준이 지역주의에 기초한 정당정체성이었다.

제16대 대통령선거를 거치면서 기존의 지역주의의 주요 요소 중의 하나인 지역출신 지도자에 대한 충성이 약화되는 등 지역주의는 새로운 변화를 가져왔고, 탄핵이슈가 선거의 주된 의제로 등장한 제17대 총선에서는 탄핵을 주도한 기존 정당에 대한 심판으로 선거전은 시작되었다. 탄핵이후 열린우리당은 총선의 의제를 '민의를 배반한 탄핵심판'으로 설정하고 탄핵에 가담한 한나라당·민주당·자민련을 공격했다. 실제로 3월 12일 탄핵소추결의안 가결이후 열린우리당 지지도가 2배 이상 급등하였으며 무응답층이 절반 이하로 줄어든 것을 보면(한겨레신문 2004/04/15), 탄핵이 기존 정당의 지지도를 무의미하게 만들었음을 알 수 있다. 이러한 탄핵정국에서 치루어진 총선에서 주목을 끈 것은 단연코 눈물, 단식, 삼보일배 등 유권자의 감성에 호소하는 정당지도자의 감성리더십이었다. 기존의 정당정체성 대신 정당지도자에 대한 평가가 해당 지지자들의 판단이나 선택의 준거틀로 작용했다는 평가가 제시되었다. 결국 제17대 총선은 탄핵이라는 전국적 이슈와 정당지도자들에 가려 정작 선거운동의 주역인 후보가 소외되고, 정책대결이나 인물대결보다는 유권자들의 감성을 자극하는 이벤트나 감성리더십에 의존한 측면이 강하다.

이러한 맥락에서 본 논문은 제17대 총선을 대상으로 종래에는 그다지 주목을 받지 못했던 정당지도자 평가와 투표행태와의 관계를 규명하는 데 그 목적이 있다. 지금까지의 연구에서는 전혀 제기되지 않았던 관점으로 유권자의 투표행태를 분석함으로써 한국 투표행태 연구에 새로운 이론적 기여를 할 수 있다는 점에서 본 연구의 의미를 찾을 수 있을 것이며, 이것이 곧 이 연구의 문제의식이다. 우선, 정당지도자 요인에 대한 기존의 논의들을 고찰한 후, 왜 한국에서 정당지도자 요인이 투표선택에 중요한 요인이 되지 못하였는지를 살펴본다. 다음으로 정당지도자 평가에는 어떠한 요인들이 작용하고 있으며, 한국 유권자들은 정당지도자들을 어떻게 평가하고 있는지 고찰한다. 끝으로 정당지도자 요인이 투표선택에 미치는 영향을 분석하고자 한다.

본 연구는 한국선거학회와 한국사회과학데이터센터(KSDC)가 2004년 제17대 총선 직후 실시한 면접조사 "제17대 국회의원선거 유권자 조사" 데이터를 이용하여 경험적 분석을 중심으로 논의하고자 한다.

II. 선행연구의 검토

실증연구 이전에 먼저 선행연구를 고찰하고 이를 통해 이론적 논점을 분명히하고자 한다. 미국에서는 이 분야의 연구가 많이 진행되어 왔다. 즉, 미국은 대통령제를 취하고 있기 때문에 대통령 평가와 중간선거와의 관련성에 대해 오래 전부터 분석이 이루어져 왔다. 중간선거에서는 대통령이 속한 정당이 패하는 경우가 많았으며, 그 의석수의 차이도 다양하게 나타나고 있다. 그러한 현상을 설명하는 이론으로 당초에는 "the coattails theory" 또는 "the surge-and-decline theory"가 유력하였다(Campbell 1985). 전자는 대통령선거가 있는 해에는 대통령의 인기와 분할투표를 피하려는 유권자의 성향이 대통령 소속 정당으로 출마한 연방의회 의원후보에게 바람으로 작용한다는 것이다. 그러나 중간선거에서는 그러한 바람이 없기 때문에 대통령 소속 정당으로 출마한 많은 후보가 실패한다는 것이다.

한편 후자에 따르면 대통령선거는 '자극이 강한' 선거이며, 따라서 정보와 관심이 증가하고 그 결과 핵심유권자뿐만 아니라 주변의 유권자도 투표에 참여한다. 그러나 주변의 유권자는 강한 정당귀속의식이나 정보의 토대를 갖고 있지 않기 때문에 정보의 영향을 받기 쉽고, 그 정보가 일반적으로 당선될 가능성이 높은 대통령 소속 정당의 후보자에게 유리한 것이기 때문에 그것이 대통령 소속 정당으로 출마한 후보자에게 유리하게 작용한다는 것이다. 그러나 중간선거는 자극이 약한 선거이며 단기적인 정보의 영향을 받기 어려워 보다 당파적으로 투표하는 핵심유권자만이 선거에 참여한다. 하지만 정보가 반드시 현직대통령과 그 소속 정당에 바람직한 것이라고는 단정할 수 없으며 이것이 대통령 소속 정당에 불리하게 작용한다는 것이다.

여기에 대해서 1970년대 이후에는 "the popularity theory", "the economic theory" 등의 이론이 주류로 등장하였다. 이 이론은 대통령의 인기나 정부의 경제적 업적에 초점을 맞추는 것이다. 많은 유권자는 중간선거를 대통령에 대한 중간평가의 기회로 여기며, 정부에 대한 신임 · 불신임을 대통령 소속 정당의 의원후보자에 대한 투표로써 나타내고 있다는 이론이다(Kramer 1971; Campbell 1985).

피어슨(Pierson 1975)은 "대통령평가는 각급 선거의 투표결정에 영향을 미치고 있다"는 가설을 수립하고, 그 검증을 시도하였다. '강한 민주당지지', '약한 민주당지지', '무당파', '약한 공화당지지', '강한 공화당지지'와 같이 정당일체감을 5단계로 나누고 대통령평가에 관해서도 감정온도에 따라 0-25, 26-50, 51-75, 76-100의 4단계로 나누어 상관관계를 분석하였다. 정당일체감과 대통령 평가를 교차표로 만들어 각 집단별 대통령 소속 정당에 투표한 유권자의 비율을 측정하였다.

분석결과 공화당 지지자나 민주당 지지자 공히 닉슨 대통령에 대한 평가가 올라감에 따라 공화당후보에게 투표하는 비율이 높아지는 경향은 나타나지 않고, 정당일체감을 갖는 유권자는 대통령에 대한 평가에 관계없이 자신이 일체감을 갖는 정당에 투표하고 있는 것으로 나타났다. 한편, 정당일체감을 갖지 않는 무당파층이 공화당후보에 투표하는 비율은 대통령에 대한 평가가 높아짐에 따라 높게 나타나, 무당파층의 투표결정 과정에 대통령에 대한 평가가 어떤 역할을 하고 있다는 것을 명확히 보여 주었다. 이에 대해 피어슨은 이러한 결과는 중간선거가 연방정부의 업적에 대한 중간평가의 역할을 한다는 것은 아니지만, 적어도 선거결과가 대통령 정책의 성공과 실패에 민감하다는 것을 시사하는 것이라고 주장하고 있다(Pierson 1975).

아브라모비츠(Abramowitz 1985)는 미국 의회 중간선거에서의 유권자 투표행태에 대해 경제상황과 대통령평가의 영향을 측정하기 위해 1974년, 1978년, 1982년의 3회의 중간선거를 분석하였다. 그 결과 3회의 중간선거 모두에서 대통령평가가 연방의회 의원후보의 투표에 유의미한 영향을 미치고 있다는 것을 밝히고 있다.

더 나아가 그는 3회의 미국 중간선거에 대해 가계 · 경제평가가 대통령평가에 영향을 미치고 있다는 가설을 검증하였다. 종속변수는 대통령평가, 독립변수는 가계·경제평가에 관한 지표와 정당일체감, 이념성향, 쟁점인식이었다. 또한 1974년 닉슨 대통령 평가에 관해서는 워터게이트 사건에 관한 유권자의 의견도 독립변수에 추가하고 있다. 분석결과, 워터게이트 사건에 관한 의견이 1974년 닉슨 대통령 평가에 압도적인 영향을 미치고 있으며, 꽤나 심각한 불황이었음에도 불구하고 경제지표는 닉슨평가에 유의미한 영향을 미치지 않았다는 것을 밝히고 있다. 1978년 대통령평가에서 경제상황의 영향은 있긴 하였으나 약하였으며, 카터 대통령 평가에 유의미한 영향을 미친 것은 가계·경제의 장래전망뿐이었다. 1982년에는 경제쟁점이 선거에 현저하게 나타났으며, 가계의 경제전망과 경제의 현상평가 및 장래전망이 레이건 대통령 평가에 유의미한 영향을 미쳤다고 분석하고 있다 (Abramowitz 1985).

영국에서는 정당지도자의 영향이 과소평가되고 있는 것은 정당하지 않다는 점에서 1987년 총선을 대상으로 정당지도자 이미지가 정당선택에 미치는 영향에 관한 분석이 행해졌다. 분석결과 어느 정당의 당수 이미지가 좋고, 타당의 당수 이미지가 나쁜 경우 당수 이미지가 좋은 정당에 투표하는 경향이 있다는 것을 밝혀내고 있다(Stewart and Clarke 1992). 위의 분석결과를 보면 미국이나 영국의 경우 정당지도자 평가는 투표행태에 일정한 영향력을 미치고 있다는 것을 알 수 있다.

한편 한국에서는 1987년 민주화 이후 투표행태를 지배하는 요인으로 두드러지게 등장한 것이 지역주의였다. 그 결과 한국의 투표행태 연구에서는 지역주의에 관한 논쟁이 중심을 이루었고, 그 이외의 요인은 비교적 소홀히 다루어져 온 것이 사실이다. 특히 정당지도자 요인도 지역주의의 주요한 구성요소로 여겨져 왔다. 즉, 한국의 지역주의 투표성향은 그 사회·경제적, 정치적 원인이 무엇이든 지역출신의 정치지도자와 그가 이끄는 정당을 매개로하여 지역에 대한 집단적 이익을 추구하기 위한 형태로 나타났다는 특성을 갖는다(강원택 2003).

따라서 한국의 선거에서 유권자들은 지역출신 지도자 개인에 대해 정치적 일체감을 갖고 있으며, 그 지지의 강도 역시 매우 강하다는 특징을 보이고 있다. 그러나 2002년 대통령선거 이후 치러진 선거는 '3김'이 없이 치러진 선거라는 점에서 기존 지역주의의 변화가 기대되고, 특히 제17대 총선은 3김 이후의 새로운 세대의 지도자들이 등장하였고 이들에 대한 관심이 정당지도자 요인을 새롭게 부각시켰다고 볼 수 있다.

그러나 지역주의의 영향 속에서도 경제투표의 가능성을 분석하여, 지역주의의 영향력이 약한 지역에서는 경제투표가 이루어지고 있으며, 경제평가는 회고적 판단과 전망적 판단을 모두 사용하고 있다는 연구도 있다(이현우 1998). 아울러 투표선택 요인으로 정당소속감, 후보자 평가 그리고 이슈평가로 나눈 후 후보자 요인이 득표에 미치는 영향을 연구한 결과, 후보자 요인의 영향력이 정당요인의 영향력에 비해 적을 뿐만 아니라 민주화 이후의 선거에서 감소하는 경향을 보인다는 연구결과가 제시된 바 있다(이갑윤 · 이현우 2002).

Ⅲ. 정당지도자 평가와 정당일체감, 이념성향 그리고 쟁점태도

정당지도자 평가라는 변수는 구체적으로 정당지도자 개인의 성격, 경력, 능력, 도덕성 등 지도자 자질에 관한 유권자의 평가를 말한다. 본고에서는 그러한 유권자의 평가를 정당지도자에 대한 선호도(0 ~ 10점) 평가를 기초로 분석하고자 한다. 그러면 이러한 정당지도자 선호도 평가에는 어떠한 요소들이 작용할까? 본고에서는 정당일체감, 거주지역, 이념성향 그리고 쟁점태도를 중심으로 고찰해 보고자 한다.

먼저 한국의 유권자들은 정당지도자를 어떻게 평가하고 있는지, 그러한 평가에 정당일체감은 어떻게 작용하고 있는지 분석해 보자. 〈표 1〉은 한나라당, 민주당, 열린우리당, 민주노동당에 정당일체감을 가

<표 1> 정당일체감에 따른 정당지도자 평가

지지정당	한나라 평가	민주당 평가	우리당 평가	민노당 평가	박근혜 평가	추미애 평가	정동영 평가	김종필 평가	권영길 평가	노무현 정부
한나라당	7.33	3.32	3.16	3.98	7.91	3.59	2.83	2.63	3.97	3.13
민주당	1.98	7.11	5.14	4.73	2.82	6.06	4.52	2.50	4.36	2.78
열린우리당	2.28	2.80	7.60	5.36	3.03	3.18	6.36	1.76	4.96	2.56
민노당	2.09	2.59	5.02	7.94	3.15	2.91	4.34	1.38	7.74	2.69
무당파	3.94	3.50	5.20	4.63	4.71	3.68	4.46	2.67	4.26	2.90
전체 평균	3.93	3.36	5.44	4.99	4.69	3.56	4.63	2.32	4.68	2.84

* 노무현 정부 평가: 1 아주 잘했다, 2 잘했다, 3 잘못했다, 4 아주 잘못했다
** 기타 평가는 0 매우 싫어한다, 10 매우 좋아한다

진 유권자와 무당파층으로 나누어 각각의 집단별로 정당 및 정당지도자 선호도의 평균을 측정한 것이다. 주목되는 것은 한국 유권자들의 정당지도자 평가의 전체 평균이 그다지 높지 않다는 점이다. '매우 싫어한다'의 0점에서부터 '매우 좋아한다'의 10점 사이에서 평가를 하도록 한 결과 박근혜 대표 4.69, 권영길 대표 4.68, 정동영 의장 4.63 등으로 낮은 수준에 머물러 있고, 김종필 총재가 가장 낮은 2.32를 기록하고 있다.

다음으로 각 정당에 정당일체감을 가지고 있는 유권자들을 대상으로 각 정당과 정당지도자 선호도 평가결과를 살펴 보았다. 먼저 정당별 선호도의 전체평균을 살펴보면 열린우리당(5.44), 민주노동당(4.99), 한나라당(3.93), 민주당(3.36)의 순으로 나타났다. 한편 정당지도자에 대한 선호도의 평균은 박근혜(4.69), 권영길(4.68), 정동영(4.63), 추미애(3.56), 김종필(2.32)의 순으로 나타났다. 다음으로 정당에 대한 평가와 정당지도자 평가를 비교하여 보면, 한나라당 지지자의 경우에는 한나라당에 대한 평가(7.33)보다 박근혜 대표에 대한

〈표 2〉 정당선호 강도별 정당지도자 평가

	정당선호강도	평균	표준편차	N	ANOVA
박근혜 선호	한나라당				
	하(0-3)	2.51	2.34	627	F= 732.531
	중(4-6)	5.43	1.98	433	p= .000
	상(7-10)	8.07	1.79	297	
정동영 선호	열린우리당				
	하	1.93	1.94	318	F= 457.795
	중	4.55	1.81	519	p= .000
	상	6.47	2.43	508	
권영길 선호	민주노동당				
	하	2.20	1.94	330	F= 495.270
	중	4.85	1.56	592	p= .000
	상	6.87	2.43	345	

평가(7.91)가 높은 것을 알 수 있다. 그러나 민주당, 열린우리당, 민주노동당 지지자의 경우에는 해당 정당 지도자에 대한 평가보다는 일체감을 갖는 정당에 대한 평가가 높음을 알 수 있다. 단순한 평균의 비교만으로는 한나라당이 다른 정당보다 정당지도자의 영향을 많이 받았음을 알 수 있다.

무당파층을 대상으로 살펴보면, 정당평가에서는 열린우리당(5.20), 민주노동당(4.63), 한나라당(3.94), 민주당(3.50)의 순으로 평가하고 있다. 반면 정당지도자 평가는 박근혜(4.71), 정동영(4.46), 권영길(4.26), 추미애(3.68), 김종필(2.67)의 순으로 평가하고 있는 것으로 나타났다. 무당파층의 평가에서도 정당에 대한 평가는 열린우리당이 가장 높게 나타났으나, 정당지도자에 대한 평가에서는 한나라당의 박근혜 대표가 가장 높게 평가되고 있음을 알 수 있다.

다음으로 노무현 정부 1년에 대한 평가에 있어서는 한나라당 지지자(3.13), 무당파층(2.90), 민주당 지지자(2.78), 민주노동당 지지자(2.69), 열린우리당 지지자(2.56) 순으로 부정적으로 평가하고 있는 것으로 나타났다. 전체 평균은 2.84로 중간인 2.5보다 부정적으로 평가하고 있음을 알 수 있다.

아울러 정당지도자에 대한 평가는 정당일체감에 따른 차이와 함께 정당선호도의 강도 차이에 의해서도 뚜렷하게 구별됨을 알 수 있다(〈표 2〉 참조). 먼저 한나라당에 대한 선호강도를 상, 중, 하로 나누어 각 집단별로 박근혜 대표에 대한 평가결과, 선호강도가 높아질수록 박근혜 대표에 대한 평가도 높아지고 있음을 알 수 있다. 이러한 현상은 정동영 의장과 권영길 대표에게도 동일하게 적용되고 있다. 그리고 이러한 차이도 통계적으로 유의미함을 알 수 있다(p<.001). 이러한 결과는 정당지지의 성향과 강도에 따라 정치적 태도와 투표행태에 뚜렷한 차이를 보인다는 연구결과와 맥을 같이하는 것이다(이현출 2004).

다음으로 정당지도자 평가를 거주 지역별로 나누어 보자. 거주지역을 수도권(서울, 인천, 경기, 강원), 충청(대전, 충남, 충북), 호남(광주, 전남, 전북), 영남(부산, 울산, 경남, 대구 경북)으로 나누어 집단별 정당지도자들의 선호도 평균을 구해 보았다(〈표 3〉 참조). 분석결과 박근혜 대표는 영남에서 높은 지지(5.71)를 받고, 다음으로 수도권(4.80), 충청(3.79), 호남(2.29)의 순으로 좋은 평가를 받고 있는 것으로 나타나고 있다. 반면 정동영 의장은 호남에서 가장 높은 지지(6.20)를 받고, 충청(4.81), 수도권(4.58), 영남(4.08)의 순으로 평가를 받고 있는 것을 알 수 있다. 그리고 추미애 대표도 호남에서 가장 높게 평가(4.00)받고 있으며, 그 외의 지역은 수도권, 충청, 영남의 순으로 선호도의 차이를 보이고 있다. 박근혜, 정동영, 추미애의 경우에는 지역별 선호도의 차이가 통계적으로 유의미함을 보여주나, 권영길 대표의 경우에는 지역별로 유의미한 차이를 보여주지 않는다(p>.05). 권

〈표 3〉 거주지역별 정당지도자 평가

	박근혜	추미애	정동영	권영길
수도권	4.80	3.6	4.58	4.69
충청	3.79	3.53	4.81	4.35
호남	2.29	400	6.20	4.94
영남	5.71	3.31	4.08	4.70
ANOVA	F=55.319 (p=.000)	F=3.060 (p=.027)	F=23.721 (p=.000)	F=1.268 (p=.284)

영길 대표의 경우에는 특정지역을 기반으로 한 선호의 표출이 아니라
는 것을 말해 주며, 이것은 이념이나 기존정당에 대한 불만의 표출로
도 평가할 수 있을 것이다.

이하에서는 정당지도자 평가에 따른 몇 가지 정치적 태도의 차이를
살펴 보고자 한다. 먼저 유권자 개인의 자기이념 평가와 정당지도자
평가와의 관계를 알아 보았다(〈표 4〉 참조). 박근혜 대표에 대한 평가
단위를 상, 중, 하로 나눌 때 평가가 높을수록 이념적으로는 보수적임
을 알 수 있다. 반면에 정동영 의장과 권영길 대표의 경우에는 평가가
높을수록 이념적으로는 진보적임을 알 수 있다. 그리고 이러한 차이
는 통계적으로 유의미한 것임을 알 수 있다(p<.001).

노무현 정부 출범이후 우리 정치에서 이념적 차이가 갖는 중요성은
커졌고, 이념의 차이는 다양한 쟁점에 대한 태도의 차이를 초래하였
다. 탄핵이후 치러진 제17대 총선에서의 정치적 경쟁구도는 '보수-탄
핵'을 한 축으로, 그리고 '진보-탄핵반대'를 또 다른 축으로 전개되었
다(강원택 2004). 한나라당의 경우 탄핵이후 박근혜 대표의 등장은 한
나라당의 이미지를 온건보수적으로 변모시켜 보수유권자의 중심으로
다시 설 수 있도록 하였다는 점에 주목할 필요가 있다. 그동안 탄핵을
주도한 강성이미지의 한나라당이 박근혜 대표의 등장으로 강성이미

〈표 4〉 정당지도자 평가와 정치적 태도의 차이

		박근혜				정동영				권영길			
		하	중	상	ANOVA	하	중	상	ANOVA	하	중	상	ANOVA
이념의 차이	평균	3.78	4.35	5.92	F=	5.35	4.39	3.95	F=	5.07	4.59	3.85	F=
	표준편차	2.32	1.93	2.42	95.281	2.54	1.99	2.53	34.964	2.61	2.04	2.54	20.959
	N	468	392	349	p=.000	393	489	322	p=.000	342	554	285	p=.000
노무현 정부 평가	평균	2.70	2.82	3.09	F=	3.08	2.84	2.55	F=	2.99	2.86	2.66	F=
	표준편차	.64	.61	.65	41.066	.66	.58	.63	65.319	.67	.60	.68	20.374
	N	477	409	379	p=.000	427	507	324	p=.000	376	560	286	p=.000
탄핵 평가	평균	3.49	3.15	2.54	F=	2.67	3.16	3.57	F=	2.84	3.10	3.44	F=
	표준편차	.72	.78	.97	142.67	.98	.80	.68	113.22	.99	.86	.75	38.527
	N	495	420	378	p=.000	424	512	349	p=.000	378	576	297	p=.000

* 유권자 자신의 이념평가: 0 진보(좌파)… 10 보수(우파)
  노무현 정부 1년 평가: 1 아주 잘했다, 2 잘했다, 3 잘못했다, 4 아주 잘못했다
  국회의 탄핵결정에 대한 평가: 1 매우 찬성, 2 대체로 찬성, 3 대체로 반대, 4 매우 반대
  지도자 평가: 하(0-3), 중(4-6), 상(7-10)

지를 벗고 다운즈(Downs 1957)의 이론처럼 중위수 유권자의 위치에 좀더 가까이 근접할 수 있게 되었다. 그리고 2002년 대통령선거에서 노무현 후보의 주요 지지층이었던 진보층은 이번에는 정동영 의장을 축으로 결집하게 되었음을 말해 준다. 이러한 양대 축에 이념적으로 좀 더 진보적인 유권자들은 권영길 대표를 선호한 것으로 보인다.

이어서 쟁점에 대한 태도의 차이를 알아 보자. 먼저, 노무현 정부 1년의 치적평가와의 관계를 알아보자. 박근혜 대표에 대한 평가가 높을수록 노무현 정부 1년에 대한 평가가 낮음을 보여준다(하 2.70, 중 2.82, 상 3.09). 그러나 정동영 의장과 권영길 대표의 평가에서는 평가가 높을수록 노무현 정부에 대한 평가가 높아지고 있음을 알 수 있다. 그리고 이러한 차이는 통계적으로 유의미함을 보여 주고 있다(p<.001).

다음으로 탄핵쟁점에 대한 평가에 대한 태도를 알아보았다. 역시 박근혜 대표에 대한 평가가 높을수록 국회의 탄핵결정에 대해 반대의 정도가 약한 것으로 나타났다. 반대로 정동영 의장과 권영길 대표의 경우에는 평가가 높을수록 국회의 탄핵결정에 대한 반대의 정도가 심한 것으로 나타났다. 이러한 차이도 역시 통계적으로 유의미한 것으로 나타났다(p〈.001).

이처럼 정당지도자 평가에 따라 쟁점에 대한 태도와 이념의 차이와의 사이에 일정한 경향을 보여 주는 것은 우리 정치에 대한 쟁점을 바라보는 데 있어서 정당지도자 요인이 뚜렷이 반영되고 있음을 시사한다고 볼 수 있다.

이상에서 정당지도자 평가는 정당일체감에 따라 확연히 다른 것을 알 수 있으며, 같은 정당에 일체감을 갖는다고 하더라도 지지강도에 따라 정당지도자 평가가 비례하고 있다는 것을 확인하였다. 그리고 이러한 정당지도자 평가는 기존의 지역주의적 기반과도 밀접하게 관련되어 있어 각 지도자의 지지기반에 따라 평가가 다름을 알 수 있다. 그러나 권영길 대표에 대한 평가는 거주지역 요인의 작용없이 전국적으로 고른 지지를 받고 있는 것으로 나타났으며, 이는 선거결과에도 반영되었다.

즉 소선거구제하에서 전국적으로 편차없는 지지를 받는 것은 의석전환에는 크게 도움이 되지 않으나, 전국구 선거에서는 많은 의석을 획득할 수 있는 결과를 낳은 것으로 볼 수 있다.

정당지도자에 대한 평가는 이념 성향과 쟁점에 대한 태도의 차이도 반영하고 있음을 보여주고 있다. 박근혜 대표는 보수층에서 높은 평가를 받고 있고, 반대로 정동영 의장과 권영길 대표는 진보층에서 높은 평가를 받고 있는 것으로 나타났다. 그리고 쟁점에 대한 태도에 있어서도 분명한 차이를 보이고 있음을 알 수 있었다.

이러한 현상은 탄핵이후 전개된 보수-탄핵찬성, 진보-탄핵반대의 양극적인 대결구도를 반영한 것이라고 볼 수 있으며 박근혜 대표와

정동영 의장이 이러한 양극단의 대표로 자리매김할 수 있었음을 보여
준다고 할 수 있다.

Ⅳ. 정당지도자 평가와 투표선택

1. 정당지도자 평가와 투표

다음으로 정당지도자 평가가 투표에 미치는 영향에 관해 분석해 보
고자 한다. 〈표 5〉는 정동영 의장에 대한 선호도를 상, 중, 하로 구분
하여 열린우리당 투표자의 비율을 알아보았다. 먼저 열린우리당에 정
당일체감을 가진 자들을 대상으로 정동영 의장 평가와 열린우리당에
대한 투표여부와의 관계를 살펴보자.

열린우리당 지지자중에서 소선거구에서 열린우리당 후보에 투표한
비율은 정동영 의장에 대한 평가가 '하'(0-3)인 경우 81.8%, '중'(4-6)
인 경우 92.1%, '상'(7-10)인 경우 92.7%로 나타나 정동영 의장에 대
한 평가가 높을수록 소선거구에서의 열린우리당 지지가 높아지고 있
으나 그러한 차이는 통계적으로 유의미한 차이는 아니다(p〉.05). 그
러나 전국구 비례대표 투표에서는 선호도에 따라 '하'의 경우 72.7%,
'중'의 경우 80.2%, '상'의 경우 92.6%가 열린우리당에 투표하여 정
동영 의장에 대한 선호도와 열린우리당 투표와의 관련이 소선거구보
다 선명하게 나타나고 있으며, 이러한 차이는 통계적으로 유의미한
것으로 나타나고 있다(p〈.01).

무당파층의 경우에는 소선거구와 전국구 비례대표 선거 공히 정동
영 의장에 대한 선호도와 열린우리당 투표와의 상관관계가 높은 것으
로 나타났고, 선호도에 따른 열린우리당 지지의 차이는 통계적으로
유의미한 차이를 보이고 있다(p〈.001). 따라서 정당지도자에 대한 평
가와 투표와의 관계는 해당정당에 일체감을 가진 유권자보다는 무당

〈표 5〉 정동영 의장 평가와 열린우리당 투표

단위: %(N)

대상	구분	정동영 평가			Pearson's x^2
		하(0-3)	중(4-6)	상(7-10)	
열린우리당 지지자	소선거구	81.8(27)	92.1(93)	92.7(139)	11.497
	비례대표	72.7(24)	80.2(81)	92.6(137)	17.459*
무당파층	소선거구	29.4(35)	49.7(80)	81.7(67)	61.960**
	비례대표	29.3(34)	48.5(79)	79.0(64)	55.353**

* p〈.01 ** p〈.001

파층에 있어 더욱 뚜렷이 나타나고 있음을 알 수 있다. 이러한 배경에는 무당파층은 그들이 관여하거나 충성하는 정당이 없기 때문에 정당 지지층보다도 선거쟁점이나 정당지도자와 같은 단기적 요인에 쉽게 반응하기 때문이다(이현출 2000).

이러한 경향은 한나라당 투표자와 박근혜 대표 평가와의 상관관계에서도 드러난다. 먼저 한나라당에 정당일체감을 가진자들을 대상으로 박근혜 대표 평가와 한나라당 투표여부와의 관계를 살펴보면, 박근혜 대표에 대한 평가가 높은 집단일수록 지역구에서 한나라당 후보를 지지하는 비율이 높게 나타났다(〈표 6〉 참조). 전국구 비례대표 투표에서도 박근혜 대표에 대한 선호도의 차이에 따라 한나라당에 투표하는 비율이 뚜렷하게 차이를 보이고 있다. 그러한 차이는 지역구보다는 전국구 비례대표 투표에서 보다 더 뚜렷하게 나타나고 있음을 알 수 있다(p〈.001).

다음으로 무당파층의 경우를 살펴보자. 무당파층의 경우에는 지역구와 전국구 선거 공히 박근혜 대표에 대한 선호도와 한나라당에 대한 투표와의 상관관계가 높게 나타나고, 이러한 차이는 통계적으로 유의미하게 나타났다(p〈.001). 따라서 무당파층의 경우 열린우리당 투표 분석에서와 같이 정당지도자에 대한 평가가 투표선택에 뚜렷하

〈표 6〉 박근혜 대표 평가와 투표

단위: %(N)

대상	구분	박근혜 평가			Pearson's x^2
		하(0-3)	중(4-6)	상(7-10)	
한나라당 지지자	소선거구	62.5(5)	80.6(25)	93.5(173)	20.205*
	비례대표	50.4(4)	77.4(24)	94.7(177)	38.516**
무당파층	소선거구	22.9(22)	37.6(64)	65.0(65)	41.255**
	비례대표	14.6(14)	29.2(50)	64.9(63)	67.575**

* p<.01 ** p<.001

게 영향을 미치고 있음을 알 수 있다.

미국의 선거에서 피어슨이 행한 분석결과를 보면, 1970년 하원 중간선거에서 공화당 또는 민주당에 일체감을 갖고 있는 유권자가 대통령평가와 공화당후보에 투표하는 상관관계는 미미한 것이었으며, 무당파층의 경우는 대통령평가와 공화당후보에 대한 투표가 높은 상관관계를 보여준 것으로 나타났다(Pierson 1975). 즉 정당일체감을 갖는 유권자의 투표선택에는 대통령평가는 영향을 미치지 못하지만 무당파층의 투표선택에는 대통령평가가 영향이 분명히 나타났다.

제17대 총선결과에서도 정당에 일체감을 가진 유권자들보다는 무당파층에서 정당지도자 선호의 영향이 투표선택에 더욱 영향을 미치고 있음을 알 수 있다. 아울러 정당일체감을 가진 유권자의 경우에도 소선거구보다는 전국구 비례대표 선거에서 정당지도자 평가가 더욱 영향을 미치고 있는 것을 알 수 있다. 이는 소선거구의 경우에는 지지정당 이외에 후보자 요인 등 다른 요인이 작용할 개연성이 있어 간접적으로 정당지도자 요인이 작용한다고 볼 수 있으며, 반면 전국구 비례대표 선거의 경우 보다 직접적으로 작용한다는 것을 의미한다. 즉 소선거구의 경우 정당지도자에 대한 평가가 낮아도 이른바 후보자 요인 등이 작용할 수 있다는 것을 말해 준다.

2. 정당지도자 평가와 분할투표

제17대 총선부터 유권자는 1인 2표, 즉 소선거구와 전국구 비례대표 투표에 각각 1표씩을 행사하게 되었다. 이러한 2표의 행사방법에 따라 지역구와 전국구를 연동하여 일괄투표(straight voting)를 하느냐, 아니면 지역구와 전국구의 선택을 달리하는 분할투표(spilit voting)를 하느냐로 나누어진다. 이하에서는 정당지도자 평가와 지역구와 전국구 2표의 활용방법에 대해 분석해 보고자 한다. 지역구에서 열린우리당과 한나라당에 투표한 유권자가 전국구에서도 동일정당을 지지한 일괄투표율을 정당지도자 평가와 연계하여 고찰해 보고자 한다.

〈표 7〉에서 보는 바와 같이 지역구 선거에서 열린우리당 후보에게 투표한 유권자가 전국구 선거에서도 열린우리당에 투표하는 것인지 여부는 정동영 의장에 대한 평가가 크게 영향을 미치고 있음을 알 수 있다(p〈 .01). 정동영 의장에 대한 평가가 '하'인 경우 69.2%, '중'인 경우 79.5%, '상'인 경우 85.5%가 전국구 선거에서도 열린우리당을 지지한 것으로 나타났다. 즉, 정동영 의장에 대한 평가가 호의적일수록 전국구 비례대표 선거에서도 열린우리당에 연동해서 투표하고 있지만, 정동영 의장에 대한 평가가 비호의적일수록 분할투표의 비율이 증가하고 있는 것을 알 수 있다.

반면에 전국구 비례대표 선거에서 열린우리당에 투표한 유권자가 지역구에서도 열린우리당 후보에게 투표할 비율은 지역구 투표자가 전국구에 투표하는 경우에 비해 높은 편이며, 정동영 의장 평가에 대한 호감도가 미치는 영향이 위의 경우보다는 낮다고 할 수 있다(p〈.05). 정동영 의장에 대한 평가가 '하'인 경우 79.4%가 지역구에서도 열린우리당 후보에게 투표하였으나, '중', '상'인 경우에는 각각 90.3%, 92.9%가 열린우리당 후보에게 투표한 것으로 나타났다. 결국 앞에서 고찰한 바와 같이 전국구 선거에서 열린우리당에 투표할지 여부는 정동영 의장에 대한 평가가 영향을 미치지만, 전국구에서 열린

〈표 7〉 정당지도자 평가와 1인2표의 행사: 정동영

	정동영 평가			Pearson's x^2
	하(0-3)	중(4-6)	상(7-10)	
소선거구-전국구 우리당 일괄투표	69.2(54)	79.5(159)	85.5(195)	18.690(p=.005)
전국구-지역구 우리당 일괄투표	79.4(54)	90.3(159)	92.9(195)	16.277(p=.012)

우리당에 투표한 유권자의 지역구 투표선택에 있어서 정당지도자 평가의 영향력은 보다 약하다는 것을 알 수 있다.

　다음으로 한나라당의 경우를 살펴 보자. 지역구 선거에서 한나라당 후보를 지지한 경우 전국구 투표에서는 박근혜 대표의 선호강도에 영향을 받고 있음을 알 수 있다(〈표 8〉 참조). 박근혜 대표에 대한 평가가 '하'인 경우 55.6%, '중'인 경우 71.1%, '상'인 경우 92.7%가 전국구에서 한나라당을 지지하고 있는 것으로 나타났다. 그리고 그러한 차이는 통계적으로 유의미한 차이임을 알 수 있다(p〈 .001). 즉, 지역구 선거에서 한나라당 후보를 지지했지만 전국구비례대표 선거에서는 박근혜 대표에 대한 평가가 호의적일수록 일괄투표를, 그리고 비호의적일수록 분할투표를 할 가능성이 높은 것으로 나타났다.

　반면에 전국구 비례대표 선거에서 한나라당에 투표한 유권자가 지역구에서도 한나라당에 투표할 비율은 박근혜 대표에 대한 평가와는 관계가 통계적으로 유의미하지 않은 것으로 나타났다(p〉.05). 즉, 전국구 투표선택의 경우 정당지도자 요인이 작용하고 있으나, 전국구에 한나라당 투표자의 경우 지역구 투표선택에는 정당지도자 요인이 작용하지 않는다는 것이다. 위의 열린우리당 경우와 비교해 보면 지역구 선거에서의 정당지지자의 전국구 비례대표 선택에 있어 분할투표

〈표 8〉 정당지도자 평가와 1인2표의 행사: 박근혜

	박근혜 평가			Pearson' s x^2
	하(0-3)	중(4-6)	상(7-10)	
소선거구-전국구 한나라당 일괄투표	55.6(15)	71.1(69)	92.7(227)	68.315(p=.000)
전국구-지역구 한나라당 일괄투표	78.9(15)	90.8(69)	93.8(227)	11.176(p=.083)

여부는 정당지도자 요인이 강하게 작용하고 있으나, 그 역으로 전국구 비례대표 지지자를 대상으로 한 지역구 선택의 분석에 있어서는 정당지도자 요인의 영향력이 약하다는 것을 말해 준다.

3. 다변인 분석

이상에서는 제17대 총선에서의 투표선택에서 정당지도자요인에 대해 알아보았다. 그 결과 정당지도자 요인은 투표선택에 영향을 미치고 있으며, 그 영향은 지역구보다 전국구 비례대표 투표 선택시에 보다 크게 작용한다는 것을 알 수 있었다. 그리고 지역구 지지자가 전국구 정당투표 선택의 준거로 정당지도자 요인을 많이 고려한다는 것을 알 수 있었다. 여기에서는 정당지도자 요인이 투표행태에 미치는 영향을 다변인분석을 통해 다시 확인해 보고자 한다.

분석을 위한 가설을 다음과 같이 수립하여 둔다.

가설 1: 2004년 총선에서 유권자의 투표선택에 정당지도자 요인이 영향을 미치고 있으며, 그 영향은 지역구 선거보다 전국구 선거에서 현저하게 나타난다.

가설 2: 정당지도자 평가는 1인2표 행사시 분할투표 여부에도 영향을 미치고 있다. 특히 지역구에서 특정 정당에 투표한 유권자가 전국

〈표 9〉 열린우리당 투표결정시 정당지도자 요인

	지역구					전국구				
	B	S.E.	Wald	p.	Exp(B)	B	S.E.	Wald	p.	Exp(B)
통제변수										
상수	-1.117	.343	10.595	.001	.327	-.959	.337	8.086	.004	.383
우리당지지	1.582	.178	79.285	.000	4.865	1.420	.170	69.930	.000	4.138
유권자이념	-.116	.035	11.012	.001	.891	-.068	.035	3.774	.052	.934
지역(호남)	-.175	-.175	.324	.569	.840	-.259	.300	.743	.389	.772
〃(수도권)	.106	.240	.195	.659	1.112	-.098	.234	.176	.674	.906
〃(영남)	-.232	.267	.753	.386	.793	-.349	.263	1.763	.184	.705
지도자평가										
박근혜	-.131	.031	17.882	.000	.877	-.162	.032	25.552	.000	.851
추미애	-.027	.037	.525	.469	.974	-.006	.037	.030	.862	.994
정동영	.257	.033	59.012	.000	1.293	.272	.034	62.709	.000	1.312
김종필	-.028	.038	.553	.457	.972	-.010	.038	.073	.787	.990
권영길	.050	.031	2.544	.111	1.051	-.054	.032	2.855	.091	.947
	-2 Log Likelihood = 1137.310 Chi-Square = 399.161(p〈.001) 예측 정확도 86.4%					-2 Log Likelihood = 1123.477 Chi-Square = 358.709(p〈.001) 예측 정확도 87.2%				

구 비례대표 선거에서도 동일 정당에 투표할 것인지 여부에 영향을 미치고 있다.

첫번째 가설을 검증하기 위한 모델의 종속변수는 지역구 선거에서 열린우리당 후보 투표 여부와 전국구 비례대표선거에서 열린우리당 투표여부의 두 가지이다. 독립변수는 정당지도자 평가를 통제변수로서 열린우리당에 대한 정당일체감과 유권자의 자기 이념 평가, 지역 변수를 투입하였다. 종속변수의 카테고리가 1과 0이기 때문에 로지스틱회귀분석을 통해 분석하고자 한다.

열린우리당 투표선택에 대한 로지스틱회귀분석 결과는 〈표 9〉와 같다. 분석결과는 지역구 선거에서는 정동영 의장뿐만 아니라 박근혜 대표 평가, 그리고 통제변수로서 열린우리당 정당일체감과 유권자의 자기 평가 이념이 유의미한 영향을 미치고 있는 것으로 나타났다. 정동영 의장에게는 높은 호감도를 가질수록, 박근혜 대표에게는 낮은 호감도를 가질수록, 열린우리당에 정당일체감을 가지고 이념적으로 진보적인 사람일수록 지역구에서 열린우리당 후보를 지지한 것으로 나타났다. 그 중에서도 정동영 의장에 대한 선호도와 열린우리당에 대한 정당일체감이 열린우리당 지역구 투표를 예측하는 데 더 중요한 변수로 작용하고 있음을 알 수 있다. 그러나 거주지역 변수는 지역구 후보 선택에서 열린우리당 지지에는 영향을 미치지 못하고 있는 것으로 나타났다.

전국구 비례대표 선거에서도 정동영 의장 평가, 박근혜 대표 평가 그리고 통제변수로서 열린우리당에 대한 정당일체감이 유의미한 영향을 미치고 있는 것을 알 수 있다. 즉 전국구 선거에서도 정동영 의장에 대한 선호도가 높을수록, 그리고 한나라당 박근혜 대표에 대한 선호도가 낮을수록 열린우리당 투표선택이 높아진다는 것을 알 수 있다. 전국구 비례대표 선거에서 열린우리당 후보를 선택함에 있어서는 지역구에서와는 달리 유권자의 자기평가 이념은 유의미한 영향을 미치지 못하고 있음을 알 수 있다. 그러나 지역변수는 여전히 비례대표 선거에서도 영향을 미치지 못하고 있는 것으로 나타났다.

아울러 〈표 9〉에서 보는 바와 같이 정당지도자 평가에 대한 계수와 Wald 값은 비례대표 선거에서 더 높게 나타나고 있음을 알 수 있으며, 이러한 열린우리당 지지분석결과는 우리의 가설을 뒷받침하고 있음을 말해 준다. 즉, 가설에서 제시한 바와 같이 지역구 선거와 비례대표 선거 공히 정당지도자 요인이 영향을 미치고 있으나 그 정도는 전국구 비례대표 선거에서 더욱 강하게 나타나고 있다고 할 수 있다.

〈표 10〉 한나라당 투표결정시 지도자 요인

	지역구					전국구				
	B	S.E.	Wald	p.	Exp(B)	B	S.E.	Wald	p.	Exp(B)
통제변수										
상수	-2.737	.454	36.353	.000	.065	-3.440	.506	46.290	.000	.032
한나라지지	1.523	.248	37.698	.000	4.586	1.808	.258	49.074	.000	6.096
유권자이념	.153	.046	11.041	.001	1.165	.207	.051	16.243	.000	1.231
지역(호남)	-2.449	1.156	4.486	.034	.086	-2.790	1.261	4.900	.027	.061
〃(수도권)	.610	.331	3.401	.065	1.841	.195	.342	.326	.568	1.216
〃(영남)	.950	.349	7.427	.006	2.585	.241	.366	.433	.511	1.272
지도자평가										
박근혜	.336	.042	63.412	.000	1.399	.424	.049	75.893	.000	1.528
추미애	-.017	.050	.118	.732	.983	-.001	.056	.001	.981	.999
정동영	-.277	.044	40.668	.000	.758	-.257	.049	27.939	.000	.773
김종필	.030	.048	.396	.529	1.031	.074	.053	1.929	.165	1.076
권영길	-.114	.043	7.170	.007	.892	-.177	.050	12.592	.000	.838
	-2 Log Likelihood = 759.703 Chi-Square = 568.866(p < .001) 예측 정확도 94.3%					-2 Log Likelihood = 625.894 Chi-Square = 625.977(p < .001) 예측 정확도 96.1%				

다음으로 한나라당 투표선택에 대한 로지스틱 회귀분석결과(〈표 10〉 참조)를 알아보자. 지역구 선거에서는 박근혜 대표와 정동영 의장에 대한 평가뿐만 아니라 권영길 대표에 대한 평가도 유의미한 영향을 미치고 있으며, 통제변수로서 한나라당에 대한 정당일체감, 유권자의 자기평가 이념 그리고 지역변수로서 호남 더미와 영남 더미변수가 유의미한 영향을 미치고 있는 것으로 나타났다. 즉 지역구 선거에서는 한나라당 박근혜 대표에 대한 선호도가 높고, 정동영 의장에

대한 선호도가 낮을수록 그리고 통제변수로서 한나라당에 정당일체감을 가질수록, 이념적으로 보수적일수록, 지역적으로는 비호남, 영남 거주자일수록 한나라당 후보 지지가 높은 것으로 나타났다.

전국구 선거에서도 위의 박근혜 대표 평가, 정동영의장 평가 외에 권영길 대표 평가요인이, 그리고 통제변수로도 한나라당에 대한 일체감, 유권자의 자기 평가 이념, 지역변수로서 호남 더미변수가 유의미한 영향을 미치고 있는 것으로 나타났다. 특히 열린우리당의 경우와는 달리 한나라당 투표선택의 경우 정동영, 박근혜에 대한 평가뿐만 아니라 권영길 대표에 대한 평가가 유의미하게 작용하고 있는 것을 알 수 있다. 그리고 비례대표 선거에서 열린우리당의 경우 유권자의 자기 평가 이념이 영향을 미치지 않는 것으로 나타났으나, 한나라당의 경우 유의미한 영향을 미치고 있는 것을 알 수 있다. 이것은 한나라당 지지자의 경우에는 정당지도자 평가도 이념에 기반하고 있음을 반영한 것이라고 해석할 수 있을 것이다. 그리고 열린우리당과는 달리 지역변수 또한 유의미한 영향을 미치고 있는 것이 특징이라고 할 것이다.

한나라당의 경우에도 지역구, 비례대표 공히 정당지도자 요인이 영향을 미치고 있음을 확인하였다. 그러나 그 영향력의 정도는 계수와 Wald 값을 비교해보면 지역구보다는 전국구에서 더 영향력이 강하게 나타나고 있음을 알 수 있다.

가설 2를 검증하기 위한 모델의 종속변수는 지역구에서 열린우리당이나 한나라당 후보에 투표한 유권자가 전국구 비례대표 선거에서의 투표정당이 되며, 독립변수는 정당지도자 평가, 통제변수로서 열린우리당 및 한나라당에의 정당일체감, 유권자의 자기 이념평가이다. 우리는 앞에서 정당지도자에 대한 평가가 높을수록 지역구 지지정당에 대한 일괄투표의 비율이 높다는 것을 확인하였다. 여기에서는 다변인 분석을 통해 일괄투표에 영향을 미치는 요인을 고찰해 보고자 한다.

먼저 지역구에서 열린우리당 후보를 지지한 유권자가 전국구 선거에서 일괄투표(1)를 하는 경우와 분할투표(0)를 하는 경우를 나누어

〈표 11〉 지역구 열린우리당 투표자의 일괄투표

	B	S.E.	Wald	p.	Exp(B)
통제변수					
상수	.993	.471	4.435	.035	2.698
열린우리당지지	.657	.253	6.744	.009	1.929
유권자이념	.069	.056	1.534	.215	1.072
정당지도자평가					
박근혜	-.103	.057	3.294	.070	.902
추미애	-.015	.060	.058	.810	.986
정동영	.193	.054	12.556	.000	1.213
김종필	.045	.061	.538	.463	1.046
권영길	-.202	.053	14.620	.000	.817

-2 Log Likelihood = 437.145
Chi-square = 44.550(p < .001)
예측 정확도 79.1%

로지스틱회귀분석을 통해 지도자요인을 평가해 보았다. 분석 결과, 정동영 의장에 대한 평가뿐만 아니라 권영길 대표에 대한 평가 역시 유의미한 영향을 미치고 있는 것으로 나타났다. 그리고 통제변수로서는 열린우리당에 대한 일체감이 유의미한 영향을 미치고 있는 것을 알 수 있다. 즉, 정동영 의장에 대한 평가가 높을수록, 그리고 권영길 대표에 대한 평가가 낮을수록 열린우리당에 대한 일괄투표를 할 확률이 높아지고 있다. 따라서 민주노동당의 권영길 대표에 대한 호감도가 높은 경우 지역구에서 열린우리당을 지지한 유권자가 지지이탈을 할 수도 있다는 것을 말해 준다. 이러한 점에서 일괄투표나 분할투표에 정당지도자 요인이 영향을 미치며, 〈표 11〉은 우리의 가설 2를 지지하는 것이라고 할 수 있다.

다음으로 지역구에서 한나라당 후보를 지지한 유권자가 전국구 선

〈표 12〉 지역구 한나라당 투표자의 일괄투표

	B	S.E.	Wald	p.	Exp(B)
통제변수					
상수	-2.478	.840	8.704	.003	.084
한나라당지지	1.025	.499	4.227	.040	2.787
유권자 이념	.380	.123	9.622	.002	1.463
정당지도자평가					
박근혜	.531	.107	24.725	.000	1.700
추미애	-.004	.108	.002	.969	.996
정동영	-.232	.106	4.833	.028	.793
김종필	.293	.114	6.651	.010	1.341
권영길	-.372	.101	13.584	.000	.689

-2 Log Likelihood = 183.092
Chi-square = 122.153(p<.001)
예측 정확도 85.6%

거에서 일괄투표를 하는 경우와 분할투표를 하는 경우를 로지스틱회
귀분석을 통해 분석해 보자. 분석 결과를 보면(〈표 12〉 참조), 박근혜
대표 평가 외에 권영길 대표, 정동영 의장, 김종필 총재에 대한 평가가
각각 유의미한 영향을 미치고 있으며, 통제변수로서 유권자의 이념성
향, 한나라당에 대한 일체감이 영향을 미치고 있는 것으로 나타났다.
그리고 이념적으로는 보수적일수록 일괄투표를 할 가능성이 높은 것
으로 나타났다. 한나라당에 일괄투표를 하는 유권자는 박근혜 대표에
대한 호감도가 높을수록, 그리고 정동영 의장과 권영길 대표에 대한
호감도가 낮을수록 많다. 이 중에서도 박근혜 대표에 대한 호감도의
계수가 가장 높음을 알 수 있다.

V. 결론

본 논문의 목적은 3김시대 이후에 새로이 등장한 신세대 정치지도자들의 감성적 리더십이 주목을 끌었던 제17대 총선을 대상으로 종래 그다지 주목을 받지 못했던 정당지도자 평가가 투표행태에 미치는 영향을 밝혀 보고자 한 것이다.

분석 결과, 첫째 한국 유권자의 정당지도자 평가 수준이 높지 않다는 것을 알 수 있었다. 그것은 유권자들의 정치불신의 반영이라고 말할 수 있다.

둘째, 정당지도자 평가는 정당일체감에 따라 확연히 다른 것을 알수 있으며, 같은 정당에 일체감을 갖는다고 하더라도 지지강도에 따라 정당지도자 평가가 비례하고 있다는 것을 확인하였다. 그리고 이러한 정당지도자 평가는 기존의 지역주의적 기반과도 밀접하게 관련되어 있어 각 지도자의 지지기반에 따라 평가가 달리 나오고 있음을 알 수 있었다.

셋째, 정당지도자에 대한 평가는 이념성향과 쟁점에 대한 태도의 차이도 반영하고 있음을 보여 주고 있다. 박근혜 대표는 보수층에서 높은 평가를 받고 있고, 반대로 정동영 의장과 권영길 대표는 진보층에서 높은 평가를 받고 있는 것으로 나타났다. 그리고 쟁점에 대한 태도에 있어서도 분명한 차이를 보이고 있음을 알 수 있었다.

넷째, 정당지도자에 대한 평가와 투표와의 관계는 해당정당에 일체감을 가진 유권자보다는 무당파층에 있어 더욱 뚜렷이 나타나고 있음을 알 수 있었다. 그리고 정당일체감을 가진 유권자의 경우에 있어서도 지역구 선거보다는 전국구 비례대표 선거에서 정당지도자 평가의 영향력이 크다는 것을 확인하였다.

다섯째, 지역구에 특정정당을 지지한 유권자가 일괄투표를 할 것인지, 분할투표를 할 것인지 여부는 정당지도자 요인이 크게 작용하고 있음을 볼 수 있었다.

이상의 연구결과를 토대로 이것이 갖는 함의를 고찰해 보고자 한다. TV 등 매스미디어를 통해 유권자 앞에 자주 등장하는 정당지도자는 다른 정치인과는 달리 대중들에게 나름의 이미지를 심어주고, 그 반대로 유권자들로부터 어떤 형태로든 평가의 대상이 된다. 이러한 정당지도자 요인은 3김시대의 종식과 1인2표제의 도입 등 상황적 변화에 추동되어 그 영향이 선거에 직접적으로 나타나게 되었다. 특히 지역주의와 후보자 요인이 작용하는 지역구 선거와는 달리 전국구 비례대표 선거에서는 정당지도자 요인이 더욱 크게 작용할 것이다. 그리고 이러한 영향력은 정당일체감을 가진 유권자보다는 무당파층에게 보다 크게 미친다는 점에서 선거종반의 부동층 흡수에는 정당지도자의 이미지가 중요한 요인으로 작용할 것으로 보인다.

정당지도자에 대한 선호도가 선거결과에 중요한 영향을 미친다면 각 정당은 정당지도자를 선출함에 있어 보다 유권자의 선호를 반영하는 방향으로 나아갈 것으로 보인다. 당심보다는 민심에 일치하는 지도자가 정당의 지도자로 나설 때 선거경쟁력이 확보될 것이기 때문이다. 이러한 시도는 곧 정당지도자 선출의 개방화로 연결될 가능성이 높다. 그러나 이러한 정당지도자 선출의 개방성 확대는 한편으로 포퓰리즘에 호소하게 됨으로 인하여 정당의 안정성을 저해할 우려가 있음을 주목할 필요가 있다.

끝으로 이 글의 한계를 지적하며 마무리짓고자 한다. 이 글에서는 열린우리당의 지도자는 정동영 의장을 분석대상으로 하였다. 여당의 경우 대통령과 분리하여 생각할 수 없다는 점에서 노무현 대통령에 대한 선호도와 정동영 의장에 대한 선호도를 엄격히 구분할 수 없는 한계가 있음을 밝혀 둔다. 이러한 분석의 한계를 가져온 것은 설문에서 노무현 대통령에 대한 선호도 문항이 빠져 있어 양자의 선호도에 대한 심층적인 분석이 이루어질 수 없었기 때문임을 밝혀 둔다.

■ 참고문헌

강원택. 2003. 『한국의 선거정치: 이념, 지역, 세대와 미디어』. 서울: 푸른길.
_____ . 2004. "탄핵정국과 17대 총선." 한국정치학회, 총선분석특별학술회의 발표논문(4. 22).
이갑윤 · 이현우. 2002. "후보자요인이 득표에 미치는 영향: 14 · 16대 총선을 대상으로." 진영재 편. 『한국의 선거 IV』. 서울: 한국사회과학데이터센터.
이현우. 1998. "한국에서의 경제투표." 이남영 편. 『한국의 선거 II』. 서울: 푸른길.
이현출. 2000. "무당파층의 투표행태: 16대 총선을 중심으로." 『한국정치학회보』 제34집 4호.
_____ . 2004. "한국 유권자의 정당지지 구조와 안정성." 『대한정치학회보』 제12집 2호.
『한겨레신문』 (2004/04/15).
Abramowitz, Alan I. 1985. "Economic Conditions, Presidential Popularity, and Voting Behavior in Midterm Congressional Elections." *Journal of Politics*, 47, pp. 31-43.
Campbell, James E. 1985. "Explaining Presidential Losses in Midterm Congressional Elections." *Journal of Politics*, 31. pp. 965-979.
Downs, Anthony. 1957. *An Economic Theory of Democracy*. New York: Harper and Low.
Kramer, Gerald H. 1971. "Short-term Fluctuations in U.S. Voting Behavior,1896-1964." *American Political Science Review*, 65. pp. 131-145.
Pierson, James E. 1975. "Presidential Popularity and Midterm Voting at Different Electoral Levels." *American Journal of Political Science*, 19. pp. 683-694.
Stewart, Marianne C., and Harold D. Clarke. 1992. "The (Un)Importance of Party Leaders: Leader Images and Party Choice in the 1987 British Election." *Journal of Politics*, 54, pp. 447-470.

제11장

17대 총선과 탄핵 쟁점

윤종빈

Ⅰ. 머리말

2004년 제17대 총선의 키워드는 단연 탄핵이라는 주장을 어느 누구도 부인하기 힘들 것이다. 17대 총선은 종합적으로 '탄핵 쟁점이 주도한 정책과 인물요인이 미약했던 새로운 형태의 지역주의를 자극한 이미지 선거'라고 평가할 수 있을 것이다. 선거를 한 달 앞두고 국회에서 의결한 대통령에 대한 탄핵은 기존의 선거판세를 뒤흔들었고 선거 직전까지 유권자의 표심을 좌우했다. 좀 더 냉소적인 시각은 이성보다는 감성이 지배한 선거였다고 비판하기도 한다. 캠페인 과정에서 정당의 정책, 후보자의 공약과 자질에 대한 관심과 논쟁은 과거에 비해 위축되었고, 정당 지도자들의 눈물, 삼보일배, 단식 등 감성을 자극

---

* 이 글은 졸고 "17대 총선에서 나타난 탄핵쟁점의 영향력 분석"(『한국정당학회보』2005. 4권 1호)을 일부 수정 · 보완한 것이다.

하는 이미지 선거캠페인이 강하게 부각되었다. 지역준거적 투표행태는 이러한 틈에 다시 자극되었고 결국 다수의 유권자들은 전통적 지역주의 틀을 벗어나지 못했다.

제17대 총선의 중요한 정치사적 의미는 몇 가지로 요약될 수 있다. 첫째, 정당민주화를 위해 갈망하였던 포스트 3김 시대의 도래를 알리는 징후들이 확인되는 선거였다. 자민련의 몰락과 함께 김종필 씨의 정계은퇴는 유권자의 재편성(realignment)을 통한 중대선거(critical-election) 평가까지 기대하게 되는 계기가 되었다. 둘째, 지속된 여소야대 정국의 비효율성에 실망한 국민들은 민주화이후 최초로 대통령의 정당에게 과반수 이상의 의석으로 지지하여 단점정부를 만들었다. 셋째, 초선의원의 획기적인 수적 증가와 진보세력의 대거 원내진입으로 수십 년 동안 유지되어온 의회권력의 중심축이 교체되었다. 넷째, 지역준거적 투표행태가 내용적인 측면에서 변화 혹은 완화되었고, 과거와 같이 지역의 보스를 무조건적으로 따르는 전통적 지역주의가 아닌 새로운 형태의 지역주의를 기대하게 되었다.

이 글은 탄핵 쟁점이 제17대 총선과정과 결과에 미친 영향력을 분석한다. 제2절에서는 탄핵 쟁점의 선거과정에서의 중요성을 논의하고, 제3절에서 한국선거학회와 한국사회과학데이터센터가 총선 직후 공동으로 실시한 유권자 의식조사결과를 통계적으로 분석하여 탄핵 쟁점의 영향력을 검증한다. 궁극적으로 탄핵쟁점이 유권자투표지지에 미친 영향력을 검증하고자 한다.

II. 17대 총선과정과 탄핵 쟁점

17대 총선은 탄핵 요인, 지역주의 요인, 정당투표에 의한 1인2표제, 상향식 공천, 개정정치관계법[1]에 의해 좌우되었다고 볼 수 있다. 이 중 가장 핵심적인 단일변수는 단연 탄핵쟁점이다.

탄핵 정국은 취임 이후 약 1년간의 임기 동안 대통령의 잦은 말 실수와 정계은퇴, 사퇴, 재신임, 10분의1 발언 등이 빌미를 제공했다고 볼 수 있다. 특히 노 대통령이 2004년 2월 24일, 한 기자회견에서 행한 "열린우리당이 표를 얻을 수만 있다면 합법적인 모든 것을 하고 싶다"라는 발언이 중앙선관위로부터 공무원 선거중립의무의 선거법 제9조 위반 행위라는 유권해석과 경고조치를 받았고, 이에 대한 대통령과 청와대의 완강한 대응은 민주당이 무리하게 선거구 획정 수정안을 기습적으로 상정하면서까지 임시국회라는 투쟁의 공간을 마련하도록 자극하였다. 대통령이 공개적으로 지지하는 열린우리당을 견제하고 총선국면을 지연하기 위한 투쟁의 공간을 확보하려던 민주당의 정략적 의도는 결국 한나라당과 공조하여 국회 파행을 감수하면서까지 탄핵소추안의 발의와 가결에 이르게 된다. 그러나 이때에도 탄핵의 명분과 사유의 정당성에 대한 국민적 공감대는 극히 부족하였다.

이러한 탄핵정국은 자연스럽게 총선정국으로 연결되었고 탄핵을 찬성하는 세력은 기존의 '친노-반노' 구도를 통해 대통령에 대한 평가를 부각시키는 것이 선거에서 유리하다고 판단하였고, 탄핵에 반대하는 세력은 '민주 대 반민주' 구도로 총선을 이끌고 가려는 의도를 견지하였다. 후자는 열린우리당이 유리하다고 판단한 구도로 탄핵을 통해 의회민주주의를 유린한 반민주 세력인 한민공조에 대해 심판하자는 주장이었다(『중앙일보』 3월 17일자).

3월 12일 국회에서 의결된 헌정사상 초유의 탄핵소추안은 63일간의 대통령 직무정지를 초래하였고, 5월 14일 마침내 헌법재판소에서 기각을 결정하기에 이르렀다. 탄핵은 본질적으로 노무현 대통령의 리더십에 대한 문제제기라는 지적도 설득력이 있지만, 각종 여론조사에서 나타났듯이 그 방법에 있어서는, 절차적 정당성의 여부와 관계없

---

1) 정치관계법 개정, 특히 선거법 개정이 선거운동과정에 미친 영향 및 정치적 효과, 제도적 한계에 대해서는 졸고 참조(윤종빈 2004b).

이, 국민적 지지를 받지 못했다는 평가가 다수이다. 다시 말하자면 탄핵은 여야 간의 지나친 정쟁의 부산물로서 그 내용, 즉 사유의 정당성이 결여되어 있다는 지적이 지배적이다.

어찌됐던 탄핵은 17대 총선과정을 완전히 주도할 만큼 중대한 사건이었다. 탄핵을 둘러싼 촛불집회와 찬반논쟁이 지속되었고 국민들은 자연스럽게 탄핵찬반 여부에 따라 총선지지에 대한 태도가 두 갈래로 나뉘어졌다. 한 조사에 따르면, 관심 지역구 20개의 경우 탄핵 가결 전에는 한나라당 우세지역이 11개였으나, 탄핵직후인 3월 19~21일 실시한 조사에서는 한나라당 우세지역은 '0' 석으로 급격한 변화를 보여주었다(『중앙일보』 4월 16일자). 4월 본격적인 선거운동이 시작되어 인물경쟁이 약간씩 드러나고 3월 23일 선출된 박근혜 대표의 효과가 서서히 나타나는 가운데 터진 정동영 의장의 노인폄하발언은 한나라당이 소폭이나마 탄핵역풍의 열세를 만회할 수 있는 중요한 전환점이 되었다.

탄핵은 두말할 나위 없이 대부분의 여론조사에서 지지후보 결정에 가장 큰 영향을 미친 요인으로 지적되고 있다. 4월 11~13일에 실시된 KBS-한길리서치 여론조사에서는 60.7%, 선거가 끝난 후인 4월 17일 실시된 한국갤럽의 조사에서는 51.1%, 선거 후 조사된 한겨레신문에서도 조사대상자의 50.5%가 투표에 가장 큰 영향을 준 변수로 탄핵쟁점을 선택하였다.[2]

총선결과를 두고 볼 때, 탄핵 정국의 가장 큰 수혜자는 열린우리당이라고 볼 수 있다. 탄핵쟁점은 선거과정을 양강구도로 만들어 열린우리당이 수권정당이 될 수 있다는 인식을 광범위하게 형성하여 유권

---

2) 한국갤럽의 조사에 따르면 탄핵가결(51.1%) 다음으로 영향을 준 요인은 정동영 실언이 14%, 각 당 대표의 선거운동 13.7%, 낙선운동이 3.2%로 나타났다. 한겨레신문의 조사에서는 탄핵요인(50.5%) 다음으로 박근혜 대표 선출 10.3%, 한나라당 차떼기 7.0%, 정동영 실언 5.9%, 추미애 삼보일배 0.9%, 기타 6.1%로 나타났다.

〈표 1〉 가장 공감하는 총선 쟁점

구분	응답자 빈도	비율(%)
경제안정 및 지역발전	565	37.7
물갈이와 정치개혁	378	25.2
탄핵심판	**341**	**22.7**
거대여당 출현 견제	59	3.9
지역주의 청산	45	3.0
노인폄하 발언	44	2.9
기타/모름/응답거부	68	4.5
계	1,500	100.0

자가 표를 찍게 되었다는 점이 지적되어야 할 것이다. 이는 47석에 불
과하던 의석이 152석으로 대폭 증가하게 된 가장 큰 이유이기도 하다.
그러나 기성 정당인 한나라당과 민주당이 국민들의 변화와 기대에 대
한 강한 열망을 무시한 채 그들만의 싸움을 벌이고 있을 때 열린우리
당이 그나마 경선의 적극적인 도입, 비례제 강화 등의 정치개혁에 대
한 강한 의지를 보여준 결과라는 평가 또한 설득적일 것이다. 탄핵을
반대하는 유권자들의 심리적 기저에는 기성 정치의 부정부패에 대한
혐오와 새로운 변화에 대한 기대가 깔려 있다는 것을 한나라당과 민
주당, 자민련은 심각하게 받아들이지 않았다는 중대한 실수를 저지른
것이다.

III. 탄핵 쟁점의 영향력에 대한 경험적 분석

1. 탄핵 쟁점의 중요성

〈표 1〉은 17대 총선에서 가장 공감가는 쟁점이 무엇이었는가를 묻
는 질문에 대한 조사대상자의 응답 결과이다. 앞서 설명한 바와 같이
4월 15일 총선 직전과 직후에 실시된 전화여론조사에서 투표결정에

가장 큰 영향을 준 쟁점은 무엇이었는가를 묻는 질문의 결과와 비교해 볼 때 탄핵 쟁점의 영향력은 상대적으로 그다지 크게 나타나지 않았다. 오히려 경제안정과 지역발전, 물갈이와 정치개혁 쟁점이 각각 37.7%와 25.2%로 탄핵심판의 22.7%보다 그 중요성이 높게 나타났다.

이와 같이 탄핵쟁점의 영향력이 상대적으로 낮게 나타난 것은 3가지 이유로 해석해 볼 수 있을 것이다. 우선 조사방법의 차이로 전화여론조사와 대면인터뷰에서 조사대상자들이 솔직하게 대답할 가능성의 정도가 다를 수 있다는 점이다. 특히 본 연구의 주된 자료인 대면인터뷰에서 응답자는 조사원을 앞에 두고 있기에 민감한 질문에 솔직히 대답하기보다는 당위적인 대답을 할 가능성이 높기 때문에 첫 번째와 두 번째 항목이 높은 빈도가 나왔을 것이라고 해석할 수 있을 것이다.

두 번째로는 탄핵쟁점이 앞선 2개의 항목과 중첩되어 영향력이 발휘되었을 가능성이다. 탄핵가결을 비판하는 유권자들의 기저에는 낡고 부패한 정치권에 대한 비판과 불신이 강하게 깔려 있다는 것을 의미한다. 탄핵가결은 불법 대선자금에 실망하고 어려운 서민경제를 비판하던 유권자들에게 정치권만의 '쇼'로 비춰졌기 때문이다. 즉, 16대 국회의 주도세력이자 탄핵을 주도한 한나라당과 민주당이 정치개혁과 경제안정에는 무관심하고 대안을 제시하지 못했다는 유권자의 평가가 중첩되어 나타났을 것이다.

세 번째로는 첫 번째 항목인 경제안정과 지역발전에서 '지역발전' 쟁점이 지역경제의 활성화를 기대하는 유권자들에게 공감을 주었을 것이라는 해석이 가능할 것이다. 17대 총선에서 탄핵쟁점에 가려 상대적으로 간과되고 있는 후보자(인물) 요인이 작동되어 선거 막바지에는 지역 고유의 쟁점이 부각되었을 가능성을 시사해 준다.[3] 이는 물

---

3) 17대 총선에 관한 대부분의 연구와 달리 목포지역의 총선과정을 분석한 한 연구는 17대 총선은 지역, 탄핵쟁점과 더불어 인물요인이 상당히 작용한 선거라고 주장한다(김영태 2004).

〈표 2〉 국회의 탄핵 결정 찬성여부

구분	응답자 빈도	비율(%)	
매우 찬성한다	80	5.3	23.0
대체로 찬성한다	266	17.7	
대체로 반대한다	482	32.1	70.6
매우 반대한다	577	38.5	
모름/응답거부	95	6.3	
계	1,500	100.0	

론 지역단위의 경기활성화를 중심으로 이루어졌을 것이다.

〈표 2〉는 국회의 탄핵결정에 대해 찬성하는지 여부를 묻는 질문에 대한 조사대상자의 응답의 결과이다. 일반적으로 예측되는 바와 같이, 대체로 반대하는 경우 32.1%와 매우 반대하는 경우 38.5%를 합쳐 조사대상자 가운데 70.6%가 반대의 태도를 형성하고 있다. 결국 탄핵결정은 그 절차적 정당성에 대한 논란을 떠나 야당이 정략적인 차원에서 주도한 정치쇼에 불과했다는 국민 다수의 의사를 반영한 결과라고 볼 수 있다. 즉 다시 말해서, 국회의 탄핵 발의와 의결에서 절차적 정당성은 문제가 없었다는 주장이 있을 수 있지만, 탄핵사유의 정당성은 설득력을 확보하지 못했다는 다수 국민들의 생각을 반영하고 있다.

2. 탄핵쟁점과 연령대, 지역, 투표지지

〈표 3〉은 탄핵에 대한 태도가 연령대별로 다르게 나타나고 있다는 것을 통계적 유의미성을 바탕으로 보여 주고 있다. 일반적으로 젊은 층일수록 탄핵결정에 대해 반대하고, 나이든 유권자일수록 탄핵결정에 찬성하는 비율이 많은 것으로 예측되고 있다. 〈표 3〉의 결과를 보면, 대체로 반대하거나 매우 반대하는 비율의 합계가 20대는 85.7%, 30대는 85.1%로 상당히 높게 나타난 반면, 40대는 67.8%, 50대 이상은 64.3%로 낮게 나타나 젊은 층과 20% 정도의 차이를 보여 주고 있

<표 3> 연령별 탄핵결정에 대한 태도

구분	매우 찬성	대체로 찬성	대체로 반대	매우 반대	계
20대	11(3.3)	36(10.9)	113(34.2)	170(51.5)	330(100.0)
	47(14.2)		283(85.7)		
30대	7(2.0)	45(12.9)	131(37.5)	166(47.6)	349(100.0)
	52(14.9)		197(85.1)		
40대	26(7.8)	81(24.3)	116(34.8)	110(33.0)	333(100.0)
	107(32.1)		226(67.8)		
50대 이상	36(9.2)	104(26.5)	122(31.0)	131(33.3)	393(100.0)
	140(31.9)		253(64.3)		
계	80(5.7)	266(18.9)	482(34.3)	577(41.1)	1405(100)

Chi-square value=82.93, df=9, p=0.000

다. 반대하는 응답자의 전체 평균인 75.4%와 비교해 볼 때 연령대별로 뚜렷한 차이를 보여 준다. 특히 20대는 약 2명 중 1명 이상이 '매우반대' 하는 것으로 나타났다.

이와 같은 결과는 연령(세대)변수가 우리 정치지형에서 차지하는 비중이 과거에 비해 중대하게 커지고 있다는 몇몇 기존연구들을 뒷받침하는 것이다. 나이가 젊은 유권자일수록 정치개혁과 변화에 대한 열망이 강해 탄핵결정에 대해 반대하는 상대적으로 진보적인 이념을 가졌을 가능성을 확인해 주고 있으며, 나이든 유권자일수록 탄핵에 대해 찬성하는 보수적인 이념을 가졌을 가능성을 시사해 주고 있다. 이러한 탄핵에 대한 태도와 이념적 성향의 상관관계는 지난 2002년 대선에서 진보적인 유권자일수록 노무현 후보를 지지하는 경향이 높았고 보수적인 유권자일수록 이회창 후보에 대한 지지가 높았다는 사실에서 확인할 수 있다(강원택 2004). 따라서 연령(세대) 변인이 젊은 층-진보, 노년층-보수와 같이 이념 변인과 결합되어 향후 지역주의를 대체할 중요한 변인으로 강화될 가능성을 예견할 수 있다(박명호 2004b).

<표 4>는 지역별 탄핵결정에 대한 찬성 및 반대의 비율이 높은 유

〈표 4〉 지역별 탄핵결정에 대한 태도

구분	반대비율	매우 찬성	대체로 찬성	대체로 반대	매우 반대	계
서울	72.5	21(6.8)	64(20.7)	94(30.4)	130(42.1)	309(100.0)
인천	78.9	2(2.8)	13(18.3)	23(32.4)	33(46.5)	71(100.0)
경기	74.9	13(4.5)	60(20.6)	106(36.4)	112(38.5)	291(100.0)
부산	72.8	12(10.5)	19(16.7)	38(33.3)	45(39.5)	114(100.0)
울산	87.1	0	4(12.9)	17(54.8)	10(32.3)	31(100.0)
경남	70.6	4(4.3)	23(25.0)	35(38.0)	30(32.6)	92(100.0)
대전	88.4	0	5(11.6)	12(27.9)	26(60.5)	43(100.0)
충북	68.1	3(6.4)	12(25.5)	26(55.3)	6(12.8)	47(100.0)
충남	73.0	3(5.8)	11(21.2)	23(44.2)	15(28.8)	52(100.0)
광주	95.2	1(2.4)	1(2.4)	10(23.8)	30(71.4)	42(100.0)
전북	100.0	0	0	11(18.6)	48(81.4)	59(100.0)
전남	90.6	2(3.1)	4(6.3)	19(29.7)	39(60.9)	64(100.0)
강원	67.4	1(2.2)	14(30.4)	18(39.1)	13(28.3)	46(100.0)
대구	60.0	12(16.0)	18(24.0)	22(29.3)	23(30.7)	75(100.0)
경북	65.2	6(8.7)	18(26.1)	28(40.6)	17(24.6)	69(100.0)
계	75.4	80(5.7)	266(18.9)	482(34.3)	577(41.1)	1405(100.0)

Chi-square value=154.8, df=42, p=0.000

의수준에서 통계적으로 유의미하다는 사실을 보여 주고 있다. 우선 전체 평균이 75.4%라는 것을 고려할 때, 최고로 높은 반대 여론(매우 반대와 대체로 반대 포함)을 보여주는 지역은 전북으로 100.0%에 달하고 있다. 그 다음으로는 광주의 95.2%, 전남 90.6%의 순으로 나타났다. 한편 반대의 비율이 가장 낮은 지역은 대구 60.0%, 경북 65.2%이다. 서울을 비롯한 인천-경기 수도권지역과 부산-경남지역은 평균에 가까운 것으로 나타났고, 울산, 대전이 각각 87.1%와 88.4%로 전국평균에 비해 보다 높게 나타났다.[4]

---

4) 울산은 민주노동당이 강세를 보이는 지역으로 진보적인 이념을 기반으로 탄핵 결정에 대해 반대 여론이 높았을 것이라고 설명될 수 있으며, 대전은 행정수도 이전문제와 결부되어 노무현 대통령에 대한 지지가 상대적으로 높기에 탄핵 결정에 반대하는 여론이 높을 것이라는 설명이 가능하다.

여기서 한 가지 흥미로운 관심은 과연 탄핵 쟁점이 기존의 지역주의를 강화하는 방향으로 나타났는가에 있다. 앞선 〈표 3〉에서는 연령(세대)별 차이가 이념적 차이와 결합하여 탄핵에 대한 태도에 영향을 미쳤을 가능성에 대해 지적하였다. 이와 마찬가지로 〈표 4〉의 결과는, 호남-경북의 지역적 차이가 탄핵 쟁점에 대한 상반된 태도에 영향을 미쳤을 가능성을 간과해서는 안 된다는 점을 보여주고 있다. 즉 다시 말해서, 탄핵쟁점과 지역주의가 중첩되어 나타났을 가능성을 시사해 주고 있다. 과연 이념과 지역이 탄핵쟁점을 중심으로 서로 결합되어 있는지에 대해서는 보다 정밀한 분석이 필요할 것이다.

17대 총선결과에서 지역주의가 완화되었다는 명백한 증거를 찾아보기 힘들다는 주장이 있다. 지역구 의석에서 한나라당은 영남지역을 석권하였고 열린우리당은 호남과 충청을 석권하였기 때문에 새로운 형태의 영남 대 비영남의 지역구도가 탄생했다는 주장이다. 또한 부산-경남지역에서 열린우리당의 3석 획득은 그 의미를 강조하기에는 너무나도 미약한 성과라는 점을 지적하고 있다. 그러나 17대 총선에서 지역주의가 완화되었다는 주장이 더욱 설득력이 있다. 즉, 지역맹주의 소속정당에 대한 지역주민의 무조건적이고 맹목적인 지지라고 정의될 수 있는 선거에서의 전통적 지역주의는 2002년 대선을 기점으로 완화되기 시작했다. 그 이유는 몇 가지로 정리될 수 있다.

첫 번째로는 과거의 전통적인 지역주의의 리더십과 다른 유형의 리더십이 출현했기 때문이다. 노무현 대 이회창의 리더십, 정동영 대 박근혜의 리더십은 분명 과거 3김의 권위주의적 리더십과는 다른 형태로 이해해야 되기 때문이다.

둘째, 지역구 의석점유 측면에서 열린우리당이 부산-경남지역에서 지역구 3석을 얻어 영호남은 물론이고 전국 지역에서 골고루 의석을 확보한 최초의 전국정당으로 탄생되었기 때문이다. 〈표 4〉에서 부산-경남지역의 탄핵에 대한 태도가 전국 평균과 별 차이 없이 나타난 점도 동 지역에서 지역변수의 중요성이 상대적으로 감소되었을 가능성을 시사해주는 것이다.

셋째, 정당비례대표 선거에서 열린우리당은 대구와 경북을 제외한 대부분의 지역에서 30% 이상, 민주노동당은 전국 모든 지역에서 10% 이상을 득표했기 때문이다. 2개의 정당이 전국적으로 고른 득표를 얻은 것은 유권자의 닫혀진 지역준거적 투표행태가 변화하기 시작했다는 신호로 볼 수 있을 것이다.

넷째, 호남 유권자의 열린우리당에 대한 표쏠림 현상은 과거 김대중에 대한 지지와는 분명 다른 의미로 해석할 수 있기 때문이다. 물론 그 기저에는 반한나라당 정서, 한-민공조에 대한 강한 비판의식이 깔려있고 지역과 결부된 측면이 간과되어서는 안 되지만 과거와 같이 '맹목적' 지지가 아닌 여당 프리미엄을 기대하는 '전략적' 차원의 지지로 변화되었을 것이라는 점 또한 강조되어야 한다.

다섯 번째로 충청지역의 변화를 들 수 있다. 17대 총선에서 대전을 중심으로 한 충청지역 유권자들은 지역적 연고가 없다고 볼 수 있는 열린우리당을 전격적으로 지지했다. 과거 김종필과 자민련에 대한 무조건적인 지지가 거의 사라지고 행정수도이전 공약이 영향력을 발휘했기 때문으로 해석된다. 이러한 주장은 〈표 4〉에서 특히 대전지역의 탄핵결정에 대한 반대 입장이 88.4%로 상대적으로 높게 나타났다는 점이 증명한다. 따라서 충청권은 더 이상 전통적인 지역주의의 볼모가 아닌 정책적 쟁점에 따라 움직이는 '합리적' 지역주의로 변화하고 있다는 평가가 나오고 있다(유재일 2004).

이러한 이유에서 선거에서 일컫는 전통적인 의미의 지역주의는 완화 혹은 변화되는 과도기에 들어섰다고 평가할 수 있을 것이다.[5] 본

---

5) 정당 간 선거경쟁의 정도를 분석한 최근의 한 연구에 따르면, 17대 총선에서도 지역주의는 여전히 막강한 영향력을 발휘했으며 당분간은 그 영향력이 지속될 것이라고 평가한다. 그러나 지역주의 성향은 일부지역에서 완화되거나 새로운 형태로 나타나고 있으며, 새로운 균열구조가 지역주의와 결합되어 점차 그 상대적 영향력이 강화되어 갈 것이라고 예측하고 있다(박명호 2004a).

〈표 5〉 투표지지(지역구; 비례대표) 정당에 따른 탄핵찬반

(응답지수, %)

구분	매우 찬성		대체로 찬성		대체로 반대		매우 반대		총계	
	지역구	정당	지역구	정당	지역구	정당	지역구	정당	지역구	정당
한나라당	51	50	159	155	107	92	40	28	357	325
	(14.3)	(15.4)	(44.5)	(47.7)	(30.0)	(28.3)	(11.2)	(8.6)	(100)	(100)
민주당	3	4	22	19	28	25	23	23	76	71
	(3.9)	(5.6)	(28.9)	(26.8)	(36.8)	(35.2)	(30.3)	(32.4)	(100)	(100)
열린우리당	11	8	23	26	168	150	343	314	545	498
	(2.0)	(1.6)	(4.2)	(5.2)	(30.8)	(30.1)	(62.9)	(63.1)	(100)	(100)
자민련	1	2	7	4	8	4	7	4	23	14
	(4.3)	(14.3)	(30.4)	(28.6)	(34.8)	(28.6)	(30.4)	(28.6)	(100)	(100)
국민통합 21	0	0	0	0	0	0	0	1	0	1
								(100)		(100)
민주노동당	0	3	5	13	19	56	28	68	52	140
		(2.1)	(9.6)	(9.3)	(36.5)	(40.0)	(53.8)	(48.6)	(100)	(100)
계	66	67	216	217	330	327	441	438	1053	1049
	(6.3)	(6.4)	(20.5)	(20.7)	(31.3)	(31.2)	(41.9)	(41.8)	(100)	(100)

지역구선거 : Chi-square value=378.5, df=12, p=0.000
정당투표 : Chi-square value=396.6, df=15, p=0.000

장에서 지역변수가 여전히 투표지지에 영향을 미치는지, 연령변수가
지역변수를 대체할 새로운 균열구조로서 대두될 가능성이 있는지를
검증한다.

〈표 5〉는 지역구선거와 비례대표 정당명부선거에서 유권자가 실제
로 찍은 정당에 따라 탄핵에 대한 태도가 어떻게 다른지를 보여 주고
있다. 즉 탄핵쟁점이 실제 투표와 상관관계가 있는지에 대해 정보를
주는 분석이다. 양 선거방식 모두에서 높은 통계적 유의미성이 발견
되어 투표정당과 탄핵결정에 대한 태도와는 중요한 상관관계가 있다
는 것을 알 수 있다. 지역구선거에서 한나라당 후보에게 투표한 조사
대상자의 경우 41.2%(30.0+11.2)만이 탄핵결정에 반대한다고 응답하
였고, 오히려 찬성한다는 비율이 58.8%로 과반수를 넘었다. 정당투표
에서 한나라당을 지지한 응답자는 36.9%(28.3+8.6)만이 탄핵에 찬성

하는 태도를 보였다. 열린우리당 후보를 지역구선거에서 투표한 조사
대상자 가운데 93.7%(30.8+62.9), 정당투표에서 열린우리당을 지지
한 응답자의 93.2%(30.1+63.1)가 탄핵결정에 반대한다는 태도를 견
지하고 있다.[6]

실제 투표정당과 탄핵결정에 관한 태도의 상관관계에 대한 이상과
같은 결과는 몇 가지 유사한 질문에서 유사한 패턴으로 발견된다. 별
도의 표를 작성해 보고하고 있지는 않지만 특정 정당에 대해서 가깝
게 느끼고 있는가를 묻는 질문에 응답자가 첫 번째 말한 정당, 즉 정당
친밀도를 분석해 볼 경우 지지정당에 따른 탄핵에 대한 태도의 차이
는 더욱 뚜렷해진다. 한나라당에 가깝다고 느끼는 응답자의 경우
30.7%만이 탄핵에 대해 반대한다고 말한 반면, 열린우리당에 가깝다
고 느끼는 응답자의 경우 97.7%, 민노당의 경우 89.8%, 민주당의 경
우 67.7%가 반대한다고 말해 주었다.

탄핵에 반대한다고 응답한 조사대상자 가운데 탄핵과 관련한 촛불
시위에 참여한 경험이 있다고 응답한 100명의 정당투표 지지정당에서
는 한 가지 흥미로운 결과가 나타났다. 촛불시위에 참여한 경험이 있
는 응답자 가운데 56.0%만이 열린우리당을 찍었다고 응답하였고, 무
려 17%가 민주노동당을 찍었다고 응답하였다. 탄핵에 반대하여 촛불
시위에 직접 참여할 정도의 적극적인 정치참여계층은 보다 개혁적인
정책을 표방하는 민노당에 대한 지지가 상대적으로 높다는 것을 보여
주는 결과이다. 이는 현실정치에 대한 불신과 비판이 높아 상대적으
로 보다 강도 높은 개혁을 바라는 계층이 민노당을 지지했기 때문이
라고 추론할 수 있다.

---

6) 참여관찰에 의해 전북 남원·순창 선거구를 분석한 한 연구는 초대형 정치이
   슈인 탄핵이 정책적 이슈나 개인적 이슈를 압도하여 선거에서의 승리를 가져
   다 주었다고 경험적으로 분석한다(송기도 2004).

3. 탄핵쟁점과 촛불시위, 인터넷

〈표 6〉은 "귀하께서는 대통령 탄핵과 관련하여 촛불시위에 참여해 본 경험이 있습니까"라는 질문에 대한 응답의 결과이다. 전체 1,500명의 조사대상자 가운데 6.7%인 100명이 촛불시위에 참여한 경험이 있다고 대답하였다. 이는 앞선 〈표 2〉에서 보여준 바와 같이 탄핵결정에 대체로 반대하거나 매우 반대하는 조사대상자수인 1,059명 가운데 10.59%에 달하는 것으로 적지 않은 숫자라고 볼 수 있다.

〈표 7〉은 탄핵관련 촛불시위에 참여한 경험이 있는 조사대상자 100명의 투표참여를 보여주고 있다. 촛불시위에 참여한 경험이 없는 경우에는 78.5%만이 투표에 참여한 반면, 촛불시위에 참여한 경험이 있는 응답자의 경우 85.9%가 투표에 참여하여 7.4% 정도의 차이를 보여주고 있다. 즉, 촛불시위에 참여하여 적극적으로 탄핵결정을 반대하고자 한 유권자일수록 정치참여의 가장 전형적인 형태인 투표에도 적극적으로 참여하여 탄핵에 대해 심판하고자 했다고 해석할 수 있다.

〈표 8〉은 앞서 살펴본 17대 총선에서 가장 공감하는 쟁점에 대한 태도를 촛불시위 참여경험에 따라 구분한 결과이다. 촛불시위 참여경험이 있는 응답자의 경우 두드러진 특징으로는 탄핵심판 쟁점을 상대적으로 크게 공감하고 있다는 것을 들 수 있고, 물갈이와 정치개혁 쟁점이 크게 작동했다고 생각한다는 점이다. 반면 촛불시위 참여경험이 없는 응답자의 경우 경제안정과 지역발전 쟁점을 총선과정에서 가장 공감하는 쟁점으로 생각하는 경향이 있는 것으로 나타났다. 앞서도

〈표 6〉 탄핵관련 촛불시위 참여경험

구분	응답자 빈도	비율(%)
있다	100	6.7
없다	1,390	92.7
모름/응답거부	10	0.7
계	1,500	100.0

〈표 7〉 탄핵관련 촛불시위 참여자의 투표여부

구분		투표여부		
		투표	기권	계
촛불시위 참여경험	있다	85(85.9)	14(14.1)	99(100.0)
	없다	1,082(78.5)	297(21.5)	1,379(100.0)
계		1,167(79.0)	311(21.0)	1,478(100.0)

Chi-square value=3.04, df=1, p=0.000

〈표 8〉 탄핵관련 촛불시위 참여경험과 공감하는 총선쟁점

구분		경제안정과 지역발전	물갈이와 정치개혁	탄핵심판	거대여당 출현견제	지역주의 청산	노인폄하 발언	계
촛불시위 참여경험	있다	16 (16.2)	35 (35.4)	40 (40.4)	3 (3.0)	3 (3.0)	2 (2.0)	99 (100.0)
	없다	548 (41.3)	342 (25.8)	300 (22.6)	54 (4.1)	42 (3.2)	42 (3.2)	1,328 (100.0)
계		564 (39.5)	377 (26.4)	340 (23.8)	57 (4.0)	45 (3.2)	44 (3.1)	1,427 (100.0)

Chi-square value=30.82, df=5, p=0.000

지적했듯이, 탄핵결정에 대한 유권자의 태도와 물갈이를 포함한 정치개혁에 대한 태도는 중첩될 것이라고 해석되며, 선거 막바지에는 지역현안을 중심으로 한 후보자 인물요인이 작동되어 탄핵쟁점보다는 지역경제 활성화를 통한 지역발전에 중점을 두고 후보자를 평가하는 경향이 어느 정도 나타났을 것이라는 예측을 가능하게 한다.

〈표 9〉는 인터넷이 탄핵쟁점의 확산에 영향을 미쳤는지에 대한 검증을 시도하고 있다. 결과적으로 인터넷 사용빈도와 탄핵관련 촛불시위 참여경험은 통계적으로 상관관계가 있다는 것이 밝혀졌다. 촛불시위 경험이 있는 응답자와 그렇지 않은 응답자를 비교해볼 때, 인터넷 사용빈도는 확연하게 차이가 난다. 전혀 안 한다는 비율 또한 9.1% 대

〈표 9〉 탄핵관련 촛불시위 참여자의 인터넷 사용빈도

구분		전혀 안 한다	한 달에 1회 이상	일주일에 1회 이상	매일 1회 이상	계
촛불 시위 참여 경험	있다	9(9.1)	7(7.1)	23(23.2)	60(60.6)	99 (100.0)
	없다	558(41.5)	120(8.9)	249(18.5)	417(31.0)	1,390 (100.0)
계		567(39.3)	129(8.8)	272(18.8)	478(33.1)	1443(100.0)

Chi-square value=50.53, df=3, p=0.000

41.5%로 무려 30% 가까이 차이가 있으며, 매일 1회 이상이라고 응답한 비율은 촛불시위 경험자가 2배 가까이 높은 수치를 보여주고 있다. 이러한 결과는 촛불시위에 직접 참여한 응답자의 경우 온라인을 통해 의지를 강화하여 오프라인에서 직접 참여하게 되는 계기가 되었을 것이라는 추론을 가능하게 해준다.[7]

이와 같은 가능성은 또 다른 질문을 통해 확인할 수 있다. 응답자에게 인터넷 커뮤니티(취미 및 친목, 오락, 연애, 학술, 지역사회, 언론, 정치 등) 활동을 하고 있느냐의 여부를 질문한 결과, 촛불시위에 참여한 경험이 있는 응답자의 경우 68.0%가 활동하고 있다고 대답하였고, 비참여자의 경우는 단지 33.6%만이 활동하고 있다고 대답하였다(chi-square=47.8, df=1, p=0.000).

또한 응답자가 참여하는 인터넷 커뮤니티에서 정치-사회적 이슈가 차지하는 비중이 어느 정도인지 묻는 질문에 촛불시위 참여경험자의

---

7) 온라인상의 정보획득과 커뮤니케이션이 오프라인상의 정치참여로 자동적으로 이어지지 않는다는 것이 지금까지 인터넷의 영향력을 검증하는 연구들의 지배적인 견해이다(윤종빈 2004a). 비록 인터넷이 우리 삶에서 차지하는 역할의 중요성이 증대되는 것은 부인할 수 없지만, 인터넷 정보수단의 발전과 이에 따른 정보습득기회의 확대가 자동적으로 정치의식의 민주적 변화와 오프라인에서의 정치참여의 증가를 보장한다는 주장의 근거는 미약하다는 것이다.

경우 '많다'의 비율이 27.6%인 반면, 비참여자의 경우 동 항목의 비율이 각각 9.1%로, 약 3배 정도로 촛불시위 참여경험자의 정치-사회적 쟁점에 대한 관심은 비참여자보다 높은 것으로 검증되었다(Chi-square=18.5, df=3, p=0.000).

또한 인터넷 커뮤니티에 주로 어떤 형태로 참여하느냐를 묻는 질문에 공지사항 혹은 소식/알림글만 보고 나오는 편이라는 소극적인 행동을 말해 주는 항목에는 촛불시위 비참여자가 36.0%로 참여자의 15.5%보다 오히려 2배 가량 높게 나타났다. 핵심정보를 확인하고 읽는 편이라는 응답은 참여자와 비참여자가 37.9% 대 41.1%로 큰 차이가 없었으며, 게시판/토론방을 통해 의사소통을 하는 편이라는 응답은 32.8% 대 18.9%로 상당히 차이가 있었으며, 커뮤니티가 요구하는 활동에 직접 참여한다는 가장 적극성을 반영하는 항목에는 13.8% 대 4.0%로 3배 가까운 확연한 차이를 보여주고 있다(chi-square=19.9, df=3, p=0.000).

인터넷을 쌍방향 토론의 장으로 활용하고 있는가의 여부를 확인할 수 있는 앞선 질문은 인터넷활용과 촛불시위 참여와의 상관관계를 직접 보여 주는 증거가 되고 있다. 결국 탄핵쟁점이라는 의제는 인터넷을 통해 확산, 강화된 측면이 있다. 다시 말해서, 인터넷은 촛불시위가 광범위하게 결집될 수 있는 수단으로 작용하여 탄핵쟁점을 더욱 강화시켰을 것이라는 추론이 가능하다. 이러한 결과는 온라인에서의 활동이 오프라인의 정치참여에 영향을 미친다는 기존의 연구를 뒷받침하는 발견이다.

4. 탄핵쟁점의 통합모형: 로짓회귀분석

〈표 10〉은 탄핵찬반에 영향을 미친 변수들을 로짓회귀분석을 통해 검증하고 있다. 특히 앞서 살펴본 상관관계 분석에서 충분히 검증하지 못했던 탄핵과 연령대와의 관계, 탄핵과 지역과의 관계, 탄핵과 인

〈표 10〉 탄핵찬반에 대한 로짓회귀분석

독립변수	탄핵찬반 (반대=1, 찬성=0)	
	추정계수	표준오차
연령대	-0.416***	0.073
인터넷이용빈도	0.107***	0.061
호남지역	2.201**	0.396
경북지역	-0.537*	0.193
상수	1.920***	0.314
-2Log likelihood	1382.4	
예측정확도	75.9%	
사례수	1367	

참고: *p〈0.1, **p〈0.01, ***p〈0.001
연령대(1=20대; 2=30대; 3=40대; 4=50대 이상)
인터넷이용빈도(1=전혀 안함; 2=월 1회 이상; 3=주 1회 이상; 4=매일 1회 이상)
호남지역(광주/전남/전북=1; 그외 지역=0)
경북지역(대구/경북=1; 그외 지역=0)

터넷이용과의 관계를, 탄핵에 대한 찬반 태도를 종속변수로 하여 분석하고 있다.

우선 2개의 지역 가변수(호남지역, 경북지역)가 탄핵찬반 태도를 결정하는 데 의미있게 작동한다는 것을 알 수 있다. 즉 호남 유권자일수록 탄핵에 반대하는 경향이 높으며, 경북 유권자일수록 탄핵에 찬성하는 태도를 가지는 경향이 있다는 것을 보여 준다. 이러한 결과는 지역이 탄핵 태도의 형성에 영향을 미치고, 지역-탄핵이 서로 중첩되어 작동되었을 가능성을 통계적으로 검증한 것이다.

연령대 변수도 탄핵에 대한 태도 형성에 중대한 영향을 미치는 것으로 나타났다. 연령대가 낮을수록, 즉 젊을수록 탄핵에 반대하는 경향이 강한 것으로 나타났다. 이 연구에서는 심층적으로 검증하고 있지 않지만, 앞서 설명한 바와 같이 연령(세대) 변인은 젊은층-진보, 노년층-보수와 같이 이념 변인과 결합되어 장차 지역주의를 대체할 중요한 변인으로 강화될 가능성을 조심스럽게 예견해 볼 수 있다.

〈표 11〉 투표지지에 대한 로짓회귀분석

독립변수	모형1 (우리당지역투표)	모형2 (우리당지역투표)	모형3 (우리당지역투표)	모형4 (한나라지역투표)
탄핵찬반	2.64(0.20)***	-	2.51(0.20)***	-2.25(0.17)***
연령대	-	-0.36(0.06)***	-0.19(0.07)**	0.34(0.08)***
호남지역	-	0.83(0.21)***	0.27(0.22)	-3.96(1.02)***
경북지역	-	-0.91(0.21)***	-7.53(0.24)**	1.39(0.24)***
상수	-4.65(0.37)***	0.93(0.17)***	-3.87(0.43)***	2.15(0.38)***
-2Log likelihood	1220.5	1479.6	1199.5	973.8
예측정확도	71.4%	63.3%	72.0%	79.8%
사례수	1071	1126	1071	1071

참고: 추정계수(표준오차), *p〈0.1, **p〈0.01, ***p〈0.001
종속변수: 우리당지역투표(지역구열린우리당후보투표=1; 타정당투표=0)
한나라지역투표(지역구한나라당후보투표=1; 타정당투표=0)
우리당비례투표(비례대표열린우리당후보투표=1; 타정당투표=0)
한나라당비례투표(비례대표한나라당후보투표=1; 타정당투표=0)

〈표 11〉은 탄핵의 상대적 중요성을 로짓회귀분석을 통해 분석하고 있다. 탄핵쟁점이 투표 결정에 어느 정도 영향을 미쳤는지를 다른 중요한 변인, 연령대와 지역의 영향력을 통제한 후 검증하고 있다.[8]

모형1, 2, 3은 지역구 선거에서 열린우리당 후보 지지 여부를 종속변수로 설정한 경우이다. 탄핵찬반 변수는 모형1, 3에서 0.001의 높은 통계적 유의수준에서 열린우리당 지지에 영향을 주고 있다. 모형2는 탄핵찬반 변수를 제외한 채 호남-경북지역 변수와 연령대 변수의 영향력만을 검증하여 높은 통계적 유의미성을 발견하였다.

모형3은 4개의 독립변수를 동시에 포함한 것으로 흥미로운 점을 발

8) 응답자의 사회경제적 배경 변수인 성별, 교육수준도 회귀분석에 포함시켰지만 통계적 유의미성을 발견할 수 없었기에 이를 포함한 모형은 별도로 보고하지 않는다. 또한 인터넷사용빈도 변수는 모형에 포함시켜 분석한 결과, 통계적 유의미성은 없이 탄핵찬반 변수의 유의도만 저하시키기에 최종 모형에는 포함시키지 않았다. 연령과의 상관관계가 높기 때문에 나타나는 현상일 것이다.

견할 수 있다. 즉, 모형2와는 달리 탄핵찬반 변수와 2개 지역 가변수를 동시에 검증할 때, 지역 변수, 특히 호남지역 변수가 현저히 그 영향력이 줄어든다는 것이다. 이는 호남 변수와 탄핵 변수가 상당한 상관관계, 즉 중첩되고 있다는 것을 말해 준다. 추정계수의 통계적 유의미성만을 두고 볼 때, 경북 변수는 상대적 의미에서 그 중첩의 정도가 낮을 것이라는 설명이 가능하다. 이는 앞선 〈표 4〉에서 나타난 결과를 재확인하는 것이다.

표에서 보고되지는 않았지만 지역구 선거가 아닌 비례대표 정당투표에서 열린우리당에 대한 투표지지를 종속변수로 분석하는 경우 상이성이 발견된다. 호남 변수의 경우 p값이 0.08로 0.21에 비해 낮아져 0.1의 낮은 유의 수준에서 통계적 의미가 있는 것으로 나타난다. 물론 그 차이의 정도가 미약하기에 해석에 있어서 과장되어서는 안 되겠지만, 비례대표 정당투표에서는 유권자들의 분할투표 현상으로 탄핵과 지역의 상관관계가 상대적으로 미약하고 투표결정에 미치는 영향력이 그만큼 감소된 것이라고 생각된다. 따라서 비례대표 정당투표에서는 지역구 선거에서보다 탄핵과 지역의 중첩성이 상대적으로 미약하다고 볼 수 있다.

마지막으로 모형4는 지역구 선거에서 한나라당 후보 지지 여부를 종속변수 독립변수들을 검증하고 있다. 모든 경우가 0.001의 유의수준에서 통계적으로 유의미한 것으로 나타났다. 국회의 탄핵결정이 문제없다고 생각하는 유권자일수록, 연령대가 높을수록, 호남지역에 거주하지 않는 유권자일수록, 경북지역에 거주하는 유권자일수록 지역구선거에서 한나라당 후보를 지지하는 경향이 높은 것으로 나타났다. 이러한 결과는 비례대표 정당투표에서도 동일하게 나타나 모든 경우 0.001의 유의수준에서 유의미한 것으로 나타났다.

Ⅳ. 요약 및 논의

이 글은 2004년 총선에서 나타난 탄핵 쟁점의 영향력을 면접조사결과를 토대로 검증하였다. 이 연구의 결과는 다음의 여섯 가지로 요약될 수 있다.

첫째, 탄핵에 대한 태도는 연령대와 상관관계가 있다. 둘째, 탄핵찬반 태도는 호남지역 및 경북지역과 높은 상관관계가 있다. 셋째, 지역구 투표 및 비례대표 정당투표는 탄핵에 대한 태도와 상관관계가 있다. 넷째, 촛불시위참여와 투표참여는 상관관계가 있다. 다섯째, 촛불시위 참여자는 인터넷 사용빈도가 상대적으로 높다. 마지막으로, 로짓회귀분석에서 밝힌 바와 같이, 탄핵쟁점은 연령변수, 지역변수와 함께 혹은 중첩되어 유권자의 투표결정에 상당한 영향을 미쳤다는 점이다.

제도적인 측면에서 볼 때, 탄핵에 대한 논쟁은 우리의 절차적 민주주의의 견고성을 확인하는 계기가 되었다는 긍정적인 평가와 함께, 헌법의 한계, 사회적 갈등해결 메커니즘의 부재를 반성하는 기회가 되었다. 한민공조에 의한 대통령에 대한 탄핵소추안의 발의와 의결이 절차적, 제도적 관점에서는 문제가 없으며 본질적으로는 대통령의 안정적 리더십 회복에의 기대에서 초래되었다는 지적도 설득력이 있지만, 내용적 정당성을 결여한 절차적 정당성은 궁극적으로 제도적 차원을 넘어서 국민적 저항을 불러일으킬 수 있다는 교훈을 주었다.

한편 행태적인 측면에서는 탄핵쟁점이 유권자의 연령대별 차이를 선명하게 자극해 이념을 강화하는 방향으로 전개되었을 가능성과, 지역과 중첩되어 오히려 유권자의 지역준거적 투표행태를 유지하는 계기가 될 수 있다는 한계를 동시에 보여 주었다. 그러나 한 가지 강조되어야 할 사실은, 최근 선거에서 관찰되는 바와 같이 아직은 미약하다고 볼 수 있지만 연령(세대) 변인이 이념 변인과 결합·중첩되어 지역주의를 대체할 사회균열구조로 대두될 가능성이 보여지고 있다는 점이다.

이 연구는 탄핵에 대한 태도의 형성에 영향을 미치는 요인들을 분석하고 궁극적으로는 유권자의 탄핵찬반의 태도가 투표지지형태에 영향을 미쳤는지를 검증하였다. 이 연구는 지역변인, 세대변인, 그리고 정당변인은 분석에서 고려하였지만, 이념요인과 후보자요인의 중요성은 분석의 범위에 포함되지 않았다는 한계를 가진다. 그러나 17대 선거의 쟁점 가운데 가장 중요시되는 탄핵 쟁점의 영향력을 경험적으로 분석했다는 점에서 미약하나마 학문적 기여를 할 수 있을 것이라고 생각된다.

■ 참고문헌

강원택. 2004. "탄핵 정국과 17대 총선." 한국정치학회 총선분석 특별학술회의, 한국프레스센터 4월 22일.

김영태. 2004. "지역주의와 탄핵, 그리고 인물투표: 목포지역을 중심으로." 한국정당학회 춘계학술회의, 한국프레스센터 5월 12일.

박명호. 2004a. "17대 총선과 정당정치의 변화: 지역주의 정당체계와 관련하여." 『정치정보연구』 제7권 1호.

_____ . 2004b. "탄핵 역풍과 수도권 신도시의 총선: 고양시 덕양(갑)." 한국정당학회 편. 『17대 총선 현장 리포트: 13인 정치학자의 참여관찰』. 서울: 푸른길.

송기도. 2004. "탄핵 이슈에 압도당한 선거: 전북 남원 · 순창." 한국정당학회 편. 『17대 총선 현장 리포트: 13인 정치학자의 참여관찰』. 서울: 푸른길.

안병진. 2004. "탄핵이슈와 제17대 총선: 미국 1998년 중간선거와의 비교." 『한국정치연구』 제13집 2호.

유재일. 2004. "충청 지역주의의 변화: 대전 중구." 한국정당학회 편. 『17대총선 현장 리포트: 13인 정치학자의 참여관찰』. 서울: 푸른길.

윤종빈. 2004a. "시민의 온라인 정치참여에 관한 연구: 가능성과 한계." 『한국정당학회보』 제3권 1호.

_____ . 2004b. "정치관계법 개정과 17대 총선." 『한국정당학회보』 제3권 2호.

_____ . 2004c. "17대 총선결과 평가: 분석과 전망." 『정치정보연구』 제7권 1호.

『중앙일보』 2004년 3월 17일자.

『중앙일보』 2004년 4월 16일자.

『한겨레신문』 2004년 4월 19일자.

제12장

네티즌의 정치정향과 투표선택

정연정 · 조성대

I. 서론

1990년대 후반 정보통신기술의 발전으로 인해 인터넷 사용 인구는 빠르게 증대하고 있다. 한국의 경우 인터넷 사용 인구는 이미 1,000만을 넘어서고 있으며 전체 인구의 1/5 이상이 인터넷을 경험하고 있다. 이러한 인터넷 사용 인구의 급속한 확장은 사이버공간이 지니는 특성에 관한 연구를 진척시켜 왔다. 다시 말해 정보기술의 발달과 정보사회에 대한 담론은 정보사회의 본질에 관한 연구, 정보기술과 민주주의의 관계에 관한 연구, 그리고 정보기술 자체가 가져오는 정치적 파급효과 등 다양한 분야에서 많은 연구자들의 관심을 증대시켜 왔다.

이러한 정치적 효과에 대한 연구의 핵심적인 주제는 정보통신기술을 통한 개인의 정치참여가 어떻게 변화할 것인가 하는 것이다. 예를 들어 정보통신기술을 일상생활에서 활용하고 이에 대한 의존도가 높아짐에 따라 활용자(user)들이 선거국면에서 선택하는 내용이 달라질 수 있는가의 문제가 제기될 수 있다.

이와 같은 주제는 우리에게 크게 두 가지 학문적 문제를 동시에 제공하는 것이라고 볼 수 있다. 첫 번째는 정보통신기술을 활용하는 개인이 그렇지 않은 개인과 비교했을때 다른 내용으로 구성되는가의 문제이며, 두 번째는 이들의 정치정향과 투표선택이 정보통신기술을 사용하지 않는 사람들과 비교했을때 상이한가로 구분될 수 있다.

따라서 이는 소위 '네티즌(Netizen)' 혹은 '사이버시티즌(cyber citizen)'이라 명명되는 사람들이 사이버공간상에서 기존의 시민사회를 구성하는 개인과는 다른 독특한 행위패턴(behavior pattern)과 정향(orientation)을 갖고 있는가 하는 문제의식을 전제로 한 것이다. 또한 인터넷과 같은 정보통신기술을 활용하는 사용자 집단들이 선거와 정치참여 국면에서 비슷한 선택과 행태를 표출하는가의 문제 역시 제기될 수 있다. 네티즌이라 명명되는 집단내부의 선거 및 정치참여를 통해 나타나는 통일된 경향성을 발견할 수 있는가 역시 규명되어야 하는 문제이기도 하다.

결과적으로 본 연구는 크게 3가지 목적을 중심으로 구성된다. 첫째, 정보통신기술을 활용하는 네티즌 집단 내부의 구성과 이들의 특성을 선거과정에서 파악하는 것이다. 네티즌이라는 총체적인 개념으로 정의되어지는 집단들은 천편일률적인 행위패턴을 표출시키는 집단이라기보다는 내적인 분화와 다양한 정치적 행위 형태를 갖고 있는 역동적인 개인들로 구성된 것이라고 할 때, 이러한 내적 다이너미즘(dynamism)을 파악함으로써 네티즌 집단 전체를 이해하는 것이 필요하다. 이에 본 연구는 사이버 커뮤니티활동여부와 정치적 사안에 대한 관심도를 기준으로 네티즌을 단순이용자, 비정치적 참여자, 그리고 정치적 참여자로 구분하고 이 집단들의 인구통계학적인 구성과 정치이념, 정당선호 및 일체감을 규명하는 것이다.

둘째, 이 글은 네티즌 집단 내부의 정치참여 행위를 선거과정을 통해 파악하는 것을 목표로 삼고 있다. 즉 네티즌을 구성하고 있는 개별 집단들의 특성에 근거하여 이를 선거라는 특정한 환경하에서 고찰하는 것이다. 선거과정에서 과연 개별 네티즌 집단들이 공감하는 이슈, 선거과정이 자아내는 정치참여의 행태, 그리고 투표선택에서 어떠한 차이를 보이는가에 대한 경험적 분석이 그것이다.

마지막으로 이 글은 인터넷 사용자인 네티즌 내부 구성과 차이에 대한 경험적 분석과 함께 이를 인터넷을 전혀 사용하지 않는 일반대중(general public)과 비교해 보고자 한다. 즉 인터넷을 사용하지 않는 일반대중과 비교해서 네티즌은 주로 어떠한 인구통계학적인 구성을 형성하고 있는가, 그리고 이들의 정치 및 선거참여 형태는 일반 대중과 비교하여 어떻게 다른가를 분석하는 비교적 관점을 정립하고자 하는 것이다.

이상에서 제시된 3가지 목표에 근거하여 본 연구는 네티즌이라는 새롭게 형성되는 사회집단의 내부구성에 근거함으로써 네티즌의 개념을 정립하는 데 이론적으로 공헌하고자 하며, 동시에 네티즌으로 명명되는 집단의 특수성을 정치참여의 관점에서 분석함으로써 인터넷 공간에서 발견되는 정치참여의 유형과 내용분석이라는 경험적 공헌을 가하고자 한다. 물론 정치참여와 관련해서 네티즌 집단이 개입하여 기존의 정치참여 개념을 뛰어넘는 새로운 형태의 정치참여를 창출하는 제 사례에 대한 연구가 동시에 병행되어야 하지만 본 연구는 기존의 대의제적 정치과정 내에서조차도 이들은 일반대중과 다른 형태의 정향과 참여양태를 표출하고 있다는 점을 강조하고자 한다.

본 연구는 크게 6개의 부분으로 구성된다. 다음 절에서는 네티즌 구성과 이들의 정치참여 양태에 대한 기존 연구를 고찰함으로써 본 연구가 기존의 연구들과 어떠한 공통성과 차별성을 갖고 있는가가 논의될 것이다. 이와 함께 이 글의 경험분석의 준거틀이 되는 네티즌 내부의 구성 분류의 근거, 관련 개념의 정의(definition) 및 조작화(operationalization), 그리고 연구 방법 등에 대한 개괄적인 기술이 이루어질 것이다. 3절에서는 네티즌 집단 내부의 인구통계학적인 차이, 그리고 이러한 네티즌 집단과 일반대중의 인구통계학적인 차이를 성(gen-der), 연령, 교육수준, 그리고 소득수준을 기준으로 살펴볼 것이다. 4절에서는 네티즌의 정치정향을 이념, 정당선호도, 그리고 정당일체감을 통해 분석한다. 5절에서는 17대 총선과정에서 제기된 주요쟁점과 정치참여, 그리고 투표선택를 둘러싼 네티즌 집단별 비교가 이루어진다. 마지막으로 본 연구의 결론 부분에서는 네티즌의 내부 구성의 차이와 이에 근거한 정치 및 선거 참여의 차이가 갖는 함의가 제시된다.

분석에 이용된 자료는 17대 총선이 끝난 4월 15일부터 20일까지 전국 성인남녀 1,500명을 대상으로 한국선거학회와 사회과학데이터센터가 공동으로 수행한 설문자료이다.

II. 주요 연구문제와 기존연구 검토

1. 네티즌 구성에 관한 기존연구의 검토

이 글의 주요 연구대상은 '네티즌'이라고 할 수 있다. 기존연구에서 네티즌은 다양한 형태로 정의되어 왔는데, 대체로 인터넷을 이용하는 시간 또는 빈도, 그리고 연령변수에 근거하여 이루어져 왔다. 하지만 이러한 기준 이외에 구체적으로 정치·사회적인 측면에서 네티즌을 정의하는 기준은 아직까지 제대로 발굴되지 못하고 있으며, 현존하는 네티즌에 대한 정의기준도 기관별로, 연구자별로 상이하게 나타나고 있다. 예를 들어 국내 여론 조사기관이나 전자상거래협회 등에서 네티즌의 개념을 정의하는 내용이 다르게 나타나는데, 15세 이상 주 1회 인터넷을 사용하는 개인, 또는 월 10시간 이상 인터넷을 사용하는 개인 등 그 정의에 있어 차이가 나타나고 있다.

본 연구는 이러한 개념 정의를 더욱 더 구체화시키기 위해, 네티즌의 일반적 정의에다 인터넷 활동의 주요근거인 사이버커뮤니티활동,

그리고 사이버커뮤니티활동의 정치적 성격여부를 추가하여 네티즌을 집단별로 구분하고 이들의 특징을 파악하고자 한다.

우선 네티즌의 일반적 정의로 한국인터넷정보센터(Korea Network Information Center: 이하 KRNIC)의 정의를 채택하고자 하는데, KRNIC은 다른 어떠한 기관이나 연구보다도 현재 급속하게 팽창해 온 네티즌을 최대한 반영하는 내용의 포괄적인 정의를 제공하고 있기 때문이다. KRNIC의 정의에 따르면 네티즌은 "만 6세 이상으로 월 1회 이상 인터넷을 사용하는 개인"으로 정의된다(KRNIC, 2004).[1]

네티즌을 비네티즌 일반대중과 구분한 다음 필요한 작업은 네티즌을 정치·사회적인 맥락에 따라 세부적으로 집단화하는 작업이다. 이는 단순히 인터넷을 이용한다는 차원을 넘어 어떤 목적으로 그리고 어떤 유형의 인터넷공간을 이용하는가에 따라 집단별 정치정향과 정치참여가 다르게 나타날 수 있기 때문이다. 미국과 한국 네티즌을 분석한 기존의 몇몇 연구는 일반적이고 포괄적인 차원에서 정의된 네티즌 개념을 보다 정치·사회적인 맥락에서 구체화하는 논의들을 보여주고 있다.

먼저 미국 Pew Research Center의 조사자료[2]를 활용한 휴와 힐(Hugh & Hill 1998)은 네티즌 내부의 구성을 데이빗 알렌(Allen 1995)의 '정보습득형 대중(informed public)'과 행동형 대중(active public)의 구분에 근거하여 크게 인터넷 단순이용자(Internet User)와 적극적

---

1) KRNIC은 만 6세 이상 월 1회 이상 인터넷 사용자를 네티즌으로 개념 정의하였는데, 본 연구에서 사용한 설문조사가 만 20세 이상 전국 성인남녀이기에 연령기준은 포함시키지 않고 인터넷 사용빈도에 근거하여서만 네티즌 개념을 정의하고자 한다.

2) Hugh & Hill은 일반대중과 네티즌 내부의 구성 차이를 구분하기 위해 미국의 Pew Research Center for the People이 1995~1996년 수행한 전화 설문조사자료를 활용한 바 있다. 이에 대해서는 Hugh & Hill (1998), *Cyberpolitics*, p. 28 참조.

행동가(Internet Activist)의 두 유형을 구분하고 있다. 그리고 이 두 개
의 집단을 분류하는 근거는 인터넷상에서 공공문제(public affairs)에
대한 메시지를 전달한 경험(message posting)과 채팅(chatting)경험의
여부이다(ibid, 30). 휴와 힐은 이와 같은 기준을 통해 미국시민들을 일
반대중(General Public, 42.7%), 인터넷 단순사용자(비정치적 사용자,
36.6%), 인터넷 정치참여자(Internet Activist, 32.8%)의 3가지 집단으
로 구분하고 이 집단 사이의 인구통계학적 차이와 정치정향 및 사회적
이슈에 대한 입장, 정치참여상의 차이를 분석하고 있다.

   휴와 힐의 이러한 논의는 기존의 일반적, 포괄적인 수준에 정의되
어온 네티즌을 보다 구체적인 기준으로 통해 정의하고, 이를 통해 네
티즌 내부의 구성과 차이에 주목하고 있다는 점에서는 매우 진일보한
연구라 할 수 있다. 그리고 이들의 연구는 인터넷 공간에서 이루어지
는 단순한 정보 수집 행위에 근거하기보다는 인터넷을 통한 정치참여
현상을 기준으로 네티즌을 세부적으로 정의하고 있다는 점에서 인터
넷의 역할과 내용에 대한 보다 구체적이고 현실적인 연구를 진행했다
고 볼 수 있다.

   휴와 힐의 연구가 갖는 중요한 함의에도 불구하고, 이들의 연구는
네티즌의 주요 구성을 파악함에 있어 몇 가지 의문점을 가지게 한다.
첫 번째 문제는 공공문제에 대한 메시지 포스팅과 채팅 경험이 단순
이용자와 적극적 활동가를 구분하는 기준이 될 수 있는가 하는 것이
다. 과거와는 달리 인터넷 커뮤니티가 더욱 일반화되고 대중화된 현
시점에서 공공문제에 대한 메시지 포스팅과 채팅은 이제 특수한 행위
라기보다 일반적 행위라고 봐야하며 따라서 정치적인 참여와 비참여
의 차이를 구분하는 적절한 기준이 되지 못한다.

   다시 말해, 오늘날 인터넷은 단순하게 정보를 습득하는 공간을 넘
어 다양한 수준과 범위의 커뮤니티활동을 손쉽게 접할 수 있는 공간
이 되었고, 따라서 공공문제에 대한 메시지 포스팅과 채팅은 단순정
보습득, 취미나 오락 커뮤니티 활동, 그리고 정치 커뮤니티 활동 등 다

양한 수준과 기능을 지닌 인터넷 활동에서 공히 발견되는 일반적인
현상이라 할 수 있을 것이다. 따라서 이러한 인터넷 공간의 발전을 고
려하지 않은 채 단순이용자와 정치적 참여자집단을 구분하는 것은 매
우 제한적인 성격을 갖는다고 볼 수 있다.

둘째, 휴와 힐의 연구는 정치참여에 대한 인터넷 커뮤니티의 영향
을 간과하고 있다. 라인골드(Rheingold 1993)에 따르면 미국의 인터
넷 활용의 주요한 부분은 생활, 오락, 취미와 관련된 의사소통 영역에
서 이루어지고 있고 더 나아가 이러한 행위는 개인의 온라인 커뮤니
티 활동에 있어 매우 중요한 요소가 된다. 또한, 인터넷 공간이 민주적
담론형성에 기여할 수 있는 기제도 바로 쌍방향 혹은 다방향적 의사
소통을 가능하게 하는 커뮤니티라 볼 수 있다.

따라서 네티즌의 분류에 있어 우리가 고려해야 할 사항은 휴와 힐
의 경우처럼 공공문제에 대한 포스팅과 채팅이 아니라 과연 네티즌이
인터넷 커뮤니티 활동을 하고 있는가, 그리고 그 커뮤니티가 과연 정
치적인 성격을 띠는가 아니면 비정치적 성격을 갖는가로 구분해야 할
필요성이 생긴다. 이러한 점을 감안한다면 휴와 힐이 구분한 단순이
용자와 적극적 활동가는 각 집단 내부에 또 다른 차이를 지닐 가능성
이 존재하고 있고, 이를 무차별적으로 취급하는 것은 네티즌 내부의
차별성을 이해하는 데 심각한 문제를 발생시킬 수 있다.

미국의 네티즌의 주요 구성과 특성에 대한 관심 이외에도 한국의
네티즌의 특성에 관한 연구 역시 수행된 바 있다. 김용철과 윤성이
(2000)의 연구는 직접적으로 네티즌의 구성에 관심을 갖는 것은 아니
지만 한국 네티즌이 어떠한 인구통계학적, 정치적 참여 행위 패턴을
구성하고 있는가를 가늠하는 데 매우 중요한 근거를 제시하고 있다.
그들의 연구는 네티즌과 비네티즌을 구분하는 근거로 인터넷 접속빈
도를 활용하고 있다. 또한 네티즌이 인터넷을 활용하는 목적을 중심
으로 인터넷의 정치적 활용 가능성에 대한 분석을 제시한다. 그리하
여 네티즌의 연령별, 성별 차이, 정치관련 정보습득을 위해 인터넷을

활용하는 네티즌의 비율(약 8.7%)을 도출하고 있다(김용철·윤성이 2000, 130-133).

그러나 김용철과 윤성이의 연구는 한국 네티즌을 정보습득 차원에서만 정의하고 있다는 문제점을 내포하고 있는데, 네티즌들이 인터넷을 통해 추구하는 바는 정보습득 이외에도 다양할 수 있다. 예를 들면 인터넷 동호회나 커뮤니티 활동, 그리고 최근에는 블로그(Blog)와 같은 장치를 통한 다채널적인 의사소통 등이 인터넷 공간의 주요한 활동이 되어가고 있다는 점을 감안한다면, 네티즌의 인터넷 활용 목적을 좀더 다차원적으로 분석해야 할 필요성이 생긴다. 결과적으로 정보습득에 근거한 인터넷 활용은 인터넷이 확산되는 초기시점에서는 매우 타당한 분류기준이 될 수 있지만, 인터넷의 기능이 점차 고도화되고, 다기능적으로 변화한다는 사실을 감안하여 네티즌의 성격을 포착할 필요성이 제기된다.

2. 대안적 네티즌 분류모형

앞에서 논의된 네티즌 집단 내부의 차이 또는 분류와 관련된 두 가지 국내외 연구들은 본 연구에 크게 세 가지 문제를 제기하고 있다.

첫째, 인터넷 활용정도에 근거한 네티즌 정의는 이제 그 내부의 주요 구성과 집단 유형에 대한 관심으로 확장되어져야 한다. 둘째, 네티즌 내부의 유형분류를 통해 보다 근본적으로 논의되어야 하는 문제는 이들의 정치정향과 행동이 서로 상이하고, 더 나아가 일반대중(비네티즌)과 상이한 측면을 갖는가하는 것이다. 휴와 힐이 이미 지적한 것처럼 온라인상의 정치참여 및 행동주의(activism)를 연구하는 것은 전통적인 정치적 참여 및 행동주의의 변화가능성을 전제로 한 것이라고 볼 수 있다(Hugh & Hill, 1998: 28). 셋째, 네티즌의 유형분류와 관련하여 인터넷의 진화를 반영한 유연한 분류체계를 확보해야 하는 문제가 제기된다. 인터넷의 다양한 기능발전을 고려하여 이를 활용하는 네티즌 또한 다양하게 분류하는 경험적인 분석틀이 확보되어야 한다는 것이다.

이러한 문제를 감안하여 이 글은 대안적 네티즌 분류모형을 제시하고자 하는데, 이 작업은 앞에서 제시된 KRNIC의 포괄적, 일반적 개념 정의로부터 출발하여 크게 3가지 단계를 거쳐 진행된다.

우선 첫 번째 단계는 인터넷 이용정도에 근거하여 네티즌과 일반대중(비네티즌)을 구분하는 것이다. 즉 1달 1회 이상 인터넷을 활용하는 전체 개인을 네티즌집단으로 규정하고 1회 미만 활용하는 집단을 일반대중(GP: General Public)으로 구분한다. 이 글이 사용한 한국선거연구회의 17대 총선후 설문조사(post-election survey)를 이용하여 네티즌과 비네티즌(일반대중)을 우선적으로 구분한 결과는 〈그림 1〉처럼 네티즌 59.5%(801명)와 비네티즌 40.5%(546명)으로 나뉘어진다.

두 번째 단계는 앞에서 문제제기한 것처럼 인터넷을 통한 인터넷 커뮤니티 활동 참여여부와 관련된 것이다. 인터넷 공간에서 이루어지는 커뮤니티 활동은 일반적으로 인터넷의 공공성의 문제를 논의하는 데 매우 중요한 근거가 되어 왔다. 커뮤니티는 개인에게 공공성과 친밀성을 통해 다른 개인들과 상호작용할 수 있는 근거를 제공하는 수단일 수 있고, 이는 사회적이면서 동시에 정치적인 개인을 상정하는 것이기도 하다(박동진 2004). 따라서 본 연구는 휴와 힐의 연구가 제시한 분류체계의 단순성의 문제를 극복하기 위해 커뮤니티 참여여부 변수를 활용하여 단순 인터넷 이용자(Simple User: 이하 SU)와 기타

〈그림 1〉 네티즌의 정의: 네티즌과 비네티즌(일반대중)

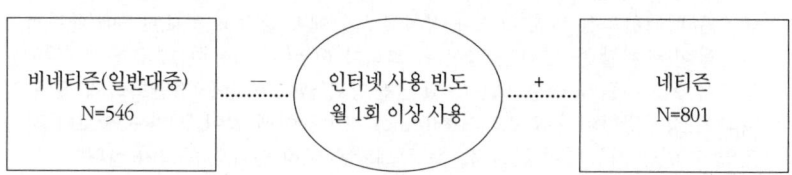

〈그림 2〉 네티즌 분류 기준[3]

(1단계) 인터넷 활용여부(월 1회 이상)			
무	유		
	(2단계) 인터넷 커뮤니티 활동여부		
	무	유	
		(3단계) 커뮤니티의 성격	
		정치적	비정치적
↓	↓	↓	↓
일반대중 GP	단순이용자 (SU)	비정치적 참여자 (NPP)	정치적 참여자 (PP)

네티즌 집단을 분류한다. 이는 인터넷의 역할 중 가장 첫 번째 내용으로 인식되고 있는 단순정보 제공 기능과 사회적인 근거를 의미하는 커뮤니티로서의 기능을 구분하고, 이러한 개별 기능에 더욱더 노출되어 있는 네티즌 집단을 차별적으로 분석하는 내용을 포함하고 있다.

마지막 단계는 정치참여자로서의 네티즌 속성에 근거하여 정치참여자(Political Participant: 이하 PP) 집단과 비정치 참여자 (Nonpolitical Participant: 이하 NPP)집단을 구분한다. 즉 네티즌들이 활동하는 커뮤니티가 정치지향적인 속성을 갖는가에 따라 NPP와 PP유형을 분류하는 것이다. 인터넷 공간의 커뮤니티는 크게 단순한 동호회와 취미활동, 연예 및 오락에 근거한 성격을 갖는 경우와 상대적으로 정치적 또

---

3) 〈그림 2〉의 분류기준에 대해 한 가지 지적되어야 할 사항은 단순이용자(SU) 중 커뮤니티활동을 하지 않으나 정치적 사안에 민감하고 정보획득에 활동적인 사람들이 존재할 수 있다는 점이다. 그러나 이 글이 사용한 17대 총선 사후 설문조사에는 이들을 구분해낼 수 있는 문항이 없어 이들을 집단화하지 못했다. 따라서 정치정향이나 오프라인(off-line) 정치참여에 있어 SU가 NPP보다 적극적일 수 있는 가능성이 현실적으로 존재함을 미리 언급해 두고자 한다.

는 사회적 성격을 갖는 커뮤니티 등으로 구분되어질 수 있다. 전자의
경우는 사사화된 개인의 관심과 이해에 근거하여 주로 활동하는 사적
인 커뮤니티(private community)로 인식될 수 있고, 후자의 경우는 공
공성과 사회적 자본 형성과 직접적으로 관계가 있는 정치적 또는 공
적 커뮤니티라고 할 수 있다.

  결국 네티즌의 분류는 그들이 참여하는 커뮤니티의 속성에 따라 결
정되는데, 〈그림 2〉에 제시되어 있듯이, 참여하는 커뮤니티가 오락,
취미 등과 같은 일반 생활적인 요소들과 직접적으로 관련이 있다면
이에 참여하는 네티즌은 비정치적 참여자 집단으로, 그리고 참여하는
커뮤니티가 주로 정치적인 성격을 갖는 것이라면 이에 참여하는 네티
즌은 정치적 참여자 집단으로 구분된다 하겠다.

III. 네티즌 집단의 인구통계학적 구성

  위의 3가지 단계를 거쳐 구분하여 추출된 네티즌 집단별 수는 다음
의 〈표 1〉과 같다. 본 연구가 분석할 일반대중(비네티즌) 집단에 포함
된 사례의 비율은 전체의 약 40.5%이고, 네티즌으로 분류되는 사례는
전체의 약 59.5%에 해당한다. 또한 네티즌 내부의 구성별 차이를 보
면, 단순이용자(SU)가 전체에서 차지하는 비중이 전체의 27.7%로 가
장 높고, 비정치참여자 집단은 약 13.1%, 그리고 정치 참여자 비율은

〈표 1〉 GP, SU, NPP, PP의 유효 샘플 수

집단별	연구에 포함된 유효 샘플 수(%)
일반대중(GP)	546(40.5%)
단순인터넷이용자(SU)	373(27.7%)
비정치참여자(NPP)	177(13.1%)
정치참여자(PP)	251(18.6%)
합계	1347(100.0%)

전체의 18.6%로 나타나고 있다. 이러한 양적인 분포에 근거하여 보면, 인터넷을 단순한 정보의 창구로 활용하는 네티즌의 비율이 상대적으로 높지만, 정치적인 목적을 위해 활용하는 인구 역시 적지 않은 것으로 나타나고 있어 정치적 커뮤니티 활동을 통한 네티즌의 집단 구성의 가능성을 발견할 수 있다.

다음으로 GP, SU, NPP, PP 집단 간의 인구통계학적 차이를 성(sex), 연령, 교육수준, 그리고 소득수준을 기준으로 살펴본 결과는 〈표 2〉에 제시되어 있는데, 이는 네티즌과 비네티즌 간의 차이와 더불어 네티즌 내부의 다양한 구성 양태를 파악할 수 있게 해 준다.

먼저 성별 차이에 근거해서 살펴보면, 일반대중의 경우 여성의 비

〈표 2〉 일반대중, 단순 이용자, 비정치 참여자, 정치 참여자의 인구통계학적 차이

(%)

분류기준	분류층위	GP	SU	NPP	PP	전체
성별	남자	224(41.0)	192(51.5)	99(55.9)	141(56.2)	656(48.7)
	여자	322(59.0)	181(48.5)	78(44.1)	110(43.8)	691(51.3)
	전체	546(100.0)	373(100.0)	177(100.0)	251(100.0)	1,347(100.0)
연령별	20대	19(3.5)	76(20.4)	101(57.1)	109(43.4)	305(22.6)
	30대	74(13.6)	119(31.9)	48(27.1)	89(35.5)	330(24.5)
	40대	147(26.9)	113(30.3)	20(11.3)	37(14.7)	317(23.5)
	50대 이상	306(56.0)	65(17.4)	8(4.5)	16(6.4)	395(29.3)
	전체	546(100.0)	373(100.0)	177(100.0)	251(100.0)	1,347(100.0)
교육수준	초졸 이하	86(16.6)	4(1.1)	-	-	90(6.9)
	중졸 이하	112(21.7)	20(5.5)	1(0.6)	3(1.2)	136(10.5)
	고졸 이하	258(49.9)	185(51.1)	90(52.6)	107(43.1)	640(49.3)
	대재 이상	61(11.8)	153(42.3)	80(46.8)	138(55.6)	432(33.3)
	전체	517(100.0)	362(100.0)	171(100.0)	248(100.0)	1,298(100.0)
소득수준	0~20%	91(20.4)	21(7.0)	10(7.7)	11(5.5)	133(12.4)
	20~40%	135(12.5)	87(29.0)	32(24.6)	46(23.0)	300(27.9)
	40~60%	173(38.8)	128(42.7)	63(48.5)	81(40.5)	445(41.4)
	60~80%	47(10.5)	61(20.3)	22(16.9)	61(30.5)	191(17.8)
	80~100%	-	3(1.0)	3(2.3)	1(0.5)	7(0.7)
	전체	446(100.0)	300(100.0)	130(100.0)	200(100.0)	1,076(100.0)

율이 59%로 여성 평균인 51.3%보다 높은 반면, 남성의 비율은 41.0%로 남성 평균 48.7%보다 낮아 비네티즌 집단에서 여성이 상대적인 수적 우위를 점하고 있음을 알 수 있다. 이에 반해, 네티즌의 경우 모든 집단 유형에서 남성이 여성보다 수적 우위를 점하고 있는데, 인터넷 공간이 남성중심적인 공간이란 휴와 힐(1998)의 연구결과와 일맥상통한다. 아울러 표의 결과는 남성의 비율이 SU에서 51.5%, NPP에서 55.9%, 그리고 PP에서 56.2%로 네티즌의 집단구성이 단순이용에서 정치적 커뮤니티로 옮겨갈수록 남성중심적 성격이 더욱 명확해짐을 보여주고 있다. 이는 인터넷공간이 커뮤니티활동 및(혹은) 커뮤니티가 정치적 성격을 띨수록 남성이 지배적임을 의미한다. 결과적으로 인터넷 활용의 측면과, 인터넷을 통한 정치 참여 행위의 가능성에 있어 소위 성별차이가 발견되며, 남성중심적인 경향이 지배적으로 나타나고 있음을 알 수 있다.

연령별 차이를 살펴보면, 우선 일반대중의 경우 50대가 56.0%를 차지해 주로 고연령의 성격을 보여주는 반면, 네티즌의 경우 모든 집단에서 20~30대가 주를 이루고 있어 네티즌과 일반대중 간에 존재하는 연령효과에 관한 휴와 힐(Hugh & Hill, 1998)의 연구결과가 한국사회에도 그대로 적용되고 있음을 알 수 있다. 그러나 네티즌 내부의 구성을 살펴보면, 연령별로 집중되어 있는 네티즌의 유형이 상이하게 나타나고 있음을 발견할 수 있다. SU의 경우, 30대와 40대가 각각 31.9%와 30.3%로 다수를 차지하고 있고, NPP의 경우 20대가 57.1%로 압도적 구성을 보여주고 있으며, PP의 경우 비록 20대가 43.4%로 다수를 차지하고 있으나 30대 또한 35.5%로 다른 집단에서보다 상대적으로 많은 부분을 차지하고 있다.

특히, NPP와 PP구성에 있어 20대와 30대의 상대적인 점유율의 차이는 인터넷 커뮤니티활동의 세대차이를 볼 수 있게 하고 있다. 즉 30대의 경우 인터넷 커뮤니티를 취미 및 각종 교양을 목적으로 이용하기보다는 정치적 사안과 관련된 커뮤니티활동을 주로 펼치는 반면,

20대의 경우 30대에 비해 탈정치적 성향을 보이고 있다. 이는 30대가 1980년대의 권위주의적 정치환경과 이에 대한 저항문화의 경험을 공유하고 있고, 인터넷은 이들의 경험을 손쉽게 활동으로 옮길 수 있는 공간으로 작용한 것이 아닌가 한다.

교육수준별 차이에 근거하여 일반대중과 네티즌, 그리고 네티즌 유형별 차이를 살펴보면, 우선 일반대중의 경우는 주로 초졸과 중졸 이하가 차지하는 비중이 상대적으로 매우 높은 반면, 네티즌으로 갈수록 고학력 소지자의 비율이 상대적으로 높은 편임을 알 수 있다. 네티즌의 집단별 유형의 경우 SU에서 저학력이 차지하는 비중이 상대적으로 높은 반면, PP로 갈수록 고학력의 비중이 상대적으로 높아지고 있다. 특히 대재 이상이 각 집단에서 차지하는 비율의 경우 GP에서 11.8%, SU에서 42.3%, NPP에서 46.8%, 그리고 PP의 경우 55.6%나 되어 네티즌 집단의 성격이 교육수준에 의해 강하게 영향받고 있음을 보여주고 있다.

전체적으로 표의 결과는 일반대중에 비해 네티즌이 상대적으로 고학력 소지자일 가능성이 높다는 기존의 연구결과를 입증함과 아울러 이러한 차이가 네티즌 집단 내부에서도 발생하고 있다는 것 또한 보여주고 있다. 다시 말해 인터넷공간이 정치적 커뮤니티의 성격을 띠는 경우 그 활동과 교육수준은 밀접한 관계가 있음을 의미한다 하겠다.

소득수준으로 살펴본 일반대중과 네티즌, 그리고 네티즌 집단의 특성은 우선 일반대중의 경우 네티즌보다 저소득층이 차지하는 비중이 높은 반면 네티즌의 경우 고소득층이 차지하는 비중이 상대적으로 높게 나타났다. 아울러, 네티즌 집단이 정치적 커뮤니티의 성격을 띨수록 고소득층의 차지하는 비중이 증가하고 있다. 이는 소득수준 20~40%층과 60~80%층 사이를 비교해 보면 비교적 쉽게 알 수 있는데, 전자의 경우 GP, SU, NPP, 그리고 PP에 이르기까지 각 그룹별 구성비율이 30.3%, 29.0%, 24.6%, 그리고 23.0%로 감소하는 데 반해, 후자의 경우는 각각 10.5%, 20.3%, 16.9%, 30.5%로 증가추세를 보

이고 있다. 다시 말해, 소득수준이 일반대중과 네티즌과의 구분뿐만
아니라 네티즌 내 집단별 유형과도 밀접한 연관이 있음을 의미한다
하겠다.

요약하면, 17대 총선직후 실시된 설문조사를 바탕으로 분석한 결과
에 따르면, 한국 네티즌들의 경우 일반대중에 비해 대체로 남성중심적
이고, 20~30대가 중심을 이루고 있으며, 고학력과 고소득의 경향을 보
이고 있다. 아울러, 네티즌 집단내부에서도 정치적 성격의 커뮤니티
활동을 하는 정치적 참여자(PP)의 경우 단순이용자(SU)나 비정치적
참여자(NPP)에 비해 더욱 남성중심적이며, 저연령, 고학력, 그리고 고
소득층이 주류를 이룬 것으로 나타났다. 다만 연령에 있어 30대가 상
대적으로 높은 정치적 참여자의 경향을 보이는 것이 특징이었다.[4]

IV. 17대 총선과 네티즌의 정치정향: 정치이념, 정당선호 및 일체감

휴와 힐(Hugh & Hill 1998, 31-33)은 미국 네티즌의 주요 구성과 정
치적 정향을 분석함에 있어, 네티즌들이 일반대중에 비해 상대적으로
소득수준과 교육수준이 높기 때문에 비교적 보수적인 정향을 가질 가
능성이 높다는 가설을 제시하고, 이에 대한 분석을 시도한 바 있다. 그
들의 분석결과는 네티즌의 경우—특히 적극적인 정치참여자—는 일
련의 정치사회적 이슈에 있어 일반대중에 비해 진보적이며, 정부정책

---

4) GP, SU, NPP, PP가 순서척도(ordinal scale)가 아니라 범주형(categorical
scale)이기에 종속변수에 해당하는 성별, 연령, 교육수준, 소득수준 등과의 상
관관계분석이 적절치 않으나 해석의 편의를 돕는 차원에서 제시해보면, 성별
의 경우 -0.12(p⟨0.001), 연령 -0.56(p⟨0.001), 교육 0.45(p⟨0.001), 그리고 소
득 0.23(p⟨0.001)으로 일반대중에서 정치적 참여자로 올라갈수록 여자보다는
남자가, 고연령층보다는 저연령층이, 저학력보다는 고학력이, 그리고 저소득
층보다는 고소득층이 많고 이는 통계적 유의미성을 지닌 것으로 나타났다.

에 대해 상대적으로 높은 반대경향을 보였다. 물론 휴와 힐의 주요한 관심은 일반대중과 네티즌 집단 내부의 적극적인 정치 참여자 집단 간의 비교였지만, 이들 간의 상이한 이념적 정향을 통해 개별 집단의 정당 선호도와 정치참여 양태의 차이를 도출하고 있다는 점에서 중요한 함의를 제공한다.

한국의 네티즌의 정당선호와 정치참여 양태에 영향을 미치는 이념적 정향을 파악하기 위해, 개인이 자신의 어떠한 이념적 정향을 지니고 있는가를 살펴보았다.[5]

〈표 3〉의 결과에 의하면, 우선 일반대중과 네티즌 집단 간의 이념적 정향의 차이를 살펴보면 GP의 경우, 진보적인 응답자가 20.5%로 전체 진보성향의 평균인 30.8%에 약 10% 밑도는 것으로 나타난 반면, 보수성향은 26.8%로 전체 평균인 19.0%보다 약 8% 높게 나타났다. 이에 반해 네티즌 내부 집단이 SU에서 NPP, 그리고 PP로 올라갈수록 진보적의 비율은 각각 30.3%, 38.4%, 그리고 44.3%로 뚜렷한 증가추세를 보이고 있고, 보수의 비율 또한 각각 18.4%, 12.6%, 그리고 10.2%로 명확한 감소추세를 보여 한편으로 네티즌 그룹이 일반대중

〈표 3〉 집단별 이념적 정향

(%)

이념적 정향 〈br〉 집단별	진보	중도	보수	전체
GP	85(20.5)	218(52.7)	111(26.8)	414(100.0)
SU	97(30.3)	164(51.3)	59(18.4)	320(100.0)
NPP	61(38.4)	78(49.1)	20(12.6)	159(100.0)
PP	104(44.3)	107(45.5)	24(10.2)	235(100.0)
전체	347(30.8)	567(50.3)	214(19.0)	1,128(100.0)

---

5) 이에 대해서는 한국선거학회 post-election survey 문항 19번의 내용 참조. 원 설문문항은 유권자들의 진보/보수 성향을 11점 척도로 측정했는데, 〈표 3〉에서는 0~3을 진보, 4~6을 중도, 7~10을 보수로 다시 조작하여 사용하였다.

보다 진보적인 성향을 보이며, 다른 한편, 인터넷의 단순이용자보다 커뮤니티 참여자들이, 특히 정치적 참여자들이 더욱 진보적인 성향을 지니고 있음을 나타냈다.[6]

한 가지 주목해야 할 점은 SU의 이념분포가 전체응답자들의 이념분포와 거의 유사하다는 점이다. 이는 인터넷과 이념성향과의 관계에 있어 사이버 커뮤니티활동 여부가 주요한 기준으로 작용할 수 있음을 시사하고 있다. 다시 말해, 〈표 3〉의 결과는 인터넷 커뮤니티활동을 경험하는 네티즌의 경우 상대적으로 진보적 성향을, 그 밖의 일반대중이나 단순 인터넷 이용자들은 보수적이거나 중도적 성향을 지닐 확률이 높고, 이 사이에는 인터넷의 정보열람(browsing)과 정보제공 기능과 커뮤니티를 통한 쌍방향 혹은 다방향 의사소통 기능 사이에 뚜렷한 차이가 존재한다는 것이다. 이는 한편으로 네트워크형 의사소통망 자체가 시민 상호간의 활발한 토론을 가능하게 해 숙의(deliberation)의 정치공간을 만들어 낸다는 기존의 이론들과 맥이 닿아 있으며, 다른 한편으로 현시점 한국의 사이버 커뮤니티의 민주적 담론은 이념적으로 진보적인 사람들에 의해 주도되고 있음을 의미한다.

결과적으로 네티즌과 일반대중을 이념적 정향에 근거하여 비교하면, 일반대중이 네티즌에 비해 보수적인 정향을 갖는 경향이 있고, 네티즌 내부의 집단 간 차이를 살펴보면, 정치참여자 집단이 다른 집단에 비해 비교적 진보적인 성향을 갖고 있다 하겠다.

한국 네티즌들의 정치정향을 알아보는 두 번째 항목으로 정당선호도(party preference)를 들 수 있다. 즉 17대 국회의원 선거에서 한국

---

6) 응답자들의 이념성향을 11점 척도로 그대로 이용하여 각 집단별 평균을 측정한 결과 GP가 5.26, SU가 4.43, NPP가 4.12, 그리고 PP가 3.77로 일반대중에서 정치적 참여자로 갈수록 진보적인 성향을 지닌 것으로 판명되었다. 아울러 집단간분산분석(ANOVA)결과(F=23.38, p〈0.001)와 선형성검증결과 (F=65.62, p〈0.001) 또한 각 집단의 평균값이 같지 않고 선형적 관계가 있음을 통계적 유의미성과 함께 보여 주었다.

<표 4> 집단별 정당선호 평균과 ANOVA 검증

정당별 집단별	한나라당	민주당	열린우리당	자민련	민노당
GP	4.75	3.56	5.16	2.88	4.59
SU	3.91	3.58	5.34	2.84	4.98
NPP	3.15	3.05	5.68	2.05	5.35
PP	2.84	2.94	6.11	2.13	5.47
전체	3.93	3.38	5.47	2.60	4.98
ANOVA[a]	28.83*	5.78*	7.17*	10.24*	7.60*

a. F값, *⟨0.001

네티즌은 어떤 정당을 주로 선호하고 있으며 네티즌 집단별로 차이는 없었는가, 그리고 일반대중과 네티즌은 정당선호도에서 어떤 차이를 보이고 있는가 하는 것이다. 이를 위해 먼저 설문조사에서 각 정당에 대한 선호도를 묻는 온도지수의 평균을 일반대중과 네티즌 각 집단별로 분석하고 각 집단별 평균의 차이가 유의미한지 ANOVA 검증을 실시했다. 결과는 〈표 4〉에 제시되어 있다.

결과는 우선 전체 응답자가 각 당에 부여한 선호점수의 평균이 열린우리당이 5.47로 가장 높았고, 민노당이 4.98로 2위를, 그리고 한나라당이 3.93, 민주당이 3.38, 그리고 자민련이 2.60 순으로 나타났다. 이를 기준으로 각 집단별 정당선호도를 살펴보면, GP의 경우 한나라당에 대한 선호도가 다른 집단에 비해 상대적으로 높은 점수를 부여하고 있는 데 반해, 네티즌의 경우 일반적으로 우리당과 민노당에 대한 선호도가 높게 나타나 〈표 3〉의 집단별 이념성향 분석결과와 일맥상통한 추이를 보여주고 있다. 구체적으로 한나라당에 대한 선호도는 GP에서 PP로 옮겨갈수록 각각 평균 4.75, 3.91, 3.15, 2.84로 감소하는 추세를 보이고 있는 반면, 열린우리당에 대한 선호도의 경우 각각 5.16, 5.34, 5.68, 6.11이고 민노당에 대한 선호도 또한 4.59, 4.98, 5.35, 5.47로 모두 증가추세를 보여 집단 간 이념성향이 정당선호로 그대로 이어지고 있음을 보여주고 있다.

물론 열린우리당의 선호점수 평균은 네 집단 모두에서 1위를 차지하고 있어 만약 정당선호도가 투표선택으로 그대로 이어진다고 가정하면, 우리당은 일반대중을 포함해 네티즌 모든 집단으로부터 고른 지지를 획득할 공산이 크다고 볼 수 있다.

그럼에도 불구하고, GP의 경우 한나라당의 선호점수 평균이 다른 그룹과 달리 유일하게 전체 평균값을 상회하고 있다는 점, 그리고 네티즌 집단과는 달리 민노당을 앞지르며 열린우리당과 큰 폭의 차이를 보이지 않고 있다는 점에서 한나라당에 대한 지지는 이 집단으로부터 나올 공산이 크다고 유추할 수 있다.

아울러 SU집단의 정당선호도 추이는 앞서 〈표 3〉에서 보여준 이념성향과 거의 유사한 결과를 보이고 있다. SU가 한나라당에 보낸 선호도는 평균 3.91로 전체 평균에 근소하게 밑도는 수치이지만 그 차이가 크지 않고, 열린우리당과 민노당에 부여한 선호점수 또한 전체평균보다 밑돌거나 같은 수치를 보였다. 이는 SU가 설문대상이었던 20세 이상 전국 유권자의 평균분포에 가장 가까운 이념성향과 정치성향을 지닌 집단이라는 추론을 가능하게 해준다.

각 집단별 정당일체감에[7] 대한 분석 또한 위의 정당선호도 분석결과와 유사한 형태를 보이고 있다. 〈표 5〉는 우선 열린우리당에 친밀감을 느끼는 정도가 GP에서 PP로 옮겨갈수록 증가하는 반면, 한나라당에 친밀감을 느끼는 정도는 대체로 그 반대 추세임을 보여주고 있다. PP를 제외한 모든 집단에서 무당파가 가장 높은 비율을 차지한 가운데, GP의 경우 한나라당, 열린우리당, 민주당, 민노당, 자민련의 순으로, SU의 경우 열린우리당, 한나라당, 민노당, 민주당, 자민련의 순

---

7) 정당일체감은 한국선거연구회의 설문에서 몇 단계를 거쳐 유권자들의 정당친밀도를 측정했는데, 이 글에서는 가깝게 느끼는 특정 정당을 하나만 언급했거나, 두 개 이상 언급한 경우 가장 친근한 정당, 그리고 첫 질문에서 없다고 한 경우에도 다른 정당보다 조금이라도 더 친근한 정당으로 언급한 경우 모두 정당일체감을 소유한 것으로 조작했다.

<표 5> 집단별 정당일체감

(%)

정당별＼집단별	무당파	한나라당	민주당	열린우리당	자민련	민노당	기타
GP	213(39.0)	118(21.6)	28(5.1)	81(14.8)	8(1.5)	25(4.6)	73(13.4)
SU	122(32.7)	61(16.4)	11(2.9)	86(23.1)	2(0.5)	29(7.8)	62(16.6)
NPP	68(38.4)	13(7.3)	4(2.3)	50(28.2)	1(0.6)	16(9.0)	25(14.1)
PP	61(24.3)	31(12.4)	3(1.2)	85(33.9)	3(1.2)	44(17.5)	24(9.6)
전체(N=1347)	464(34.4)	223(16.6)	46(3.4)	302(22.4)	14(1.0)	114(8.5)	184(13.7)

서를, 그리고 NPP와 PP의 경우 열린우리당, 민노당, 한나라당, 민주당, 자민련의 순서로 정당일체자들이 분포되어 있음을 알 수 있다.

특히, PP의 경우 열린우리당일체자들은 무당파보다 높은 점유율을 보이고 있으며, 민노당일체자들도 다른 네티즌 집단들에 비해 높은 비율을 보이고 있어 이 집단의 이념적 진보성을 다시 한번 확인하게 해준다.

한 가지 특이한 점은 NPP의 정당일체감으로 무당파가 38.4%로 GP 다음으로 높고, 한나라당일체자의 경우 7.3%로 PP보다 낮은 반면, 열린우리당일체자는 28.2%로 GP→PP로의 패턴이 다른 감은 규칙적인 패턴을 보이고 있다는 점이다.

이는 NPP의 비정치적 성격과 무관해 보이지 않는데, 총선과정에서 인터넷공간에서 탄핵과 관련한 정보를 쉽게 접했기 때문에 열린우리당에 대한 지지율은 일정한 패턴대로 유지하는 반면 커뮤니티활동의 비정치적 성격으로 인해 한나라당일체감이 급속도로 감소하면서 무당파가 증가한 것이 아닌가 한다.[8]

---

8) 앞서 논의한 것처럼 NPP의 정당일체감으로 무당파가 38.4%로 GP 다음으로 높고, 한나라당일체자가 7.3%로 PP보다 적은 반면, 열린우리당일체자의 경우 28.2%로 다른 경험분석결과에서 보여지는 GP → PP의 순서와 동일한 규칙적인 패턴을 보인다는 것이다. 이는 20대가 주도하는 NPP의 비정치적 성격과 무관해 보이지 않는데, 열린총선과정에서 인터넷공간에서 탄핵과 관련한 정보를

V. 17대 총선과 네티즌의 투표선택

네티즌과 선거에 대한 기존연구는 네티즌들이 수행하는 정치참여의 내용은 일반대중의 그것과는 상이한 성격을 갖고 있다는 점을 지적하여 왔다(Morris 1999; Hugh & Hill 1998; Resnick 1997; 김용철·윤성이 2000; 정연정 2001; 2004). 특히 네티즌의 경우는 기존의 정치참여 공간 내에서 다른 형태의 참여를 형성하고, 인터넷을 통해 다양한 형태의 정치참여의 동기를 제공받게 된다는 것이 일반적인 견해라고 할 수 있다. 물론 이러한 정치참여가 기존의 정치참여의 내용과 형식을 완전히 극복할 만큼 새로운 형태인가에 대해서는 많은 의문점이 제기되고 있는 것도 사실이다. 그렇다면 인터넷과 같은 정보통신기술이 어떻게 개인에게 영향을 미쳐, 그들의 정치참여의 내용과 형식을 변화시킬 것인가의 문제를 제기할 필요가 있다.

이 절에서는 이러한 문제를 고찰하기 위해 네티즌들의 정치참여의 일 영역으로 17대 총선의 과정에서 발생한 탄핵쟁점을 중심으로 한 다양한 선거쟁점에 대한 판단과 정치참여—예를 들어, 촛불시위에 대한 참여여부—로부터 이들의 투표선택(vote choice)에 이르는 선거참여를 대상으로 일반대중과 네티즌, 그리고 네티즌 집단 간의 차이를 파악하고자 한다.

지난 17대 총선은 우리당의 과반수 의석 획득과 민주화 이후 최초의 여야의 국회권력 교체라는 놀라운 정치적 산물을 내어놓았지만, 결국 탄핵이란 단일쟁점(single issue)과 여기에 한나라당의 이벤트성 캠페인과 지역주의적 대응이 가져온 결과였다(조성대 2004a; 2004b). 한나라당을 비롯한 야3당에 의한 노무현 대통령 탄핵안 가결은 유권

쉽게 접했기 때문에 열린우리당에 대한 지지율은 일정한 패턴대로 유지하는 반면 커뮤니티활동의 비정치적 성격으로 인해 한나라당일체감이 급속도로 감소하면서 무당파가 증가한 것이 아닌가 한다.

〈표 6〉 집단별 선거 쟁점 공감도

(%)

쟁점 집단별	경제안정/ 지역발전	물갈이/ 정치개혁	탄핵심판	거여견제	지역주의 청산	노인폄하 발언	기타[9]
GP	234(42.9)	113(20.7)	99(18.1)	24(4.4)	22(4.0)	26(4.8)	28(5.2)
SU	149(39.9)	99(26.5)	81(21.7)	16(4.3)	11(1.6)	6(1.6)	11(3.0)
NPP	50(28.2)	55(31.1)	53(29.9)	5(2.8)	2(1.1)	5(2.8)	7(4.0)
PP	74(29.5)	85(33.9)	76(30.3)	6(2.4)	6(2.4)	1(0.4)	3(1.2)
전체	507(37.6)	352(26.1)	309(22.9)	51(3.8)	41(3.0)	38(2.8)	49(3.6)

자들의 정치적 판단을 탄핵찬성과 탄핵반대로 축약시키며 양극적 갈등구조 형태를 띠게 만들었고, 전국 대부분의 지역에서 열린우리당을 선두주자로 만들어 기존 지역주의를 대체하는 갈등구조로의 등장 가능성마저 모색하게 했다. 이에 반해 한나라당은 탄핵으로 인해 발생한 수세를 만회하기 위해 박근혜 대표 선출 이후 대구/경북지역을 중심으로 '거여견제론'과 '경제안정/지역발전론'을 앞세워 탄핵이슈로 인해 이반되었던 민심을 원점으로 되돌리려 노력했다.

따라서 탄핵쟁점을 비롯한 거여견제론, 경제안정/지역발전론 등의 이슈에 대한 일반대중과 네티즌 혹은 네티즌 집단 간의 차이 비교는 네티즌의 정치행태를 이해하는 데 있어 중요한 단서를 제공해 줄 것이다. 〈표 6〉은 총선 후 조사에서 응답자들에게 선거에서 가장 공감가는 쟁점을 경제안정/지역발전, 물갈이/정치개혁, 탄핵심판, 거여견제, 지역주의청산, 그리고 노인폄하발언 등을 예시해 얻은 설문결과를 일반대중과 네티즌 집단별로 분류한 결과이다.

앞서 〈표 4〉와 〈표 5〉에서 일반대중과 네티즌의 정당선호도와 정당일체감이 한나라당 대 우리당 혹은 민노당으로 뚜렷한 대조를 보인바 있다. 〈표 6〉은 그 연장선상에서 선거과정에서 공감하는 쟁점에서도 일반대중과 네티즌 간에 뚜렷한 대조를 이루고 있음을 보여주고

---

9) 기타항목에는 기타, 무응답, 그리고 응답거절이 포함되었다.

있다. 구체적으로 GP의 경우 17대 총선 주요쟁점 중 경제안정/지역발전 쟁점(42.9%)과 물갈이/정치개혁(20.7), 탄핵심판(18.1%) 순으로 공감하고 있으나, 두 번째와 세 번째 쟁점의 경우 전체평균을 밑돌고 있어 상대적으로 한나라당의 쟁점에 더 많이 공감하는 경향을 보이고 있다. 아울러 GP는 거여견제론(4.0%)과 노인폄하발언(4.8%)도 전체 평균을 웃도는 비율로 선택하고 있다.

이와 반대로 PP의 경우 물갈이/정치개혁(33.9%), 탄핵심판(30.3%), 경제안정/지역발전(29.5%) 순으로 선택했는데, 마지막 쟁점의 경우 전체 평균을 밑돌아 이 집단이 상대적으로 우리당의 선거쟁점에 많이 공감하고 있음을 보여주고 있다. SU의 쟁점선택은 앞에서의 분석결과와 유사하게 전체 평균과 거의 유사하나 다소 한나라당에 치우친 혹은 보수적인 쟁점선택을 하고 있으며, NPP의 경우 PP와 유사한 쟁점선택을 하고 있다.

경제안정/지역발전, 거여견제, 그리고 노인폄하발언을 한 축으로 그리고 물갈이/정치개혁과 탄핵심판을 다른 축으로 한나라당과 열린우리당 혹은 보수 대 진보의 대립구도를 상정했을 때, 〈표 6〉의 결과는 결국 정당선호도와 쟁점선호를 가르는 일종의 정치적 분화가 인터넷공간에서는 커뮤니티활동을 기준으로 이루어지고 있음을 시사하고 있다. 다시 말해, 아직까지 인터넷 커뮤니티활동은 인터넷을 자유로운 담론의 해방공간으로 인식하는 사람들에 의해 주도되고 있으며, 따라서 이들은 이념적으로 진보적이고 정치적으로 개혁적인 색채를 띠고 있다는 것이다.

인터넷 커뮤니티 활동이 네티즌들의 정치참여에 주요한 기준이 됨은 네티즌들의 탄핵에 대한 평가와 촛불시위 경험여부를 통해서도 발견된다. 〈표 7〉의 결과에 의하면, 우선 GP는 상대적으로 탄핵에 반대하는 비율(68.6%)이 가장 낮으며, 네티즌 집단에서 SU(73.3), NPP(85.1), PP(86.5) 순으로 탄핵반대의 비율이 증가함을 알 수 있다. 흥미로운 점은 전체 탄핵반대 평균인 75.6%를 고려했을 때, 인터넷

<표 7> 집단별 탄핵평가와 촛불시위 참여

쟁점\집단별	탄핵평가		촛불시위참여	
	찬성	반대	없음	있음
GP	159(31.4)	347(68.6)	537(98.4)	9(1.6)
SU	93(26.7)	255(73.3)	349(94.1)	22(5.9)
NPP	26(14.9)	148(85.1)	161(91.0)	16(9.0)
PP	33(13.5)	211(86.5)	208(83.2)	42(16.8)
전체	311(24.4)	961(75.6)	1,255(93.4)	89(6.6)

커뮤니티활동 여부가 각 집단별 탄핵평가의 분기점으로 작용하고 있다는 사실이다. 이는 인터넷 커뮤니티 공간은 대체로 사회적으로 민감한 쟁점들을 토론할 수 있는 열린 공간을 제공하고 있으며, 아직 이 공간이 진보적 혹은 개혁적 사람들에 의해 주도되고 있다는 의미이다. 더욱이 인터넷 커뮤니티가 정치성을 띨 경우 이러한 경향은 더욱 강해진다 할 수 있겠다.

촛불시위에 대한 참여여부는 네티즌들의 온라인(on-line) 정치행태와 아울러 오프라인(off-line) 정치행태도 보여주는데, 결과는 인터넷 활동가로 불릴 수 있는 PP가 오프라인의 정치참여에서도 가장 활발한 것으로 드러났으며, 아울러 인터넷 커뮤니티 활동이 정치참여행위의 분기점으로 작용함을 보여주고 있다. 구체적으로 촛불시위 참여자가 전체의 6.6%에 해당되는 가운데, NPP와 PP는 각각 9.0%와 16.8%가 참여해 평균을 웃돌고 있지만, GP나 SU는 각각 1.6%와 5.9%로 평균을 밑도는 것을 나타났다.

한편, 17대 국회의원 선거는 지역구 1인 후보자와 비례대표제에 근거한 1인 후보자 선택에 기반한 소위 1인2투표제가 도입된 선거이기도 하다. 1인2투표제하에서 네티즌들은 과연 어떠한 정치적 선택을 수행했으며, 이는 일반대중과 어떻게 상이하고, 또 네티즌 집단별로는 어떻게 다르게 나타나는가는 <표 8>에 나타나 있다.

결과는 무엇보다도 한나라당에 대한 지지가 지역구와 비례대표 투

〈표 8〉 집단별 17대 총선 투표

(%)

집단별 \ 정당별		한나라당	민주당	열린우리당	자민련	민노당
지역구	GP	187(43.8)	34(8.0)	183(42.9)	12(2.8)	11(2.6)
	SU	98(35.0)	20(7.1)	137(48.9)	6(2.1)	19(6.8)
	NPP	29(27.1)	7(6.5)	65(60.7)	-	6(5.6)
	PP	41(22.2)	9(4.9)	124(67.0)	2(1.1)	9(4.9)
전체(N=999)		355(35.5)	70(7.0)	509(51.0)	20(2.0)	45(4.5)
비례대표	GP	176(41.9)	33(7.9)	167(39.8)	8(1.9)	36(8.6)
	SU	84(30.1)	19(6.8)	130(46.6)	3(1.1)	43(15.4)
	NPP	21(19.4)	4(3.7)	65(60.2)	-	18(16.7)
	PP	42(22.6)	8(4.3)	104(55.9)	1(0.5)	31(16.7)
전체(N=993)		323(32.5)	64(6.4)	466(46.9)	12(1.2)	128(12.9)

표선택 모두 GP 집단에서 가장 높으며, 네티즌의 계단을 올라갈수록 지지율이 감소함을 알 수 있다. 그리고 열린우리당에 대한 지지는 대체로 일반대중에서 네티즌으로 옮겨갈수록 증가함을 목격할 수 있다. 이러한 현상은 이전 일반대중과 네티즌의 이념과 정당선호, 그리고 총선 쟁점에 대한 평가로부터 능히 짐작할 수 있는 일이다. 또한 지난 16대 대통령 선거과정에서 나타난 네티즌의 높은 민주당 지지도에 대한 기존 연구의 결과(김용철·윤성이 2001: 139)와 맥을 같이하고 있다.

일반대중과 네티즌 세 집단을 모두 고려했을 때, 한나라당 대 열린우리당의 경쟁구도는 결국 앞선 경험분석결과와 마찬가지로 인터넷 커뮤니티활동이 나름대로 기준으로 작용하고 있음으 알 수 있다. 예를 들어, 지역구 득표의 경우 열린우리당은 응답자의 51.0%로부터 지지를 받았는데, GP와 SU는 각각 42.9%와 48.9%로 평균 아래인 반면, NPP와 PP의 경우 각각 60.7%와 67.0%로 GP와 SU와 비교적 지지율의 격차를 크게 내며 전체 평균을 훨씬 상회하는 것을 알 수 있다. 따라서 인터넷 커뮤니티활동은 이러한 격차를 가져오는 데 중요한 역할을 담당했다는 추론이 가능하다.

흥미로운 점은 민노당에 대한 네티즌들의 지지경향인데, 민노당이

〈표 9〉 집단별 1인 2투표제 투표 결과

집단 투표정향	단일투표(unified vote)	분리투표(split vote)
GP	344(83.1)	70(16.9)
SU	221(80.1)	55(19.9)
NPP	82(77.4)	24(22.6)
PP	141(77.9)	40(22.1)
전체(N=977)	788(80.7)	189(19.3)

지역구투표보다 비례대표투표에서 약 8.4% 더 많이 득표한 가운데, 지역구투표에서는 SU가 NPP나 PP보다 상대적으로 더 높은 지지를 보인 반면, 비례대표투표에서는 오히려 NPP나 PP가 민노당을 지지한 비율이 높다는 점이다. 비례대표투표를 정당에 대한 순수한 선호투표라고 가정한다면, 민노당의 지역구득표와 비례대표득표 차이는 유권자들의 일종의 전략적 투표결과로 해석될 여지가 있는데, 위의 결과는 NPP와 PP에서 전략적투표 가능성이 높음을 시사하고 있다.

17대 총선부터 채택된 1인2투표제하에서는 유권자가 지역구와 비례대표하에서 지지 후보자를 지지할 수 있다. 이는 소위 분리된 투표(split voting) 가능성을 의미하는데, 분리투표는 1인2투표제의 주요한 효과 중의 하나라고 할 수 있다. 그렇다면 이러한 분리투표 현상과 네티즌과의 관계는 어떠한가를 살펴보면, 〈표 9〉에서 볼 수 있듯이, 전체 분리투표비율이 19.3%인 가운데, 일반대중인 GP의 경우 분리투표비율이 16.9%로 가장 낮고, 네티즌의 경우 SU가 19.9%, NPP가 22.6%, 그리고 PP가 22.1%로 일반대중보다 네티즌들이 분리투표를 많이 한 것으로 드러났다. 비록 NPP와 PP 사이의 차이가 앞서 제시된 여러 경험분석결과와 약간 다른 패턴을 보이고 있긴 하지만, 표의 결과는 대체로 인터넷 커뮤니티활동이 분리투표에 나름대로 영향을 미치고 있음도 보여주고 있다.

결과적으로 1인2투표제의 효과—분리된 투표—는 일반대중 집단에서가 아니라 네티즌 집단에서 상대적으로 많이 발생하고 있고, 특히 비정치적 참여자와 인터넷 정치참여자 집단에서 분리투표가 더 많이 이루어지고 있음은 이들 집단의 정보획득과 이념정향, 그리고 정당선호와 투표선택을 미루어 짐작하건데, 17대 총선에서의 분리투표가 나름대로 세련된(sophisticated) 계산을 바탕으로 이루어진 것이고 이러한 유권자들의 세련된 계산에 인터넷 커뮤니티가 나름대로의 영향을 미친 것이 아닌가는 추론을 가능하게 한다.

VI. 결론

이 글은 한국 네티즌을 크게 3개의 집단, 즉 단순이용자(SU), 비정치참여자(NPP), 정치참여자(PP)로 구분하고, 일반대중과 네티즌은 물론 네티즌 내부의 인구통계학적인 차이 및 정치정향과 정치참여의 차이를 분석한 바 있다.

이러한 분석을 통해 획득된 결과는 크게 두 가지로 요약될 수 있다. 첫째, 네티즌은 일반대중과 비교하여 상이한 인구통계학적 특성을 갖고 있다는 점에서 일반대중 내부에 무차별적으로 포함될 수 없는 독립적 집단으로 인식되어야 한다는 점이다. 성별, 연령별, 교육수준별, 소득수준별로 네티즌은 일반대중과는 상이한 구성을 갖고 있으며, 이러한 특성이 이들의 인터넷 커뮤니티활동과 정치적 활동에 영향을 미칠 수 있는 가능성이 높다고 볼 수 있다. 특히 선거와 같은 오프라인 정치활동은 결국 유권자의 동원(mobilization)이 필수적인 요소이며, 온라인은 오늘날 유권자 동원의 손쉬운 기제로 활용되고 있다는 점에서 네티즌의 인구통계학적 특성은 각 정당의 유권자 동원전략에 유의미한 시사점을 던져주고 있다.

둘째, 경험분석 결과는 네티즌 역시 하나의 통합된 집단으로 규정할 수 없음을 보여주고 있다. 즉 이들은 일정한 인구통계학적, 정치참여적 특성을 공유하여, 하나의 집단적 문화를 생성하고 있다고 보기 힘들며, 커뮤니티활동과 그 성격에 따라 내부의 다양한 분화를 형성하고 있다는 것이다. 분석결과에 따르면, 네티즌 내부에는 인구통계학적인 구성상의 차이가 분명히 존재하고 있고, 인터넷을 활용하는 목적도 상이하며, 이로 인해 이들이 보이는 정치정향과 정치참여의 양상 역시 상이하게 나타나고 있다. 예를 들어 인터넷 단순이용자 집단, 비정치참여자 집단, 그리고 정치참여자는 상이한 이념적 정향과 정당선호도, 그리고 실제 투표 행위에서도 상이한 선택을 수행하고 있는 것으로 나타났다.

이러한 차이에 근거해서 보면, 네티즌의 통합된 정치참여적 특성을 도출해낸다는 것은 매우 어려운 일이라고 할 수 있다. 따라서 네티즌을 구성하는 정체성과 행동양식에 대한 일반화는 이들의 주요 구성상의 차이와 참여행태상의 차이를 고려하여 이루어져야 할 것이다. 따라서 향후 네티즌에 대한 연구에서는 구체적으로 어떠한 유형의 네티즌을 논의하는가가 명확하게 정의되어져야 할 것이고, 인터넷의 기술적 발달과 접합되는 네티즌 정의와 분류작업이 지속되어야 할 것이다.

네티즌은 인터넷의 '움직이는 과녁(moving target)'으로서의 성격을 반영하여 내적인 역동성을 갖는 집단으로 취급되어야 하고, 탄력적으로 규명되어야 하는 정치사회적 집단임에 틀림이 없다. 기존의 시민과는 구별되는 독립적인 시민이면서 동시에 일정한 내적 분화를 경험하고 있는 새로운 사회 구성원으로서의 네티즌에 대한 인식을 체계화함에 있어 이 글은 매우 중요한 함의를 제공하고 있다.

마지막으로 이 글은 네티즌들이 수행하는 정치참여의 내용을 경험적으로 분석하는 이론적 모델의 필요성을 제기하고자 한다. 즉 네티즌의 투표행태를 결정짓는 요인을 도출하고, 이에 근거한 이론적 모델을 정립하는 작업이 연속적으로 이루어져야 할 것이다. 또한 네티즌 집단 전체의 투표행태와 일반대중의 투표행태에 대한 비교분석도 네티즌을 별도의 정치참여자 집단으로 규정하는 데 매우 중요한 근거가 될 수 있다. 이러한 작업들이 전제되어야만 인터넷이 형성하는 새로운 형태의 참여환경의 내용이 파악될 수 있고, 인터넷을 통해서만 순수하게 매개되는 정치사회적 효과가 규명되어질 수 있을 것이다.

■ 참고문헌

강상현. 1999.『정보통신 혁명과 한국사회: 뉴미디어의 패러독스』. 서울: 나래출
　　판사.

김영태. 2002. "정치적 불만족과 유권자의 투표행태:16대 총선을 중심으로." 진
　　영재 편.『한국의 선거 Ⅳ』. 서울: 한국사회과학데이터센터.

김용철. 윤성이. 2000. "인터넷의 정치적 활용과 16대 총선."『한국정치학회보』
　　제 34집 3호.

김일영. 2004. " 17대 총선의 의미와 정당체계의 재편 전망." 한국정치학회 총선
　　분석특별학술회의(4/22) 발표논문.

박동진. 2004. "인터넷과 16대 대통령 선거: 전자적 공론장의 가능성을 중심으
　　로." IT 정치연구회 발표논문.

윤성이. 1999. "정보통신기술의 발달과 정치과정의 변화: 전자민주주의의 가능
　　성과 한계."『정보화저널』제6권 3호.

정연정. 2001. "선거과정에서의 인터넷 활용에 관한 연구." 한국정치학회. 김영
　　래 엮음.『정보사회와 정치』. 서울: 오름출판사.

_____ . 2004. "한국 선거환경의 변화와 유권자 투표 참여 증대방안." 한국정치
　　학회 춘계학술대회, 2004.03.18.

조성대. 2004a. "정치이벤트, 정당지지도, 그리고 17대 총선: 집합자료에 나타난
　　탄핵쟁점과 인물투표." 한국정치학회 총선분석특별학술회의(4/22) 발표논
　　문 수정본.

_____ . 2004b. "4 · 15총선과 한국정치의 갈등구조: 지역주의와 갈등의 대체."
　　한신대학교 사회과학연구소 심포지움(6/5) 발표논문.

한국전산원. 2003.『한국인터넷 백서』. 서울: 한국전산원.

Allen, David S. 1995. "Theory of Democracy and American Journalism: Creat-
　　ing anActive Public." Paper presented at AEJMC, Washington D.C.

Barber Benjamin, Kevin Mattson, and John Peterson. 1997. "The State of Elec-
　　tronically Enhanced Democracy: A Survey of the Internet." paper present-
　　ed to Markle Foundation.

Corrado, Anthony, and Charles Firestone,eds. 1999. *Elections in Cyberspace: Toward a New Era in American Politics.* Washington D.C.: The Aspen Institute.

Davis, Richard. 1999. *The Web of Politics: The Internet's Impact on the American Political System.* New York: Oxford University Press.

Graber, Doris. 1996. "The New Medium and Politics: What Does the Future Hold?" *PS: Political Science and Politics*, Vol. 29, pp. 33-36.

Grossman, Lawrence. 1995. *The Electronic Public.* New York: Penguine Books.

Hugh, Kevin & John Hill. 1998. *Cyberpolitics; Citizen Activism in the Age of the Internet.* New York: Rowman & Littlefield Publishers Inc.

Morris, Dick. 1999. *Vote.com.* Los Angeles: Renaissance Books.

Resnick, David. 1997. "Politics on the Internet: The Normalization of Cyberspace." *New Political Science*, Vol. 41-41, pp. 47-68.

Rheingold, Howard. 1993. *The Virtual Community: Homesteading of the Electronic Frontier.* Addison-Wesley Publishing Company.

http://www.isis.or.kr

http://www.chosun.com/w21data/html/news

제13장

이념적 스펙트럼의 제한적 확장과 진보정당의 원내진출: 배경과 전망

정영태

Ⅰ. 이념적 스펙트럼의 변화와 민주노동당의 원내진출

민주노동당은 지난 제17대 총선에서 창당(2000년 1월, 제16대 총선 직후인 5월 31일 재등록) 4년 만에 원내진출을 실현했을 뿐만 아니라 국회 제3당으로 등장하였다. 창당 직후 처음으로 치른 2000년 제16대 국회의원 총선거에서는 1.2%의 득표율을 기록했지만 이어 2002년 6월에 치른 지방선거 광역의원 비례대표제에서는 8.1%를 얻어 자민련을 제치고 일약 제3당으로 부상하였다. 이어서 민주노동당은 제16대 대통령선거에서도 선전하여 권영길 후보는 4%(1997년, 1.2%)에 가까운 득표를 하였으며, 선거기간 중 TV토론을 통해서 서민을 위한 정책을 제시하고 자신만의 독특한 이미지를 부각시킴으로써 민주당의 노무현, 한나라당의 이회창에 이어 3위를 기록할 수 있었다.

마지막으로 2004년 4월의 제17대 국회의원 총선거의 정당명부식 비례대표제에서는 13%의 득표율을 기록하여 8석을 얻었으며 지역구에서도 창원과 울산에서 각각 1석씩 얻어 총 10석을 차지함으로써 1960년 이후 최초로 진보정당이 원내로 진출하는 쾌거를 이룩하였다.

이와 같은 민주노동당의 급성장은 87년 민주화 이후 제1, 제2의 야당자리를 굳건히 지켜왔던 민주당과 자민련의 처지와는 극명한 대조를 이루었다. 반세기에 가까운 기간 정통야당을 지켜왔고 최근 6년 동안에는 집권당 자리까지 차지했던 민주당은 이번 총선 정당명부 비례대표제에서 1,510,178표(7.1%, 4석)를 기록하여 민주노동당 득표의 절반보다 조금 많은 성과를 거두었을 뿐이다. 지역구의 경우에는 총 1,672,649표(7.9%)를 획득하여 민주노동당보다 좋은 성과를 거두었으나, 의석수는 5석에 지나지 않으며 그나마도 모두 전남지역에 한정되어 있다.[1]

자민련의 경우 민주당보다 더 저조하다. 정당명부식 비례대표제에서는 600,462표(2.8%)를 얻는데 그쳐 단 한 석도 배정받지 못했으며, 민주노동당의 약 1/5 수준에 그쳤다. 민주노동당(122개 선거구)과 비슷한 숫자(123개 선거구)의 후보를 출마시킨 지역구에서도 570,190표를 얻어 민주노동당의 절반 정도에 지나지 않으며, 지역구에서 얻은 의석(4석)은 모두 충남지역에 한정되어 있다.

이처럼, 민주노동당은 창당 이후 급속히 성장하여 4년 만에 명실공한 원내 제3당, 제2야당으로 부상하였다. 지난 총선을 통해 민주노동당이 얻어낸 성과는 여기에 그치지 않는다. 민주노동당은 다른 어느 정당보다도 지역색이 약한 정당으로 인정받게 되었다. 정당명부 비례대표제에서 각 정당이 15개 시도에서 얻은 득표율의 최대치와 최소치를 비교해 보면, 그 비율이 한나라당의 경우 3450%(대구-62.1/광주-1.8), 민주당의 경우 3064%(전남-33.7/대구-1.1), 자민련의 경우

---

1) 그러나 출마후보(182명) 1인당 평균 득표수(9,190표)와 득표율(10.5%)을 민주노동당(122명, 7,540표, 8.6%)과 비교하면, 민주당의 지역구 투표 성과는 민주노동당보다 크게 차이나지 않는다.

7833%(충남-23.5/광주-0.3)에 달했다. 이에 비해 열린우리당의 경우 그 비율은 301%(전북-67.2/대구-22.3)로 앞의 세 당에 비하면 훨씬 낮았다. 그러나 민주노동당의 경우 그 비율은 211%(울산-21.9/충남-10.4)로 다른 세 당은 물론 열린우리당보다도 낮았다. 이것은 한나라당이나 민주당 또는 자민련과는 달리, 민주노동당은 지역색깔을 가진 정당으로 인식되지 않았다는 것을 의미한다.[2]

지난 총선에서 민주노동당이 진보정당으로서는 한국정치사상 40여 년만에 처음으로 원내진출을 실현하고 제3당으로 자리 잡게 된 배경에는 정당명부식 비례대표제의 도입과 같은 정치제도의 변화, '3김정치'의 종식에 따른 지역균열의 성격 변화, 진보정당의 전략적 선택 등 여러 가지 요인이 작용했겠지만, 이러한 요인들에 못지않게 우리 사회에서 이념적 스펙트럼이 확장된 것도 중요하게 작용한 것으로 보인다.

실제로, 각종 조사결과를 종합해 보면, 2002년 대선을 전후한 시기 그간 우리 사회를 규정해 온 파쇼적 반공주의, '미국추종주의', 가부장적 권위주의 등 보수이데올로기가 크게 약화되고, '진보적인' 내지 '좌파적인' 이념의 영향력이 크게 강화되었다는 것을 확인할 수 있다. 우선, 1994년부터 1999년까지 북한을 지원, 협력, 경쟁, 경계, 적대 등 5개 대상으로 구분하여 이미지를 물어본 통일연구원의 조사결과에 의하면, 경계 또는 적대 대상이라는 부정적인 인식은 1994년 37.8%, 1995년 59.6%, 1998년 54.4%이었으나 1999년에는 36.9%로 떨어졌다. 반면 지원이나 협력의 대상이라는 인식은 각각 1994년 59.6%, 1995년 36.9%, 1999년 41.9%로 높아졌다. 2003년도 조사결과는 지원대상(15.6%), 협력대상(36.9%), 경쟁대상(4.3%)으로 지원 또는 협력대상이라는 응답자가 52.5%로 4년 전보다 10.6%가 증가한 반면, 경계 또는 적대 대상이라는 응답자는 각각 27.7%, 12.0%로 부정적인 인식은 39.7%로 4년 전과 비슷한 수준이었다.[3]

---

2) 물론 열린우리당도 지역색깔을 거의 보이지 않았다.

북한을 지원, 협력, 적대의 3가지 대상으로 구분하여 실시한 2000년 8월의 중앙일보 조사결과에서는 적대적 대상이라는 인식이 4.6%에 불과하고 대개는 지원(44.0%)이나 협력(49.8%)의 대상으로 보는 인식으로 급변하였다.[4] 이처럼 김대중 정부가 '햇볕정책'을 추진한 이래 북한에 대한 국민의 인식은 급격히 변한 것으로 보인다. 북한과 연관되어 있는 국가보안법에 대한 인식도 크게 달라졌다. 1995년 세종연구소의 〈국민의식조사〉에 의하면, 부분 수정 58.6%, 완전 폐지 10.8%, 현재대로 유지 17.0%이었으나,[5] 1998년 11월 22일 한겨레신문사와 한국의 3개 인권단체가 공동으로 실시한 조사에 의하면 폐지 7.7%, 개정완화 70.5%, 현행유지 11.6%, 강화 7.3%로 폐지나 개정의 의견이 크게 늘어났다. 이처럼, 해방 이후 반세기 이상 한국사회를 구속했던 반북반공이데올로기가 1990년대 말 이후 크게 약화되었다.[6]

마찬가지로 미국에 대한 인식 또한 크게 달라졌다. 방금 인용한 1995년 세종연구소의 〈국민의식조사〉에 의하면, '빠른 시일 내 철수' 5.9%, '단계적 철수' 45.6% (철수 51.6%), '현규모로 계속 주둔' 36.8%, '강화시켜 계속 주둔' 4.7%(계속 주둔 41.5%)로 철수가 조금 많았으나, 내일신문의 2000년 8월 초의 조사결과에 의하면, '즉각 철수' 8.4%, '단계적 철수' 74.9%로 철수해야 한다는 의견이 크게 늘었다. 반면 '계속 주둔해야 한다'는 의견은 13.5%로 급락하였다.[7]

남성우위 여성차별을 정당화하는 가부장적 권위주의의 정당성도

---

3) 최진욱, 2003, "대북인식의 변화와 향후 대북정책의 방향," 통일연구원 홈페이지. http://www.kinu.or.kr/kinuforum/view.asp?db=forum&num=38&pageno=1&startpage=1.

4) 이숙종, 2000, "남북한과계의 급진전과 대북 안보 여론의 변화," http://www." sejong.http://www.sejong.org/korea/Publications/ci/data/2000-12-03.htm에서 인용.

5) 세종연구소 (1995), 『95 국민의식조사』.

6) 『한겨레신문』, 1998. 11. 22.

7) 『내일신문』, 2000. 8. 16.

〈표 1〉 2002년 대선 무렵 국민의식

핵문제 관계없이 북한 지원		미국과 우호 손상 불구 소파(SOFA) 개정		국가보안법 폐지		호주제 폐지	
절대 찬성	14.5	절대 찬성	53.0	절대 찬성	22.7	절대 찬성	22.8
약간 찬성	39.2	약간 찬성	28.8	약간 찬성	32.2	약간 찬성	19.8
약간 반대	30.0	약간 반대	12.6	약간 반대	33.4	약간 반대	33.5
절대 반대	16.3	절대 반대	5.7	절대 반대	11.8	절대 반대	23.9

자료: 한국사회과학데이터센터 2002.《제16대 대통령선거 관련 유권자 의식 조사》
   (2002. 12)

점차로 상실하고 있다. 2001년 서울대 법학연구소가 전국의 남녀 2천명을 대상으로 한 조사결과에 의하면, 응답자의 52.3%가 (가부장적 권위주의를 표현하는 가장 대표적인 제도인) 호주제를 유지해야 한다고 응답한 반면, 나머지인 47.7%가 폐지 또는 수정해야 한다고 답했다.[8]

그러나 중앙일보 여론조사팀이 2003년 5월 7~8일 양일간 전국의 20세 이상 남녀 1,021명을 대상으로 한 조사결과에 의하면, 호주제의 수정 67.5%(부분 39.9% 및 대폭 27.6%), 완전폐지 12.5%로 수정 내지 폐지가 79.4%로 압도적인 반면, 현행 유지를 주장한 응답자는 19%에 불과했다.[9]

한국사회과학데이터센터의 조사결과에서도 호주제 폐지에 (현행유지를 의미하는) 절대 반대의 의견을 가진 응답자는 23.9%에 지나지 않았다(〈표 1〉).

---

8) 여성부(2001),『호주제 개선방안에 관한 연구』, 서울대학교 법학연구소 연구용역사업(2001. 7. 31 ~ 2001. 12. 24) 수행.
9)『중앙일보』, 2003. 5. 11

　각종 정책분야에 대한 인식의 변화는 자신의 이념적 성향 변화로
표출되었다. 예를 들면, 1997년 대선 무렵 자신이 진보적이라고 생각
하는 응답자는 36.2%, 보수적이라고 생각하는 응답자는 41.5%, 중도
적이라는 응답자는 22.3%이었으나, 2002년 대선 무렵에는 자신이 진
보적이라는 응답자는 41.1%, 중도라는 응답자는 32.3%, 보수적이라
는 응답자는26.7%로 진보와 중도파가 각각 5%, 10%가 늘어난 반면
보수는 15% 정도가 줄어들었다(〈표 2-1〉).[10] 1997년과 2002년 사이에
시민사회가 전반적으로 '좌경화' 한 것이다. 2004년 총선 무렵에도 이
러한 시민사회의 이데올로기적 스펙트럼은 거의 그대로 유지되었다.
진보(좌파)에서 보수(우파)까지의 이데올로기 스펙트럼을 0~10까지
11단계로 구분하고 5를 중도로 볼 경우 2004년 총선 무렵 시민사회의
이념적 스펙트럼은 진보 40.6%, 중도 33.0%, 보수 26.4%로 2002년 대
선 무렵과 거의 차이가 없다(〈표 2-2〉). 특히 e세대와 386세대의 젊은
유권자들은 전전세대와 대조적으로 진보성이 강했다.[11]

---

10) 2000년 총선직후 한국사회과학데이터센터가 실시한 선거결과 조사에 의하면,
　　세대별 이념성향 분포는 〈표〉와 같다. 위의 〈표 2-1〉이나 〈표 2-2〉가 근거를
　　두고 있는 설문지와는 응답지가 달라서 곧바로 비교할 수 없지만, '젊은 세
　　대' (386세대와 e세대)가 아이엠에프 사태 이후 약간 보수화되지 않았나 싶다.

〈표〉 세대별 이념성향

	진보	중도	보수	인원
e세대	32.5	50.0	17.5	120
386세대	30.0	50.7	19.3	140
민주화세대	34.7	42.9	22.4	392
전전세대	17.2	49.0	33.9	192
전체	29.6	46.6	23.8	844

자료: 〈표 1〉과 동일.
* 유의도: Pearson Chi-Square=27.632 (df=6), p〈.001

11) 이처럼 파쇼적 반공주의와 미국추종주의 의식이 약화된 것은 1987년 민주화
　　이후 점차 변하기 시작한 국제정세와 남북관계, 김대중 정부의 대북포용정

〈표 2-1〉 세대별 이념성향-1997년과 2002년

	자신의 이념적 성향															
	상당히 진보(1)		약간 진보(2)		진보(1+2)		중도파		보수(3+4)		약간 보수(3)		상당히 보수(4)		인원	
	'97	'02	'97	'02	'97	'02	'97	'02	'97	'02	'97	'02	'97	'02	'97	'02
전전세대	3.9	4.8	18.8	20.8	22.7	25.2	25.9	37.0	51.5	37.3	39.8	31.9	11.7	5.4	309	351
민주화세대	6.5	7.7	24.0	34.3	30.5	42.0	23.7	29.1	45.9	28.9	38.4	25.0	7.5	3.9	279	636
386세대	12.4	9.3	33.9	44.5	46.3	53.8	19.1	29.7	34.6	16.4	29.1	15.9	5.5	0.5	419	182
e세대	10.1	6.9	45.6	41.7	55.7	50.6	20.3	34.7	24.1	16.6	24.1	15.7	0.0	0.9	79	331
전체	8.3	7.1	27.9	34.0	36.2	41.1	22.3	32.3	41.5	26.7	34.1	23.5	7.4	3.2	1086	1500

자료: 한국사회과학데이터센터, 《제15대 대통령선거 유권자 조사》(1997. 12);《제16대 대통령선거 관련 유권자 의식 조사》(2002. 12).
* 유의도: 97년 - Pearson Chi-Square=71.686 (df=12), p〈.001; 02년 - Pearson Chi-Square=79.368 (df=12), p〈.001

〈표 2-2〉 세대별 이념성향-2004년

세대*	진보(좌파) 0	1	2	3	4	5	6	7	8	9	보수(우파) 10	평균이념**	인원
전전세대	5.2	0.0	2.6	8.8	6.7	37.6	8.8	7.7	9.8	4.1	8.8	5.25	194
민주화세대	4.9	1.7	5.8	7.8	7.8	34.0	8.6	12.7	8.4	3.5	4.9	4.10	347
386세대	8.7	5.2	7.4	16.1	12.9	31.4	5.9	6.9	2.0	1.0	2.5	4.11	404
e세대	13.5	5.1	7.4	15.5	12.2	30.7	5.4	4.7	2.7	1.0	1.7	3.82	296
전체	8.2	3.4	6.2	12.5	10.3	33.0	7.0	8.1	5.2	2.2	3.9	5.5	1241

자료: 한국사회과학데이터센터, 《제17대 국회의원선거 유권자조사》(2004. 4).
주: 세대별 평균이념=각 이념지수X응답자수/세대별 총응답자수. * 유의도: Pearson Chi-Square=71.686 (df=12), p〈.001

〈표 3〉 자신의 이념적 성향과 정당명부 비례대표 지지후보 정당

이념적 성향		비례대표 지지후보 정당					인원
		한나라당	민주당	열린우리당	민주노동당	기타 정당	
진보(좌파)	0	1.2	3.7	64.2	28.4	2.5	81
	1	9.1	0.0	63.6	21.2	6.1	33
	2	10.9	1.6	62.5	25.0	0.0	64
	3	10.1	9.2	58.8	19.3	2.5	119
	4	18.7	8.4	54.2	16.8	1.9	107
	5	29.1	8.4	46.5	12.0	4.0	275
	6	59.4	10.1	23.2	7.2	0.0	69
	7	62.8	5.1	23.1	6.4	2.6	78
	8	69.0	3.4	22.4	0.0	5.2	58
	9	60.9	4.3	26.1	4.3	4.3	23
보수(우파)	10	71.4	0.0	19.0	9.5	0.0	42
전체		31.3	6.4	45.3	14.2	2.7	949

자료: 〈표 2-2〉와 동일.
* 유의도: Pearson Chi-square=268.914 (df=40), p〈.001

이러한 시민사회의 이데올로기 스펙트럼에 있어서 진보성의 강화 내지 '좌경화'는 개혁적인 '신생정당'으로 인식된 열린우리당과 민주노동당에게 유리하게 작용하였다.

〈표 3〉에서 보듯이, 자신이 진보적 또는 좌파적 성향이 강하다는

_____

책, 부산 아시안게임, 월드컵, 효순·미선사건 등과 같은 객관적인 조건이나 사건에서 기인한 바가 크다 하겠다.

〈표 4〉 서울 '부유촌' 과 휴전선 접경지역 투표행태 비교

지역			1997 대선				2002 지방 정당명부 비례대표				2002 대선			2004년 총선 정당명부 비례대표한나라당				
			이회창	김대중	이인제	권영길	한나라당	민주당	자민련	민주노동당	이회창	노무현	권영길	한나라당	민주당	열린우리당	자민련	민주노동
서울 부유촌		강남구	51.2	37.8	8.7	1.1	62.5	28.4	1.8	4.7	57.5	39.6	2.5	51.7	6.5	29.1	1.7	9.1
		서초구	53.1	35.7	8.9	1.0	61.0	29.5	2.3	4.8	55.8	41.3	2.5	49.2	6.6	31.0	1.9	9.2
휴전선접경지역	인천	강화군	36.7	25.3	34.1	0.7	58.3	28.4	3.3	4.5	54.6	39.9	4.4	40.6	4.3	38.3	1.8	11.5
		옹진군	43.4	20.7	30.9	0.6	57.8	28.2	3.9	4.1	58.1	37.5	3.3	43.7	4.1	35.4	1.5	7.6
	경기	김포군	34.7	31.9	30.4	0.7	57.9	31.3	3.2	5.0	47.2	48.0	4.1	38.2	5.1	40.3	1.9	11.5
		파주군	36.8	29.3	30.6	0.6	58.4	28.6	4.5	5.1	48.5	46.5	3.9	40.5	4.5	38.7	2.0	10.8
		연천군	34.5	29.5	32.0	0.6	50.5	27.4	3.1	6.3	41.7	46.9	4.4	35.0	4.8	39.8	7.9	9.0
		포천군	37.7	29.9	28.7	0.6	47.9	25.2	4.9	8.0	38.8	47.4	3.9	36.9	4.7	41.9	1.7	9.7
	강원	철원군	31.0	29.6	36.0	0.6	57.4	25.1	6.4	8.9	45.1	47.9	5.5	35.3	9.6	35.8	1.6	14.1
		양구군	31.6	26.4	37.2	0.7	51.6	24.4	7.3	13.6	44.2	48.9	5.5	31.4	9.4	41.4	1.6	11.4
		인제군	32.2	28.9	34.5	0.7	52.7	30.4	5.4	8.9	45.6	48.2	5.0	34.3	5.4	45.2	1.3	10.0
		고성군	40.7	24.4	31.1	0.6	61.5	21.0	6.9	7.5	52.1	43.0	4.1	42.3	8.9	35.8	1.8	7.9
		화천군	32.3	29.3	35.5	0.6	52.6	27.4	7.7	10.1	45.3	47.7	5.7	35.1	9.6	38.5	1.5	11.7

자료: 중앙선거관리위원회, 각 년도.

응답자일수록 열린우리당이나 민주노동당을 지지하는 경향이 강하고, 그 반대로 보수적 또는 우파적 성향이 강하다는 응답자일수록 한나라당을 지지하는 경향이 강하다. 예를 들면, 자신이 매우 진보적(0~2)이라는 응답자의 경우 63~64%가 열린우리당, 21~28%가 민주노동당을 지지하였으며 7~35%만이 한나라당, 민주당 등 다른 정당을 지지하였다. 반면, 자신이 보수적(10~6)이라는 응답자의 경우 30%이하

가 열린우리당이나 민주노동당을 지지하고 나머지는 한나라당 등을 지지하였다.

진보 내지 좌파성향 유권자층의 증가와 그에 따른 시민사회의 이념적 스펙트럼 확장으로 민주노동당을 포함한 진보세력이 보다 용이하게 성장할 수 있었다는 사실은 휴전선 접경지역 유권자들의 투표행태를 통해서 확인할 수 있다. 〈표 4〉에서 보듯이, 노무현 후보는 경기도와 강원도 지역 중에서 휴전선 접경 지역 11개 군 가운데 7개 군에서 이회창 후보를 앞질렀다. 나머지 5개 군에서도 97대선에서 김대중 후보가 얻었던 득표율보다 최소 14% 이상 더 많은 득표를 기록했다.

게다가 민주노동당의 권영길 후보조차 옹진군을 제외한 모든 휴전선 접경지역에서 전국 득표율보다 높은 4~5%의 지지율을 확보했다. 반면, 서울 강남지역의 유권자들은 노무현 후보(민주당)와 권영길 후보(민주노동당)보다는 자신들의 경제적 이익을 잘 대변한다고 믿는 이회창 후보(한나라당)를 압도적으로 높은 비율로 지지하였다.

이러한 실리주의적 정당/후보 선택은 지난 제17대 총선투표에서도 그대로 나타났으며, 일부 지역에서는 민주노동당에 대한 지지율이 2002년 지방선거 때보다 더욱 높아졌다. 반면, 한국사회에서 부유층이 가장 많이 모여 사는 서울 강남구과 서초구에서는 압도적인 수의 유권자들이 한나라당 후보를 지지했다.

북한의 '위협'에 가장 직접적으로 노출되어 있기 때문에 다른 지역 유권자보다 반공주의적일 것 같은, 따라서 한나라당 이회창 후보를 더 많이 지지할 것으로 예상되었던 휴전선 접경지역에서 보수세력에 의해 '좌파' 내지 '좌경용공인사'로 지목된 민주당의 노무현 후보나 열린우리당이 이회창 후보나 한나라당을 앞지르고 심지어는 노무현 후보보다 훨씬 더 '좌파적인' 권영길 후보나 민주노동당이 다른 지역에서보다 높은 득표를 했다는 것을 어떻게 해석해야할까? 이 두 후보의 지지율을 합치면 50% 내외에 이른다.

휴전선 접경지역과 서울 강남지역 유권자들의 투표행태는 우리 유권자들이 맹목적 (또는 감성적) 반북주의보다는 합리주의와 자주성, 특히 합리적 내지 실리위주의 후보선택 경향이 더 강해졌다는 것을 의미하는 것은 아닐까. 즉, 남북경협과 교류의 확대로 남북간 도로와 철도가 연결되고 평화무드가 조성되면 휴전선 접경지역의 개발과 발전이 촉진될 것으로 기대했기 때문에 노무현 후보와 권영길 후보를 지지한 것은 아니었을까.

어쨌든, 1997년 대선 이후 증가하기 시작한 진보 또는 좌파성향 유권자와 그에 따른 이념적 스펙트럼의 확장은 민주노동당에게 비옥한 토양이 되었다고 할 수 있다.

II. 이념적 스펙트럼의 제한적 확장과 민주노동당

이처럼, 민주노동당의 성공적인 원내진출은 최근의 이념적 스펙트럼 확장에서 기인한 바가 크다고 할 수 있다. 즉 진보 내지 좌파 성향의 유권자들이 크게 늘어남으로 진보정당이 선거에서 큰 성과를 거둘수 있었다. 그런데, 진보성향이 강한 유권자들은 왜 민주노동당보다 열린우리당을 더 많이 지지했을까? 민주노동당이 열린우리당과 별로 다른 점이 없었던 것인가. 아니면 일반유권자들이 차이를 인식하지 못한 것인가. 일반유권자들이 그 차이를 인식하지 못한 이유는 무엇인가. 이념적 스펙트럼이 확장되기는 했지만 진보-보수, 좌파-우파의 의미가 달라진 탓은 아닌가. 다시 말하면, 1980년대부터 1990년대 초반까지 우리 국민들이 알고 있는 진보-보수 또는 좌파-우파보다는 그 스펙트럼이 좁았던 것은 아닌가.

이런 상황에서 선거와 제도정치를 적극 활용하기로 한 민주노동당이 택할 수 있는 가장 진보적인 또는 좌파적인 이념이나 정책대안이 좁아질 수밖에 없었고 그 결과 열린우리당과의 차별성을 제대로 부각시킬 수 없었던 것은 아닌가. 이러한 딜레마를 민주노동당은 어떤 방식으로 얼마나 극복할 수 있을 것인가.

이러한 문제의식에서 이 절에서는 민주노동당의 이념·정책을 다른 정당 특히 열린우리당과 비교함으로써 민주노동당이 처해 있는 딜레마의 성격을 분석할 것이다.

다음 절에서는 민주노동당이 이러한 딜레마를 어떤 방식으로 얼마나 극복할 수 있는지를 알아보기 위해 지지층의 사회경제적 특성과 정당구조를 살펴볼 것이다.

1. 민주노동당의 이념과 정책

먼저, 민주노동당의 이념과 정책을 살펴보기로 하자. 민주노동당의 이념은 당 강령에 집약적으로 표현되어 있다. 민주노동당은 '민주, 평등, 해방'을 기본적인 이념으로 삼아 "외세를 물리치고 반민중적인 정치권력을 몰아내어 민중이 주인되는 진보정치를 실현하며, 자본주의체제를 넘어 모든 인간이 인간답게 살 수 있는 평등과 해방의 새 세상"을 건설하는 것을 목표로 하고 있다.[12]

구체적으로 보면, 우선, 정치 분야에서는 '민중을 억압하는 모든 국가기구와 법, 제도를 완전히 폐지'한 뒤 '국민이 공직 대표자를 소환, 탄핵, 통제하고 발의권을 가지며 국가의 주요 정책을 결정하는 직접 민주주의'를 구현하고, 또한 '가정과 직장을 비롯한 일상생활에서 이루어지는 비민주적 행태를 청산'하여 '아래로부터의 민중권력 창출'을 추구한다. 다음, 외교 분야에서는 '국제 투기자본의 공격과 미국의 군사 패권주의에 반대하고 호혜와 평등, 자주성에 기초한 국가관계'를 만들 것과, 남북관계 분야에서는 '민족분단으로 인한 대립과 반목을 종식시켜', '화해와 평화의 자주적 민족통일국가를 건설'할 것을

---

12) 여기서 '민중'은 노동자, 농민, 영세상인, 도시빈민, 여성, 청년과 학생, 그리고 양심적 지식인을 의미한다(당강령).

목표로 하고 있다. 그 다음, 경제 분야의 경우 '이윤을 목적으로 하는 사적 소유권을 제한하고' 삶에 필수적인 재화와 서비스를 제공하는 산업의 생산수단을 사회화하여 '모든 사람이 교육·의료·주거·통신·교통 등 삶을 영위하는 데 필요한 여건을 평등하게 누릴' 수 있게 하는 것을 추구한다. 이를 위해 민주노동당은 일상 삶에 필수적인 재화와 서비스를 생산하는 산업의 경우 '사회화'를 추구한다. 그러나 다른 산업의 경우 이전의 국가사회주의에서와 같은 **'형식적 국유화'** **의 한계를 거울삼아 사적 소유와 시장을 인정하고 적극 활용하되, '노동자를 비롯한 생산주체들이 함께 계획·생산·분배·유통과 관련된 결정에 참여할 수 있도록'** 허용하는 '민주적 통제방식'을 선호한다. 마지막으로, 민주노동당은 '물질적 부를 위해 생태계를 파괴하는 어떠한 시도도 거부'함으로써 '인간이 자연 그대로의 환경을 유지하면서 **생태계와 조화롭게 공존하는 세상'**을 추구하고, 또한 '어린이, 노인, 장애인, 이주 노동자, 외국인, 성적 소수자, 이견 집단 등' **어떠한 사회적 약자도 차별당하지 않고 각각의 개성이 존중받는 사회의 건설** 을 추구한다고 밝히고 있다.

요약하자면, 민주노동당은 국가보안법 폐지 등을 통해 우리 사회에서 정치적(또는 제도적, 절차적, 형식적) 민주주의를 완성하는 것은 물론, 여기서 한걸음 더 나아가 참여민주주의와 사회적 민주주의를 가능케 하는 제도를 도입함으로써 실제로는 정치적 불평등을 초래하는 정치적 민주주의의 한계를 극복하려고 한다는 것을 알 수 있다.[13]

---

13) 정치적 민주주의는 일반국민의 공동체의사결정에의 참여를 선거 때 공직자를 선출하는 것과 평상시 공론의 장에서 자신의 의사를 자유롭게 표현하는 것에 한정시키는 (따라서 공동체의 일상에 영향을 미치는 결정은 선출적 공직자나 관료들이 독점하는) 민주주의의 한 유형으로, 앵글로색슨 사회에서 주로 발견된다. 이러한 민주주의는 국민의 의사결정참여가 정치영역에 한정된다는 점에서 정치적 민주주의라고 불리며, 제도나 절차에서의 자유나 평등이라는 형식에 초점을 맞춘다는 점에서 제도적 또는 절차적 또는 형식적 민

국가정책결정에서 '직접민주주의'적 요소를 대폭 도입하고 기업
경영에서도 노동자 등 생산주체의 민주적 참여를 강조하는 것은 바로
이런 이념적 지향성 때문이라 할 수 있다. 이러한 국내정치경제적 목
표와 더불어, 민주노동당은 화해, 평화, 자주의 원칙에 입각한 남북관
계의 수립과 통일, 그리고 호혜, 평등, 자주의 원칙에 입각한 국제관계
의 수립이라는 민족주의적 목표를 지향하고 있다.

반면, 열린우리당의 이념은 한마디로 자유민주주의와 자유시장경제
질서를 정착, 심화시키는 것이라고 할 수 있다. 당 강령 전문에서 열린
우리당은 '자유민주주의와 시장경제를 근간으로 하는 안정과 발전, 번
영의 21세기 대한민국을 건설하고, 국민 모두가 풍요롭고 행복한 삶을
구현하도록 할 뿐만 아니라, 후손들이 전쟁과 빈곤이 없는 평화로운 세
상, 사랑과 화해가 가득한 세상을 마음껏 누릴 수 있도록 노력할 것'을
선언하였다. 구체적으로, 정치 분야의 경우, '자유민주적 기본질서를
존중하고 의회민주주의를 굳건히 정착시키는 한편, 전자민주주의를
활성화하여 모든 영역에서 국민의 참여기회를 확대하고 국민통합을
이룩하며, 정치개혁과 부패척결에 앞장섬으로써 바른 정치를 실현한
다'고 함으로써 대의제 자유민주주의를 기본 정치이념으로 하고 참여
민주주의적 요소를 부분적으로 도입하려고 하고 있음을 알 수 있다.

주주의라고 불린다. 또한 이런 민주주의에서는 공동체의 주요 결정이 엘리트
집단간의 경쟁에 한정되기 때문에 민주주의론의 대가인 로버트 달(Robert
Dahl)은 다두제(polyarchy)라고 규정하기도 했다. 지구상에 존재하는 민주
주의에는 이와 같은 정치적 민주주의 이외 참여민주주의(participatory
democracy), 사회적 민주주의(social democracy)도 있다. 참여민주주의는
정치적 민주주의를 받아들이되 그 한계를 극복하기 위해 국가와 지역공동체
그리고 작업장 등 중요한 정책결정이 이루어지는 기구에 대한 시민의 직접
참여를 극대화하기 위한 제도적 장치를 도입하며, 사회적 민주주의는 절차적
민주주의와 참여민주주의를 수용하면서 정치적 · 경제적 · 사회적 성과물이
나 가치의 균등한 배분 즉 사회적 시민권을 강화하는 그런 민주주의이다. 자
세한 내용은 정영태(2004)를 참조할 것.

다음, '모든 경제주체들에게 경제활동의 자유를 최대한 보장하되 공정한 경쟁질서를 확립하고, 성장과 분배가 조화를 이루는 시장경제질서를 형성' 하는 것, 즉 공정한 자유경쟁 시장질서를 확립·유지하면서 분배의 문제를 보다 적극적으로 고려하려고 함을 알 수 있다. 분배에 대한 보다 적극적인 관심은 사회복지제도의 확충에 대한 강조로 이어지고 있다. 즉 열린우리당은 강령을 통해서 '저소득층에 대한 완전한 기초생활보장, 사회보험의 내실화, 근로자에 대한 일자리 제공 및 공정한 대우' 를 지향하겠다고 선언하고 있다. 간단히 말하면, 열린우리당이 표방하는 경제이념의 핵심은 자유롭고 공정한 시장질서를 적극 확립·유지하되, 시장의 작동을 왜곡하는 불공정거래 등은 엄격히 규제하고 시장의 외부효과(빈부격차, 실업, 극빈층 등)를 최소화하기 위해 (그러나 시장을 왜곡하지 않는 방향으로) 복지제도와 노동정책을 확충하는 것이라 할 수 있다. 마지막으로, 대외관계의 경우 열린우리당은 '남북한 실질적인 협력 증진과 군사적 신뢰구축을 실현' 할 것과, '주변 국가와의 협력을 바탕으로 한반도 평화와 남북 공동 번영을 추구' 할 것을 밝혔다.

이처럼 민주노동당은 열린우리당과는 분명하게 대별되는 이념 내지 정책을 견지하고 있다. 물론 민주노동당은 정치적 민주주의의 완성과 자유시장경제의 확립이라는 목표를 달성하기위한 정책이나 사회복지제도 또는 사회적 약자를 위한 정책 분야에서 열린우리당과 유사한 부분이 없지 않다. 그러나 자유민주주의 또는 정치적 민주주의(의회민주주의)와 자유시장제도를 이상으로 삼고 그 부작용을 치유하기 위한 방편으로서만 국가개입을 인정하는데 그치고 있는 열린우리당과는 달리 민주노동당은 궁극적으로 국가와 기업에 대한 국민(또는 관련주체)들의 민주적 통제를 근간으로 하는 실질적 민주주의(또는 사회적 민주주의)를 지향하고 있다.

자유민주주의와 시장경제를 이상으로 삼고 있다는 점에서 열린우리당은 한나라당에 더 가깝다고 할 수 있다. 한나라당은 스스로를 '발전적 보수' 임을 선언하면서 '자유민주주의와 시장경제의 원칙 위에 경쟁력, 투명성, 창의와 상생, 인권과 행복추구권, 양성평등, 생태환경 등 새로운 가치를 적극 수용한다' 고 밝혔다. 그러나 한나라당은 참여 민주주의적 요소이기도 한 '자유민주주의와 시장경제를 위협하는 포퓰리즘과 선동정치' 에 대해서는 단호히 거부하고 투쟁할 것을 선언하였다. 이런 점에서 한나라당의 입장은 정치적 민주주의 이상을 넘어 가지 않고 있으며, 이런 점에서 보수적이라 할 수 있다.

한나라당의 보수성은 기업의 자율성 내지 자유시장과 성장을 통한 분배를 강조하는 점, 남북관계에 있어서 북핵문제의 우선적 해결을 전제로 하는 호혜적 상호주의를 강조하는 점, '국익우선의 실용주의 외교' 의 원칙하에 자유무역협정체결을 적극 추진하고 북핵문제와 군사적 긴장 해소를 위해 한미동맹을 강화해야 한다고 강조하는 점 등에서도 나타나고 있다.

예를 들면, 강령 제2조에서는 '관치경제의 잔재를 과감히 청산하고 규제를 철폐하여 국내외 기업들의 왕성한 경영활동과 투자활동을 보장한다. 정부는 공정한 경쟁 여건을 조성해 투명한 시장질서를 확립하고 기업실패가 국민경제에 미치는 영향을 최소화할 수 있는 법과 제도를 마련한다' 고 규정하였고, 제3조에서는 '개인과 기업의 자유와 창의를 존중하여 기업가정신의 발휘와 근로의욕을 고취시킨다' 고 규정하였다. 이처럼, 한나라당의 경제이념은 영국의 대처나 미국의 레이건이 추구했던 '신자유주의' 의 원형에 가까운 반면, 열린우리당의 경제이념은 성장과 분배의 조화를 강조하는 것이나 노동과 복지 그리고 사회적 약자에 대한 배려가 좀 더 많다는 점에서 영국 블레어의 '제3의 길' 과 가깝지 않나 싶다.[14]

---

14) 그러나 열린우리당 내부에는 민주노동당의 입장과 비슷한 정파들도 없지 않으며, 한나라당과 입장을 같이하는 보수주의자집단도 있다. 이런 이유 때문인지 몰라도 열린우리당의 강령은 매우 추상적인 원칙만을 나열해 놓고 있다.

반면 민주노동당의 경제이념은 직접민주주의에 대한 강조와 노동자의 경영참가를 포함하는 사회적 민주주의를 지향한다는 점에서 북유럽의 사회민주주의에 가깝다고 할 수 있다.

민주노동당과 다른 정당과의 이와 같은 이념 차이는 제17대 총선공약에서도 그대로 드러났다. 재벌정책의 경우 민주노동당은 기업의 자율에 맡길 것이 아니라 공정거래위원회의 계좌추적권과 출자총액제한제도(의 유지·강화) 그리고 산업자본의 금융자본 소유 금지 등을 통해서 규제할 것을 주장한 반면, 한나라당은 기업자율의 원칙을 강조하면서 반대의 입장을 표시했다. 열린우리당의 시장(즉 기업)자율의 원칙과 공정경쟁질서의 확립이라는 두 가지 원칙 내지 목표 사이에서 어정쩡한 입장을 취했다.

노동정책의 경우에도 민주노동당은 비정규직에 대한 동일노동 동일임금의 원칙을 명문화하고 최저임금법을 제정하며 파견근로자법을 폐지할 것을 주장하였다, 또한 노사협력의 방안으로 노동자의 소유 및 경영참가를, 그리고 공무원노조의 단체행동권에 대해서 허용해야 한다는 입장을 밝혔다. 그러나 열린우리당은 비정규직에 대한 차별해소라는 추상적인 원칙과 노사정위를 통한 해결을 주장하였으며, 노사협력방안으로서도 노사정위의 사회협약 성실이행만을 강조하였고, 공무원의 단체행동권에 대해서도 제한해야한다는 입장을 가지고 있었다. 물론 한나라당은 비정규직과 공무원 노조에 대해서는 열린우리당과 비슷한 입장을, 노사협력 방안에 대해서는 불법파업에 대한 엄정한 법집행을 표명했다.

신자유주의의 핵심 제도인 자유무역협정에 대해서는 민주노동당은 강경한 반대의 입장을 표했으나, 열린우리당은 한나라당과 함께 찬성했다. 국가보안법 개폐에 대해서도 민주노동당은 완전 폐지를 내세웠으나 열린우리당은 한나라당과 함께 완전 폐지에는 반대했다. 주한미군 문제에 대해서도 민주노동당은 단계적 철수를 공약으로 삼았으나 열린우리당은 철수에 반대하였고 주한미군의 한강 이남 배치에 대해서도 유보적인 입장을 취했다. 물론 한나라당은 주한미군의 철수는 물론 한강이남 배치에도 반대하는 가장 보수적인 입장을 견지했다.

반면, 남북관계와 통일 문제에 대해서는 상호주의의 원칙에 입각한 북핵문제의 선결을 전제로 하는 교류협력의 추진·확대를 주장하는 한나라당과는 달리 민주노동당과 열린우리당은 모두 적극적인 전제조건 없는 화해협력 및 포용정책을 주장하였다. 또한 대학 기여입학제도에 대해서도 중립적인 입장을 표명한 한나라당과 달리 민주노동당과 열린우리당은 공히 반대했다(경실련 2004년 총선 정당선택 도우미프로그램).

지금까지 본 것처럼, 민주노동당은 한나라당과는 물론 열린우리당과도 분명하게 차이가 있는 이념과 정책공약을 가지고 있었고, 당내 민주화 등 정치개혁 부문에서는 창당 이후 꾸준히 실천함으로써 시민단체와 심지어는 다른 정당조차 찬사를 아끼지 않았다. 그럼에도 불구하고, 일반유권자들은 민주노동당이 열린우리당과 비슷한 성격의 정당으로 인식하였다. 〈표 5〉는 각 정당에 대한 이념성향(0~10, 0=진보/좌파, 10=보수/우파, 5=중도)을 묻는 질문에 대한 답변을 정리한 것이다. 공개적으로 자신을 '보수'로 규정한 한나라당(자민련)에 대해서는 일반유권자들도 대부분 보수(또는 우파)정당으로 인식하는 반면, 열린우리당과 민주노동당의 두 당에 대해서는 대부분 진보(또는 좌파)정당으로 인식하고 있다.

물론 열린우리당은 '중도 진보/좌파'라고 인식하는 응답자가, 민주노동당은 '진보/좌파'라고 인식하는 응답자가 상대적으로 많기는 하지만, 그 차이는 열린우리당의 한나라당 또는 민주당과의 이념적 거리보다 훨씬 좁다. 곧 보겠지만, 이와 같은 일반 유권자들의 인식은 최근 우리 사회에서 진보나 좌파가 이전과는 다른 의미를 갖게 되었기 때문이다. 어쨌든 이러한 일반국민의 인식은 선거에서 민주노동당에게 불리하게 작용하였음에 틀림없다. 민주노동당은 창당한지 얼마 되지도 않았고 제도권정치(국회)의 경험도 없었으며 대중적으로 알려진 정치인도 별로 없었기 때문에 더욱 그랬다.

<표 5> 각 정당의 이념성향에 대한 인식

정당명	평균	진보 (좌파) 0	1	2	3	4	5	6	7	8	9	보수 (우파) 10
한나라당	7.35	1.1	1.1	1.9	2.4	3.2	12.9	8.0	18.1	16.8	10.4	24.0
자민련	7.17	1.9	1.9	1.9	3.5	4.7	15.7	7.7	10.6	13.9	12.0	26.3
민주당	6.27	1.6	1.5	2.6	4.7	7.4	24.1	12.3	16.2	11.8	5.7	12.2
열린우리당	3.68	10.9	5.1	13.3	19.1	14.1	20.6	7.1	3.6	2.6	1.9	1.9
민주노동당	3.25	15.2	12.9	16.6	14.4	8.7	17.5	4.4	3.7	2.6	1.7	2.4

자료: 〈표 2-2〉와 동일
* 유의도: Pearson Chi-square=268.914 (df=40), p〈.001

2. 이념적 스펙트럼의 제한적 확장과 민주노동당의 딜레마

왜 적지 않은 유권자들이 민주노동당과 열린우리당 간의 이념적 차이가 별로 없거나 크지 않은 것으로 인식하였을까. 신문과 방송 등 대중매체들이 민주노동당의 이념과 정책을 충분히 소개하지 않았기 때문이기도 할 것이고, 민주노동당이 '중도성향'의 유권자들에게까지 지지를 얻기 위해 자신의 진보적/좌파적 성향을 강하게 부각시키지 않았기 때문이기도 할 것이다. 그러나 이보다 더 중요한 이유는 2002년 무렵부터 시민사회의 진보성 내지 좌파성향이 강화되기 시작하기는 했지만 그 진보성 내지 좌파성향은 1990년대 초반 이전과는 의미가 달라졌기 때문일 것이다. 대략 1990년대 초반까지는 우리 사회에서 진보나 좌파는 소련이나 중국 또는 북한 등지에서 다양한 형태로 실천되고 있던 사회주의, 보다 정확하게는 국가소유와 계획경제, 폭력혁명과 공산당독재, 배타적 민족주의(아우타르키 *autarky*)를 주요 내용으로 하는 마르크스-레닌주의를 지향하는 경향을 의미했으나 최근에는 그런 의미는 거의 사라졌다. 그만큼 우리 사회의 이념적 스펙트럼은 협소해졌다고 할 수 있다.

이에 대해서 구체적으로 살펴보자. 2004년 총선 무렵에 조사한 자료에는 이를 파악할 수 있는 설문문항이 없기 때문에, 2002년 대선 직후에 실시한 설문조사결과에 근거하여 추론해 보고자 한다. 앞서 〈표 2-1〉와 〈표 2-2〉에서 보듯이, 자신이 진보적이라는 응답자가 1997년 이래 지속적으로 증가하고 있다. 이러한 변화는 조선일보 · 한국조사연구학회 · 한국갤럽이 2002년 이후 매년 실시한 〈국민의식조사〉 결과에서도 확인되었다.[15]

그러나 진보 또는 좌파의 척도가 여러 가지일 수 있고, 시대나 사회에 따라 그 의미가 달라질 수 있기 때문에 막연하게 자신의 진보 또는 좌파 성향을 묻는 것만으로는 민주노동당과 열린우리당의 차이 또는 그 지지층의 차이를 정확하게 파악할 수 없다. 따라서 정책분야별로 구분해서 자신이 스스로 규정한 진보 또는 좌파 성향의 구체적인 내용을 파악한 뒤, 지금 이 시대 우리 사회에서 진보-보수 또는 좌-우파로 나눠지게 하는 정책분야를 중심으로 그 내용을 파악할 필요가 있다.

그러면 지금 우리 사회에서 진보-보수 또는 좌-우파는 무엇을 의미하는가. 〈표 6〉에서 보듯이, 2002년 대선 무렵 우리 사회에서 진보-보수 또는 좌파-우파로 뚜렷하게 나눠지게 하는 이슈는 호주제개폐, 국가보안법개폐, 북핵과 북한지원의 연계성, 한미동맹유지와 소파(SOFA)개정의 선택 등과 같은 정치외교적 이슈와 양성평등과 관련된 이슈였다. 시장이나 기업활동에 대한 정부의 개입이나 복지확충 등 생산과 분배의 방식에 관련된 경제적 이슈나 환경보전과 같은 신사회운동의 (또는 삶의 질과 관련된) 이슈에 있어서는 진보-보수 또는 좌파-

---

15) -50(진보)~50(보수) 척도로 정치분야의 이념을 구한 결과, 2002년 15.9, 2003년 12.7, 2004년 12.0으로 중도 쪽으로 이동하고 있었다(『조선일보』, 2004. 5. 3).

〈표 6〉 자신의 이념성향과 정책입장

이념성향	구분	핵문제 무관 북한지원	국보법 완전폐지	우호손상 불구 소파개정	자체개혁 부진 불구 시장개입 억제	대학기여 입학	호주제 완전폐지	세금부담 불구 복지제고	개발보다 환경보전 우선
매우 진보	평균(1)*	2.0288	2.1531	1.6214	2.5588	2.8687	2.1456	2.1238	1.8400
	인원수	104	98	103	102	99	103	105	100
	표준편차	.95994	1.00875	.93007	1.03955	1.01666	1.09730	1.06243	.82536
약간 진보	평균	2.2968	2.1320	1.6202	2.5535	3.0464	2.3412	2.1734	1.8594
	인원수	502	462	495	486	474	466	496	498
	표준편차	.84624	.90185	.84962	.84720	.93666	1.03980	.92887	.77972
중도	평균	2.5819	2.4300	1.7624	2.5981	3.0422	2.7206	2.3761	1.9292
	인원수	452	393	442	413	427	408	460	438
	표준편차	.91304	.88399	.87812	.84371	.93853	1.04933	.91458	.80161
약간 보수	평균	2.7395	2.5196	1.7273	2.4314	3.0032	2.8339	2.3003	1.8650
	인원수	334	306	330	306	314	313	333	326
	표준편차	.95285	1.01849	.88804	.88532	1.00953	1.06121	.93778	.83769
매우 보수	평균(5)	2.6739	3.0000	2.2222	2.2619	2.9722	3.2368	2.3913	1.6364
	인원수	46	41	45	42	36	38	46	44
	표준편차	1.01224	.97468	1.22268	1.08334	1.02779	1.12548	1.14462	.89159
전체	평균	2.4819	2.3423	1.7088	2.5308	3.0200	2.5843	2.2708	1.8741
	인원수	1438	1300	1415	1349	1350	1328	1440	1406
	표준편차	.93081	.95659	.89318	.88088	.96278	1.08513	.94768	.80775
(5)- (1)		0.6541	0.8469	0.6008	-0.2969	0.1035	1.0912	0.2675	-0.2036
Pearson Chi-Square		105.250	87.551	49.144	37.424	11.157	101.440	36.375	23.949
df.		12	12	12	12	12	12	12	12
p값		⟨.001	⟨.001	⟨.001	⟨.001	⟨1.000	⟨.001	⟨.001	⟨.05

자료: 〈표 1〉과 동일.
주: * '전적 찬성'=1점, '약간 찬성'=2점, '약간 반대'=3점, '전적 반대'=4점으로 환산하여 계산한 것임.

우파의 구분이 뚜렷하지 않았다. 구체적으로 말하면, 호주제 폐지나 국가보안법 폐지 또는 북한지원 등 정치사회적 이슈에 대해서 '현상 타파 지향'이라는 의미에서 '진보적' 입장을 취하는 응답자와 '현상 유지'라는 의미에서 '보수적' 입장을 취하는 응답자 간의 편차는 상당히 컸지만, 시장이나 기업활동에 대한 정부의 개입이나 복지확충과 같은 경제적 이슈나 환경보전과 같은 '삶의 질' 관련 이슈에 대해서는 진보-보수 간 편차가 대단히 적었다.

이것은 우리 사회에서의 진보-보수 또는 좌-우파가 (양성평등 문제를 제외한) 사회경제적 이슈가 아니라 정치외교적인 이슈에 대한 입장의 차이로 구분된다는 것을 의미한다. 특히 경제분야에 있어서는 사적 소유권과 시장을 근간으로 하는 자본주의를 우리 사회의 기본 이념으로 삼아야 한다는 데 있어서 진보-보수 또는 좌-우파 간의 차이는 거의 없다. 실제로, 조선일보가 한국조사연구학회·한국갤럽과 공동으로 2002년부터 2004년까지 3차례 실시한 국민의식조사결과에 의하더라도, '통일 후 자유시장 경제체제로만 이루어져야 한다'는 주장에 대해서 2002년 78.6%, 2003년 68.8%, 2004년 59.8%가 찬성하여, 그 비율이 줄어들고 있지만 여전히 압도적인 다수가 자유시장 경제체제를 선호하고 있다.

같은 조사에서 '자유시장 경제체제든 사회주의 경제체제든 통일을 이루어야 한다'는 주장에 대해서 각각 9.8%, 20.5%, 31.1%로 매년 증가하였으나 이것만으로 순수 사회주의 경제체제에 대한 선호도가 높아졌다고 할 수 없다. 더더구나 '북한에 대해 아무런 전제조건 없이 경제지원을 해서는 안된다'는 주장에 찬성하는 응답자가 각각 71.4%, 67.4%, 73.6%로 압도적으로 많다는 사실은 '어떤 체제로든 통일해야 한다'는 의견을 가진 응답자들이 북한식 사회주의 또는 국가사회주의를 지향하는 것은 아니라는 것을 시사한다(이내영 2004). 이들 중 일부는 자본주의를 근간으로 하되 사회주의적 요소를 도입해야 한다는 입장('케인즈주의적' 입장)을 가질 수도 있고, 다른 일부는 사회주의

〈표 7-1〉 자신의 이념성향과 한국민주주의

	우리나라의 민주정치에 대한 만족도				민주주의가 문제는 있지만 다른 정부형태보다 낫다			
	아주 만족 만족	상당히 만족	별로 만족못함	전혀 만족못함	매우 찬성	찬성함	찬성않음	절대 찬성않음
진보(좌파) 0	3.0	22.8	57.4	16.8	28.1	62.5	8.3	1.0
1	2.4	23.8	64.3	9.5	26.2	59.5	14.3	0.0
2	1.3	16.0	65.3	17.3	21.7	68.1	10.1	0.0
3	0.7	24.2	61.4	13.7	17.0	73.9	7.8	1.3
4	4.0	20.0	66.4	9.6	18.7	76.4	4.9	0.0
5	1.3	22.6	65.7	10.4	14.2	77.5	7.0	1.3
6	1.2	19.0	64.3	15.5	10.6	76.5	9.4	3.5
7	1.0	27.0	65.0	7.0	10.9	80.2	8.9	0.0
8	1.6	17.7	67.7	12.9	29.5	60.7	9.8	0.0
9	3.7	11.1	66.7	18.5	8.0	76.0	12.0	4.0
보수(우파)10	8.3	8.3	70.8	12.5	39.1	56.5	4.3	0.0

자료: 〈표 2-2〉와 동일.
* 유의도: 민주정치 만족도 - Pearson Chi-square=37.222 (df=30), p〈1.000; 민주주의의 가치 - Pearson Chi-square=59.892 (df=30), p〈.001

를 근간으로 하되 자본주의적 요소로 보완해야 한다는 입장('사회민주주의적' 입장)을 가졌을 수도 있다. 따라서 북한식 사회주의를 지지하는 응답자는 의외로 소수이거나 전혀 없을 수도 있다.[16]

---

16) 『중앙일보』가 1994년, 1996년, 1998년에 실시한 〈국민의식여론조사〉결과에 의하면, '통일된 체제가 사회주의 중심이어야 한다'(강조는 필자)는 응답자

〈표 7-2〉 자신의 이념성향과 정부의 시장개입에 대한 태도

		기업이 자율적으로 개혁 못해도 정부는 시장개입을 억제해야 한다				인원
		전적찬성	약간찬성	약간반대	절대반대	
자신의 이념 성향	매우 진보	19.6	26.5	32.4	21.6	102
	약간 진보	10.7	36.0	40.5	12.8	486
	중도	10.2	33.2	43.3	13.3	413
	약간 보수	16.7	33.7	39.5	10.1	306
	매우 보수	31.0	28.6	23.8	16.7	42
	전체	13.2	33.7	40.0	13.1	1349

자료: 〈표 1〉과 동일.
* 유의도: 기업의 자율 - Pearson Chi-square=37.424 (df=12), p<.0

정치외교 분야에서도 마찬가지다. 일부 정치권이나 언론 또는 지식인들이 국가보안법 폐지나 이라크 파병 반대 또는 주한미군 철수를 주장하면 (주사파 또는 친북/용공) 진보 또는 좌파라고 주장한다. 하지만, 이들이 결코 사회주의체제를 지향하는 것은 아니다. 〈표 7-1〉에서 보듯이, 진보주의자든 보수주의자든 대다수가 우리나라의 민주정치에 대해서 불만족스러워하지만, 동시에 이 양 집단 모두 압도적인 다수가 (아마도 정치적) 민주주의 정부형태가 현존하는 정치제도 중

가 각각 8.5%, 7.9%, 9.3%에 지나지 않았다. 1990년의 공보처 조사에 의하면, 통일 후 바람직한 체제로 사회주의를 꼽은 응답자는 8.3%이었다(『월간조선』, 2004년 5월호). 이러한 추세가 21세기에도 지속되었다 하더라도 국가사회주의를 지지하는 '극좌'적 진보는 10%도 되지 않는다고 할 수 있다. 필자가 정치외교학 전공수업(한국정치론)에 들어가서 학생들에게 물어본 결과 북한식 사회주의가 통일 후 체제가 되어야 한다는 응답자는 40명 중 단 한명도 없었다(2004. 11. 1).

⟨표 7-3⟩ 국가보안법, 북한지원, 소파개정 그리고 정부의 시장개입

		기업이 자율적으로 개혁 못해도 정부는 시장개입을 억제해야 한다				인원
		전적찬성	약간찬성	약간반대	절대반대	
국가 보안법 완전 폐지	전적찬성	**20.4**	30.1	31.9	**17.6**	279
	약간찬성	11.4	37.1	42.3	9.2	404
	약간반대	9.8	31.7	47.4	11.2	420
	절대반대	**17.6**	31.0	31.7	**19.7**	142
	전체	13.6	33.0	40.5	12.9	1245
북한 지원	전적찬성	**21.0**	24.1	33.3	**21.5**	195
	약간찬성	11.7	36.1	43.7	8.5	195
	약간반대	8.7	39.5	41.7	10.2	529
	절대반대	**18.8**	25.0	33.7	**22.6**	403
	전체	13.3	33.5	40.0	13.1	208
소파 개정	전적찬성	**16.2**	33.8	36.4	**13.6**	704
	약간찬성	7.7	36.8	44.4	11.1	378
	약간반대	11.2	30.2	46.2	12.4	169
	절대반대	**15.3**	22.2	40.3	**22.2**	72
	전체	13.1	33.6	40.1	13.2	1323
호주제 폐지	전적찬성	**14.9**	34.4	35.8	**14.9**	288
	약간찬성	11.6	31.9	42.6	13.9	251
	약간반대	11.3	34.1	43.1	11.5	425
	절대반대	**15.2**	34.4	37.7	**12.7**	276
	전체	13.1	33.8	40.1	13.1	1240

자료: 〈표 1〉과 동일.
* 유의도: 기업의 자율-Pearson Chi-square=48.659 (df=9), p〈.001; 북한지원-Pearson Chi-square=78.179 (df=9), p〈.001; 소파개정-Pearson Chi-square=79.454 (df=9), p〈.001; 호주제폐지-Pearson Chi-square=8.350 (df=9), p〈1.000

에서 최선이라고 믿고 있다. 다시 말하면, 자신이 진보주의자라고 생각하는 응답자들도 보수주의자들과 마찬가지로 사회주의 정치체제가 아니라 민주주의를 최선의 정부형태라고 보는 것이다.

우리 사회의 진보주의자들이 사회주의를 지지하는 것이 아니라는 점은 앞에서 인용한 통일 후 체제에 대한 인식에서도 재확인할 수 있으며, 국가와 시장의 관계에 대한 인식에서도 확인된다. 자신이 매우 진보적이라고 생각하는 응답자 중 '기업이 자율적으로 개혁을 하지 못할 경우에도 정부가 개입해서는 안된다'는 시장주의자가 20%(시장근본주의자)~47%(시장주의자)에 이르고, 그 반대로 자신이 매우 보수적이라는 응답자 중 '기업이 스스로 개혁을 하지 못하면 정부가 개입해야 한다'는 개입주의적 입장을 가진 이(사회주의자?)가 17%~41%에 이른다(〈표 7-2〉). 이것은 스스로 진보주의자라고 규정한다고 해서 반드시 사회주의자라는 것은 아니라는 것을 뜻한다.

구체적인 정책영역별로 보더라도 결론은 마찬가지다. 일반적으로 진보 내지 좌파로 간주되는 국가보안법 (완전) 폐지, 북한에 대한 무조건적인 지원, 소파개정을 주장하는 이들도 그 반대를 주장하는 이들과 마찬가지로 50% 정도가 기업이 스스로 개혁 못해도 정부가 개입해서는 안된다는 시장주의자이다. 호주제 폐지를 주장하는 '진보주의자'들의 경우에도 마찬가지다(〈표 7-3〉).

따라서 앞에서 인용한 조선일보 · 한국조사연구학회 · 한국갤럽의 공동조사결과도 우리나라 사회경제제도를 사회주의식(또는 북한식)으로 근본적으로 바꾸자는 국민이 늘어났다는 것을 의미하지 않는다. 즉 '가난한 사람들이 있는 것은 정치나 사회제도가 잘못되었기 때문이다'는 주장, '세금을 더 많이 걷더라도 국민복지수준을 높여야 한다'는 주장, '토지소유 상한제를 실시해서라도 소수의 사람이 많은 땅을 차지하는 것을 막아야 한다'는 주장에 대해서 찬성한 응답자가 2004년도 조사에서 각각 52.9%(2002년 39.5%, 2003년 48.5%), 42.8%(2002년 31.9%, 2003년 39.2%), 66.9%(2002년 45.2%, 2003년 58.1%)로 해마다 늘어나고 있지만, 이것이 사적 소유권이나 시장의 폐지나 전면적인 제한을 지지하는 국민이 늘었다는 것을 의미하는 것은 결코 아니다.[17]

지금까지의 논의를 요약하자면, 우리 사회에서 진보와 보수 또는 좌파와 우파를 나누는 기준은 사회주의냐 자본주의냐가 아니라 국가보안법이나 한미관계 또는 호주제에 대한 입장이지만, 이들 정책에 대해서 '진보적인' 내지 '좌파적인' 견해를 가진 응답자들이 전통적인 의미의 사회주의자(또는 주체사상 지지자)인 것은 결코 아니라, 오히려 시장의 작동을 보다 원활하게 하고 자유민주주의를 정착·심화하려는 자유민주주의적 시장주의자일 수 있다.

최근에 자칭 '진보주의자' 내지 '좌파'가 증가하고, 국가보안법 폐지나 북한에 대한 무조건 지원 또는 소파개정(주한미군철수)을 지지하는 '진보적' 또는 좌파성향의 유권자들이 늘어나고 있지만, 이들이 우리나라 정치·사회의 근본적인 변화를 지지하는 전통적인 의미의 사회주의자 내지 좌파가 아니라 대부분 시장경제와 자유민주주의를 지지하는 자유민주주의적 시장주의자일 수 있다는 사실은 두 가지 점을 시사한다.

---

17) 이러한 조사결과들을 고려할 때, 굳이 경제정책 분야에서 진보-보수 또는 좌-우파를 구분한다면, 지금 우리 사회에서는 사회주의냐 자본주의냐가 아니라 자본주의를 근간으로 하는 가운데 사적 소유권과 시장에 대한 국가나 사회의 개입이나 규제를 어떤 조건에서 얼마나 인정해야 할 것인가에 대한 차이라고 할 수 있다.

우선, 최근 우리 사회의 이념적 스펙트럼은 파쇼적 반공주의만이 허용되었던 이전보다 훨씬 확장되었지만, 아직도 시장경제체제와 자유민주주의의 범위 내에 머물러 있다는 것을 의미한다. 물론 이전과는 달리 여전히 협소한 이념적 스펙트럼이 이전과는 달리 물리적 강제력이 아니라 한국식 경제발전방식, 급속한 경제성장, 민주화, 사회구조 등과 같은 정치적 · 경제적 · 사회구조적 변화에 따라 국민들이 자발적으로 수용하기 때문에 지탱되고 있다. 다음, 시장경제와 자유민주주의를 넘어서는 변화를 추구하는 민주노동당은 시장경제와 자유민주주의의 경계 내에서 부분적인 개혁을 추구하는 열린우리당과의 차별성을 부각하기 어렵다는 것을 의미한다. 시장경제와 자유민주주의의 범위에서 벗어나는 정책은 유권자들에게 '실현가능성이 없는 공약(空約)' 으로 간주되고 외면당할 수 있기 때문이다.

실제로, '공약(空約)' 을 남발하거나 유토피아를 꿈꾸는 정당으로 인식되지 않기 위해 민주노동당은 선거기간 동안 '운동권 사회주의' 정당이라는 이미지를 불식하기 위해 부유세, 국회의원 특권 폐지, 이라크 파병반대 등과 같은 서민들이 피부로 느낄 수 있는 구체적인 정책을 부각시키는 데 주력했고, 그 결과 민주노동당을 '좌파 급진세력' 이라는 인식을 가진 국민들이 크게 줄어들었다. 한국사회여론연구소가 총선이 끝나고 얼마 되지 않은 2004년 5월 13일에 실시한 여론조사에서 민주노동당의 원내진출이 갖는 효과(영향)에 대해서 '좌파급진세력의 원내진출로 우려된다' 는 의견은 21.2%에 지나지 않은 반면 '정치발전의 계기가 될 것이라고 기대한다' 는 의견이 75.2%로 압도적으로 많았다.[18]

또한 다른 분석가들도 민주노동당에 대한 높은 지지와 원내진출에는 급진좌파적 특성이 아니라 민주노동당이 제시한 정책과 그 후보들의 이미지가 크게 작용하였다고 지적하였다. 간단히 말하면, 민주노

---

18) 『오마이뉴스』, 2004. 5. 13.

동당은 좌파적 성향이 아니라 다른 정당보다 시장경제와 자유민주주의를 정착시키기 위한 개혁을 하려는 의지가 분명해 보였기 때문에 국민들로부터 이전보다 훨씬 높은 지지를 받을 수 있었던 것이다. 이와 같은 '온건화 전략' 내지 자유민주주의적 개혁정당으로서의 이미지를 부각시키는 전략은 민주노동당의 원내진출을 가능케 했지만, 동시에 열린우리당과 차별성을 부각시키기 어려웠다는 한계를 가질 수밖에 없게 만들었다.

결론적으로, 자유민주주의적 시장주의의 범위 내에 한정되어 있는 이념적 스펙트럼과 민주노동당의 '온건화전략'은 민주노동당과 열린우리당의 차별성을 약화시켰고, 따라서 진보적인' 유권자들이 굳이 민주노동당만을 지지해야할 필요성도 덜 느끼게 만들었다고 할 수 있다. 실제로, 앞의 〈표 3〉에서 보듯이, 제17대 총선에서 자신을 가장 진보적 내지 좌파적(0~10 진보-보수의 스펙트럼에서 0)이라고 생각하는 응답자들은 대부분(93%) 열린우리당이나 민주노동당을 지지했는데, 이 중 열린우리당 지지 64%, 민주노동당 지지 28%로, 압도적인 다수가 열린우리당을 지지했다.

III. 민주노동당의 향후 활동방식

지금까지 민주노동당의 원내진출을 용이하게 하면서 동시에 더 이상의 성장을 어렵게 한 배경적 조건을 살펴보았다. 이 절에서는 진보정당을 지지한 유권자들의 사회경제적 배경과 정당구조를 살펴봄으로써 민주노동당이 처해 있는 딜레마적 상황에 어떻게 대처할 것인지를 가늠해 보고자 한다.

〈표 8-1〉 각 정당의 지지자 세대별, 직업별, 계층의식별 구성비

		한나라당	민주당	열린우리당	자민련	**민주노동당**	기타 정당
세대	전전세대	26.8	32.4	13.0	50.0	**6.9**	7.7
	민주화세대	40.9	22.5	25.0	35.7	**27.1**	30.8
	386세대	22.4	31.0	39.1	7.1	**40.3**	46.2
	e세대	9.9	14.1	23.0	7.1	**25.7**	15.4
	합계	100.0(362)	100.0(71)	100.0(509)	100.0(14)	**100.0(144)**	100.0(13)
학력	초등졸이하	7.8	10.0	6.7	35.7	**3.6**	0.0
	고퇴이하	13.9	15.7	9.0	14.3	**6.4**	33.3
	대퇴이하	49.4	45.7	47.0	42.9	**56.4**	33.3
	대졸이상	28.9	28.6	37.3	7.1	**33.6**	33.3
	합계	100.0(346)	100.0(70)	100.0(491)	100.0(14)	**100.0(140)**	100.0(12)
계급	자본가	0.1	6.3	1.3	0.0	**0.0**	0.0
	신중간	3.8	6.3	4.9	0.0	**10.0**	0.0
	구중간	26.8	20.8	19.4	16.7	**18.0**	18.2
	농민층	3.1	0.0	1.1	8.3	**2.0**	0.0
	화이트칼라	10.3	6.3	9.4	8.3	**13.0**	0.0
	블루칼라	6.5	12.5	8.6	0.0	**8.0**	0.0
	주부	32.6	20.8	26.1	33.3	**17.0**	45.5
	학생	8.0	10.4	13.7	8.3	**26.0**	27.3
	무직	9.6	16.7	14.0	25.0	**6.0**	9.1
	합계	100.0(261)	100.0(48)	100.0(371)	100.0(12)	**100.0(100)**	100.0(11)
계층의식	하위20%미만(하층)	10.5	14.5	14.2	23.1	**9.2**	16.7
	20~40%미만(중하층)	29.0	27.4	23.8	23.1	**26.9**	16.7
	40~60%미만(중산층)	40.2	41.9	43.8	46.2	**37.0**	66.7
	60~80%미만(중상층)	19.9	14.5	17.1	7.7	**26.9**	0.0
	상위 20%(상층)	0.3	1.6	1.2	0.0	**0.0**	0.0
	합계	100.0(286)	100.0(62)	100.0(416)	100.0(13)	**100.0(119)**	100.0(12)

자료: 〈표 2-2〉와 동일.
* 유의도: 세대-Pearson Chi-square=123.070 (df=18), p〈.001; 학력-Pearson Chi-square=46.143 (df=18), p〈.001; 계급-Pearson Chi-square=68.121 (df=42), p〈.01; 계층의식-Pearson Chi-square=26.112 (df=24), p〈1.000

1. 지지층의 사회경제적 배경

지난 총선 정당명부식 비례대표제에서 민주노동당을 지지한 유권자들의 연령(세대), 교육수준, 계급적 지위, 계층의식별 구성비는 〈표 8-1〉과 같다. 세대별 분포를 보면 민주노동당 지지자 중 386세대 40.3%, 민주화세대 27.1%, e세대 25.7%, 전전세대 6.9%로, 386세대가 가장 큰 비중을 차지하고 있으며 전전세대가 가장 적고 또한 정당들 가운데 가장 적다. 다음, 학력별 비중을 보면 대부분의 전문대 이상의 학력을 가진 유권자들이다. 그 다음, 계급(직업과 종사상 지위를 교차하여 재구성)으로는 학생층이 26.0%로 가장 많은 비중을 차지하고, 다음으로 (상점주인 등의) 구중간계층 18.0%, 주부 17.0%, 화이트칼라 노동자 13.0%, 신중간계층 10.0% 등의 순으로, 예상 외로 블루칼라 노동자의 비중(8%)은 적다. 마지막으로, 계층의식별 분포를 보면, 하위 40~60%에 위치한 유권자(핵심 중산층)의 비중이 37.0%로 가장 높고 다음으로 중하층과 중상층이 각각 27%씩 차지한다. 이와 같은 민주노동당 지지층의 사회계층별 구성비는 열린우리당을 제외한 나머지 정당들과 분명하게 차이지게 하며, 노동자·농민·영세상인·도시빈민·청년·학생·진보적 지식인의 정당이라는 스스로의 규정과 대체로 일치한다.

그럼에도 불구하고, 민주노동당의 중심적인 지지층으로 설정되어 있는 노동자들의 비중이 전체 지지자 가운데 중 21%로 다른 정당(예, 열린우리당 18%, 민주당 18.8%, 한나라당 16.8%)에 비해 특별히 높다고 할 수 없다. 또한 노동자들 가운데 민주노동당을 지지한 이들의 비

〈표 8-2〉세대별, 계급별, 계층의식별 투표정당

		한나라당	민주당	열린우리당	자민련	민주노동당	기타 정당	합계
세대	전전세대	47.5	11.3	32.4	3.4	4.9	0.5	100.0(204)
	민주화세대	43.7	4.7	37.5	1.5	11.5	1.2	100.0(339)
	386세대	22.1	6.0	54.2	0.3	15.8	1.6	100.0(367)
	e세대	17.6	4.9	57.4	0.5	18.1	1.5	00.0(204)
학력	초등졸이하	35.1	9.1	42.9	6.5	6.5	0.0	100.0(77)
	고퇴이하	40.7	9.3	37.4	1.7	7.6	3.4	100.0(118)
	대퇴이하	32.6	6.1	44.1	1.1	15.1	1.0	100.0(524)
	대졸이상	28.2	5.6	51.5	0.3	13.2	1.1	100.0(355)
계급	자본가	20.0	30.0	50.0	0.0	0.0	0.0	100.0(10)
	신중간	24.4	7.3	43.9	0.0	24.4	0.0	100.0(41)
	구중간	40.2	5.7	41.4	1.1	10.3	1.1	100.0(174)
	농민	53.3	0.0	26.7	6.7	13.3	0.0	100.0(15)
	화이트칼라	34.2	3.8	44.3	1.3	16.5	0.0	100.0(41)
	블루칼라	27.0	9.5	50.8	0.0	12.7	0.0	100.0(63)
	주부	39.0	4.6	44.5	1.8	7.8	2.3	100.0(218)
	학생	19.6	4.7	47.7	0.9	24.3	2.8	100.0(107)
	무직	26.3	8.4	54.7	3.2	6.3	1.1	100.0(95)
계층의식	하위20%미만(하층)	26.3	7.9	51.8	2.6	9.6	1.8	100.0(114)
	하위20~40%(중하층)	35.2	7.2	41.9	1.3	13.6	0.8	100.0(236)
	하위40~60%(중산층)	30.2	6.8	47.8	1.6	11.5	2.1	100.0(381)
	하위60~80%(중상층)	33.3	5.3	41.5	0.6	18.7	0.6	100.0(171)
	상위20%이상(상층)	14.3	14.3	71.4	0.0	0.0	0.0	100.0(7)

자료: 〈표 2-2〉와 동일.
* 유의도: 〈표 8-1〉과 동일

〈표 9〉 사회단체 회원과 비회원의 투표행태 비교

		한나라당	민주당	열린우리당	자민련	민주노동당	기타 정당	합계
노동 조합	조합원	25.5	3.9	45.1	2.0	23.5	0.0	100.0(51)
	비조합원	33.3	6.5	45.2	1.2	12.3	1.4	100.0(982)
농민 조합	조합원	33.3	0.0	33.3	6.7	20.0	6.7	100.0(15)
	비조합원	32.9	6.1	45.6	1.1	13.0	1.2	100.0(1061)
전문인 단체	회원	29.0	3.2	51.6	0.0	12.9	3.2	100.0(31)
	비회원	33.1	6.2	45.3	1.2	13.2	1.2	100.0(1040)
재계 단체	회원	42.9	0.0	42.9	0.0	7.1	7.1	100.0(14)
	비회원	32.8	6.1	45.4	1.2	13.2	1.2	100.0(1059)

자료: 〈표 2-2〉와 동일.
* 유의도: 노동조합-Pearson Chi-square=7.077 (df=6), p〈1.000; 농민조합-Pearson
Chi-square=76.632 (df=6), p〈.001; 전문인단체-Pearson Chi-square=35.105
(df=6), p〈.001; 재계단체-Pearson Chi-square=77.682 (df=6), p〈.001

중은 블루칼라 12.7%, 화이트칼라 16.5%로, 열린우리당이나 한나라
당을 지지한 노동자의 비중보다 훨씬 적다(〈표 8-2〉). 뿐만 아니다.
민주노동당은 조합원이 아닌 일반유권자(12.3%)보다는 높지만 조직
노동자(노동조합원)으로부터도 23.5%의 지지를 얻는 데 그쳤으며 나
머지는 모두 열린우리당(45.1%)과 한나라당(25.5%)을 지지했다. 농
민들의 경우에도 마찬가지다(〈표 8-2〉, 〈표 9〉).

　학생(e세대의 대부분)들의 경우 전체 민주노동당 지지자 가운데 가
장 높은 비중(26.0%)을 차지하고, 학생 가운데 민주노동당 지지자도
24.3%로 높은 편이다. 그러나 학생들 가운데 민주노동당 지지자는 한
나라당 지지자(19.6%)보다는 많지만 열린우리당 지지자(47.7%)의 절
반에 지나지 않는다. 저학력층과 하층민 그리고 무직자(실업자 포함)
로부터의 지지율도 열린우리당이나 한나라당보다 훨씬 낮다.

　이러한 사실들은 민주노동당이 노동자, 학생, 저소득층(도시빈민)

등 핵심지지층으로부터 압도적인 지지를 얻는 데 실패했을 뿐만 아니라 심지어는 조직노동자(노동조합원)들로부터도 압도적인 지지를 얻는 데 실패했다는 것을 의미한다.

따라서 핵심적인 지지기반으로 상정되어 있는 노동자, 농민, 도시빈민, 영세상인, 학생 등의 이와 같은 투표행태가 변하지 않는다면, 그리고 선거에서의 최대득표를 최우선의 목표로 설정할 경우 민주노동당은 '계급정당'으로서의 정체성을 상실하여 다른 정당 특히 열린우리당과의 차별성을 부각하기 어려울 것이다. 반면, 곧 보겠지만 당원 중 가장 많은 비중을 차지하고 있는 노동자나 노동조합원들의 이익과 목소리를 대변하는 데 급급할 경우 노동자가 아닌 일반국민들로부터 배척당할 가능성이 있다. 이러한 상황은 다른 나라의 계급정당들도 똑같이 직면했던 딜레마이기도 하지만, 서구정당과는 달리 민주노동당은 초기부터 이 문제를 해결해야 할 처지에 놓이게 되었다.

2. 지지층의 정치의식

민주노동당 지지층의 평균적인 이념은 3.40으로 '중도좌파' (2.50)에서 조금 오른쪽에 위치해 있으며 열린우리당 지지층(3.82)보다는 약간 더 왼쪽으로 치우쳐 있다(〈표 10〉). 이러한 지지층의 이념 분포는 민주노동당이 열린우리당과 마찬가지로 중도좌파적인 성향이 강한 정당이라는 것을 의미한다. 이것은 민주노동당 지지층의 총선이슈별 분포를 통해서도 확인할 수 있다.

민주노동당 지지자의 37%, 38%가 각각 '경제안정과 지역발전', '물갈이와 정치개혁'을 가장 핵심적인 이슈로 인식하였는데, 열린우리당보다 정치개혁과 물갈이를 중요하게 여긴 유권자 비중이 상대적으로 높기는 하나 전반적으로 민주노동자 지지자들이 열린우리당 지지자와 비슷한 정책요구를 가지고 있다고 볼 수 있다(〈표 11〉). 이처럼, 민주노동당은 당강령상의 이념과 정책에서는 열린우리당과 분명

⟨표 10⟩ 정당별 총선 지지자의 정치의식

		한나라당	민주당	열린우리당	자민련	민주노동당	기타 정당
진보(좌파)	0	0.3	4.9	12.1	7.1	17.0	9.1
	1	1.0	0.0	4.9	0.0	5.2	18.2
	2	2.4	1.6	9.3	0.0	11.9	0.0
	3	4.0	18.0	16.3	14.3	17.0	9.1
	4	6.7	14.8	13.5	7.1	13.3	9.1
	5	26.9	37.7	29.8	42.9	24.4	45.5
	6	13.8	11.5	3.7	0.0	3.7	0.0
	7	16.5	6.6	4.2	14.3	3.7	0.0
	8	13.5	3.3	3.0	14.3	0.0	9.1
	9	4.7	1.6	1.4	0.0	0.7	0.0
보수(우파)	10	10.1	0.0	1.9	0.0	3.0	0.0
	합계	100.0(297)	100.0(61)	100.0(430)	100.0(14)	100.0(135)	100.0(11)
	평균이념지수	6.29	4.61	3.82	5.00	3.40	4.25

자료: ⟨표 2-2⟩와 동일.
* 유의도: Pearson Chi-square=317.799 (df=60), p⟨.001

하게 차이를 보이고 있지만, 지지층의 이념이나 정책 성향에서는 열린우리당과 거의 차이를 보이지 않고 있다. 즉 비슷한 성향의 유권자들이 열린우리당을 지지하기도 하고 민주노동당을 지지하기도 하는 것이다.

따라서 민주노동당은 비슷한 성향의 유권자로부터 지지를 얻기 위해 열린우리당과 치열한 경쟁을 벌여야 되는 처지에 놓여 있었고, 실제로, 지난 총선에서 민주노동당은 젊은 세대, 노동자와 농민층 등 주요 지지기반에서 열린우리당과 치열한 (그러나 지난 총선에서는 열세

<표 11> 유권자의 총선이슈 인식과 총선지지정당

		한나라당	민주당	열린우리당	자민련	민주노동당	기타 정당
총선 이슈	경제안정및지역발전	50.6	34.8	34.3	35.7	**37.3**	30.8
	물갈이와 정치개혁	15.5	33.3	30.7	14.3	**38.0**	0.0
	탄핵심판	16.1	22.7	28.3	21.4	**16.2**	46.2
	거여여당 출현견제	8.5	1.5	2.4	0.0	**2.8**	7.7
	지역주의 청산	3.1	3.0	3.0	7.1	**2.8**	0.0
	노인폄하발언	5.9	4.5	1.0	21.4	**0.7**	7.7
	기타	0.3	0.0	0.4	0.0	**2.1**	7.7
	합계	100.0(354)	100.0(66)	100.0(502)	100.0(14)	100.0(142)	100.0(13)

자료: 〈표 2-2〉와 동일.
* 유의도: Pearson Chi-square=135.192 (df=28), p〈.001

한) 경합을 벌였다.

다른 나라의 경우에도 비슷한 지지기반을 두고 있는 정당 간에는 연대나 공조가 어려웠던 것이 역사적 경험이다. 예를 들면, 좌파정당으로서의 정통성을 둘러싼 공산당과 사회당의 갈등이 이들과 적대관계에 놓여 있는 부르주아정당과의 경쟁보다 더 치열하게 전개되었다.[19]

물론 열린우리당은 중도파 유권자의 지지를 둘러싸고 한나라당과 치열한 경쟁을 벌여야 하기 때문에 좌파정당으로서의 성격이 더 강한 민주노동당과의 연대나 공조를 택할 수도 있다. 그러나 문제는 열린우리당 내부에 민주노동당과 경합적인 관계에 있는 분파가 존재한다는 점이다. 이들은 이념과 정책적 정향성에서 민주노동당과 겹치는

---

19) Angelo Panebianco, *Political Parties: Organization and Power* (Cambridge: Cambridge University Press, 1988), pp. 208-214.

부분이 많지만 아마도 '보다 큰 꿈'을 실현하기 위해 열린우리당에 합류하였다. 이들이 존재함으로써 열린우리당이 '진보적'인 외형을 갖게 하기 때문에 당내에서 어느 정도 영향력을 가질 수 있다. 하지만 이들의 존재로 말미암아 민주노동당은 정체성 확보에 적지 않은 어려움을 겪을 수 있다.

이처럼, 선거에서의 주요 지지기반을 고려할 때, 민주노동당은 앞으로 적지 않은 어려움을 겪을 것으로 보인다. 특히 '2012년 집권'이라는 목표의 달성에 지나치게 집착할 경우 '보수화'는 불가피할 것이다. 그러나 이러한 전망은 지나치게 순진한 것이라 할 수 있다. 그것은 민주노동당은 다른 '보수적인' 정당과는 달리 당원의 참여와 기여를 중심으로 하는 대중정당을 지향하고 있기 때문이다.

3. 당원의 사회경제적 배경

민주노동당은 (좌파)이념정당으로서의 성격을 분명히 하고 있으며, 이에 근거하여 진성당원을 확보하고 있다.

또한 중앙당과 하부조직의 주요 당직자와 모든 공직후보자들을 당원들의 직접선거에 의해 선출하고, 심지어는 주요 정책조차도 당원들의 참여를 적극적으로 유도하여 결정하고 있으며, 대표최고위원(1명)을 포함한 (13명의) 최고위원에 대한 당대회 대의원에 의한 탄핵발의권(당헌 제13조 3)과 소속 선출직 공직자에 대한 당원소환제(당헌 제6조 5)를 도입해 놓고 있다.

제17대 총선 직전에 '보수정당'들이 합의하여 통과시킨 지구당 폐지를 규정한 정당법을 '어겨서라도' 진성당원의 확보와 적극적인 참여를 보장하기 위한 지구당의 유지를 강력하게 주장하고 있으며 심지어는 지구장의 하부단위인 분회의 확장과 기능강화를 추구하고 있다 (민주노동당 홈페이지 참조). 또한 소속 국회의원의 '이반'을 방지하고 이들에 의한 원외정당 '지배'를 방지하기 위해 '공직과 당직의 겸

직 금지' 원칙을 지난 5월 6일에 개최된 3기 7차 중앙위원회에서 결정
하였으며 심지어는 국회의원보좌관조차 개별 의원이 선택하지 못하
고 중앙당에서 공채하였다. 마지막으로, 당의 재정은 당원들이 자발
적으로 내는 당비에 주로 의존하고 있으며 후원금이나 국고보조금에
대한 의존도는 대단히 낮다. 민주노동당은 지난 총선 정치분야 공약
의 하나로 정당에 대한 국고보조금도 당비에 비례하여 결정할 것을
내세우기도 했다.

　이처럼, 민주노동당은 철저한 당원중심의 정당을 지향하고 있다.
따라서 민주노동당이 추구하는 정책과 활동방식은 다수 또는 핵심을
이루고 있는 당원들의 영향력을 강하게 받을 수밖에 없다. 그러면 당
원의 다수 또는 핵심을 차지하고 있는 당원들은 어떤 사회경제적 배
경을 가지고 있는가.

　〈표 12〉에서 보듯이, 2004년 5월 말 현재 민주노동당의 당원 중 가
장 높은 비중을 차지하고 있는 집단은 사무직과 생산직/노무직 노동
자층으로 각각 23%, 24%를 차지하고 있다.

　다음으로 높은 비중을 차지하고 있는 집단은 전문직 종사자와 학생
층으로 각각 16%, 11%를 차지한다. 전자의 두 집단을 합치면 전체 당
원의 절반에 가깝다. 따라서 이 두 집단이 함께 움직일 경우 당지도부
와 공직후보자 그리고 정책을 장악할 수 있다. 물론 같은 집단 내 노선
차이가 있는 분파가 존재할 수 있기 때문에 이러한 추론은 지나치게
단순한 것이다.

　그럼에도 불구하고, 이 두 집단 모두 노동자계급에 속하기 때문에
다른 집단보다는 연대하기가 용이할 것이라는 점에서 민주노동당의
노동자계급성은 거의 분명해진다. 다시 말하면, 민주노동당이 (신,
구) 중간계급에 어필하는 노선을 택하는 데 분명한 한계가 있을 것이
다. 지역과 연령별 분포를 감안하면, 경인지역의 30~40대 노동자들이
결집하면 민주노동당의 정책과 행동을 좌우할 수 있을 것이며, 경남
지역과 연대할 경우 당내 헤게모니는 확실히 잡을 수 있을 것이다.[20]

<표 12> 당원의 직업별 분포 추이 (2004. 2 ~ 5)

구분	2004년 2월	3월	4월	5월
농업	1,003 (3.0)	1,253 (3.0)	1,366 (3.0)	1,421 (3.0)
자영업	1,614 (4.0)	1,731 (4.0)	1,982 (4.0)	2,082 (4.0)
서비스업	2,415 (6.0)	2,752 (6.0)	3,282 (7.0)	3,498 (7.0)
사무직	8,442 (22.0)	9,519 (22.0)	11,090 (23.0)	11,679 (23.0)
전문직	6,471 (17.0)	7,249 (17.0)	8,215 (17.0)	8,472 (16.0)
기능/생산직	9,779 (25.0)	11,091 (25.0)	11,960 (24.0)	12,356 (24.0)
단순노무직	325 (1.0)	448 (1.0)	678 (1.0)	735 (1.0)
전업주부	1,440 (4.0)	1,554 (4.0)	1,719 (3.0)	1,830 (4.0)
학생	4,563 (12.0)	4,866 (11.0)	5,263 (11.0)	5,502 (11.0)
무직	1,565 (4.0)	1,768 (4.0)	2,001 (4.0)	2,282 (4.0)
기타	1,137 (3.0)	1,370 (3.0)	1,684 (3.0)	1,753 (3.0)
합계	38,774 (100.0)	43,601 (100.0)	49,240 (100.0)	51,610 (100.0)

자료: 민주노동당 홈페이지

이처럼, 당원의 구성을 볼 때 민주노동당이 계급성을 희석하거나 우경화할 것이라는 우려는 성급한 판단이라 할 수 있다. 실제로 우려가 되는 것은 이것이 아니라 조직노동자의 '포로'가 될 가능성이 있다는 점이다. 민주노총 조합원인 당원은 대략 23,000명 정도인데, 전체 당원의 43.6%를 차지하는 비중이다.

민주노총 조합원이 높은 비중을 차지한다는 사실은 민주노동당의

---

20) 2004년 5월 현재 민주노동당 당원의 연령별 분포는 30대 51.0%로 가장 많고, 다음으로 40대(24.0%), 20대(18.0%), 50대 이상(5.2%) 등의 순이다. 지역별 분포는 서울 23.0%로 가장 많고, 다음으로 경기도(18.0%), 인천(7.0%), 부산과 울산 그리고 경남(각각 4.0%, 8.0%, 9.0%, 총 21.0%), 대구와 경북(각각 3.0%, 5.0% 총 8.0%) 등의 순이다.

정체성을 유지하는 데는 도움이 되겠지만, 선거에서의 지지층을 협소하게 만드는 위험을 초래할 수 있다. 물론 민주노총이 현재는 대기업 정규직 노동자를 중심으로 하고 있지만 향후 중소/영세기업 노동자와 비정규직 노동자를 충분히 조직으로 끌어들일 경우 이러한 문제는 심각하게 부각되지 않을 수도 있다.

4. 한국사회의 균열구조와 진보정당의 활동방식

마지막으로 논의할 민주노동당이 직면하게 될 과제는 아직은 유동적인 한국사회의 균열구조와 유권자의 '다주체성'의 문제이다. 서유럽에서 좌파정당이 대중정당으로서 성공(예, 집권)할 수 있었던 것은 시민사회의 균열구조가 계급균열 하나로 단순화되어 있었고 (또는 계급갈등이 중심을 이루고 있었으며 또한 계급 간의 생활방식과 삶의 공간이 분리되어 있었고) 그것이 결빙되어(frozen) 있었기 때문이다.[21]

그런데 우리 사회에서는 갈등구조가 다층적일 뿐만 아니라 (지역균열을 제외하고는) 대단히 유동적이다. 즉 우리 사회에서는 계급갈등만이 아니라 남성-여성 간 갈등, 세대 간 갈등, 민족-친미 간 갈등, 반북-연북(連北) 간 갈등 등도 다양한 균열구조가 병존하고 있으며 그 어느 균열구조도 결빙되어 있지 않다. 그 결과는 한 개인이 다양한 주체(identity)를 동시에 가지고 있어 모순적인 상황에 처할 가능성이 크다.

예를 들면, 국가보안법 폐지론자 가운데 소파개정에도 찬성하는 응답자는 전체의 전체 응답자의 47.3%에 달하지만, 국가보안법 폐지에는 찬성하지만 소파개정에는 반대하는 응답자도 8%나 된다. 마찬가지로 국가보안법 폐지와 정부의 시장개입을 동시에 찬성하는 응답자

---

21) Moshe Maor, *Political Parties and Party Systems: Comparative approaches and the British experience* (London and New York: Routledge 1997), p. 102.

〈표 13-1〉 국보법과 다른 현안에 대한 입장

		한미간 우호관계 손상되더라도 소파 개정해야 한다				
		전적 찬성	약간 찬성	약간 반대	절대 반대	합계
	전적 찬성	15.0	4.9	2.2	0.8	293
	약간 찬성	17.4	10.0	4.1	0.9	413
	약간 반대	14.7	11.5	4.9	2.0	424
	절대 반대	5.9	2.0	1.6	2.0	147
		핵문제와 무관하게 북한을 지원해야 한다				
		전적 찬성	약간 찬성	약간 반대	절대 반대	합계
	전적 찬성	6.3	9.0	4.7	2.6	290
	약간 찬성	4.4	14.8	9.8	3.3	415
	약간 반대	3.3	13.2	11.9	4.8	427
	절대 반대	0.7	3.2	3.1	4.8	152
		기업이 자율적으로 개혁하지 못해도 정부는 개입하지 말아야 한다				
		전적 찬성	약간 찬성	약간 반대	절대 반대	합계
국가 보안법 폐지	전적 찬성	4.6	6.7	7.1	3.9	279
	약간 찬성	3.7	12.0	13.7	3.0	404
	약간 반대	3.3	10.7	16.0	3.8	420
	절대 반대	2.0	3.5	3.6	2.2	142
		호주제는 폐지해야 한다				
		전적 찬성	약간 찬성	약간 반대	절대 반대	합계
	전적 찬성	8.5	5.1	5.9	3.1	270
	약간 찬성	8.3	7.3	10.3	6.1	382
	약간 반대	5.0	5.9	13.3	8.9	395
	절대 반대	1.5	1.9	3.9	5.0	148
		개발보다는 환경보전이 우선이다				
		전적 찬성	약간 찬성	약간 반대	절대 반대	합계
	전적 찬성	11.2	8.4	2.8	0.4	286
	약간 찬성	10.7	14.6	6.7	0.5	408
	약간 반대	10.1	15.0	6.8	1.2	416
	절대 반대	5.7	3.0	2.2	0.6	146

자료: 〈표 1-1〉과 동일.
* 유의도: 소파개정-Pearson Chi-square=79.454 (df=9), p〈.001; 북한지원-Pearson
Chi-square=147.374 (df=9), p〈.001; 정부개입-Pearson Chi-square=48.659
(df=9), p〈.001; 호주제폐지-Pearson Chi-square=92.827 (df=9), p〈.001; 환경보
전 -Pearson Chi-square=52.641 (df=9), p〈.001

는 전체 응답자의 27.7%에 지나지 않으며, 전자에는 찬성하지만 후자
에 반대하는 응답자도 27.0%나 된다.

국가보안법 폐지와 호주제 폐지를 동시에 찬성하는 응답자도
29.2%에 지나지 않으며, 호주제 폐지에는 반대하는 응답자도 25.4%
나 된다(〈표 13-1〉). 호주제 폐지와 다른 이슈에 대한 입장의 경우에
도 마찬가지다. 호주제 폐지와 소파개정, 북한지원, 정부의 시장개입,
복지수준 제고, 환경보전 우선 등 양쪽을 동시에 찬성하는 응답자의
비율은 각각 38.1%, 26.7%, 23.2%, 28.2%, 37.5%이다(〈표 13-2〉). 국
가보안법 폐지, 북한지원, 호주제 폐지 등 세 가지에 동시에 찬성하는
응답자나 국가보안법 폐지, 북한지원, 정부의 시장개입을 동시에 찬
성하는 응답자의 경우, 그 비율은 각각 20%, 18%로 두 가지를 동시에
찬성하는 응답자의 비율보다 더 적어진다(〈표 13-3〉).

이러한 상황은 개인뿐만 아니라 민주노동당에게도 적어도 두 가지
심각한 문제를 초래할 수 있다. 하나는 이념에 기초한 대중정당으로
서의 정체성을 유지하는 것과 선거정당으로서의 다수득표를 확보하
는 것이 상충될 수 있다는 것이고, 다른 하나는 당원의 다수를 차지하
고 있는 노동조합원들이 당의 선택과 결정을 따르게 하는 것이다.

후자의 경우 우리 사회에서의 노동운동이 아직은 경제적 실리주의
노선에서 크게 벗어나지 못했기 때문에 나타날 수밖에 없는 문제이
다. 특히 선거에서 주요하게 부각되는 이슈가 비계급적 문제인 경우
민주노동당은 적극 개입할 수도 없고 그렇다고 해서 방관하고 있을
수도 없는 상황이 나타날 수 있다.

〈표 13-2〉 호주제와 다른 현안에 대한 입장

		한미간 우호관계 손상되더라도 소파 개정해야 한다				
		전적 찬성	약간 찬성	약간 반대	절대 반대	합계
	전적 찬성	16.1	4.6	1.9	0.7	298
	약간 찬성	10.1	7.3	2.3	0.7	261
	약간 반대	16.4	10.7	4.9	1.7	432
	절대 반대	11.0	5.9	3.5	2.3	291
		핵문제와 무관하게 북한을 지원해야 한다				
		전적 찬성	약간 찬성	약간 반대	절대 반대	합계
	전적 찬성	5.3	9.5	5.9	2.6	300
	약간 찬성	2.5	9.4	6.0	2.1	258
	약간 반대	3.6	13.9	10.9	5.3	436
	절대 반대	2.7	7.0	7.7	5.6	297
		기업이 자율적으로 개혁하지 못해도 정부는 개입하지 말아야 한다				
		전적 찬성	약간 찬성	약간 반대	절대 반대	합계
호주제 폐지	전적 찬성	3.5	8.0	8.3	3.5	288
	약간 찬성	2.3	6.5	8.6	2.8	251
	약간 반대	3.9	11.7	14.8	4.0	425
	절대 반대	3.4	7.7	8.4	2.8	276
		세금을 더 내더라도 복지수준을 높여야 한다				
		전적 찬성	약간 찬성	약간 반대	절대 반대	합계
	전적 찬성	6.9	8.3	5.3	2.4	297
	약간 찬성	4.8	8.2	4.9	2.2	260
	약간 반대	6.1	14.8	9.6	3.1	435
	절대 반대	5.9	6.3	7.6	3.6	303
		개발보다는 환경보전이 우선이다				
		전적 찬성	약간 찬성	약간 반대	절대 반대	합계
	전적 찬성	11.2	8.4	3.5	0.3	298
	약간 찬성	7.7	8.2	3.8	0.4	256
	약간 반대	10.4	16.0	6.1	0.8	424
	절대 반대	8.5	9.0	4.6	1.0	295

자료: 〈표 1-1〉과 동일.
* 유의도: 소파개정-Pearson Chi-square=58.942 (df=9), p〈.001; 북한지원-Pearson
Chi-square=57.195 (df=9), p〈.001; 정부개입-Pearson Chi-square=48.659
(df=9), p〈.001; 복지수준제고-Pearson Chi-square=38.130 (df=9), p〈.001; 환경
보전- Pearson Chi-square=28.406 (df=9), p〈.001

〈표 13-3〉 국가보안법폐지, 북한지원, 호주제폐지, 정부의 시장개입에 대한 중첩적 지지층

국가보안법 폐지a)	북한지원	호주제 폐지		인원
		찬성	반대	
찬성	찬성	20.0	14.2	405
	반대	9.2	11.3	243
반대	찬성	7.3	13.3	247
	반대	6.9	17.6	291
국가보안법 폐지b)	북한지원	정부의 시장개입 억제		인원
		찬성	반대	
찬성	찬성	16.6	18.0	427
	반대	10.5	9.7	250
반대	찬성	9.2	11.5	256
	반대	10.2	14.3	302

자료: 〈표 1-1〉과 동일.
* 유의도: a) 국보법 폐지 찬성-Pearson Chi-square=1.005 (df=1), p〈.001; 국보법 폐
지 반대-Pearson Chi-square=3.801 (df=1), p〈1.000; b) 국보법 폐지 찬성-Pear-
son Chi-square=1.005 (df=1), p〈1.000; 국보법 폐지 반대-Pearson Chi-
square=0.446 (df=1), p〈1.000

IV. 요약 및 전망

민주노동당은 기성정당·정치인에 대한 높은 불만, 반북반공이데올로기와 맹목적인 '미국(추종)주의'의 영향력 약화, 창당을 전후한 시기의 노조와 진보정당에게 유리한 법·제도개선, 그리고 민주노동당의 전략적 선택 등에 힘입어 이번 총선에서 원내진출에 성공할 수 있었다. 이러한 성공에도 불구하고, 민주노동당의 앞길에는 결코 만만치 않은 도전이 기다리고 있다. 민주노동당이 해결해야 할 과제는 대략 다섯 가지로 요약할 수 있다.

첫째, 노동자·농민 등 기층대중의 정당으로서의 정체성과 실제 선거에서의 지지기반(따라서 선거전략―중산층, 학생·자영업자·주부 등이 다수)의 괴리를 극복하는 문제.

둘째, 좌파, 중도좌파, 중도파의 다양한 이념적 스펙트럼을 가진 유권자층의 조화와 통일을 실현하는 문제.

셋째, 열린우리당(특히 내부에 있는 좌파성향의 그룹)과 중첩된 기반(기층대중이나 좌파성향의 유권자)으로부터 지지를 확보하는 문제.

넷째, 당원의 다수를 이루고 있는 노동자 특히 민주노총 조합원으로부터 상대적 자율성을 확보하는 문제.

마지막으로, 시민사회의 균열구조가 유동적이고 다차원적인 상황에서 대중정당으로서의 정체성을 확보하는 문제.

간단히 정리하면, 민주노동당이 직면한 가장 핵심적인 문제는 유동적이고 다차원적인 균열구조에서 조직노동자의 포로가 되지 않으면서 계급·이념정당으로서의 정체성을 확보하여 다른 '진보적인' 정당(예, 열린우리당)과 차별성을 부각하는 것이라고 할 수 있다.

민주노동당이 당원의 참여와 봉사를 중심으로 하는 대중정당모델에 기반을 둔 정당이라는 점을 고려하면, 조직노동자의 이익을 우선적으로 배려하는 계급정당·이념정당으로 발전될 가능성이 커 보인다. 그러나 당원의 다수를 점하고 있는 조합원과 당간부들이 노동자/

조합원들의 이익을 우선적으로 추구하려는 입장만이 아니라 다양한 계급/계층의 이익을 추구하려는 입장을 가지고 있다는 점을 감안하면, 민주노동당이 계급정당이나 민주노총조합원만의 정당으로 전락할 것이라고 단정하기는 어렵다. 최종적으로 민주노동당이 어느 길로 갈 것인가는 당내 다수를 점하고 있는 조직노동자들의 전략적 선택과 당내 분파 간 힘관계에 의해 결정될 것이다.

■ 참고문헌

『내일신문』, 2000. 8. 16.

『오마이뉴스』, 2004. 5. 13

『월간조선』, 2004년 5월호

『조선일보』, 2004. 5. 3.

『중앙일보』, 2003. 5. 11.

『한겨레신문』, 1998. 11. 22.

세종연구소. 1995. 『95 국민의식조사』.

여성부. 2001. 『호주제 개선방안에 관한 연구』. 서울대학교 법학연구소

연구용역사업(2001. 7. 31 ~ 2001. 12. 24)

이내영. 2004. "국민의식 조사 결과를 보고." 『조선일보』. 2004. 5. 3.

이숙종. 2000. "남북한관계의 급진전과 대북안보 여론의 변화."
    http://www.sejong.org/korea/Publications/ci/data/2000-12-03.htm.

정영태. 2004. 『신자유주의시대 한국사회의 변화와 진보정당』. 인하대학교 출판
    부.

최진욱. 2003. "대북인식의 변화와 향후 대북정책의 방향." 통일연구원 홈페이지.
    http://www.kinu.or.kr/kinuforum/view.asp?db=forum&num=38&pageno
    =1&startpage=1.

한국사회과학데이터센터. 1997. 『제15대 대통령선거 유권자 조사』(1997. 12).

한국사회과학데이터센터. 2002. 『제16대 대통령선거 유권자 의식조사』(2002. 12).

한국사회과학데이터센터. 2004. 『제15대 대통령선거 유권자 조사』(2004. 4).

Maor, Moshe. 1997. *Political Parties and Party Systems: Comparative and the*
    British Experience. London and New York, Routledge.

Panebianco, Angelo. 1988. *Political Parties: Organization and Power*.
    Cambride: Cambridge University Press.

제14장

17대 총선과 정당구도의 변화

박명호

Ⅰ. 서언

2004년 제17대 국회의원총선거는 한국 정당정치의 변화를 가늠할 수 있는 기회였다. 이는 정당과 유권자 연합관계의 변화를 파악할 수 있는 균열구조의 역동성을 확인할 수 있기 때문이다. 2004년 총선이 주목받는 이유는 무엇보다도 정당체계의 변화를 가져온 균열구조(cleavage structure)의 변화가능성 때문이다. 이런 관점에서 제17대 총선은 정치지형의 근본적 변화를 통하여 나타나는 일종의 재편선거(realignment election)로 이해할 수 있다. 사실 민주화 이후 한국의 선거정치과정을 결정지어 온 유일변수는 지역주의 균열구조였다. 선거의 종류와 규모를 불문하고 후보와 정당이 얻은 정치적 지지를 설명하는 가장 강력한 설명변수가 지역주의였기 때문이다.

하지만 이번 총선을 보면 지역주의의 형태와 영향력의 정도가 이전과는 다른 모습으로 나타났다. 물론 여서야동(與西野東)의 모습에 보듯 지역주의의 영향력은 여전했다. 하지만 지역주의의 영향력은 이전 과 달랐고 대신 다른 균열구조가 등장하고 있는 것으로 해석되었다. 즉, 세대와 이념 그리고 계층이 앞으로 한국의 선거과정에 상당한 영 향력을 행사할 가능성이 증대된 것이다. 사실 지역주의 이외의 갈등 구조는 과거에도 존재했었다. 하지만 지역주의에 가려 보이지 않았던 것이다. 따라서 지역주의가 앞으로도 상당 기간 영향력을 미치더라도 이전과는 다른 형태를 보일 가능성이 크다고 하겠다.

따라서 정당구도의 변화와 관련한 중요한 쟁점의 하나는 지역주의 가 이번 총선에서 이전의 총선과 다른 양상을 보였고 이것이 앞으로 어떻게 변화할 것이냐이다. 이런 의미에서 이 글에서는 4·15총선의 결과를 바탕으로 지역주의의 영향력을 검토하고 이에 따른 정당정치 와 정당구도의 방향을 전망하고자 한다. 이를 위해 아래에서는 우선 제17대 국회의원선거를 쟁점과 특징을 중심으로 전개과정을 살펴보 고 선거결과를 개관하여 볼 것이다. 특히 유권자와 정당의 연합이라 는 정당구도의 재편 가능성과 관련하여 그동안 한국의 정치과정을 지 배해 온 지역주의의 변화양상과 새로운 대체 균열구조의 등장 가능성 을 검토할 것이다. 나아가 일정 기간 지역주의적 투표성향이 건재할 것으로 전제하는 경우, 새롭게 부각되는 균열구조와 지역주의가 중첩 되어 진행될 가능성에 주목하고자 한다.

아래에서 언급하듯 정치적 지지의 지역적 집중현상인 지역주의를 설명하는 방법에는 여러 가지가 사용되었다. 다양한 방법 중에서 이 글에서는 선거에 참여한 여러 정당의 상대적 영향력을 바탕으로 선거 에서의 정당 간 선거경쟁도(degree of electoral partisan competition) 를 사용하여 지역주의의 변화양상과 이번 선거에서의 영향력을 설명 하고자 한다. 우리는 선거과정에 대한 설명에 있어 분석단위(unit of analysis)를 기준으로 두 가지로 나누어 볼 수 있다.

하나는 집합단위(aggregate level)로서 일정 지역단위의 득표율 또 는 투표율 등이다. 다른 하나는 개인단위(individual level)로서 개인

의 정치적 선택과 투표참여여부 등을 말한다. 집합적으로 표현되는
정당의 득표율과 지역별 득표율 등은 사실 개인 선택의 집합적 결과
에 다름 아니다. 따라서 개인단위에서 측정된 자료를 바탕으로 한 설
명이 수반될 때 비로소 적실성 있는 설명이 가능하다고 할 수 있다. 하
지만 개인단위 자료의 부재 속에서 현실적으로 택할 수 있는 방법은
집합적 자료를 사용하여 개인의 정치적 선택과 행태를 추론하는 것이
다. 이런 경우 생태론적 오류(ecological fallacy)의 가능성이 있음을
유의해야 한다. 이 글의 경우 집합자료에 의존하고 있어 오류의 가능
성이 있으며 이는 앞으로 개인단위 자료를 통하여 보완되어야 할 것
이다.

II. 17대 총선과정과 결과분석

1. 17대 총선의 전개과정과 특징

이번 총선의 전개과정을 살펴보면 여러 가지 특징적 현상을 살펴볼
수 있다. 우선 총선의 승부를 가른 쟁점을 보면 탄핵의 영향이 막강했
다. 처음부터 끝까지 탄핵문제가 핵심이었고 여타의 쟁점은 사실상
실종된 상황이었다. 이른바 "탄핵역풍"의 막강한 영향력은 선거전에
이미 예상할 수 있었다. 왜냐하면 국회의 탄핵안 통과전후에 실시된
각종 여론조사에서 상당수의 국민들이 탄핵에 반대하면서 대통령의
사과를 요구했기 때문이다.

즉, 한 조사에 의하면 응답자의 36%는 국회가 대통령을 탄핵할 수
는 있지만 16대 국회는 그럴 자격이 없다고 하였고 30%의 응답자는
나아가 국회는 대통령을 탄핵할 수 없다고 주장하였다. 반면, 불과
25%의 응답자만이 국회가 대통령을 탄핵할 수 있다고 대답하였다.
또 응답자의 64%는 선거법위반이 탄핵의 사유가 되지 않는다고 생각

하여 탄핵에 문제가 있다고 생각하는 사람이 많았다.[1]

이런 상황에서 총선이 대통령 선거의 연장전같이 노무현 대통령에 대한 찬반대결이 되는 것은 당연했다. 또한 이번 총선에서 탄핵쟁점의 부각은 유권자들의 후보선택에 대한 기존의 이해에 많은 변화를 가져왔다.

역대 우리나라의 국회의원선거를 보면 유권자들은 후보를 선택하는 과정에서 후보개인의 자질과 관련된 부분을 상당히 고려하는 것으로 알려져 왔다. 즉, 15대 총선의 경우 유권자의 23%는 정당을 고려하였으나 44%의 유권자들은 인물을 우선하였다.[2] 이러한 현상은 16대 총선에서도 이어졌다. 예를 들면 투표를 일주일 앞두고 이뤄진 조사에 의하면 투표할 때 후보자의 인물과 능력을 고려하겠다는 응답이 61.3%이고 소속정당은 10.4%에 지나지 않았다.[3] 이렇듯 우리나라의 국회의원선거는 대체로 인물대결의 양상을 나타냈던 것이 일반적이다.

하지만 17대 총선의 양상은 다르게 나타났다. 공식 선거운동이 시작된 이후에는 선거전 초반보다 인물대결의 양상이 강화되는 모습을 보였으나 이전 선거에 비해 전반적으로 후보자 관련 쟁점이 유권자에게 많은 영향을 미치지 못했다. 즉, 유권자들이 지지후보를 선정하는 기준으로 인물과 능력을 꼽은 경우가 46.2%에 머물렀으나 소속정당을 고려하겠다는 응답은 21%에 이르렀다.[4] 이러한 변화는 소속정당을 고려하는 경우가 지난 총선에 비해 배 이상 증가한 것이다. 선거후의 조사에서도 이런 현상은 확인할 수 있었다. 즉, 후보자의 소속정당을 고려한 유권자가 인물요소를 고려한 유권자보다 많은 것으로 나타나, "후보자의 정당이 마음에 들어서 투표하게 됐다"는 응답이 34%였

---

1) 2004년 3월 26일 리서치 앤 리서치 전국여론조사.
2) 김종림, 이남영, "투표자들은 후보자를 어떻게 선택하는가?"『의정연구』제3권 1호(1997).
3) 『동아일보』, 2000. 4. 8.
4) 『한국일보』, 2004. 4. 14.

<표 1> 17대 총선의 주요쟁점

쟁점	빈도 (%)
경제안정 및 지역발전	37.7
물갈이와 정치개혁	25.2
탄핵심판	22.7
거대여당 출현 견제	3.9
지역주의 청산	3.0
노인폄하발언	2.9

주: 기타와 응답거부 등을 제외하여 100%가 되지 않음
출처: 한국선거학회 17대 총선 유권자 조사

고 인물 때문에 선택했다는 응답은 27%에 머물렀다.[5]

결론적으로 보면, 과거의 예와 비교할 때 소속정당을 고려하는 정도가 늘어나고 상대적으로 후보자 개인관련 요인의 영향력이 줄어든 원인은 무엇보다도 국회의 대통령 탄핵소추에서 찾을 수 있을 것이다.[6] 즉, 탄핵이라는 정치적 쟁점이 후보관련 쟁점과 여타의 정책적 쟁점을 압도하는 양상이 이번 총선에서 지배적이었다는 것이다. 총선 이후 이뤄진 조사에서도 선거전의 조사와 같은 현상이 발견되었다. 한마디로 이번 총선에서는 과거 선거에서 나타났던 유권자들의 인물위주 후보선택에 상당한 변화가 있었고 대신 탄핵이라는 정치적 쟁점이 막강한 영향력을 행사했다.

한편, 탄핵쟁점의 부각은 뒤에서 논의하듯 정당구도의 재편과도 맥이 닿아 있다. 즉, 호남과 영남을 두 축으로 한 지역주의의 영향력이 건재한 가운데 탄핵에 대한 유권자들의 평가의견이 더하여졌고 이것

---

5) 『연합뉴스』, 2004. 5. 2.
6) 선거이후 조사에서는 정당(44.4%)과 인물(43.1%)을 거의 비슷하게 고려하는 것으로 나타나기도 했다(조선일보 2004. 4. 20). 하지만 과거의 예와 비교하면 정당에 대한 고려정도가 상당히 높아진 것은 분명하다.

<표 2> 대통령탄핵 찬성여부와 정당선택—지역구 투표

지지정당/탄핵찬성여부	매우 찬성	대체로 찬성	대체로 반대	매우 반대
한나라당	63.8%	59.8%	22.2%	6.9%
민주당	3.8%	8.3%	5.8%	4.0%
열린우리당	13.8%	8.6%	34.9%	59.4%
전체 응답자의 수	80	266	482	577

Chi-square=498.806 (p=.000)
주: 기타와 응답거부 등을 제외하여 100%가 되지 않음.
출처: 한국선거학회 17대 총선 유권자 조사.

<표 3> 대통령탄핵 찬성여부와 정당선택—정당투표

지지정당/탄핵찬성여부	매우 찬성	대체로 찬성	대체로 반대	매우 반대
한나라당	62.5%	58.3%	19.1%	4.9%
민주당	5.0%	7.1%	5.2%	4.0%
열린우리당	10.0%	9.8%	31.1%	54.4%
응답자의 수	80	266	482	577

Chi-square=522.084 (p=.000)
주: 기타와 응답거부 등을 제외하여 100%가 되지 않음.
출처: 한국선거학회 17대 총선 유권자 조사.

이 열린우리-한나라의 양당구조를 만들어 냈다. 예를 들면 이번 총선에서 압승을 거둔 열린우리당을 지지하는 사람의 95.1%가 탄핵에 반대하는 것으로 조사됐다. 반면 한나라당 지지자의 대다수(64%)는 탄핵을 지지했다.[7] 이는 국회의원선거에 영향을 미치는 변수를 장기적 변수와 단기적 변수 그리고 지역적 변수와 전국적 변수로 나누어 보았을 때, 이번 선거의 경우 '단기적'이고 '전국적 변수'였던 탄핵이 선거결과를 가른 결정적 변수였고 정당체계의 개편까지 이어졌다고

---

7) 『한국일보』, 2004. 4. 21.

하겠다.

〈표 1〉은 이번 총선에서 유권자들이 판단한 쟁점을 정리한 것이다. 전체 응답자의 37.7%가 경제안정 및 지역발전을 이번 총선의 쟁점으로 대답하였다. 탄핵의 경우 전체 응답자의 22.7%로 순위로는 세 번째이다. 하지만 탄핵안의 국회통과과정에서 나타난 정치인들의 모습에 대한 유권자들의 반감이 "물갈이와 정치개혁"요구(25.2%)로 이어진 것으로 본다면 탄핵과 관련한 쟁점들의 비중은 전체 응답자의 절반 가까이(47.9%)에 이른다. 유권자들의 탄핵과 이에 따른 정치개혁 요구는 정당선택에도 상당한 영향을 미친 것으로 보인다.

〈표 2〉는 대통령 탄핵에 대한 의견과 지역구 후보자선택의 상관관계를 보여주고 있다. 전체적으로 보면, 대통령 탄핵에 대한 찬반견해와 정당선택이 통계적으로 유의미하게 연결되어 있다. 즉, 대통령 탄핵에 대해 매우 찬성하는 사람의 63.8%와 대체로 찬성하는 사람의 59.8%가 한나라당을 지지했다. 반면, 탄핵에 반대하는 사람일수록 열린우리당의 지역구 후보를 지지했다.

예를 들면, 탄핵에 매우 반대하는 사람의 59.4%와 대체로 반대하는 사람의 34.9%가 열린우리당 후보에 투표했다. 이러한 현상은 정당투표에서도 발견된다. 지역구 후보에 대한 투표가 후보자 요인을 포함할 수 있다는 측면에서 보면 〈표 2〉가 정당에 대한 순수한 의미의 지지를 반영하지 않을 수도 있다. 따라서 정당투표와 대통령 탄핵찬성 여부의 관계를 볼 필요가 있다. 〈표 3〉을 보면, 대통령 탄핵에 찬성하는 사람일수록 한나라당에 투표할 가능성이 상대적으로 높은 반면, 열린우리당 지지자의 대다수는 대통령 탄핵에 반대하는 경향이 강하게 나타났다. 결국, 탄핵쟁점이 총선결과의 상당 부분을 결정한 것으로 보아야 할 것이다.

또한 이번 총선은 제도적 측면에서도 상당한 변화를 가져왔다. 우선, 상향식 공천이 확대되었다. 상향식 공천은 2002년의 지방선거에서 일부 사용되었고 같은 해의 대통령 후보선출을 위해 주요 정당에서 사용하였다. 이번 총선의 경우 사실 넓게 사용된 것은 아니었다. 열린우리당이 가장 많은 84개 지역에서 경선방식으로 후보를 선출했으나 이는 전체 지역구 후보(243)의 34.6%에 불과했다. 한나라당의 경우는 더 심하여 전체 218명의 공천자 중에서 15명만이 경선을 통해서 선출되었다. 그리고 상향식 공천을 하더라도 중앙당의 영향력이 아직은 막강하게 나타난 것이 사실이다. 따라서 상향식 공천방식이 본격적으로 도입된 선거로서 의미를 가진다고 보아야 할 것이다. 하지만 카리스마적 정치리더십이 사라지고 상향식 공천방식이 점차 확대되면서 국회의원들의 개인적 자율성이 넓어지게 될 것이다.

또 다른 제도적 특징은 3월의 정치관계법 개정으로 새로운 선거운동 방식이 도입되었다는 점이다. 가장 두드러진 변화는 과거 금권선거의 전형으로 알려진 후보자 합동연설회와 정당연설회를 폐지하고 TV와 인터넷을 통한 선거운동을 활성화시킨 것이다. 또한 선거법 위반행위에 대한 처벌을 강화하여 향응이나 금품을 제공받은 유권자도 처벌하여 예전에 비해 선거자금이 상당히 적게 든 것으로 알려져 있다. 이에 따라 유권자들의 공명선거에 대한 긍정적 평가가 근래 최고인 85.1%로 나타났으며 이는 지난 총선에 비해 무려 40.2%포인트가 높은 것이다.[8]

또한 개정 정치관계법의 영향으로 공식선거운동기간 중 금품 및 향응제공혐의로 선관위의 고발 또는 수사의뢰조치가 이뤄진 것은 지난 16대 총선의 25%에 불과할 정도였다.[9] 그럼에도 불구하고 정치시장 진입의 불공정성을 극복하고자 도입된 "예비후보자" 제도는 선거법의 지각통과로 별다른 효과를 발휘하지 못했다. 따라서 경기의 규칙을 정하는 정치관계법 개정작업은 가능한 선거개시 일정기간 전에 마무리되어야 할 것이다.

---

8) 중앙선거관리위원회 조사 (www.nec.go.kr) 2004년 5월 24일 검색.
9) 『연합뉴스』, 2004. 4. 15.

마지막으로 들 수 있는 이번 총선의 제도적 특징은 1인 2표제의 도입이다. 1인 2표제 정당명부식 비례대표제의 도입은, 이전까지 지역구 후보에 투표한 것을 정당에 대한 투표로 간주하여 비례대표 전국구 의원을 배분하는 것은 위헌이라는 판결에 따라 이뤄진 제도변경이다. 따라서 유권자들은 한 표는 지역구의 후보에게, 또 다른 한 표는 정당에 투표하였다. 1인 2표제 최대의 수혜자는 민주노동당이다. 민노당은 지역구의 경우 4.3% 득표에 2명의 당선자를 냈으나 정당투표의 경우 지역구 득표의 3배가량 되는 13%를 득표하여 8명의 당선자를 냈고 3김 정치인 중에서 마지막까지 남아 있던 정치인을 강제퇴출시키는 결과를 가져왔다.

이는 유권자들이 사표방지심리에서 지역구의 경우 경쟁력 있는 후보 중에서 한 명을 선택하고 나머지 한 표를 자신이 지지하는 정당에 투표한 결과이다. 이런 의미에서 유권자의 33%는 지지정당과 후보가 다른 현상이 나타나가도 했다.[10] 1인 2표제의 정치적 결과에 대해서는 앞으로 보다 심층적 연구가 필요할 것이다. 왜냐하면 이 제도의 도입을 통해 한국의 정당정치가 앞으로 상당한 변화의 계기를 마련할 수 있기 때문이다.

2. 17대 총선의 결과개관 및 분석

우리는 이번 총선결과를 열린우리당의 승리, 한나라당의 선전, 민주노동당의 대약진 그리고 민주당과 자민련의 몰락으로 요약할 수 있다. 이전의 선거결과와 상당히 다른 이런 결과는 절차적 민주주의(procedural democracy)가 회복된 1987년 이후 다섯 번째 국회의원선거인 제17대 총선이 나름의 역사적 의미를 가지고 있다. 구체적으로 보면, 우선 17대 총선을 통해 한국정치는 3김 정치로 대표되는 민

---

10) 『조선일보』, 2004. 4. 20.

주화 1기를 마무리하고 제2기에 진입했다. 또한 17년 만에 처음으로
선거라는 정상적 방법으로 여대야소(與大野小)의 국회가 탄생했다.
더욱이 열린우리당은 원내 제3당의 지위에서 과반의 제1당으로 급부
상하는 성과를 거두었다.

이로써 민주화 이후 처음으로 단점정부(unified government)의 국
정운영이 가능하게 되었다. 또한 이번 총선은 정치권의 세대교체를
가져왔다. 299명의 국회의원 중에서 63%인 188명이 초선이고 50대
이하의 전후세대가 43%에 이른다. 2002년 대통령선거에서 3김 이후
첫 대통령이 선출되고 이번 총선을 통해 정치적 세대교체가 완성된
것으로 볼 수 있다. 마지막으로 정치적 세력교체가 이뤄진 선거였다.
물론 원내 10석의 민노당과 전체적으로는 보수색채위주의 국회이다.
하지만 그동안 시민사회에 엄연히 존재하고 있었음에도 정치적으로
대표되지 못한 불균형이 해소되는 계기를 마련했다. 이상의 17대 총
선의 의미를 총선결과와 관련하여 구체적으로 살펴보면 아래와 같다.

1) 여대야소와 단점정부의 구성 – 득표율과 의석의 비례성

〈표 4〉는 이번 총선의 결과를 의석수와 득표율을 기준으로 구분한
것이다. 득표율의 경우 지역구와 정당득표율로 나누어 보았다. 이번
선거결과를 보면 우선 1987년 절차적 민주주의가 회복된 이후 처음으
로 선거에 의해 여대야소(與大野小)의 단점정부(unified government)
가 등장하였다. 지난 4회의 총선결과를 보면 여소야대(與小與大)의
분점정부(divided government)였으나, 정계개편을 통하거나 (1990년
의 3당 합당) 또는 연정(2000년의 DJP 공조)을 통하여 인위적으로 선
거결과를 변경하였다. 하지만 이번 선거는 17년 만에 처음으로 집권
여당이 원내 과반수(152석)를 차지하였다.

그동안 우리나라의 국회의원선거결과를 보면, 대체로 다당제적 경
향을 보였다. 이러한 현상은 '단순다수대표제 + 소선거구제도'를 채
택한 경우 나타나는 이론적 기대와는 다른 것이다. 즉, 양당제적 경향

〈표 4〉 17대 국회의원선거결과 — 득표와 의석의 관계

	지역구의석	지역구득표율	의석비율	비례대표의석	정당득표율	의석비율
열린우리	129	41.9%	53.1%	23	38.3%	41.1%
한나라	100	37.9%	41.2%	21	35.8%	37.5%
민주노동	2	4.3%	0.8%	8	13.0%	14.3%
새천년민주	5	7.96%	2.1%	4	7.1%	7.14%
자유민주	4	2.67%	1.65%	0	2.8%	0

주: 전체의석은 299석 (지역구 243 + 전국구 56); 국민통합 21 1명과 무소속 2명 제외.

을 띠는 것이 일반적이다.[11] 하지만 우리의 경우 다당제적 경향이 나타난 것은 아래의 논의에서 보듯 지역주의적 투표성향 때문이었다. 정당에 대한 정치적 지지가 지역적으로 집중된 상황에서 일정 지역을 독식하거나 지배적 지위에 있는 정당들이 전국적 지지 없이도 중앙정치무대에서 나름의 역할을 할 수 있기 때문이다.

전형적 예로 지난 1988년의 총선결과를 들 수 있다. 당시 대구/경북의 민정당, 부산/경남의 민주당, 호남의 평민당 그리고 대전/충청의 공화당은 각각 자신의 지역을 사실상 독점하고 난 후에 수도권과 같은 지역에서 경쟁하는 양상을 보였다. 따라서 지역주의 정당이 여러 개 존재하는 경우 '단순다수대표제 + 소선거구제'를 사용하더라도 다당제적 경향이 나타나게 된 것이다.[12]

하지만 제17대 총선결과는 양당제를 가져왔다. 전체 299석 중에서 열린우리당과 한나라당의 의석을 합하면 91.3%를 차지하고 있다. 이는 양당의 득표율을 보아도 확인된다. 즉, 양당의 지역구 득표율은 79.8%에 이르고 정당득표율은 74.1%에 달한다. 양당 모두 득표율에

---

11) Duverger, M. (1964), *Political Parties: Their Organization and Activity in the Modern State*.

12) Park, M. (2003), "Sub-National Sources of Multipartism in Parliamentary Elections," *Party Politics* V. 9, N. 3.

<표 5> 17대 국회의원선거결과—권역별 의석

지역/정당	열린우리	한나라	민주노동	민주	자민련
서울(48)	32	16			
인천(12)	9	3			
경기(49)	35	14			
강원(8)	2	6			
대전(6)	6				
충북(8)	8				
충남(10)	5	1			4
광주(7)	7				
전북(11)	11				
전남(13)*	7			5	
대구(12)		12			
경북(15)*		14			
부산(18)	1	17			
울산(6)*	1	3	1		
경남(17)	2	14	1		
제주	3				

주: * 전남과 경북은 무소속 당선자 각각 1명, 울산은 국민통합 21 당선자 1명; ( )는 배정의석수.

비해 상대적으로 높은 의석점유율을 보였다. 이는 선거제도의 특성에서 오는 것으로 보인다. 거대정당의 경우 과대 대표되는 경향이 나타나는 반면, 군소정당의 경우 과소 대표되는 것이다. 예를 들면 열린우리당의 경우 지역구에서 41.9%의 득표율로 전체 지역구 의석의 53.1%를 차지하였고, 한나라당도 37.9%의 득표율로 41.2%의 지역구 의석을 점하였다. 반면, 나머지 정당들은 득표율에 비해 상대적으로 낮은 의석점유율을 보였다. 예를 들면, 민주당의 경우 7.9%의 지역구 득표율이 실제 의석에서는 2.1% 밖에 얻지 못하였다. 전체적으로 보면 선거제도의 득표율-의석률 왜곡현상이 나타났고 군소정당에 상대적으로 많은 피해를 가져다주었다.

지역구에서 나타나는 이상과 같은 왜곡현상을 완화시키고자 이번 총선에 처음 도입된 것이 1인 2표제의 정당투표이다. 사회구성원의 정치적 선호의 총합이 가능한 왜곡 없이 의석으로 전환되도록 하자는 것이다. 앞의 〈표 4〉에서 정당득표율과 의석점유율의 관계를 보면, 전체적으로 지역구에 비해 그 격차가 상대적으로 적게 나타났다. 구체적으로 민노당의 경우 지역구에서는 손해를 보았지만 비례대표의 경우 상대적으로 이익을 받았다. 나아가 거대정당들은 지역구의 경우보다는 적었지만 그래도 득표율에 비해 상대적으로 높은 의석점유율을 얻게 되었다. 그럼에도 정당투표를 통해 왜곡현상이 완화되는 경향이 나타난 것을 확인할 수 있었고, 따라서 전국구 비례대표의원의 비중이 앞으로 확대되어 지역구와 1대 1 또는 최소한 2대 1은 되어야 할 것이다.

한편, 주요정당들의 지역주의적 성향은 이번 총선에서도 이어졌다. 즉, 앞의 〈표 5〉에서 보듯 여서야동(與西野東)의 현상이 그것이다. 열

〈표 6〉 17대 국회의원선거결과―권역별 지역구 득표율

(%)

지역/정당	열린우리	한나라	민주노동	민주	자민련
전국	41.9	37.9	4.3	7.9	2.6
서울	42.8	41.3	3.4	9.8	0.7
인천	44.7	38.9	7.4	5.2	0.6
경기	45.7	40.7	4.1	6.7	0.7
강원	38.8	43.3	4.2	6.4	0.2
대전	45.8	22.4	1.5	3.3	22.1
충북	50.5	32.6	3.3	1.0	9.2
충남	38.9	15.8	2.2	3.6	33.7
광주	54.0	0.1	5.6	36.4	0.4
전북	64.6	0.1	4.6	18.7	0.1
전남	46.9	0.8	2.6	38.4	0.6
대구	26.7	62.4	2.5	1.8	0.5
경북	25.8	54.6	3.4	0.4	0.6
부산	38.9	52.5	2.9	0.8	0.3
울산	28.1	36.3	18.0	0.65	0.8
경남	34.4	47.7	8.4	0.6	0.6
제주	49.4	40.2	3.4	3.8	0.6

〈표 7〉 17대 국회의원선거결과—권역별 정당투표 득표율

(%)

지역/정당	열린우리	한나라	민주노동	민주	자민련
전국	38.3	35.8	13.0	7.1	2.8
서울	37.7	36.7	12.6	8.4	2.8
인천	39.5	34.6	15.3	5.4	0.8
경기	40.2	35.4	13.5	6.1	2.0
강원	38.1	40.6	12.8	3.5	1.3
대전	43.8	24.3	11.8	3.1	14.5
충북	44.7	30.3	13.1	2.2	6.3
충남	38.0	21.1	10.5	2.8	23.8
광주	51.6	1.8	13.1	31.1	0.8
전북	67.3	3.4	11.1	13.6	1.0
전남	46.7	2.9	11.2	33.8	1.0
대구	22.3	62.1	11.6	1.1	0.8
경북	23.0	58.3	12.0	1.4	1.2
부산	33.7	49.4	12.0	1.9	0.7
울산	31.2	36.4	21.9	1.5	0.8
경남	31.7	47.3	15.8	1.4	0.8
제주	46.0	30.8	14.1	5.1	1.1

린우리당은 대전/충청지역의 의석(24) 중에서 19석, 광주/호남지역의 의석(31) 중에서 25석을 얻었다. 반면, 한나라당의 경우 영남지역 의석 (68) 중에서 60석을 차지하여 지역구에서 한나라당이 얻은 의석의 60% 를 점하였다. 이렇듯 열린우리당과 한나라당은 각각 자신의 기반지역 에서 사실상 의석을 독점하는 현상을 보였다. 다음의 〈표 6〉과 〈표 7〉 은 권역별로 나타난 주요정당의 득표율을 보여주고 있다. 열린우리당 과 한나라당은 호남/충청과 영남에서 각각 지배적 지위를 차지하였다. 나머지 군소정당의 경우에도 사정은 비슷했다. 예를 들면, 민주당의 경 우 전통적 지지기반이었던 전남에서 지역구 5석 모두를 얻었고 정당득 표율도 상대적으로 높게 나타났다. 자민련의 경우도 지역구에서 얻은 4석은 모두 충남이었고 역시 정당득표율도 가장 많이 얻었다. 결국, 지 역주의적 정당체계가 아직도 존재하고 있는 것이다.

그럼에도 열린우리당의 과반의석 획득이 가능했던 것은 수도권의^(%) 선전 때문이다. 충청지역의 선전도 일정 부분 기여했지만 영남과 호남의 의석수 차이(60대 25)를 감안한다면 권역별 최대의석(109석/45%)이 걸린 수도권이 총선의 승부를 가른 것으로 보인다. 구체적으로 보면, 열린우리당은 수도권의 109석 중에서 76석을 석권, 70%의 점유율을 보였다. 특히 서울(32석/48석)과 경기(35석/49석)의 압승이 결정적이었다. 이는 위에서 언급했듯 수도권의 경우 탄핵이라는 쟁점이 강력하게 작용한 것으로 보인다. 더욱이 대도시 거주 젊은층의 투표참여를 자극하고 이들의 선택에 영향을 미쳤다고 하겠다.

2) 정치적 세대교체와 민주화 2기의 출범

이번 총선이 갖는 최대의 의미는 정치권의 세대교체이다. 다음의 〈표 8〉을 보면, 이번 총선의 세대교체현상을 뚜렷이 볼 수 있다. 즉, 60대 이상의 원로급 세대가 퇴진하고(32.6%→16.4%), 40대 이하의 세대가 전체의원의 28.6%에서 43.1%로 증가하였다. 특히 40대는 최대의 증가를 60대 이상은 최대의 축소를 보였다. 나아가 주요정당의 지도부가 모두 50대의 전후세대로 교체되었다. 이러한 현상은 사실 유권자의 70%를 50대 이하의 세대가 차지하는 유권자의 세대교체에 따른 당연한 결과로 볼 수 있다.

한편, 이번 총선이 가져온 정치적 세대교체현상은 정치리더십 스타일의 변화도 가져오게 되었다. 지난 17년 동안의 민주화 1기는 "3김 정치"로 대표되는 시기였다. 이 시기의 정치가 공천권과 정치자금을 독점한 카리스마적 정치리더십이었다면 제17대 국회에서는 새로운 형태의 정치리더십을 요구하고 있다. 지난 2002년 대통령선거를 통해 3김 이후 첫 대통령을 선출했다면 이번 총선을 통해 한국의 정치과정을 이끌 새로운 정치리더십을 완성하게 되었다. 앞으로 나타날 정치리더십은 이전의 카리스마적 정치리더십보다는 정책과 이념적 지향성에 바탕한 정치리더십이 될 것이다.

〈표 8〉 17대 국회의원선거 결과─연령별 구분

세대/국회	2000년 총선	2004년 총선	변화의 양 (%포인트)
30대	13 (4.8%)	24 (8.0%)	+ 3.2
40대	65 (23.8%)	105 (35.1%)	+ 11.3
50대	106 (38.8%)	121 (40.5%)	+1.7
60대 이상	89 (32.6%)	49 (16.4%)	-16.2
합 계	273 (100%)	299 (100%)	

출처: 『문화일보』, 2004. 4. 16.

〈표 9〉 17대 국회의원선거결과─선수별 구분

선수/국회	2000년 총선	2004년 총선	변화의 양 (%포인트)
초선	111 (40.7%)	188 (63.0%)	+22.3
재선	81 (29.7%)	52 (17.3%)	-12.4
3선	35 (12.8%)	42 (14.0%)	+1.2
4선 이상	46 (16.9%)	17 (5.9%)	-11.0
합 계	273 (100%)	299 (100%)	

출처: 『문화일보』, 2004. 4. 16.

제17대 국회의 세대교체현상은 당연히 당선자의 선수분포에도 이어졌다. 과거 우리의 선거결과를 보면 대체로 절반에 가까운 초선의원비율을 보였었다. 하지만 이번 선거의 경우 그 폭이 더욱 확대되었다. 지난 2000년 총선에서 40.7%에 불과하던 초선의원의 비중이 63%에 이르러 전체의원 299명 중에서 188명이 초선이다. 반면 4선 이상의 중진급 의원들은 16대 총선의 16.9%에서 5.9%로 대폭 감소하였다. 또한 1인 2표제의 도입과 여성참여확대 요구에 따라 사상 최초로 39명의 여성의원이 탄생하여 전체의원의 13%를 차지하였다. 지난 2000년 총선의 경우 여성의원이 전체의 16명으로 5.9%에 지나지 않았던 것을 보면 상당한 변화이다. 특히 전국구 비례대표의원이 절대다수(29)이지만 지역구의 경우도 10명의 당선자를 낸 것은 주목할 만하다. 제도적 환경개선과 국민적 의식변화에 따라 앞으로 여성의 정치참여는 계속하여 확대될 것으로 전망된다.

정치권의 세대교체현상과 더불어 정치적 세력교체의 현상도 이번 총선에서 나타났다. 민주노동당의 의회진출이 바로 그것이다. 물론 원내 10석의 군소정당이지만 그동안 시민사회에 엄연히 존재하고 있었음에도 정치적으로 대표되지 못한 진보세력이 이제 제도권 안으로 정식 진입한 것이다. 지난 1960년 7명의 사회대중당 소속 국회의원이 탄생한 이후 44년만의 일이다. 이에 따라 정치권이 '진보-개혁-보수의 정립구도'를 비로소 갖게 되었다. 이는 앞으로 한국의 정당정치가 이념과 정책적 차별성에 따라 새로운 재편의 계기를 마련한 것으로 평가할 수 있다. 앞서 언급했듯이 민주노동당의 선전은 1인 2표제의 제도 때문이기도 하다. 10석의 의석 중에서 8석은 비례대표에서 얻었기 때문이다. 여기에 민노당에 지지는 기존 정치권에 대한 반발 또는 경고의 의미가 있다. 나름대로 계급성을 띠는 민노당에 대한 지지가 전국적으로 고르고 이른바 소득이 높은 지역(예: 서울강남)에서도 전국적 지지도와 비슷한 양상을 띠기 때문이다.

따라서 민노당의 역할 여부에 따라 민노당에 대한 지지는 상당한 변화를 맞게 될 것이다. 또한 민노당의 기능에 따라 한국의 정당정치는 또 한번 재편의 계기를 마련할 수도 있을 것이다.

〈표 10〉을 보면 여러 정치적 대상에 대한 유권자들의 만족 정도와 민노당 선택의 관계를 보여 준다. 즉, 국회, 정당 그리고 정치인 등에 대하여 만족하지 못할수록 민노당에 투표할 가능성이 높다. 특히 기존 정치인에 대해 불만이 많을수록 정당투표에서 민노당을 선택한 것이 50%에 이르렀다. 따라서 유권자들은 민노당에 투표함으로써 새로운 정치인에 대한 기대를 표현한 것으로 이해할 수 있다.

3) 투표율의 증가

이번 총선이 가져온 또 하나의 변화는 계속하여 하락하던 투표율을

〈표 10〉 정치적 불만족과 민노당 선택—정당투표

(%)

불만대상/불만정도	매우 불만족	대체로 불만족	대체로 만족	매우 만족
국회*	48.6	27.1	3.5	
정당**	32.6	41.0	6.3	
정치인***	50.0	27.1	2.8	

* Chi-square=72.591 (p=.001); ** Chi-square=84.727 (p=.000)
*** Chi-square=104.658(p=.000)
주: 기타와 응답거부 등을 제외하여 100%가 되지 않음
출처: 한국선거학회 17대 총선 유권자 조사

일정 부분 상승시킨 것이다. 민주화 이후 치러진 4번의 총선을 보면 계속하여 투표율이 떨어졌다. 즉, 1988년 75.8%, 1992년 71.9%, 1996년 63.9% 그리고 2000년 역대 최저인 57.2%를 기록하였다. 이번 선거에서도 사실 초반의 예상은 50%전후가 될 것으로 예견되기도 했다. 하지만 이번 총선의 투표율은 60.6%를 기록하여 16대 총선에 비해 3.4% 포인트 상승하였다.

이렇게 예상과 달리 투표율이 상승한 원인은 어디에 있을까? 무엇보다도 탄핵이라는 전국적 쟁점의 부각이 유권자들의 정치적 관심을 모았고 이것이 결국 투표율의 증가로 이어지지 않았냐는 것이다. 특히 그동안 정치적 무관심으로 일관했던 20~30대의 젊은층이 이전에 비해 많이 참여한 것이 결정적이라는 것이다. 반면 높은 참여율을 보였던 기성세대의 투표참여는 낮아진 것으로 알려졌다.

〈표 11〉은 선거후에 여론조사를 통해 확인된 세대별 투표참여의 양상이다. 하지만 상당히 복합적 모습을 보여주고 있다. 구체적으로 보면, 조선일보의 조사는 30대와 50대의 투표참여폭 확대가 두드러진다. 반면 한국일보 조사의 경우 조선일보 조사에서 미미했던(+0.3) 20대의 투표율이 가장 많이 증가(+14.3)하여 절반의 20대가 투표한 것으로 나오기도 하였다. 한국일보의 조사가 20~30대의 투표율 증가와 기성세대의 투표율 하락을 보여주고 있다면 조선일보의 조사는 세대별

〈표 11〉 세대별 투표율의 변화

	2000년 총선	2004년 총선*	2004년 총선**
전체 투표율	57.2%	60.6% (+.3.4)	60.6% (+3.4)
20대	36.8%	37.1% (+0.3)	51.1% ((+14.3)
30대	50.6%	56.9% (+6.3)	63.8% (+13.2)
40대	66.8%	68.8% (+2.0)	65% (-1.8)
50대	77.2%	82.6% (+5.4)	65% (-12.2)
60대 이상	75.2%	68.7% (-6.5)	68% (-7.2)

*『조선일보』, 2004. 4. 20; **『한국일보』, 2004. 4. 21.
출처: 2000년 총선의 경우는 중앙선관위조사자료

다른 양상을 확인하였다. 따라서 2000년 총선의 경우처럼 선관위의 조사가 완료되어야 좀 더 정확한 변화양상을 볼 수 있을 것이다.

그럼에도 불구하고 집합자료를 바탕으로 투표율 상승의 원인을 추론하여 볼 수 있을 것이다. 그것은 권역별 투표율의 양상이다. 그동안 우리의 경우 투표참여는 도저촌고(都低村高)의 현상이 지배적이었다. 즉, 대도시의 경우는 투표율이 상대적으로 낮은 반면 농촌지역의 경우는 투표율이 높았다. 이것이 결국 연령과 투표참여의 상관성에까지 연결되어 연령이 높을수록 투표참여의 가능성이 상대적으로 높고 젊을수록 투표참여의 가능성이 낮은 것으로 알려졌다. 하지만 이번 총선의 경우 다른 양상이 나타났다.

다음의 〈표 12〉를 보면 권역별 투표율의 변화양상을 볼 수 있다. 구

〈표 12〉 거주지역과 투표참여 여부

(%)

투표여부/거주지	농촌지역	중소도시	대도시의 교외	대도시
투표참여	72.5	78.5	78.8	78.9
투표불참	26.2	20.5	20.0	20.8

Chi-square=20.860 (p=.052)
주: 기타와 응답거부 등을 제외하여 100%가 되지 않음
출처: 한국선거학회 17대 총선 유권자 조사

체적으로 보면, 서울, 부산 그리고 울산의 대도시가 전국평균 이상의
투표참여율을 보였다. 또한 광주의 투표율은 전국평균에 거의 육박하
였다. 이는 지금까지의 투표참여에 관한 설명과 배치되는 것이다. 나
아가 대도시 지역의 투표율이 높아진 것은 상대적으로 대도시지역에
많이 거주한다고 할 수 있는 젊은 층의 투표참여가 확대된 것에서 그
원인을 찾을 수 있을 것이다. 그러나 이는 앞서 언급했듯 보다 구체적
인 조사자료를 사용하지 않았기 때문에 '추론'에 불과한 것이다.

선거후에 조사된 자료는 통상 투표참여에 관해 과대하게 대표되는
것이 일반적이다. 이는 투표참여여부에 대한 질문이 일정한 규범성을
띠고 있기 때문이다. 이번 유권자 조사에서도 실제 투표율 60.6% 보
다 높은 78.3%의 응답자들이 투표에 참여했다고 응답했다. 하지만 위
의 〈표 12〉는 이 글의 추론을 뒷받침하고 있다. 즉, 거주지역과 투표
참여의 관계를 보면 대도시 지역 거주자의 78.9%가 투표에 참여한 반
면, 농촌지역의 경우 72.5였다. 이러한 현상은 위의 〈표 12〉에서 보듯
대도시 지역의 투표율 상승과 맥을 같이 하는 것이다. 따라서 투표참
여자 전수조사의 결과가 확정되어야 구체적 결론을 낼 수 있으나 잠
정적으로 대도시 지역의 투표율 증가가 전체적 투표율의 증가로 이어
졌고 이는 대도시 지역 젊은층의 참여확대에 따른 것으로 볼 수 있다

Ⅲ. 신(新)균열구조의 등장과 정당구도의 변화 가능성

그동안 한국의 선거정치과정을 지배해온 가장 강력한 균열구조는
지역주의였다. 후보자와 정당의 정치적 지지를 설명하는 유일변수가
지역주의였다. 이는 정치적 지지가 지역적으로 집중되는 현상으로 지
역주의 정당체계로 이어졌다. 유권자들의 정치적 선택이 모여 어떤
모습으로 나타나는 것이 정당체계라고 한다면 한국의 유권자-정당연
합은 지역주의로 설명될 수 있었다. 하지만 지역주의의 영향력은 시

간이 지나면서 변화하고 그 강도를 달리하게 되었다. 동시에 지역주의의 완화에 따라 이를 대체하거나 또는 이에 부가되는 새로운 균열구조가 등장하기도 하였다.

예를 들면, 세대와 이념이 그것이다. 즉, 세대에 따라 지지하는 정당의 성향이 비교적 뚜렷하게 엇갈리고 있다. 또한 이념적 지향에 따라 정당지지성향이 다르게 나타났던 것이다. 그런데 통상 이념적 성향과 세대는 맞물려 돌아가는 양상을 보이기도 했다. 즉, 젊은 세대일수록 진보적일 가능성이 높은 반면, 기성세대일수록 보수적 양상을 띠는 것이다. 따라서 우리나라의 경우 진보적인 젊은층이 상대적으로 열린우리당에 가까운 성향을 보이고 보수적인 기성세대가 비교적 한나라당에 투표하는 경향으로 이어졌다.

나아가 이번 선거의 경우 세대에 따라 국회의 대통령 탄핵에 대한 평가가 다르게 나타났다. 즉, 젊은 세대일수록 국회의 대통령탄핵을 잘못된 일로 생각하는 경향이 강하였고 기성세대일수록 잘한 일로 받아들이고 있었다.[13] 이는 세대에 따른 정치적 인식의 차이가 상당하다는 것을 말한다. 더불어 계급이라고 까지 하기는 어렵지만 계층적 성격이 나타나는 현상도 주목된다. 즉, 소득수준을 대변하는 주거지역에 따른 상이한 투표행태가 계속되는 것도 앞으로 지역주의의 완화와 함께 그 영향력의 확대가 주목된다고 하겠다.

〈표 13〉을 보면, 각 세대별 이념성향의 분포를 알 수 있다. 20대와 30대의 경우 상대적으로 중도/진보적 성향을 보인다. 40대의 경우는 진보와 보수가 균형을 이룬 가운데 중도적 입장이 강세를 보였다. 반면, 50대 이상의 경우는 중도/보수적 경향이 뚜렷하다. 이는 세대와 이념적 성향의 상관성을 보여 주는 것이다.

〈표 14〉는 세대와 대통령 탄핵의 관계를 보여 준다. 전체적으로 보면, 세대에 따라 탄핵에 반대하는 정도가 다르게 나타나고 있다. 즉,

---

13)『동아일보』, 2004. 3. 21.

〈표 13〉 세대와 이념적 성향
(%)

세대/이념성향	진보	중도	보수
20대	41.6	48.3	10.1
30대	37.8	50.8	11.4
40대	26.1	49.5	24.4
50대 이상	17.1	52.2	30.7

Chi-square=89.209 (p=.000)
주: 기타와 응답거부 등을 제외하여 100%가 되지 않음.
출처: 한국선거학회 17대 총선 유권자 조사.

〈표 14〉 세대와 탄핵에 대한 의견
(%)

세대/탄핵의견	매우 반대	대체로 반대	대체로 찬성	매우 찬성
20대	49.6	32.9	10.5	3.2
30대	45.0	35.5	12.2	1.9
40대	31.4	33.1	23.1	7.4
50대 이상	29.9	27.9	23.7	8.2

Chi-square=100.764 (p=.000)
주: 기타와 응답거부 등을 제외하여 100%가 되지 않음.
출처: 한국선거학회 17대 총선 유권자 조사.

〈표 15〉 이념성향과 정당지지-정당투표
(%)

이념성향/정당지지	한나라당	열린우리당	민주노동당
진보적	6.1	48.7	51.1
중도적	22.6	32.4	41.5
보수적	55.2	18.7	7.4

Chi-square=249.991 (p=.000)
주: 기타와 응답거부 등을 제외하여 100%가 되지 않음.
출처: 한국선거학회 17대 총선 유권자 조사.

젊은 세대일수록 대통령 탄핵에 반대하는 강도가 강해지며 반대로 기성세대일수록 탄핵에 긍정적인 경향을 보이고 있다. 따라서 이번 총선에서 단기적이고 전국적 쟁점으로 부각된 대통령 탄핵이 세대변수와 함께 작용한 것을 알 수 있다. 나아가 앞서 보았듯 탄핵에 대한 평가가 정당선택에 영향을 미쳤고 밑에서 보듯 세대차이가 상이한 정당지지로 이어졌던 것이다.

〈표 15〉는 유권자의 이념적 성향과 정당지지의 관계이다. 유권자들이 본인의 이념성향을 평가한 것과 정당투표에서 정당을 선택하는 것에 뚜렷한 상관성을 볼 수 있다. 즉, 한나라당 지지자의 77.8%는 중도/보수적 이념성향을 가지고 있다. 반면, 열린우리당 지지자의 81.1%는 중도/진보적 성향의 유권자였다. 나아가 민노당 지지자의 절반 이상은 본인을 진보적 이념성향의 소유자로 생각하고 있었다. 이는 유권자의 이념성향이 정당지지와 밀접한 관련을 맺고 있음을 보여주는 것이다.

다음의 〈표 16~18〉은 선거직후에 언론사에 의해 조사된 세대별 정당지지도이다. 조사기관에 따라 다른 양상을 보이기도 하지만 대체로 세대에 따른 상이한 정당지지경향을 볼 수 있다. 그것은 젊은 세대의 상대적 열린우리당 또는 민노당 지지와 기성세대의 한나라당 지지경향이다.

이러한 세대와 정당지지의 상관관계는 이 글에서 사용한 면접조사자료를 통해서도 확인되었다. 즉, 세대에 따라 상이한 정당지지경향이 나타났다. 예를 들면, 한나라당의 경우 지지자의 절반 가까이 (44.2%)가 50대 이상인 반면, 열린우리당의 경우 절반 이상(54.2%)이 20~30대의 젊은층이었다. 민노당의 경우도 마찬가지여서 민노당 지지자의 절반 이상(54.9%)이 젊은 세대였다. 따라서 앞서의 분석을 종합하여 보면, 상대적으로 중도/진보적이며 대통령 탄핵에 반대하는 20~30대의 젊은 층이 열린우리당을 지지한 것으로 해석할 수 있을 것이다. 이런 의미에서 앞으로 지역주의 변수의 영향력 약화를 대신한

〈표 16〉 연령대별 정당지지도 (#1)

(%)

세대/정당	열린우리당	한나라당	민주노동당
20~24	44.4	23.2	21.4
25~29	47.7	16.8	27.3
30~34	48.1	12.7	28.0
35~39	45.3	26.6	21.2
40~44	41.6	21.5	18.6
45~49	36.2	32.0	14.9
50~54	40.9	36.9	8.2
60~	37.8	37.5	5.2

출처: 『한겨레신문』 + 미디어리서치 조사 (2004. 4. 16)

〈표 17〉 연령대별 정당지지도 (#2)

(%)

세대/정당	열린우리당	한나라당
20~24	41.3	38.9
25~29	47.9	26.2
30~34	53.9	24.2
35~39	51.4	28.2
40~44	44.3	36.4
45~49	41.2	37.6
50~54	40.2	38.3
55~59	39.0	38.6
60~64	35.5	44.1
65 이상	29.2	54.9

출처: 『조선일보』, 2004. 4. 22.

새로운 균열구조로 세대와 이념을 주목할 필요가 있을 것이다. 특히 세대와 이념성향은 상호 밀접하게 연결되어 있는 것으로 확인되었다.

  17대 총선을 보면 전체 유권자의 70% 정도가 20대에서 40대가 차지하고 있다. 이들 세대는 상대적으로 중도/진보적 성향을 보이고 있었다. 따라서 지역주의의 영향력이 시간이 지나면서 상대적으로 약화

〈표 18〉 연령대별 정당지지도 (#3)

(%)

세대/정당	열린우리당	한나라당
20 대	73.5	16.2
30 대	68.55	20.1
40 대	63.2	25.8
50 대	46.2	41.5
60대 이상	39.6	44.6

출처: 한국일보 2004. 4. 21.

〈표 19〉 세대와 정당지지─정당투표

(%)

세대/정당지지	한나라당	열린우리당	민주노동당
20대	9.9	23.0	25.7
30대	15.5	31.2	29.2
40대	30.4	20.2	30.6
50대 이상	44.2	25.5	14.6

Chi-square=211.545 (p=.000)
주: 기타와 응답거부 등을 제외하여 100%가 되지 않음.
출처: 한국선거학회 17대 총선 유권자 조사.

된다면 이념적 성향에 따른 정당-유권자 연합의 변화를 전망할 수도 있을 것이다. 물론 이 경우에도 밑에서 논의하듯 지역주의의 영향력이 지배적인 것을 전제로 한 것이다. 이런 의미에서 지역주의를 상당 기간 고정화된 변수로 놓고 여타의 균열구조가 부가되는 양상으로 상당기간 정당체계가 형성될 가능성이 높다고 하겠다.

　하지만 앞서 선거결과를 검토하여 확인하였듯이 정당의 지역주의적 의존도는 여전하였다. 특정지역을 특정정당이 독식하는 경향이 뚜렷하였다. 그럼에도 이전의 선거와는 다른 양상을 보이는 것으로 보이기도 한다. 즉, 지역주의의 강도가 이전선거에 비해 상대적으로 낮아지는 현상이 나타났다는 것이다. 예를 들면 영남지역에서 한나라당

〈표 20〉 지역주의 지수의 비교 ― 2004총선과 역대 국회의원선거

선 거/지 역	4개 선거평균	2000년 선거	2004-지역구	2004-전국구
서 울	3.23	2.51	2.74	3.33
부 산	2.48	2.35	2.33	2.69
대 구	2.84	2.27	2.17	2.23
인 천	3.35	2.75	2.78	3.31
광 주	1.53	1.79	2.34	2.63
대 전	3.23	3.45	3.22	3.49
경기도	3.19	2.80	2.63	3.23
강원도	3.13	3.02	2.91	3.05
충청북도	3.0	3.42	2.7	3.19
충청남도	2.81	3.01	3.43	3.89
전라북도	2.20	2.08	2.2	2.06
전라남도	1.93	1.93	2.72	2.89
경상북도	2.82	2.48	2.73	2.45
경상남도	2.65	2.54	2.83	2.86
제주도	2.81	2.21	2.45	3.03
선거별 지역구 평균	2.82	2.57	2.68*	2.96*

* 2004년 총선의 경우 지역별 선거경쟁도의 평균을 의미.

이 지배적 지위를 차지했지만 열린우리당이 지역구에서 4석을 얻었고 정당투표나 지역구 투표에서 나름대로 선전했다는 것이다. 또한 충청 지역의 열린우리당 지지가 과거와 같은 맹목적 지역주의가 아니라 일정 형태의 이익에 기반한 합리적 차원의 지역주의로 변모했다는 주장까지 이어졌다.[14]

정치적 지지의 지역적 집중현상이라고 이해할 수 있는 지역주의는 다양한 측정수단을 통해서 검증할 수 있다. 예를 들면, 앞서의 분석처럼 권역별 의석수를 사용할 수도 있고 일정지역단위의 정당투표 및 지역구득표율을 사용할 수도 있다. 또한 개인단위를 사용하여 지역주

---

14) 김욱(2004), "17대 총선과 충청권 정치지형의 변화: 지역주의의 약화 및 변화를 중심으로," manuscript.

의적 투표경향을 추론할 수도 있다. 이 경우 특정지역에 대한 거부감
과 투표성향의 상관관계에 주목하는 것이다. 하지만 이 글에서는 정
당 간 선거경쟁의 정도(degree of electoral partisan competition)를
통하여 정치적 지지의 지역적 집중현상을 검토하고자 한다. 즉, Laak-
so와 Taagepara의 공식($1/\Sigma\ pi^{2}$)을 원용하여 정당 간의 선거경쟁의
정도를 측정하고자 하였다.

따라서 Laakso와 Taagepara 지수의 수치가 높을수록 정당 간 선거
경쟁의 정도가 높음을 의미하고 반대로 지수의 수치가 낮은 경우에는
정당 간의 선거경쟁이 상대적으로 낮은 것을 의미한다고 할 수 있다.
후자의 경우 특정 정당의 지배력, 즉 정치적 지지의 동원이 일정 지역
에서 압도적임을 의미하는 것이기도 하다. 한마디로, Laakso와
Taagepara 지수의 수치가 상대적으로 낮은 경우는 특정 정당의 지역
적 기반으로서 기능한다고 할 수 있다. 따라서 LT 지수가 낮으면 지역
주의적 성향이 강화된 것이고, 반대로 LT 지수가 높으면 지역주의적
성향이 약화된 것으로 보아야 한다. 왜냐하면 실질적으로 유의미하게
경쟁하는 정당의 수가 적은 것은 지역주의적 경향이 잔존한 것이고
경쟁정당이 여럿인 경우는 그렇지 않기 때문이다.

위의 〈표 20〉은 지난 네 번의 총선과 직전 총선인 2000년 선거에서
나타난 지역별 정당 간 선거경쟁의 정도를 17대 총선결과와 비교한
것이다. 2004년 총선의 지역구 득표를 기준으로 우선 살펴보면 전국
적으로 나타난 정당 간 선거경쟁의 정도는 지난 4회의 총선평균보다
는 낮지만 2000년 총선의 경우보다는 상대적으로 높게 나타났다. 전
체적으로 보면 큰 변화를 찾기는 어렵다. 전국구의 경우 앞서 언급한
대로 유권자들의 지지가 상대적으로 넓게 분산되는 경향에 비춘다면
정당 간 선거경쟁의 정도가 높게 나타난 것이 당연하다고 하겠다.

이 글에서 사용한 지역주의 측정수단을 통해서 확인할 수 있었던
것은 정치적 지지의 지역적 집중현상은 여전하다는 것이다. 하지만,
권역별로 정당 간 선거경쟁의 정도를 검토하면 시간에 따른 변화와

더불어 이번 총선만의 특이한 양상을 확인할 수 있다. 이러한 변화와 특징은 앞으로 우리나라의 정당정치의 특성을 전망하는 데 유용하게 사용될 수 있기도 하다. 우선, 수도권 지역을 보면 정당투표의 경우 전국평균보다 상대적으로 높게 나타나고 있다. 또한 지역구의 경우보다도 상대적으로 높아 유권자들이 정당투표의 경우 선택의 폭이 넓었다고 할 수 있다. 전체적으로 보면 수도권의 경우 정당 간의 선거경쟁의 정도가 이전 선거와 크게 달라지지 않은 것으로 보인다. 이는 무엇보다도 수도권 지역이 다른 지역에 비해 지역색이 약하고 전국적 쟁점에 따른 선거양상을 보이기 때문일 것이다.

다음으로, 영남권을 보면 부산/경남과 대구/경북의 양상이 다르게 나타났다. 부산의 경우 지역구 단위에서의 정당 간 선거경쟁의 정도는 이전보다 약간 낮아져 그리 큰 변화가 없는 것으로 보였다. 전국구 정당투표의 경우 지역구의 정당 간 선거경쟁의 정도보다 상대적으로 높게 나타났다. 하지만 전국평균의 정당투표보다 낮게 나타나 부산지역의 정당 간 선거경쟁의 정도가 이전과 확연한 차이가 있다고 보기는 어려울 것이다.

하지만 경남지역의 경우는 부산과 다르게 나타났다. 경남지역 지역구 단위의 정당 간 선거경쟁의 정도는 이전보다 상대적으로 높게 나타났다. 굳이 해석한다면 경남지역의 지역주의적 성향이 상대적으로 줄어들었다고 할 수 있다. 경북지역의 경우에도 경남과 마찬가지로 지난 4회 선거의 평균보다 정당 간 선거경쟁의 정도가 낮지만, 지난 2000년 선거보다는 높아져 상대적 의미에서 정당 간 경쟁의 정도가 상승하고 이는 정치적 지지의 특정 정당으로의 지역적 집중이라는 지역주의적 성향이 약해진 것으로 볼 수 있다.

하지만 정당투표의 경우 오히려 정당 간 선거경쟁의 정도가 낮아져 지난 2000년 총선의 상황과 비슷하다. 이는 지역구의 경우 비(非) 한나라당 후보에 투표하더라도 정당투표의 경우 한나라당에 투표하는 경향이 상대적으로 높아진 것에 따른 결과로 보인다. 대구의 경우도 경북과 상황이 비슷하지만 지역주의적 성향이 오히려 강화된 것으로 볼 수 있다. 즉, 지역구와 정당투표 모두 정당 간 선거경쟁의 정도가 낮아져 특정정당의 지배적 지위가 확고해졌음을 의미한다. 영남지역 중에서 대구의 지역주의적 성향이 강화되는 방향으로 진행된 것이다. 전체적으로 보면, 경남지역의 지역주의적 성향이 약화되는 경향을 보여주었으나, 나머지 지역의 정당 간 선거경쟁의 정도는 이전과 비슷하거나 아니면 약화되는 양상을 보여 주었다. 따라서 영남지역의 지역주의적 성향은 거의 변동이 없는 것으로 보아야 할 것이다.

정치적 지지의 지역적 집중이라는 의미에서 볼 때 이번 총선과정을 통해 변화의 양상이 상대적으로 뚜렷하게 나타난 지역은 호남과 충청 지역이다. 호남의 경우 전통적으로 민주당의 기반으로 알려졌으나 이번 총선의 경우 상당히 다른 양상을 보여, 열린우리당이 의석수에서 압도하는 양상이었다. 열린우리당은 광주와 전북을 석권하였고 전남에서도 우위를 점하였다. 하지만 전체의석을 독차지한 광주와 우위를 차지한 전남의 경우 이전과는 다른 양상을 보여 주었다. 바로 이 점이 의석수를 기준으로 정당의 지역주의적 경향을 설명하는 것과 정당 간 선거경쟁의 정도를 사용하여 지역주의의 성격과 양상을 이해하는 것의 차이가 나타난다.

즉, 의석수만을 놓고 보면 열린우리당의 독주양상이다. 하지만 정당 간 선거경쟁의 정도를 기준으로 보면 이전의 호남지역 선거결과와는 판이한 양상이다. 전북지역의 정당 간 선거경쟁의 정도가 광주/전남지역에 비해 상대적으로 낮았다. 광주와 전남지역의 경우 해당지역에서 유의미하게 정치적 경쟁을 벌이는 후보 또는 정당의 수가 대체로 2.0 이하였다. 이는 이 지역에 대한 특정정당의 독점력이 상대적으로 강하다는 것을 말한다. 물론 광주와 전남의 정당 간 선거경쟁의 정도는 전국평균에 못 미치고 있다. 그렇다 하더라도 이 지역에서의 정당 간 선거경쟁의 정도가 이전에 비해 상당한 폭으로 상승한 것은 중대한 변화라고 하겠다. 단순히 수치상으로만 보면 지역주의적 성향이 상당히 완화된 것으로 보이기 때문이다.

하지만 이러한 변화가 앞으로도 계속되어 호남 특히 광주/전남지역의 지역주의적 성향이 약화될 것으로 기대하는 것은 현재로서 어렵다고 하겠다. 왜냐하면 열린우리당과 민주당의 경쟁을 정치엘리트의 분열이라는 관점[15]에서 이해할 때 결국 서로 다른 정당 간의 선거경쟁이 아니고 분열된 정치엘리트 간의 선거경쟁이 되기 때문이다. 따라서 앞으로 다시 정당 간 선거경쟁의 정도가 낮아질 가능성은 상존하며 이 경우 지역주의적 성향은 계속된다고 보아야 할 것이다.

Ⅳ. 결어

지금까지 우리는 지난 4월 15일의 제17대 총선의 과정과 결과를 검토하였다. 특히 이 글은 정당-유권자 연합의 변화에 따른 정당체계의 재편가능성을 지역주의와 관련하여 살펴보았다. 한마디로 정리하면, 영남과 호남의 지역주의적 성향은 이번 총선에서 약간의 변화와 약화현상을 보였지만 전체적으로 보면 이전 선거와 크게 다르지 않다고 볼 수 있다. 이는 앞으로 상당 기간 지역주의적 균열구조가 한국의 선거정치과정에 막강한 영향력을 행사할 것을 말한다.

그럼에도 불구하고 이전에 지역주의에 가려서 보이지 않던 균열구조가 지역주의와 맞물려 일정한 기간 동안 영향을 미치면서 시간이 갈수록 상대적 의미의 영향력을 강화하지 않을까 하는 예상도 가능하다. 이는 유권자의 세대교체현상이다. 즉, 상대적으로 지역주의의 힘에 약한 기성세대가 계속하여 줄어들면서, 새로 유권자로 편입되는 세대의 정향과 경험이 기성세대와 상당히 다르기 때문이다. 이런 의

---

15) 김영태, 2004, "4.15 총선의 정치적 의미─정치지형의 재편문제를 중심으로," manuscript.

미에서 앞서 새로이 주목되는 균열구조로 언급한 세대, 이념 그리고 계층의 영향력이 주목된다.

　보다 현실적으로 한국정당정치의 변화양상을 전망한다면 우선 한 가지 전제가 있어야 한다. 그것은 영남과 호남의 지지정당이 동일할 가능성은 상당히 낮다는 것이다. 따라서 호남의 지지정당과 영남의 지지정당이 같을 수 없다는 것을 전제하면 앞으로 상당 기간 동안 〈보수+영남〉과 〈호남+개혁〉의 정당구도가 진행될 수도 있을 것이다.[16] 나아가 지역주의의 영향력이 더 낮아지게 되면 현재 세대와 계층과 맞물려 돌아가는 이념적 성향에 따라 재편될 것으로 볼 수 있다. 하지만 이는 가까운 시일 내에 가능한 것이라고 보기는 어려울 것이다.

　선거결과로 나타나는 정당체계의 변화는 정치권 내부의 분열에 의해서 발생하기도 한다. 민주당에서 분당하여 창당한 열린우리당의 창당과 이에 따른 선거결과의 변화가 이런 경우에 해당한다. 하지만 보다 근본적인 정당체계의 변화는 선거과정을 통한 유권자의 선택에 의해 이루어지게 된다. 이런 의미에서 정당체계의 변화를 가져오는 정치사회적 균열구조의 역동성을 설명하는 것이 필수적이다. 이는 개인단위에서 측정된 자료를 바탕으로 검증될 수 있다. 반면, 개인단위 자료가 없는 상황에서 집합적으로 표현된 선거결과를 사용하여 정당체제의 변화를 추적하고 앞으로 펼쳐질 정당정치의 방향에 대해서 검토할 수 있을 것이다. 위에서 논의한 것이 바로 정당체계의 변화를 집합적 자료를 사용하여 논의한 것이다. 따라서 앞서의 논의는 개인단위 자료의 사용을 통해 보다 구체적으로 검증되어야 할 것이다.

　마지막으로, 정당 간 선거경쟁의 정도를 통한 지역주의적 성향은 일부지역에서 완화되거나 새로운 형태로 나타나고 있음을 알 수 있었다. 그렇지만 전체적으로 보면 커다란 변화라고 보기는 어렵다. 역

---

16) 이번 선거의 경우 영남 vs. 호남의 지역구도에 탄핵찬성과 탄핵반대의 단기적이고 전국적 쟁점이 부가된 것으로 이해할 수도 있을 것이다.

시 지역주의의 위력은 막강하게 미치고 있었다. 앞으로도 그 영향력
은 약해지더라도 없어지지는 않을 것으로 전망된다. 다만 유권자 분
포의 변화에 따른 유권자의 세대교체에 따라 약화되면서 앞서 언급
한 여타의 균열구조가 지역주의와 맞물려 앞으로 한국의 선거와 정
치과정을 지배할 것으로 보인다.

이상의 논의를 경험적으로 검증하는 작업이 뒤따라야 한다. 그것
은 위에서 논의한 여러 변수들의 상대적 영향력을 검증하는 다변량
분석을 통해서 가능할 것이다. 이를 통해서 우리는 한국유권자의 정
치적 태도와 선택이라는 실체에 보다 가까이 접근할 수 있을 것이다.
이는 앞으로의 연구를 통하여 보완되어야 할 것이다.

■ 참고문헌

김영태. 2004. "4 · 15 총선의 정치적 의미 - 정치지형의 재편문제를 중심으로."
　　manuscript.

김　욱. 2004. "17대 총선과 충청권 정치지형의 변화: 지역주의의 약화 및 변화를
　　중심으로." manuscript.

김종림, 이남영. 1997. "투표자들은 후보자를 어떠허게 선택하는가?" 『의정연구』
　　제3권 1호.

Duverger, M. 1964. "Political Parties: Their Organization and Activity in the
　　Modern State."

Park, M. 2003. "Sub-National Sources of Multipartism in Parliamentary Elec-
　　tions." *Party Politics.* Vol. 9, no. 3.

『동아일보』, 2000. 4. 8.

『동아일보』, 2004. 3. 21.

『연합뉴스』, 2004. 4. 15.

『연합뉴스』, 2004. 5. 2.

『조선일보』, 2004. 4. 20.

『한국일보』, 2004. 4. 14.

『한국일보』, 2004. 4. 21.

http://www.nec.go.kr(검색일: 2004. 5. 24).

제15장

17대 총선의 정치적 의미:
정치지형의 재편문제를 중심으로

김영태

Ⅰ. 글을 시작하며

제17대 국회의원 선거는 민주화 이후 실시된 다른 선거와는 매우 판이한 결과를 보였다. 선거를 5개월여 앞두고 새롭게 창당한 열린우리당이 전체 의석의 과반수를 상회하는 152석을 차지하면서 원내 제1당으로 급부상한 반면, 16대 총선에서 115석을 얻은 바 있던 민주당은 겨우 9석을 얻어 군소 정당으로 몰락했다. 또한 지난 총선에서 전체 의석의 48.2%에 해당하는 133석을 획득해 원내 제1당의 지위를 누렸던 한나라당은, 이번 총선에서 전체 의석 가운데 40.5%에 해당하는 121석을 얻는 데 그쳐 제1당의 자리를 내주고 말았다. 이와 마찬가지로 16대 총선에서 17석을 획득한 자민련은 이번 선거에서 단지 4석만을 얻어 당의 존립자체가 의문시되고 있다. 게다가 진보적 정책정당을 표방하는 민주노동당이 무려 10석을 획득하면서 이번 17대 총선을 통해 처음으로 원내 진출에 성공했다. 이처럼 선거결과만을 놓고 볼 때 이번 선거는 한국의 정치지형에 대변화를 알리는 중대선거(critical election, Key 1955; 1959)라고 보기에 충분하다.[1]

그럼에도 불구하고 이번 선거를 중대선거로 평가하기에는 불충분하다고 여겨지는 징후들도 곳곳에서 발견된다. 예컨대 민주화 이후 한국 선거를 지배해 왔던 지역주의적 균열구조가 이번 선거를 통해 해체되었다고 보기 어렵다. 즉 유권자들의 정당·후보 선택 기준이 이전 선거와 상이한 양상을 보였다고 확신할 만한 근거는 명확하게 나타나지 않았다. 마찬가지로 비록 민주노동당이 새롭게 의회에 진출했다고 하지만, 원내 진출정당의 이념적·정책적 차별성은 그리 크지 않다. 결국 이러한 민주화 이후 역대 선거와 이번 선거의 공통점을 강조하는 경우 이번 선거는 급격하고도 대폭적인 정치지형의 재편을 의미하는 중대선거라기보다 점차적이고도 부분적인 재편이 이루어지는 장기적 재편(secular realignment)의 한 과정이었다고 평가할 수도 있다.

이러한 점을 고려하여 이 글에서는 이번 17대 총선이 한국의 정치지형 변화에 함축하고 있는 의미를 체계적으로 분석해 보고자 한다.[2] 보다 구체적으로 이 글에서는 17대 총선과정과 결과를 선거를 중심으로 정치지형의 변화를 설명하는 일반적인 개념 가운데 하나인 재편 (realignment)과 해체(dealignment)라는 개념을 중심으로 설명해 보고자 한다(Dalton et. al. 1984; Lipset·Rokkan 1967). 여기에서 재편

---

1) 엄밀한 개념적 의미가 고려되기보다 이번 선거의 중요성을 강조하려는 의도에서 사용된 것으로 여겨지지만, 이번 17대 총선을 전후하여 이번 선거가 중대선거가 될 것이라거나 혹은 중대선거였다는 평가는 도처에서 발견할 수 있다.

2) 이 글의 제목인 정치지형의 재편이라는 용어는 일반적인 용어가 아니며, 정당체계의 재편이라는 용어가 보편화되어 있다. 그러나 정당체계의 재편이 일반적인 재편의 의미로서 정당-유권자 연합의 재편보다 정당체계(party system)의 변화에만 주목하는 개념으로 인식될 소지가 있으며, 유권자의 재편성(electoral realignment)이라는 개념은 우리에게 다소 소원하고, 유권자 중심이라는 인상을 심어줄 수 있다. 이러한 점을 고려하여 이 글에서 정당-유권자 연합의 재편을 포괄하는 의미로서 정치지형의 재편이라는 용어를 사용하고자 한다.

성이란 기존의 정당과 유권자 사이의 연합에 중대한 변동이 발생하고, 이에 따라 정당지지층에 중대한 변화가 나타나는 시기를 의미한다. 이와 달리 해체란 문자 그대로 기존의 정당과 유권자 사이의 연합이 약화되는 시기를 의미하며, 이러한 점에서 해체는 재편과정의 첫 번째 단계라고 볼 수 있다. 그러나 기존의 정당과 유권자 연합이 해체된 이후 새로운 정당과 유권자 연합이 형성되지 않을 가능성이 상존하기 때문에 재편이 해체를 완전히 포함하고 있는 개념이라고 보기 어려운 측면이 있다 (Inglehart · Hochstein 1972; Flanagan 1984).

다음으로 정당과 유권자 연합의 재편성은 중대 재편성(critical realignment)과 장기적 재편성으로 구분된다. 앞서 언급한 것처럼 중대 재편성은 급격하고도 전면적인 정당-유권자 연합의 재편성을 의미하는 것으로, 매우 드문 현상으로 간주되고 있다. 이와 달리 장기적 재편성은 부분적이고 점차적인 정당-유권자 연합의 재편성을 의미한다. 이러한 장기적 재편성은 재편성의 유형에 따라 부분적 재편성(sectoral realignment)과 환경적 재편성(ecological realignment)으로 구분할 수 있다 (Flanagan 1984). 부분적 재편성이 하나 혹은 다수 정당에서 정당-유권자의 재편성이 발생하는 현상을 지칭하는 것이라면, 환경적 재편성은 기존의 정당-유권자 연합에는 변동이 발생하지 않았지만 사회계층 구성 등과 같은 정치적 환경의 변화로 야기되는 정당지지도의 변화를 의미한다 (Andersen 1976; Campbell 1960).

여기에서 주목해야 할 사실은 환경적 재편성이 정당이나 후보자와 같은 정치엘리트의 행위와 독립적으로 일어나는 재편이라면, 부분적 재편성은 일반적으로 환경적 재편성의 결과에 정치엘리트들이 반응한 결과로서 나타나는 재편으로 이해되고 있다는 점이다. 즉 보다 많은 유권자들의 지지를 얻으려는 정치엘리트들이 자신의 정치적 입장을 변화시키거나 혹은 새롭게 제기되는 사회적 문제에 적극적으로 대처하는 방식 등을 통해 정당-유권자 연합의 재편이 야기될 수 있으며, 이것이 부분적 재편의 대표적 형태라는 점이다. 정치엘리트에 의해

야기되는 이러한 부분적 재편은 정당체계의 변화 없이 기성 의회정당의 정책우선순위나 이념적 · 정책적 입장의 변화를 통한 의회내적 재편(parliamentary realignment)과 정당체계의 구성 자체가 변화하는 정당체계 재편(party system realignment)으로 분류할 수 있다.

결국 이 글에서 17대 총선과정과 결과를 재편과 해체라는 개념을 중심으로 설명한다는 것은 17대 총선과정에서 나타난 정치지형의 변화를 앞서 언급한 다양한 개념을 중심으로 개념적 유형화를 시도하고, 이를 통해 변화의 내용과 방향 그리고 원인을 보다 체계적으로 이해는 것이라 할 수 있다. 물론 이러한 개념적 유형화를 위해서는 정당-유권자 연합을 측정할 수 있는 경험적 조작화가 필수적인 전제조건이며, 이는 일반적으로 정당일체감(party identification)의 변화로서 설명되어 왔다.

그러나 한국 유권자의 경우 정당일체감을 발전시키고 있지 못하며, 정당일체감의 등가물로 여겨지는 여야성향 역시 1997년 정권교체 이후 안정성을 상실했다는 지적을 고려해 볼 때 정당일체감을 중심으로 한국 사회의 정치지형의 변화를 설명하기에는 어려움이 존재한다(김영태 2001; 박찬욱 1993; 조중빈 1993). 그럼에도 불구하고 미국을 제외한 서구 유럽국가의 경우 정당일체감보다 사회계층 혹은 집단이나, 균열구조(cleavage)를 중심으로 정치지형의 재편 혹은 해체를 설명하고 있다는 점에서 우리의 경우 역시 이를 통한 정치지형의 개념적 유형화가 가능하다고 여겨진다(Lipset · Rokkan 1967; Thomassen 1994).[3]

다른 한편 선거를 중심으로 하는 정치지형의 재편은 관점에 따라

---

3) 정치지형의 변화에 대한 개념적 유형화는 유권자 개인의 투표행태에 관한 미시자료에 기초할 때보다 체계적이고, 과학적이라고 할 수 있다. 이러한 점에서 제한적인 미시자료에 기초한 이 글의 분석은 많은 한계를 내포하고 있다. 따라서 이 글의 분석결과는 추후 보다 심도 깊은 연구가 필수적이다. 다만 17대 총선이 실시된 지 얼마 지나지 않아 총선결과에 대한 미시자료 확보에 어려움이 있었음이 충분히 고려되었으면 한다.

두 가지로 구분할 수 있다. 즉 선거결과로 나타나는 정당득표율의 변화와 같은 정당지지도의 변화를 중심으로 정치지형의 변화는 바라볼 수 있으며, 정당지지구조의 변화, 즉 집단적인 투표행태의 변화를 중심으로 정치지형의 변화를 바라볼 수 있다. 전자의 관점이 강조되는 경우 정당의 재편(party realignment) 혹은 정치엘리트의 재편을, 후자의 관점이 강조되는 경우 유권자의 재편(electoral realignment)을 유형화하고, 설명하는 것이 된다. 물론 정당의 재편과 유권자의 재편은 일반적으로 동시적으로 발생하는 현상이다. 즉 유권자의 재편은 정당의 재편을 수반하는 것이 일반적이다. 그러나 유권자의 재편이 정당의 재편을 수반하지 않는 경우가 있을 수 있으며, 양자가 가지는 정치적 결과가 상이할 수 있다는 점에서 이들의 구분은 필수적이다.[4] 이러한 점을 고려하여 이 글에서는 정당의 재편과 유권자의 재편을 분석적인 차원에서 구분하여 살펴볼 것이다.

　이 글은 크게 세 부분으로 구성되어 있다. 먼저 이 글의 첫 번째 부분에서는 정치엘리트 차원에서 17대 총선에서 나타난 정치지형의 변화가 중대 재편성인지 혹은 장기적 재편성 과정의 한 단계인지, 그리고 장기적인 재편성이라면 어떤 부분에서 나타나는 재편인지 살펴보고자 한다(Ⅱ절). 이를 위해 여기에서는 민주화 이후 역대 국회의원선거에서 나타난 정당득표율과 17대 총선 결과를 비교해 볼 것이다. 다음으로 이 글의 두 번째 부분에서는 유권자 차원에서 17대 총선에서 나타난 정치지형의 변화를 유형화하기 위해 17대 총선과정에서 나타난 정당지지도의 변동을 살펴보는 한편, 17대 총선결과에서 정당균열구조의 변화가 나타나고 있는지를 살펴볼 것이다 (Ⅲ절). 이 글의 마지막 부분인 세 번째 부분에서는 앞서의 정치엘리트 차원과 유권자 차원의 분석결과를 종합하는 한편, 이러한 분석결과가 한국 정치지형

---

4) 예컨대 상쇄적인 유권자의 재편성이 일어나는 경우 정당의 재편성은 수반되지 않는다.

의 변화에 시사하는 바를 정리해 볼 것이다 (Ⅳ절).

Ⅱ. 17대 총선과 정당지지의 재편성 — 역대 총선결과 비교

이번 17대 국회의원 선거는 민주화 이후 역대 국회의원 선거와 선거결과만을 단순 비교할 때 매우 상이한 결과를 보여준다. 서두에서 살펴본 지역구 선거결과가 결정적인 비중을 차지하는 정당별 의석률 뿐만 아니라, 이번 선거에서 처음으로 실시된 비례대표 정당투표에서도 열린우리당은 38.3%로 가장 높은 정당지지율을 기록했으며, 의회에 처음으로 진입한 민주노동당 역시 13.0%라는 높은 지지를 얻었다. 반면 지난 16대 총선결과 원내 제2당이었던 민주당은 7.1%에 불과한 지지를 받았으며, 자민련에 대한 지지 역시 2.8%에 불과했다. 비록 한나라당의 경우 의석수나 지지율에서 커다란 차이를 보이고 있지 않지만, 지난 16대 총선과 완전히 판이하게 나타난 이번 선거의 정당지지도를 고려할 경우 외면적으로는 이번 17대 총선을 통해 한국의 정치지형이 중대 재편성 되었다고 볼 수도 있다.

그럼에도 불구하고 이번 17대 총선에 대한 이러한 평가는 한국 정당정치의 특수성이 충분히 고려되지 못한 것이라는 비판을 면하기 어렵다. 즉 한국의 정당정치는 안정적인 정당체계를 유지했다기보다 특정 정치지도자를 중심으로 이합집산을 거듭해 왔다는 것이다. 이러한 점은 동일한 이름을 가진 정당이 연속적인 선거를 치른 경우는 자민련(15대~17대)과 한나라당(16~17대), 새천년민주당(16~17대)에 불과하다는 점에서 잘 확인된다. 따라서 17대 총선이 가지는 정치적 의미를 보다 정확히 파악하기 위해서는 정당명에 따른 정당지지도를 단순 비교해서는 곤란할 것이다.

이러한 점을 고려하여 각 정당의 정치엘리트적 연속성을 기준으로 민주화 이후 역대 국회의원 선거결과를 비교해 보면 가장 먼저 눈에

〈표 1〉 민주화 이후 역대 국회의원선거 주요 정당 득표율

선거	정당득표율*				
13대	민정당	통일민주당	평민당	공화당	
(1988년)	34.0%	23.8%	19.3%	15.3%	
14대	민자당	민주당	국민당		
(1992년)	38.5%	29.2%	17.4%		
15대	신한국당	국민회의	자민련	(통합)민주당	
(1996년)	34.5%	25.3%	16.2%	11.2%	
16대	한나라당	새천년민주당	자민련		
(2000년)	39.0%	35.9%	9.8%		
17대 (2004년)	한나라당	열린우리당	새천년민주당	자민련	민노당
지역구	37.9%	41.9%	7.9%	2.6%	4.3%
비례	35.8%	38.3%	7.1%	2.8%	13.0%

* 13대~16대: 지역구 득표율
자료: 중앙선거관리위원회

띄는 점은 민주화이후 역대 선거에서 대단히 미미한 수준의 지지율을 기록했던 민노당이 이번 비례대표 선거에서 무려 13.0%의 지지율을 기록했으며, 지역구 투표에서도 5%에 육박하는 4.3%의 지지를 받았다는 사실이다(〈표 1〉 참고). 이와 대조적으로 자민련의 경우 15대 총선이후 지지도가 지속적으로 감소했다. 즉, 13대와 15대 총선에서 각각 15.3%와 16.2%라는 지지율을 기록했던 자민련은 16대 총선에서 9.8%로 지지율이 감소했으며, 이번 17대 총선에서는 지역구 2.6%, 비례대표 2.8%라는 저조한 득표율을 기록했다.

다음으로 한나라당의 경우 이번 총선에서 지역구 득표율을 기준으로 본다면 지난 16대 총선에 비해 1.1% 낮은 37.9%, 비례대표를 기준으로 본다면 3.2% 낮은 35.8%의 지지를 얻었다. 따라서 한나라당의 경우 정당지지도가 크게 변화했다고 보기는 어려울 것 같다.

마지막으로 열린우리당이 새천년 민주당으로부터 분리되어 만들어진 정당이라는 점을 고려하여 이번 17대 선거에서 열린우리당과 새천년 민주당이 얻은 득표율을 지난 16대 총선의 새천년 민주당의 지지

율과 비교하는 경우 지역구 득표율을 기준으로 할 경우 13.9% (35.9% →49.8%), 비례대표 정당투표 득표율을 기준으로 할 경우 9.5% (35.9%→45.4%)의 지지율 상승을 확인할 수 있다.

그러나 여기에서 주목해야 할 사실은 16대 총선에서 새천년 민주당이 얻은 지지율이 새천년 민주당의 전신이라고 볼 수 있는 국민회의가 15대 총선에서 얻은 지지율에 비해 10.6% 상승한 바 있으며, 13대 평민당의 지지율과 14대 민주당의 지지율 역시 약 10% 정도의 차이를 보이고 있다는 점이다. 따라서 이번 선거에서 열린우리당과 민주당이 얻은 지지율 변화를 너무 과장되게 해석하기보다는 평민당에서 열린우리당-민주당에 이르는 지지도 상승경향에 보다 주목해야 할 것이다.

결국 지금까지의 분석결과를 종합해 볼 때 이번 17대 총선을 통해 정당득표율을 기준으로 볼 때 한국의 정치지형은 중대 재편성이 이루어졌다기보다, 지난 선거에서 지속되어 온 장기적 재편의 한 단계였다고 평가할 수 있다. 보다 정확히 이번 선거에서는 역대 선거에서 나타난 열린우리당-민주당의 지지도 상승과 자민련의 지지도 하락 경향이 지속된 반면, 한나라당의 지지율에서는 재편 현상이 일어나지 않은 부분적 재편의 지속이었다고 볼 수 있다. 물론 여기에 민노당의 지지율 급상승을 함께 고려할 경우 이번 선거에서 나타난 부분적 재편의 정도가 상당히 강했음은 부인할 수 없는 사실이다. 그러나 독일에서 녹색당의 의회진출을 중대 재편성으로 보지 않는다는 점을 고려할 때, 이것이 이번 선거가 부분적 재편이었다는 평가가 잘못되었다는 것을 시사하는 것은 아니라고 볼 수 있다.

물론 이번 17대 총선에 대한 이러한 평가는 앞서 언급한 것처럼 열린우리당과 민주당의 분당이 역대 선거에서 나타난 정당의 이합집산과 맥락을 같이한다는 점을 전제로 한다. 이러한 점에서 김대중을 정점으로 하는 민주당과 이번 선거과정에서 새롭게 창당된 열린우리당은 정치엘리트적 연속성이 상이하며, 따라서 열린우리당과 민주당을 연속선상에 있는 정당으로 바라보는 시각은 잘못되었다는 비판이 있을 수 있다. 그러나 이합집산을 거듭하고, 정당지도자가 수차례 바뀐 민정당→민자당→신한국당→한나라당을 정치엘리트적 관점에서 연속선상에 있는 정당으로 바라보는 것이 일반적이라는 점을 고려한다면 이는 커다란 문제가 되지 않을 것으로 여겨진다. 게다가 이러한 한나라당의 정치엘리트적 연속성을 부정하는 경우 이번 17대 선거보다 지난 14대 총선에서 나타난 선거결과가 훨씬 더 급격한 정치지형의 변화를 가져왔다고 볼 수 있지만, 14대 총선을 중대선거로 평가하지 않는다는 점을 염두에 둘 필요가 있겠다.[5]

　다른 한편 비록 열린우리당이 민주당에서 분당한 일부 정치엘리트들에 의해 형성된 정당이라 할지라도 이념적·정책적 정체성이 상이하다는 주장이 있을 수 있다. 즉 민주당의 분당은 정치적 입장을 달리하는 정치엘리트의 재편으로 볼 수 있으며, 따라서 이전 선거과정에서 나타난 정치엘리트의 이합집산과 동일시해서는 안 된다는 주장이 제기될 수 있다. 그러나 17대 총선을 앞두고 경실련이 6대 분야 119개 정책질의에 대한 각 당의 응답을 비교 분석한 결과에 따르면 민주당과 열린우리당은 70개 정책에서 동일한 응답을 한 것으로 나타나, 17대 총선참여 주요 정당 가운데 가장 정책적 일치도가 높은 것으로 나타났다(경실련 「17대 총선 정당정책평가」 참고). 이와 마찬가지로 KBS가 정당정책비교프로그램의 준비를 위해 실시한 정책질의에 대한 응답에서나, 각 당 정책 담당자의 정치적 입장을 토대로 한 경향신문(2004. 4. 5)의 각 당 정책비교 결과에서나 민주당과 열린우리당 사이에 정책적·이념적 차이는 거의 없는 것으로 확인되었다. 이러한 점

---

5) 물론 14대 총선이 13대 총선에 이은 또 다른 중대선거가 될 가능성이 있었다. 즉 14대 총선이 중대선거로 평가받지 못한 것은 이어지는 15대 총선결과에 따르는 정치지형이 13대 총선에 따른 정치지형과 유사했기 때문이다. 이러한 점에서 14대 총선에서 나타난 정치지형의 변화는 정치엘리트의 이합집산에 따르는 일시적 재편이었다고 볼 수 있다.

에서 민주당과 열린우리당의 분당이 역대 선거에서 나타난 정치엘리트들의 이합집산과 질적으로 상이하다고 보기는 어려울 것 같다.[6]

III. 17대 총선과 유권자 지지구조의 재편성

1. 17대 총선과 탄핵이슈 재편—17대 총선 정당지지도를 중심으로

이번 17대 총선결과와 관련하여 가장 일반적인 견해 가운데 하나는 탄핵이슈가 이번 선거의 판도를 결정짓는 가장 중요한 요인이었다는 주장이다.[7] 실제로 탄핵소추안 가결이후 실시된 언론의 각종 여론조사 결과에 따르면 탄핵소추안 가결이후 열린우리당의 지지율이 급격히 증대했다는 것은 익히 잘 알려진 사실이다. 또한 17대 총선을 전후해 실시된 언론의 여론조사 결과 역시 유권자들이 이번 총선에서 지지후보 결정에 가장 중요한 영향을 주었던 사안으로 대통령의 탄핵안 가결을 꼽고 있다는 것이 잘 드러난다(동아일보, 2004.4.12; 한겨레신문 2004.4.19). 이러한 점에서 탄핵소추안 가결이 유권자의 투표선택과 밀접한 연관이 있다는 것은 부인할 수 없을 것이다. 또한 여기에서 한 걸음 더 나아가 이번 선거가 탄핵이슈를 둘러싼 (민주-반민주의 혹은 개혁-반개혁의) 대결구도로 한국의 정치지형이 재편되었다는 주장이 가능할 수 있다.

---

6) 물론 이것이 유권자들이 열린 우리당을 민주당에 비해 상대적으로 진보적이고 개혁적으로 판단할 수 있다는 점을 부정하지 않는다. 여기에서는 단지 정치엘리트 수준에서 양당의 이념적·정책적 차별성이 크지 않다는 점이 강조될 뿐이다.

7) 탄핵이슈가 이번 선거의 가장 주요한 결정요인이라고 주장하지는 않지만, 이번 선거에서 탄핵이슈가 매우 중요한 의미를 차지했다는 연구결과가 이미 보고되고 있다 (강원택, 2004; 조성대, 2004).

〈그림 1〉 17대 총선과정에서 나타난 정당지지율 변화

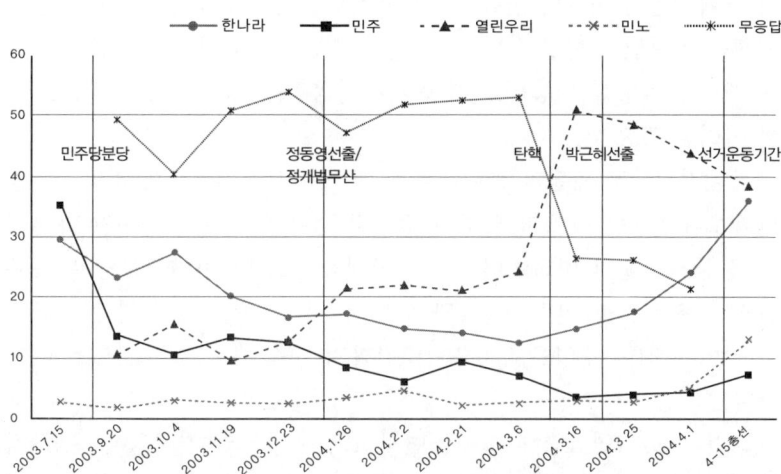

* 조사시점이 동일한 간격으로 이루어져 있지 않음에 유의해야 함.
  자료: 한겨레-리서치플러스, 4 · 15총선=중앙선관위

　그러나 〈그림 1〉에 제시된 탄핵소추안 가결을 전후한 정당지지율의 변화를 보다 살펴보면 이는 다소 과장된 주장이라는 것을 확인할 수 있다. 보다 구체적으로 탄핵안 가결이후 정당지지율의 변화를 살펴보면 한나라당의 지지율은 탄핵안 가결전 조사에 비해 지지도가 오차범위 내에서 상승한 것으로, 그리고 민주당의 지지도는 오차범위 내에서 하락한 것으로 나타나, 탄핵소추안 가결전후 양당의 지지도는 커다란 변화가 나타나지 않는다는 것을 알 수 있다. 이와 대조적으로 열린우리당의 지지율은 탄핵소추안 가결이후 두 배가 넘게 급격히 상승하며, 무응답층의 비율은 탄핵안 가결이전의 절반 수준으로 감소한다. 물론 탄핵소추안 가결이후 지지정당을 바꾼 유권자가 상당수일 가능성을 배제할 수 없지만, 열린우리당의 지지증대는 다른 무엇보다 부동층이라고 할 수 있는 무응답층 가운데 다수가 탄핵소추안 가결이

후 열린우리당을 지지하기로 결정했기 때문이라고 볼 수 있다. 따라서 탄핵쟁점은 이슈나 인물 등 단기적 투표결정요인에 민감한 부동층에게는 커다란 영향을 주었지만, 정당지지구조의 재편과 밀접한 연관을 맺는 고정층의 이동에도 부동층에 상응하는 영향을 주었다고 보기는 어려울 것 같다.

정당지지구조 재편과 관련하여 탄핵소추안 가결전후의 정당지지율 변화보다 〈그림 1〉에서 오히려 주목할 점은 먼저 탄핵소추안 가결이전 정당지지율의 변화이다. 보다 구체적으로 민주당의 분당은 기존 민주당 지지층을 열린우리당과 민주당 지지층으로 완전히 양분화시켰으며, 이러한 경향은 2003년 12월까지 지속되고 있는 것으로 나타난다.

그러나 2004년 1월에 접어들면서 열린우리당의 지지율은 분당 직후 시점에 비해 두 배 가까이 증대하지만, 이와 상반되게 민주당의 지지율은 크게 감소한다—특히 탄핵안 가결이전인 2월 2일 조사나 3월 6일 조사에서 민주당의 지지율이 각각 6.0%와 6.9%에 불과했다는 것은 주목할 만하다. 이러한 열린우리당의 지지도 증가와 민주당 지지도의 감소는 열린우리당의 정동영 의장 선출이나 민주당과 한나라당의 공조를 통한 정치개혁법의 무산 등에 커다란 영향을 받은 것으로 여겨진다. 아무튼 기존 민주당 고정층의 지지정당 결정은 탄핵쟁점이 부각되기 훨씬 전에 이루어졌다고 볼 수 있을 것 같다.

한편 〈그림 1〉에서 간과할 수 없는 또 다른 홍미로운 점은 한나라당의 경우 탄핵소추안 가결이후 혹은 보다 정확히 17대 총선이 임박한 시점에 지지도가 급격히 상승한 반면, 민주당의 지지도 상승폭은 그리 크지 않다는 점이다. 이에 관해서는 여러 가지 해석이 가능하겠지만, 다른 무엇보다 한나라당 지지자들의 경우 지역정당에 대한 지지를 통한 실리와 "부패정당" 지지라는 오명 사이의 괴리를 박근혜 대표의 선출이라는 명분과 함께 극복했다고 불 수 있다. 이와 달리 기존 민주당 지지층의 경우 명분에서나 실리에서나—탄핵안 가결이전부터—민주당을 선택해야할 이유가 많지 않았다. 게다가 탄핵소추안 가결은 "의리"와 "정치개혁"이라는 명분 사이에 갈등하는 기존 민주당지지 부동층에게는 보다 확실한 명분을, 그리고 "의리"라는 명분과 집권당 지지를 통한 실리 사이에 갈등하는 부동층에게는 새로운 명분과 실리를, 지역정당의 지지를 통한 실리와 명분 사이에 갈등하는 부동층에게는 대세를 통한 실리와 명분을 제공해 주었다. 이러한 점에서 한나라당과 달리 민주당의 지지율이 크게 상승할 가능성은 크지 않았다고 볼 수 있다.

결국 지금까지 분석한 결과를 종합해 보면 17대 총선과정에서 나타난 정당지지율의 변화는 기존 민주당지지 부동층의 경우 탄핵이슈에 크게 영향을 받아 정당지지를 결정한 것으로 여겨지지만, 다른 유권자층의 지지정당선택은 탄핵이슈에 크게 영향을 받지 않은 것으로 여겨진다. 이러한 점에서 이번 17대 총선이 탄핵이슈를 정점으로 하는 정치지형의 재편이었다고 평가하기는 어려울 것 같다.

2. 17대 총선과 균열구조의 변동

민주화이후 역대 선거결과가 지역주의적 균열구조에 기반하고 있다는 것은 익히 잘 알려져 있다(강원택 2003; 김영태 2003; 이갑윤 1997; 조기숙 2000). 즉 미시적 차원의 투표결정 요인에 대해서는 논란이 있지만, 지난 선거결과에 따르면 지역적으로 특정 정당을 압도적으로 지지하는 현상이 반복적으로 나타난다는 것이다. 따라서 지역적 정당지지구조에 변동이 생긴다면 유권자 차원에서 정치지형이 재편되었다고 볼 수 있다.

이러한 점을 확인하기 위해 〈표 2〉에 제시된 지역별 17대 총선 비례대표 정당투표 결과를 살펴보면 먼저 한나라당의 경우 영남 지역에서는 51.3%라는 높은 득표율을 기록하지만, 호남지역에서는 불과 2.8%의 지지를 얻는 데 그쳤다는 것을 알 수 있다. 특히 대구·경북

〈표 2〉 17대 총선 지역별 비례대표 정당투표 결과

(%)

		한나라당	민주당	열린우리당	자민련	민노당
전체		35.8	7.1	38.3	2.8	13.0
수도권	서울	36.7	8.4	37.7	2.1	12.6
	인천	34.6	5.4	39.5	2.2	15.3
	경기	35.4	6.1	40.2	2.0	13.5
	소계	35.6	7.0	38.6	2.1	13.1
충청	대전	24.3	3.1	43.8	14.5	11.8
	충북	30.3	2.2	44.7	6.3	13.1
	충남	21.2	2.8	38.0	23.8	10.5
	소계	24.5	2.7	41.1	15.3	11.5
호남	광주	1.8	31.1	51.6	0.4	13.1
	전북	3.4	13.6	67.3	1.0	11.2
	전남	2.9	33.8	46.7	1.0	11.2
	소계	2.8	25.4	54.3	0.8	11.5
영남	부산	49.4	1.9	33.7	0.7	12.0
	대구	62.1	1.1	22.3	0.8	11.6
	울산	36.4	1.5	31.2	0.8	21.9
	경북	58.3	1.4	23.0	1.2	12.0
	경남	47.3	1.4	31.7	0.8	15.8
	소계	51.3	1.5	28.2	0.8	13.4
기타	강원	40.6	3.5	46.0	1.1	12.8
	제주	30.8	5.1	46.0	1.1	14.1
	소계	37.3	3.8	39.4	1.3	12.9

자료: 중앙선거관리위원회

〈표 3〉 16대 총선 지역별 지역구 정당득표 결과

(%)

	수도권	충청	호남	영남	전체
한나라당	41.4	23.2	3.7	62.5	39.0
민주당	42.9	30.0	66.8	14.6	35.9
자민련	8.6	39.2	2.0	7.3	9.8
민노당	1.1	0.9	0	2.4	1.2

자료: 중앙선거관리위원회

지역의 한나라당 지지율은 각각 62.1%와 58.3%로 한나라당의 전국득
표율(35.8%)을 무려 25% 정도 상회하는 지지를 얻었다. 이와 달리 민
주당은 25.4%의 지지율을 기록한 호남지역을 제외하고 다른 모든 지
역에서는 10% 이하의 지지를 얻는 데 그쳐, 민주당의 지지가 호남지
역에 한정되어 있는 것으로 나타난다. 게다가 호남지역의 민주당 지
지를 광역행정 단위별로 보다 세분화하여 살펴보는 경우 전북지역의
민주당 지지는 13.6%에 불과한 반면, 광주·전남 지역의 민주당 득표
율은 각각 31.1%와 33.8%인 것으로 나타나, 광주·전남 지역이 민주
당의 주요한 지지기반이었다는 것을 알 수 있다.

자민련의 지역적 편중 현상은 앞서 살펴본 민주당이나 한나라당에
비해 훨씬 더 심각하다. 보다 구체적으로 자민련은 충남과 대전에서
각각 23.8%와 14.5%의 득표율을 기록한 것을 제외하면, 충북에서 유
일하게 6.3%의 지지율을 기록했을 뿐 나머지 지역에서는 0.8%에서
2.1%에 불과한 지지를 얻는 데 그쳤다. 열린 우리당의 지역별 지지도
역시 예외가 아니다. 영남과 호남에서 얻은 득표율의 격차가 비록 한
나라당에 비해 크지는 않지만, 열린 우리당의 영·호남 지지율 격차
역시 무려 26%에 달하며, 67.3%의 지지율을 기록한 전북지역의 열린
우리당 지지율은 광역단위를 기준으로 할 경우 전국 최고 수준이다.
결국 지금까지 살펴본 결과를 종합해 볼 때 이번 선거에서 역시 지역
적 균열구조가 사라지지 않았다고 볼 수 있다. 다만 민노당의 경우 울
산을 제외하고 전국적으로 고른 지지를 얻었다는 점에서 예외적이라
고 볼 수 있다.

한편 이번 17대 총선 지역별 결과를 지난 16대 총선의 지역별 결과
와 비교해 보면 먼저 충청지역의 경우 양 선거에서 한나라당의 지지
도는 거의 유사하다(〈표 2, 3〉참고).[8] 이와 달리 지난 16대 충청지역

---

8) 양대 선거의 지역구 득표율을 비교하는 것이 보다 바람직할 수 있다. 그러나
   17대 총선에서 나타난 지역구 득표율과 정당투표 득표율의 차이가 그리 크지

총선에서 34.8%로 가장 높은 지지를 받았던 자민련의 지지율은 이번 선거에서 15.3%에 불과하다. 이에 반해 충청지역의 16대 총선 민주당 지지율이 30.0%로 나타났던 점을 고려한다면, 41.1%에 달하는 이번 17대 총선의 열린우리당 지지율은 상대적으로 높은 수준이라고 할 수 있다. 결국 이를 종합하면 전통적으로 자민련의 텃밭으로 여겨져온 충청지역의 경우 지난 16대 총선에서 형성된 자민련-민주-한나라 3당 구도가 등장한 것에 이어, 이번 17대 총선에서는 열린우리-한나라-자민련의 구도로 정치지형이 변화함으로써 더 이상 충청지역이 자민련의 텃밭이 아니라는 것이다.[9]

다음으로 호남지역의 경우 지난 16대 총선에서는 민주당이 66.8%라는 압도적인 지지를 얻은 것을 제외하면, 다른 정당의 지지율은 대단히 미미한 수준이었다. 이와 달리 호남지역의 이번 17대 총선결과는 열린우리당과 민주당의 1강 1중의 지지구도를 보여 준다. 이러한 점에서 외견상 호남 유권자의 지지구도는 이번 선거에서 크게 변화했다고 볼 수 있다. 그러나 앞서 살펴본 것처럼 열린우리당과 민주당이 유사한 정치엘리트의 재편성이라는 점을 감안한다면 양당이 얻은 지지율 증가는 무시하진 못하더라도, 이러한 변화를 너무 과장할 필요는 없을 것 같다. 물론 이번 17대 총선결과에 비추어 볼 때 호남의 지역주의가 더 이상 지역출신 정치지도자나 그가 속한 정당(후보자)에 대한 지지가 아니라는 사실은 매우 중요한 의미를 갖는다. 그러나 영남지역의 경우 이미 오래 전에 이러한 변화를 경험했다는 점을 염두에 둘 필요가 있다.

않고, 정당투표율이 정당지지율은 더 잘 보여준다는 점을 감안한다면 16대 총선의 지역구 득표율과 17대 총선의 정당득표율을 비교하는 것이 커다란 무리가 되지는 않을 것이다.

9) 이러한 충청지역 정당지지구도의 변화는 지난 16대 대선과 이번 선거에서 커다란 쟁점이었던 지역발전 이슈(행정수도이전공약)를 통한 재편이라고 볼 수 있다(김욱 2003).

마지막으로 영남지역의 16대 총선과 17대 총선의 선거결과를 비교해 보면 한나라당에 대한 지지율이 다소 감소했음을 알 수 있다. 특히 지난 16대 총선에서 한나라당에 대해 60.3%의 지지율을 보였던 부산지역에서 한나라당이 얻은 지지율은 지역구 투표를 기준으로 할 경우 52.5%, 비례대표 정당투표를 기준으로 할 경우 49.4%로 나타나 약 10%정도 지지도가 하락한 것으로 나타난다.

이와 달리 지난 16대 총선에서 민주당이 영남지역에서 얻은 지지율이 14.6%에 불과했던 반면, 이번 총선에서 나타난 열린우리당의 영남지역 지지율은 28.2%에 달한다. 이러한 점에서 영남지역에서 역시 지지구도의 변화가 나타난다고 볼 수 있다. 다만 한나라당에 대한 지지율 변화가 아직까지 그리 크지 않고, 경북지역의 경우 한나라당에 대한 지지가 오히려 강화되었다는 점, 그리고 열린우리당에 대한 지지가 노무현 대통령의 출신지역인 부산·경남지역에서 상대적으로 높게 나타나고 있다는 점 등을 영남 지역주의의 약화와 관련하여 주목해야 할 것 같다.

다른 한편 이번 17대 총선 과정에서 지역균열의 문제와 함께 주목받았던 정치적 균열구조는 소위 세대균열이다. 즉 한나라당이나 민주당의 경우 50대 이상의 고연령층에서 상대적으로 높은 지지를 받은 반면, 열린우리당의 경우 20~30대의 젊은 연령층에서 상대적으로 높은 지지를 얻었다는 것이다. 이번 선거에서 나타난 연령대별 정당지지율에 관한 미시자료가 부재한 현실에서 정확한 판단은 어렵지만, 총선전 실시된 각종 여론조사 결과는 이를 뒷받침해준다.

예컨대 지난 2004년 2월에 실시된 한국사회과학데이터센터의 조사결과에 따르면 무응답층을 제외하는 경우 한나라당은 50대 이상 응답자에게서 36.0%의 지지를 얻어, 전체 응답자의 지지율(26.6%)을 훨씬 상회하는 지지를 받고 있는 것으로 나타난다(〈표 4〉 참고). 이와 달리 열린우리당의 경우 50대 이상 연령층에서는 20.8%의 지지를 얻는 데 그쳤지만, 20대와 30대 연령층에서는 각각 36.9%와 37.7%의 지지율

〈표 4〉 연령대별 정당지지율 비교

(%)

		20대	30대	40대	50대 이상	전체
17대 총선	한나라당	21.3	21.3	27.5	36.0	26.6
	민주당	20.5	17.2	14.7	23.2	19.0
	열린우리당	36.9	37.7	38.5	20.8	33.3
16대 총선	한나라당	44.7	43.2	40.5	44.9	43.4
	민주당	30.3	32.9	35.7	32.4	32.8
	자민련	7.2	4.2	7.0	6.3	6.1
16대 대선	이회창	24.6	32.6	44.8	48.5	38.4
	노무현	67.6	61.1	48.5	48.5	55.9
15대 대선	이회창	30.4	33.5	41.7	43.2	37.0
	김대중	39.8	39.3	38.9	45.5	41.1
	이인제	22.1	20.7	17.6	9.7	17.4

*기타/무응답 생략
자료: 한국사회과학데이터센터 선거 조사 및 노무현 대통령 취임1주년 조사

을 획득한 것으로 나타났다.

그러나 이러한 연령대별 정당지지구조는 이미 지난 16대 대선과정
에서도 나타난 것으로 확인되었다. 게다가 〈표 4〉에 제시된 것처럼
비록 15대 총선에서는 연령대별 정당지지의 상이성이 나타나지 않지
만, 15대 대선에서 이회창 후보가 연령대가 높아질수록 상대적으로
더 많은 지지를 받았다는 사실에 주목할 필요가 있다. 즉 연령대별로
상이한 정당지지구조는 이미 지난 1996년 대선에서부터 나타나기 시
작했으며, 16대 대선과 17대 총선을 거치면서 증폭되었다는 점이다.
따라서 연령층과 결합된 유권자의 재편성은 최근의 나타난 결과라기
보다 이미 오래 전에 재편성의 조짐이 형성되고 있었다고 볼 수 있다.

특히 연령대별 유권자의 재편성과 관련하여 주목해야 할 점은 매
선거에서 새롭게 유권자층으로 흡수되는 20대 초반 연령층에서 한나
라당의 지지율이 낮아지고 있다는 점이다. 물론 위에 제시된 자료로
이를 확인하기에는 다소 무리가 따르지만 16대 총선과 17대 총선에서
나타난 한나라당에 대한 20대의 상대적 지지도(20대 지지율/정당지

지율)를 비교하거나, 혹은 15대 대선과 16대 대선에서 이회창 후보에 대한 20대의 상대적 지지도를 비교할 때 20대의 상대적 지지도가 약화되고 있다는 점은 이러한 추론이 가능하다는 것을 시사해준다. 즉 익히 알려진 것처럼 한나라당이나 이회창 후보의 경우—이번 총선에서 민주당을 포함하여—환경적 변화에 적절히 대처하지 못함으로써 새로운 유권자층을 견인하는 데 실패했지만, 열린우리당이나 노무현 후보의 경우 환경적 변화에 능동적으로 대처한 결과 새로운 유권자층을 견인하는데 성공했다는 것이다. 이는 소위 "386세대"라 불리우는 현재 30대 말~40대 초반 연령층의 상대적으로 강한 "반한나라당 정서"가 새로운 유권자층의 "열린우리당 정서"와 결합함으로써 최근 선거에서 연령 혹은 세대균열의 양상이 강화되고 있다는 점을 시사해 주는 것이다. 다시 말해 역대 선거에서 별 다른 의미를 확보하지 못했던 세대균열이 환경적 재편에 따라 커다란 의미를 부여받은 것이라고 볼 수 있다. 또한 최근 논란이 되는 이념균열의 등장 역시 이러한 맥락에서 이해할 수 있겠다.

IV. 글을 마치며

지금까지 민주화이후 지금까지의 총선결과를 중심으로 정치지형의 변화를 살펴보았다. 이에 따르면 이번 17대 총선과정에서 나타난 정치지형의 변화는 이 글의 서두에서 설명한 개념을 중심으로 다음과 같이 유형화할 수 있겠다.

먼저 17대 총선에서 나타난 정치지형의 변화는 해체라기보다 재편이라고 평가할 수 있다. 이번 총선결과에 대한 미시자료를 확보하지 못한 결과로 이에 대한 심층적인 분석이 이 글에서는 불가능하였지만 이번 선거의 투표율(60.6%)이 지난 15대 총선의 투표율(57.2%)에 비해 다소 상승했다는 사실, 각종 여론조사에서 나타난 부동층의 비율이 지난 총선 당시와 유사한 수준을 보였다는 사실, 이번 선거에서 주요 정당이 얻은 지지율이 지난 선거와 크게 차이를 보이지 않는다는 사실 등은 이러한 결론을 뒷받침해준다. 다만 이번 선거에서 시점에 따라 각 정당의 지지율이 큰 폭으로 변화했다는 점은 유동층이 크게 증가했을 것이라는 짐작을 가능케 하며, 이 경우 재편과 함께 해체가 동시에 나타나고 있는 것으로 볼 수 있다. 따라서 미시적 자료에 기초한 이에 대한 심층적인 분석이 요구된다.

두 번째로 17대 총선에서 나타난 정치지형의 변화는 전면적이고 급격한 중대 재편이라기보다 장기적 재편이라고 볼 수 있다. 이러한 유형화는 앞서 살펴본 것처럼 한나라당의 지지도가 크게 변화하고 있지 않았다는 점, 민주당과 열린 우리당의 분당에 대해 정치엘리트 차원의 분열 이상의 의미를 부여하지 않을 경우 민주-열린우리당의 지속적인 지지도 상승 경향, 자민련의 지속적인 지지도 하락경향 등에 의해 뒷받침된다. 또한 17대 총선결과가 탄핵이슈를 통한 재편으로 보기 어려운 점이나 지역균열구조의 지속 등도 이러한 유형화를 지지해준다. 다만 민주노동당의 급격한 지지율 상승과 이를 통한 의회진출은 기존 선거에서 발견할 수 없는 새로운 특징이라고 볼 수 있다. 그러나 정당지지율에서나 의석수에서 민노당이 차지하는 비중을 고려해볼 때 이것이 중대 재편의 근거라고 주장하기는 어려울 것 같다.

세 번째로 17대 총선에서 나타난 정치지형의 변화는 정당 지지도에서나 정당지지구조 모두에서 한나라당에서는 재편 현상이 나타나지 않지만, 다른 정당에서는 재편현상이 나타나는 부분적 재편이라고 볼 수 있다. 이와 관련하여 주목할 만한 점은 새로운 유권자층의 유입이라는 유권자의 환경적 재편성에 적절히 대응하지 못한 결과 한나라당의 기존 지지층은 유지되면서도 전체적인 정당지지도는 하락하였다는 사실이다. 이와 달리 열린 우리당의 경우 환경적 재편성에 능동적으로 대처함으로써 기존 지지층을 넘어서는 정당지지의 확대가 이루어졌다는 점이다.

　네 번째로 17대 총선에서 나타난 정치지형의 변화는 앞서 언급한 환경적 재편성을 제외한다면 유권자의 재편이라기보다 정당 혹은 정치엘리트 차원의 재편이라고 평가할 수 있겠다. 즉 17대 총선결과는 균열구조의 변동이나 새롭게 제기된 이슈에 의해 유권자 차원의 지지구조가 변동했다기보다 정치엘리트 차원에서 나타난 분당의 결과가 더 큰 의미를 가졌다고 볼 수 있다. 물론 이러한 유형화는 민주당과 자민련의 몰락이 함축하는 소위 "3김 정치 시대의 종언"이나 이에 따르는 지역균열구조의 내용적 변화 등이 내포한 정당정치적 의미를 부정하는 것은 아니라는 점을 전제로 하고 있다.

　결국 지금까지의 분석과 이에 기초한 유형화 결과를 종합해 볼 때 지난 13대 대선과 총선을 통해 형성된 정치지형의 재편이 이번 17대 총선을 통해 더욱 확대 심화되었다고 결론지을 수 있겠다.[10]

　물론 이번 17대 총선을 통해 나타난 이러한 재편의 확대·심화가 이미 새로운 질의 시작을 의미할 수도 있다. 다가오는 17대 대통령 선거와 18대 국회의원 선거는 이를 보다 명확히 보여줄 것이다. 그러나 이 글의 분석결과는 아직까지 이러한 결론이 성급한 결론일 수 있다는 것을 보여준다. 이러한 의미에서 17대 총선은 새로운 시작이라기보다 1987년에 형성된 정치지형의 끝이라고 보는 편이 오히려 타당할 것이다.

---

10) 이 글의 이러한 분석결과는 매우 제한적인 자료에 기초하고 있음을 다시 한 번 강조해 두고 싶다. 즉 이 글의 분석결과는 보다 체계적인 미시자료 분석에 의해 충분히 보완되어야 한다.

■ 참고문헌

강원택. 2003. 『한국의 선거정치: 이념, 지역, 세대』. 푸른길.

_____ . 2004. "탄핵정국과 17대 총선." 2004년 총선분석특별회의발표논문집.

김영태. 2001. "90년대 한국 유권자의 정당일체감: 컨버스의 정당일체감 모델의 경험분석." 『세계정치연구』 1권 1호.

_____ . 2003. "지역주의와 합리적 선택: 목포지역의 정당지지를 중심으로." 2003 년도 한국정치학회 연례학술회의 발표논문집.

김 욱. 2003. "한국 지역주의의 지역별 특성과 변화 가능성." 2003년도 목포대 학교 정치발전연구소 학술세미나 발표논문집.

박찬욱. 1993. "제14대 국회의원 총선거에서의 정당지지 분석." 이남영 편, 『한 국의 선거 Ⅰ』. 나남.

이갑윤. 1997. 『한국의 선거와 지역주의』. 오름.

이남영 편. 1993. 『한국의 선거 Ⅰ』. 나남.

조기숙. 2000. 『지역주의 선거와 합리적 유권자』. 나남.

조성대. 2004. "정치이벤트, 캠페인, 그리고 17대 총선." 2004년 총선분석특별회 의발표논문집.

조중빈. 1993. "유권자의 여야 성향과 투표행태." 이남영 편. 『한국의 선거 Ⅰ』. 나 남.진영재 편. 2002. 『한국의 선거 Ⅳ』. 한국사회과학테이터센터.

Andersen, K. 1976. "Generation, Partisan Shift and Realignment: A Glance Back to the New Deal." Nie, N. H., et al. *The Changing American Voter*. Cambridge: Harvard University Press.

Campbell, A., et. al. 1960. *The American Voter*. New York: Wiley.

Dalton, Russel J., Flanagan, Scott C., eds. 1984. *Electoral Change in Advanced Industrial Democracies: Realignment or Dealignment?* Princeton: Prince- ton University Press.

Inglehart, R., Hochstein, A. 1972. "Alignment and Dealignment of Electorate in France and United States." *Comparative Political Studies*, Vol. 5.

Flanagan, Scott C. 1984. "Patterns of Realignment." Dalton, Russel J., Flana-
    gan, Scott C., eds. *Electoral Change in Advanced Industrial Democracies:
    Realignment or Dealignment?* Princeton: Princeton University Press.
Key, V. O. 1959. "A Theory of Critical Elections." *Journal of Politics*, Vol. 17.
_____. 1959. "Secular Realignment and the Party System." *Journal of Politics*,
    Vol. 21.
Lipset, S. M., Rokkan, S. 1967. "Cleavage Structures, Party Systems and Voter
    Alignments." Lipset, S. M., Rokkan, S., eds. *Party Systems and Voter
    Alignments.* New York: Free Press.
Thomassen, Jacques. 1994. "Introduction: The Intellectual History of Election
    Studies." *European Journal Of Political Research*, Vol. 25.

제16장

17대 총선 결과 분석과
의회정치의 발전과제

김영래

I. 서론

2004년 4월 15일 제17대 국회의원 선거가 실시되었다. 변화와 개혁의 시대인 21세기를 맞이하여 우리는 2000년 4월 13일 국회의원 선거에 이어 두 번에 걸친 총선거를 실시함으로써 한국정치에 있어 새로운 경험을 하게 되었다. 두 번에 걸친 선거 결과는 외형상으로는 유사한 변화와 개혁을 준 선거 결과가 나타난 것 같지만 그러나 실제 내용상으로 보면 상당한 차이를 나타내고 있다.

지난 2000년 4월 13일 제16대 국회의원 선거를 실시, 273명의 국회의원을 선출하였을 당시만 해도 국민들의 기대는 대단했다. 2000년 총선시민연대의 낙천·낙선운동 등으로 인하여 소위 386출신 정치인들이 대거 의원에 당선되어 유권자들은 21세기 들어 첫 번째로 구성된 국회가 과거와는 다른 발전된 모습을 보여주기를 기대하였다.[1]

그러나 제16대 국회는 과거 국회의 구습을 탈피하지 못하고 개원 초부터 운영상의 문제가 노출되어 상임위원회를 비롯한 원 구성이 상당 기간 지연되더니, 그 후 방탄국회, 식물국회, 낮잠국회 등 갖가지 비판 속에 국회가 운영되었다. 또한 16대 말기에는 차떼기 국회, 탄핵 국회까지 연출하여 역대 국회 중 최악을 나타냈다.[2]

물론 16대 국회가 개혁을 전혀 외면한 것은 아니다. 그동안 국회법을 개정하여 연간 국회운영 기본일정 수립, 긴급현안질문제도 도입, 4분 발언제도, 정보위원회 신설, 폐회 중 상임위원회의 월 2회 정례화 등등 대폭적인 변화가 있었다. 특히 제16대 국회는 2000년 선거 직전인 2000년 2월 16일과 2002년 2월 28일 국회법 개정을 통하여 국회의장의 당적이탈, 인사청문회 도입, 예산결산특별위원회 상설화, 자유투표제의 명문화, 국회의 상시 개원 등을 제도화하여 과거 국회와는 다른 모습을 보여 주려고 노력했다.[3]

또한 2002년 9월에 박관용 국회의장에 의하여 주도된 국회법 개정은 2003년 2월 4일 개정·공포되었으며, 이로 인하여 국회는 의원발언 제도 개선, 국정원장 등에 대한 청문회 제도 도입 등을 통하여 새로운 국회 운영 변화를 추구하였으나, 지난 3월 12일 노무현 대통령에 대한 탄핵소추를 비의회적 방법에 의하여 가결시킴으로써 국민들로

---

1) 총선연대의 활동은 윤형섭·김영래·이완범, 『한국정치, 어떻게 볼 것인가』(서울: 박영사, 2003), 320쪽; 2000년 총선시민연대, 『유권자 혁명 100일의 기록, 총선연대백서』(2001) 참조.

2) 대한상의가 지난 4월 18일 기업인들을 대상으로 실시한 16대 국회평가 발표를 보면 기업인의 71.1%가 D 이하로 평가했다. http://www.donga.com/200404180057; 윤종빈, "제16대 국회의 운영제도 평가," 한국의회발전연구회 편, 『의정연구』 제13호 (2002. 6),7-8쪽.

3) 국회법은 1993년 12월 당시 이만섭 국회의장의 주도로 구성된 국회제도개선위원회에서 건의한 내용을 중심으로 개정되었음. 국회사무처 의사국, 『달라진 국회법, 새로운 국회운영』(1994); 이만섭, 『나의 사전에는 날치기는 없다』(서울: 2001) 참조. 한편 이만섭 국회의장은 개정된 국회법에 따라 2002년 3월 8일 헌정 사상 최초로 당적 없는 의장이 되었음.

부터 상당한 비판을 받았다.[4]

이러한 상황하에서 17대 국회의원 선거가 2004년 4월 15일 실시되었다. 17대 총선 결과는 외적인 하드웨어(hardware)의 변화뿐만 아니라 실제적인 국회운영이나 국회의원의 의식이 변화될 수 있는 소프트웨어(software)까지 과거와 비교하여 크게 달라질 가능성을 나타내고 있다. 그러나 17대 국회는 임기 개시 후 최초집회일인 지난 6월 5일 여야 간의 정치적 타협의 실패로 국회의장만 선출함으로써 첫 국회부터 국회법을 위반하였다는 비판을 받고 있다.[5]

특히 최근 국회가 원 구성을 가지고 벌인 정쟁은 국민들을 실망시키고 있다. 그러나 또 다른 한편에서 국민들은 새로운 모습의 국회를 기대하고 있다. 이에 본 글은 17대 총선거의 정치사적 의미를 고찰함과 동시에 17대 국회가 나가야 할 방향에 대하여 논하고자 한다.

II. 17대 총선과 중대선거

한국은 지난 4월 15일 17대 총선까지 제헌 국회의원 선거 이래 벌써 17번이나 실시하였다. 역대 선거 모두 선거가 지니고 있는 다양한 특성을 나타내고 있으며, 이들 각 선거는 선거 결과에 따라 한국 정치상황에 상당한 변화를 주었다. 〈표 1〉에서와 같이 한국국회는 정치상황

---

4) 대통령 탄핵안은 민주당, 한나라당 등 야당의원 159명의 명의로 3월 9일 발의되어 3월 12일 재적의원 271명 중 195명이 투표에 참여, 야당의원 193명의 찬성으로 통과되었다. 그 후 탄핵소추안은 헌법재판소에 의하여 5월 14일 기각되었음.

5) 국회법 제15조에 의하면 의장과 부의장은 총선거 후 최초집회일에 선출하는 것으로 규정되었음. 또한 제41조에는 상임위원장은 최초집회일부터 3일 이내에 선출, 상임위원은 2일 이내에 선임하는 것으로 되어 있으므로 상임위원은 6월 7일, 위원장은 6월 8일에 선출되어야 함.

에 따라 선출방식이나 의원 정수 등이 계속 변동되어 정치적 안정을 이루는 데 상당한 어려움이 있었다.

그러나 17대 총선은 역대 어느 선거보다도 한국정치사에서 중요한 의미를 지니는 중대선거(critical election)가 되었다. 정치학자 V.O.Key 등에 따르면 중대선거는 기존의 정치패턴이 반복, 유지되는 정상선거(normal election)와는 달리 국회의원 선거 과정이나 결과가 기존의 정치패턴을 변화시키면서 특정 정치체제 운영에 중대한 변화를 가져오는 경우를 말한다.[6]

〈표 1〉 역대 국회 운영변천 개요

구분 역대 국회	의회 구성	원내세력 분포	선출방식	무소속 출마가능 여부	권력구조		비고
제헌국회	단원제	17개 (200명)	직선(소선거구)	가능	대통령제	제 1 공 화 국	대통령은 국회에서 선출
제2대국회	단원제	12개 (210명)	직선(소선거구)	가능	대통령제		제1차개헌(1952.7); 대통령직선제, 국회양원제
제3대국회	단원제	6개 (203명)	직선(소선거구)	가능	대통령제		제2차개헌(1954.11); 대통령3선금지폐지
제4대국회	단원제	4개 (233명)	직선(소선거구)	가능	대통령제		제3차개헌(1960.6); 의원내각제, 양원제
제5대국회	양원제	7개 (민의원: 233명, 참의원:58명)	민의원: 직선 (소선구) 참의원: 직선 (대선구)	가능	의원내각제	제 2 공 화 국	제4차개헌(1960.11); 3.15부정선거관련자 처벌 근거
제6대국회	단원제	5개 (175명) (전국구:44명)	지역구: 직선 (소선구) 전국구: 비례대표	불가능	대통령제	제 3 공 화 국	제5차개헌(1962.12); 대통령제, 단원제

---

6) V.O.Key, " A Theory of Critical Elections," *Journal of Politics* (February, 1965), 16쪽.

구분 역대 국회	의회 구성	원내세력 분포	선출방식	무소속 출마가능 여부	권력구조		비고
제7대국회	단원제	3개 (175명) (전국구:44명)	지역구: 직선 (소선구) 전국구:비례대표	불가능	대통령제	제 화 국	제6차개헌(1969.8); 대통령3선허용
제8대국회	단원제	4개 (204명) (전국구:51명)	지역구: 직선 (소선구) 전국구:비례대표	불가능	대통령제		제7차개헌(1972.11); 10월유신
제9대국회	단원제	5개 (219명)	지역구: 직선 (중선구) 유정회:간선	가능	대통령제	제 4 공 화 국	통일주체국민회의에서 73인 선출
제10대국회	단원제	5개 (231명)	지역구:직선 (중선구) 유정회:간선	가능	대통령제		통일주체국민회의에서 77명 선출
제11대국회	단원제	9개 (276명) (전국구 92명)	지역구:직선 (중선구) 전국구:비례대표	가능	대통령제	제 5 공 화 국	제8차개헌(1980.12)
제12대국회	단원제	7개 (276명) (전국구:92명)	지역구:직선 (중선구) 전국구:비례대표	가능	대통령제		제9차개헌(1987.10)
제13대국회	단원제	4개 (299석) (전국구:75명)	지역구:직선 (소선구) 전국구:비례대표	가능	대통령제	제6 공 화 국	1990년 2월15일 3당합당 (민정당,통일민주당, 신민 주공화당)
제14대국회	단원제	4개 (299석) (전국구:33명)	지역구:직선 (소선구) 전국구:비례대표	가능	대통령제	민 주 주 의 이 행 기	1995년 6월 27일 지방자치 단체장 선거 실시
제15대국회	단원제	3개 (299석) (전국구:46명)	지역구:직선 (소선구) 전국구:비례대표	가능	대통령제	문 민 정 부	통합선거법 제정
제16대국회	단원제	3개 (276석) (전국구:46명)	지역구:직선 (소선구) 전국구:비례대표	가능	대통령제	국 민 의 정 부	국회의장 당적 금지
제17대국회	단원제	3개 (299석) (전국구:56)	지역구:직선 (소선거구) 전국구:비례대표	가능	대통령제	참 여 정 부	1인2투표제, 여성의원 50% 비례대표 공천

<표 2> 한국의 민주화 이후 총선 결과

총선실시연도	대통령 소속당명	의석수 (%)	비고
1988	민정당	125(41.8)	과반수 25석 미달
1992	민자당	149(48.9)	과반수 1석 미달
1996	신한국당	139(43.5)	과반수 11석 미달
2000	새천년민주당	115(42.1)	과반수 22석 미달
2004	열린우리당	152(50.1)	과반수 2석 초과

이런 중대선거의 경우, 한국에 있어 과거에는 대부분 선거에서 집 권당과 행정부가 운명을 같이하고 있었기 때문에 반대당의 갑작스러 운 성장이 주요 요인이 되었으나, 최근 민주화 이후에는 다른 양상을 나타냈다. 따라서 중대선거의 개념을 집권당 · 행정부와 야당과의 관 계에서보다는 의회의 다수당과 행정부와의 관계, 그리고 앞으로 정국 운영에 대한 상황변화와의 관계에서 본다면 이번 선거는 과거의 한국 선거에서 나타난 중대선거와는 다른 내용의 중대선거라고 할 수 있다.[7]

이런 총선 결과는 <표 2>에서와 같이 최근 수년간 실시된 선거 결 과와는 다른 양상을 나타냈다. 1987년 6월 민주화항쟁 이후 한국에서 실시된 선거에서 대통령이 속한 정당은 과반수 의석 확보에 실패하여 소위 분점정부(divided government) 형태로 정국을 운영함에 따라 정 국 운영이 다소 불안정하였을 뿐만 아니라 정책 수행에도 상당한 어 려움이 있었다. 때로는 분점정부를 단점정부로 만들기 위하여 인위적 인 정치개편을 시도함으로써 여야관계가 경색되는 사례도 있었다.

그러나 17대 총선 결과는 1988년 이후 처음으로 여당에게 과반수 의석을 줌으로써 총선 이후 전개되는 정치상황에서 볼 수 있는 바와 같이 한국정치에 있어 많은 변화를 예고하고 있어 중대선거라고 특

---

7) 안병만, 『한국정부론』(서울: 다산출판사, 1985), 141-142쪽.

〈표 3〉 17대 총선 결과

정당	전체의석수 (299석)	지역구 (243석)	비례대표 (56석)	지역구지지율	비례대표 지지율
열린우리당	152	129	23	41.9	38.3
한나라당	121	100	21	37.9	35.8
민주노동당	10	2	8	4.3	13.0
새천년민주당	9	5	4	7.9	7.1
자유민주연합	4	4	0	2.6	2.8
국민통합21	1	1	0		0.6
무소속	2	2	0		2.4 (기타정당)

* 국민통합21은 지난 5월 20일 당무회의에서 당 해산 결의를 하였음.

징지을 수 있다. 이런 변화는 유권자들의 선택으로 이뤄진 결과이다.

이는 특히 지난 3월 12일 국회에서 통과된 대통령에 대한 탄핵으로 선거 쟁점 자체가 '탄핵찬성 대 탄핵반대'의 2분법으로 바뀐 결과이다. 노무현 대통령에 대한 탄핵안 가결은 유권자들의 정치적 판단을 탄핵 단일 쟁점에 따라 정책에 대한 고려 없이 양극적 갈등구조 형태를 띠게 만들었다. 또한 '1인2표제'라는 정책정당화를 위한 선거방식의 변화에도 불구하고 탄핵은 정당 경쟁구도를 열린우리당 대 한나라·민주·자민련의 양극 구도로 급속하게 재편시켜 열린우리당이 절대적 우위를 점하게 하였다.

17대 총선은 지난 제16대에 보다 높은 투표율과 더불어 유권자들의 고심에 찬 절묘한 선택으로 끝났다. 열린우리당에게는 안정의석을, 한나라당에게는 견제의석을, 그리고 민주노동당에게는 원내 진입과 더불어 제3당의 위치를 주었다. 이러한 유권자의 선택은 탄핵정국으로 인하여 야기된 선거초반의 예상과는 상당한 차이가 있는 것이며,

이는 유권자에 의하여 선택된 결과이다.

제16대 총선의 57.2%보다 3.4%가 높은 60.6%의 투표율을 나타냈다.[8] 제17대 총선은 투표 결과 〈표 3〉과 같이 열린우리당은 152석, 한나라당 121석, 민주노동당 10석이라는 유권자의 선택이 있었지만 이는 앞으로 한국정치에 있어 상당한 변화를 예고하고 있다. 즉 17대 총선은 중대선거로서 한국정치사에 새로운 변화의 전기를 마련해 줌으로써 의회정치사에도 새로운 변화를 추구하게 되었다.

III. 17대 총선의 정치사적 의미

지난 4월 15일 실시된 17대 총선에는 전국 243개 지역구에 1,175명이 후보로 등록하여 경쟁을 하였으며, 이 중 열린우리당 243명, 한나라당 218명, 민주당 182명, 자민련 123명, 민주노동당 123명이 등록하였다. 비례대표는 56석으로 190명의 후보가 등록하였다. 비례대표의 경우, 열린우리당 51명, 한나라당 43명, 민주당 265명, 자민련 15명, 민노당 16명 등이다. 이번 총선에 처음으로 적용되는 1인2표제에 의한 비례대표는 지역구 5석, 정당투표에서 3% 이상 획득시에만 의석 배정을 받게 되는데, 이번 선거에 총 14개 정당이 등록하였다. 비례대표 후보는 한나라당 43명, 민주당 26명, 열린우리당 51명, 자민련 14명, 민주노동당 16명 등 총 190명이 등록하였다.[9]

17대 총선 결과는 위에 언급한 바와 같이 앞으로의 정치지형을 변화시키는 중대선거인 바, 이를 정치사적으로 고찰하면 다음과 같은

---

8) 총유권자 35,596,497명(남성: 17,490,343명, 여성: 18,106,154명) 중 21,580,944명이 투표하였음.

9) 비례대표 의석 배분은 의석 할당을 받는 정당별 득표 비율에 비례대표의석 56을 곱하고, 그 결과 산출된 정수 부분만큼 정당의석을 먼저 배분한다. 남은 여석은 소수점 이하가 큰 순서대로 56석이 달할 때까지 할당한다.

의미를 포함하고 있다.

첫째, 민주주의의 공고화에 대한 기여이다. 한국정치는 1987년 민주화 이후 민주화로의 이행은 점진적으로 전개되었으나, 민주주의의 이행이 제대로 되지 않고 있었으나, 이번 선거는 한국의 민주주의의 이행이 상당한 수준 이뤄지고 있음을 나타내고 있다. 이번 선거에서 각 정당은 외부의 압력이나 영향력에 의하기보다는 자율적으로 당의 정체성을 회복하기 위한 차원에서 내부개혁을 하였다. 공천과정에서부터 역대 선거와는 달리 상향식, 외부인사의 심사 등을 통하여 민주적 정당의 모습을 보여 주려고 노력했으며, 상당한 수준 달성되었다.

또한 탄핵소추, 재신임 발표 등 각종 대형 정치적 사건이 발생함에도 불구하고 비교적 정치사회는 안정을 유지하였으며, 선거도 특별한 사고 없이 실시되었다. 초기에 우려되었던 선거 연기론 등은 지지를 얻지 못하였으며, 특히 정부가 선거의 공정관리에 노력, 공명한 선거가 실시되었다.

둘째, 정치개혁의 전기 마련이다. 정치개혁은 역대 정권 최대의 화두였으나, 실제로 잘 이행되지 않았다. 그러나 지난 해 10월 10일 대통령의 재신임 선언 발표 이후 정치개혁에 대한 가속도가 붙어 지난 3월 9일 선거법, 정치자금법, 정당법 등을 비롯한 정치관계법이 통과되어 이번 선거는 관권선거, 금권선거의 풍토는 일단 사라졌다. 역대선거에서 총선을 전후 통화량이 10%로 증가하였으나, 이번에는 약 2%의 통화량 증가를 나타냈다.

선거구당 법정선거비용이 1억 7천만 원인데, 14일까지 평균 5천 300만 원을 사용한 것으로 신고, 약 31.5%를 사용한 것으로 나타냈다. 축소의혹이 있기는 하지만 돈이 적게 들은 선거였다. 당선자의 경우, 징역형이나 100만 원 이상의 벌금, 사무장이나 회계책임자의 초과지출이 0.5% 이상으로 재판에 의하여 징역형이나 벌금 300만 원 이상이면 당선 무효가 되고, 또한 금품수수나 향응 제공시 50배의 벌금이 부과되는 등 강력한 규제를 하여 큰 효과를 나타냈다.

일부 후보자나 유권자들은 개정 선거법이 현실을 도외시한 너무 이상적이라는 비판을 하기도 하지만 이런 정도의 극약처방이 없이 부정부패로 얼룩진 선거풍토를 개선할 수 없다는 국민적 공감대가 형성되어 개정된 선거법이기 때문에 이번 선거에서 개정 선거법은 깨끗한 선거 실시에 상당한 위력을 발휘했다.

셋째, 정책정당화를 통한 정당정치의 제도화이다. 이번 선거는 정책정당화를 위한 1인2투표제가 처음으로 실시되었다. 이는 보스정치, 계파정치의 구태를 벗어 버리고 정책정당화를 통하여 정당정치를 제도화하자는 것인데, 비록 감성정치로 인하여 투표시 정책선택이 실종되기는 하였지만, 민주노동당의 선전에서와 같이 1인2투표제는 정책정당화의 전기를 마련했다.

이번 선거가 탄핵정국으로 인하여 각 당은 정책캠페인에 주력하지 못하였으며, 따라서 정당정치의 발전과 1인2투표제의 의미를 제대로 살리지는 못하였다. 유권자들도 탄핵정국에 따른 '전부 아니면 전무(all or nothing)'의 2분법적 선택사고에서 고심하였으나, 민주노동당의 원내 진입은 한국정치사에 새로운 역사적 의미가 있다.

넷째, 지역주의의 변화추이다. 한국의 지역주의는 지역감정이나 지역갈등의 수준을 넘어 정치 자체를 규정하는 최대의 변수로 등장했다. 그동안 지역주의는 지역 간의 사회경제적 발전의 격차, 권위주의 정권하에서의 폐쇄적 · 자의적인 정치사회적 충원, 지역민 간의 고정관념 및 편견 등의 요인도 있었으나, 실제는 정당과 정치인들의 권력쟁취의 도구로 변하였다.

이번 선거는 과거에 비하여 지역주의가 완화되는 추세에 있기는 하나, 아직도 지역주의는 중요한 변수로 등장했다. 실제로 상당수 후보자나 정당들이 선거 막판에 지역주의를 부추기는 전략을 구사했다. 유권자들 역시 지역주의에서 벗어나지 못하였다. 여론조사에 의하면 지역 등 연고주의에 의한 투표가 약 29%로 나타났다.

그러나 영남지역에서 열린우리당이 교두보를 확보하고, 민주당과 자민련이 참패한 것은 지역주의의 새로운 변화이다. 영남에서 열린우리당이 3석, 민주노동당이 2석을 얻었을 뿐만 아니라, 득표율도 비례대표구의 경우, 대구 22.3%에서부터 부산 33.7%까지 얻는 것은 상당한 의미가 있다. 그러나 호남의 경우, 한나라당은 광주 1.81%에서 전북 3.48% 등으로 지극히 낮은 지지율을 아직도 지역주의는 한국정치가 해결하여야 될 어려운 과제이다.

다섯째 새로운 리더십의 창출이다. 한국정치는 현재 심각한 리더십 부재 현상에 놓여 있다. 정치체제의 민주화로 인하여 과거와 같은 권위주의적 리더십이 약화되고 있는 현상은 바람직하지만, 그러나 정치지도자들에게 필요한 민주적 권위마저 무너지고 있어 문제가 되고 있다. 최근 문제가 되고 있는 탄핵정국도 정치권의 리더십 부재에서 야기된 것이다. 정치지도자들이 국민들에게 비전을 주고 있기보다는 상호 비방과 당리당략에 치중함으로써 지도자로서의 리더십을 발휘하지 못하고 있다. 이번 선거에서 유권자들은 개혁적 사고를 가진 정치인들을 선택함으로써 한국정치사회 발전을 위한 리더십의 변화의 계기가 될 것이다. 특히 지금까지 한국정치를 30년 이상 지배했던 3김 리더십의 완전한 퇴조는 새로운 리더십의 출현을 예고하고 있다.[10]

IV. 17대 총선 결과와 특성

이번 총선은 지난 3월 12일 국회에서 의결된 노무현 대통령에 대한 탄핵소추가 최대의 투표 결정 요인이었다. 여론조사에 의하면 유권자의 86.9%가 투표시 탄핵찬반 여부를 가장 중요한 기준으로 하였다고 응답하였을 정도로 최대의 변수였다. 특히 선거 초반에는 '묻지 마'

---

10) 김종필 자민련 총재는 지난 4월 19일 정계은퇴를 공식적으로 선언하였으며, 최근에는 자민련에 탈당계도 제출하였다.

선거가 될 것이라는 우려가 있을 정도로 탄핵의 여파가 가장 컸다. 그러나 이번 선거는 탄핵찬반 여부에 대한 요인 이외에도 선거 결과는 다음과 같은 특성을 나타내고 있다.

1) 세대 교체

제15대 총선은 초선 비율이 35.4%, 제16대는 40.6%였다. 제17대 선거에서 현역 의원들이 출마 자체를 포기한 사례도 많고, 더구나 초선 당선자는 188명으로 비율은 63.0%로 역대 선거에 비하여 가장 높다. 더구나 이들의 연령이 과거 어느 국회보다 낮아 한국사회의 본격적인 세대교체가 지난 2002년 대선에 이어 지속되고 있다. 30대 23명(8%), 40대 106명(35%), 50대 121명(41%)으로 50대 이하가 84%에 달하고 있다. 60대 이상은 불과 49명으로 16%이다. 더구나 제16대 현역 의원은 89명으로 33%만 당선되어 제16대의 현역 당선율 52%보다 크게 낮아졌다.

2) 감성정치

각 정당이나 후보자들은 정책으로 유권자들에게 지지를 호소하기보다는 감성에 자극하여 지지를 호소하고 있다. 정당의 홍보물은 물론 심지어 당사를 천막이나 창고로 옮기면서까지 감성에 호소하는 전략을 구사했다. 감성정치는 미디어의 발달로 이미지 정치를 확대시키는 역할을 했다. 미디어 시대에 감성정치, 이미지 정치는 세계적인 현상이기도 하지만 '눈물', '3보1배', '고해성사', '삭발', '단식' 등과 감성정치에 의존하여 이성정치가 어려웠다.

3) 세대 간 갈등

투표성향이 2030세대와 5060세대 간에 뚜렷하게 양극화하는 현상이 나타났다. 탄핵풍(彈劾風)과 노풍(老風)에 대한 성향이 분명하게 투표에 반영되었으며, 지역을 뛰어 넘는 세대간의 갈등의 현상이 심

화되었다. 이러한 세대간의 갈등은 세대간의 결집을 강화하여 오히려
투표율 상승이라는 효과가 있기도 하였으나, 2002년 대선 이래 세대
간 갈등 현상은 큰 문제로 등장하고 있다. 따라서 이번 선거는 40대의
투표 성향이 결정적이었으며, 40대가 균형추의 역할을 했다고 본다.

4) 지역주의

이번 선거 역시 지역주의의 벽을 넘지 못하였다. 특히 한나라당과
민주당에 새로운 지도부가 등장하면서 지역주의에 호소하였으며, 이
는 상당 수준으로 유권자에게 영향을 미쳤다. 특히 영남지역에서 이
런 현상이 더욱 두드러지게 나타났다. 지역주의는 '묻지 마' 투표 행
태까지 야기했다. 물론 영남지역에서 열린우리당이 교두보를 확보하
였으나, 영호남의 지역갈등은 역시 이번 선거에도 나타났다.

5) 총선의 대통령 선거화

이미 총선은 대통령의 재신임 발언과 탄핵소추로 총선 본래의 의미
는 사라지고 대선과 같은 선거가 되었다. 각 당 지도부도 구체적인 지
역 공약이나 국가 비전보다는 탄핵, 부정부패 등과 같은 전국적인 쟁
점을 선거 전략으로 집중, 선거운동을 전개하였다. 특히 열린우리당
은 탄핵문제를 단일 선거쟁점으로 만드는 데 성공함으로써 상당한 지
지를 획득하였다. 이런 총선의 대선화 경향은 정보매체의 비약적인
발달로 앞으로 더욱 심화될 것 같다. 또한 이런 현상은 지난 6월 5일
실시된 재·보궐 선거에서도 나타났다.

6) 여성정치의 활성화

생활정치 시대와 더불어 여성의 본격적인 정치진입이 이뤄졌다. 주
요 정당의 선대위원장은 물론 대변인들이 대부분 여성정치인이다. 비
례대표의 경우, 제1순위가 여성후보가 되었다. 앞으로 국회에서 여성
들의 정치활동이 더욱 확대될 것이며, 이는 2007년 실시될 대통령 선

서에서도 중요한 변수가 될 것이다. 여성의원이 제16대에는 16명으로 불과 5.9%였으나, 이번에는 지역구 10석을 포함 비례대표 29명이 당선됨으로써 총 39명으로 약 13%에 달하고 있다.

7) 시민단체의 활동

시민단체는 이번 총선에서 낙선운동, 당선운동, 정보공개운동을 전개하였다. 2000년 4월 총선연대의 활동과는 달리 분화된 운동을 전개하였으며, 전국적인 응집력도 약했다. 2004총선 물갈이 연대(mulgari.com)는 4월 7일 개혁성, 전문성 등을 기준으로 54명의 지지 후보를 발표하고, 2004총선시민연대는 4월 6일 탄핵표결 참가자를 포함 208명의 낙선대상자를 발표하였다. 총선연대는 낙선대상자 중 129명이 낙선하여 약 63%의 낙선율은 기록하였다고 하지만 이는 낙선운동의 성과라기보다는 탄핵여파로 볼 수 있다.

8) 정보매체의 영향력 확대

선거운동이 주로 정보매체를 통하여 이뤄졌다. 합동연설회와 정당연설회가 폐지되고 선거방송토론회에서 주관하는 토론회가 주요 전달수단이었다. 각 정당이나 후보자는 홈페이지 등으로 선거운동을 하였으며, 일부 후보의 경우 홈페이지에 무려 30만 건이 접속된 사례도 있어 정보매체가 주는 효과는 더욱 확대될 것이다. 그러나 인터넷은 주로 젊은 유권자들에게만 유용한 수단이었다. 한편 장년층은 선거에서 인터넷의 영향력 확대가 정치적으로 더욱 소외시키는 결과를 나타냈다.

9) '바람'(風)의 정치

탄핵소추로 인한 '바람'이 결국 이번 선거 결과에 중대한 영향을 미쳤다. 열린우리당에서 시작된 '정풍'으로부터 그 후 '탄풍', '박풍', '추풍', '노풍'으로 이어지더니 종반에는 '삭풍', '단풍'까지 불어 바람에서 시작되어 바람으로 끝난 선거였다. 이라크 파병, 신용불

량자, 청년실업, 원자재난 등 중요 국정은 실종되고 이성적 투표보다
는 감성적 투표가 더욱 강했다.

10) 진보세력의 제도권 정치 등장

민주노동당의 제도권 정치로의 등장은 의정사상 가장 의미 있는 일
이다. 4.19학생 혁명 이후 사회대중당 등이 7석의 의석을 차지한 사례
도 있으나, 군사쿠데타로 소멸된 지 43년만이다. 80년대에도 사회당
출신 의원이 국회의원에 당선되기는 하였으나, 이는 인위적인 정치행
위였다. 더구나 민주노동당은 전국적으로 고른 지지를 획득하였으며,
지역구보다는 비례대표에서 더욱 높은 지지를 받아 한국사회의 다양
한 이념적 분화와 정책정당화의 가능성을 높였다. 민주노동당이 지난
2000년 총선 이후 지속적인 선거참여와 정책 개발을 통하여 지지를
획득, 제도권 정치에 진입함으로써 보수와 진보의 정치구도의 기반이
형성될 수 있는 가능성을 보여 주었다.

V. 17대 국회의 발전과제

이번 총선은 중대선거로 한국정치사에 새로운 변화의 장을 펼치게
되었다. 우리는 그동안 반세기 넘는 의회정치의 역사를 가지고 있음
에도 불구하고 의회정치가 제대로 자리잡지 못하여 항상 불신의 대상
이 되었다. 때로는 의회는 있으되 의회정치는 없다는 비판도 받았다.
과거에는 국회가 '통법부', '자동거수기', '권력의 시녀' 등의 역할에
서 벗어나지 못하여 국회무용론까지 등장하기도 했다.[11]

국회에 대한 불신은 일반적인 피상적 관찰보다도 더욱 심하게 나타
나고 있다. 최근 한 조사에 의하면 국회가 신뢰도에서 다른 여러 기관

---

11) 김영래 외 공저, 『한국의회정치와 제도개혁』(서울: 한울, 2004), 45쪽.

에 비하여 가장 낮게 나타났다.[12] 특히 이런 현상은 민주화 이후 정치에 대한 국민들의 기대 상승과 더불어 더욱 악화되는 현상이 나타났다. 정부나 여당은 이러한 상황이 〈표 4〉와 같이 분점정부가 탄생함으로써 나타난 국회운영의 어려움에 의한 요인이라고 주장하기도 하지만 가장 기본적인 문제는 의회가 의회로서의 기능을 제대로 수행하지 못하기 때문이다. 의회의 기본적인 기능은 대표기능, 입법기능, 행정부 감독기능, 갈등해결 기능, 통합 기능 등이 있으며, 이는 한국국회

〈표 4〉 분점·단점 정부에서 대통령 지지세력과 제1반대당의 국회내 위상

국회	시기	정부 형태	행정부		입법부에서 대통령 지지세력과 제1반대당의 위상		총의석	비고
			대통령 소속당	대통령	지지세력	제1반대당		
13 대 국 회	1988.5~1990.1	분점	민정당	노태우	민정당 (125석) (41.8%)	평민당 (70석) (23.4%)	299석	87년 민주화 항쟁 이후 처음실시
	1990.1~1992.5	단점	민자당	노태우	민자당 (216석) (72.7%)	평민당 (70석) (23.6%)	297석	3당 합당후 1990년 2월 16일 의석
14 대 국 회	1992. 3 (총선)	분점	민자당	노태우	민자당 (149석) (49.8%)	민주당 (97석) (29.2%)	299석	기타 정당 1명, 무소속 21석
	1992.5~1996.5	단점	민자당	노태우 김영삼	민자당 (165석) (55.2%)	민주당 (97석) (29.2%)		선거직후 민자당이 무소속 21명중 16명 영입

---

12) 2002년 한국갤럽 여론조사에 의하면 한국국민의 기관 신뢰도 조사에서 조사 대상 17개 기관 중 국회가 가장 낮게 나타났다. 위의 책, 51-52 쪽 참조.

국회	시기	정부 형태	행정부		입법부에서 대통령 지지세력과 제1반대당의 위상		총의석	비고
			대통령 소속당	대통령	지지세력	제1반대당		
15 대 국 회	1996. 4 (총선)	분점	신한국당	김영삼	신한국당 139석 (43.5%)	국민회의 79석 (26.4%)	299석	민주당 15석, 무소속 16석
	1996.5~1998.2	단점	신한국당	김영삼	신한국당 (157석) (52.5%)	국민회의 (79석) (26.4%)	299석	신한국당이 의원 영입, 1996년 말 의석
	1998.2~1998.8	분점	국민회의	김대중	국민회의 +자민련 (121석) (40.5%)	한나라당 (161석) (53.8%)	299석	1998.2.26. 김대중행정부 출범일 의석, 무소속 12석
	1998.9~2000.5	단점	국민회의	김대중	국민회의 +자민련 (153석) (51.2%)	한나라당 (140석) (46.8%)	299석	국민회의와 자민련이 의원 영입, 1998년 9월 8일 의석, 무소속 6석
16 대 국 회	2000.5~2001.3	분점	민주당	김대중	민주당 (115석) (42.1%)	한나라당 (133석) (48.7%)	273석	총선결과, 민국당 2석, 무소속 5석, 기타 정당 1석
	2001.3~2001.9	단점	민주당	김대중	민주당 +자민련 +민국당 (137석) (50.2%)	한나라당	273석	민주당의 의원 꿔주기 후 민국당과 함께 연합, 무소속 2석, 기타 정당 1석
	2001.9~2003.2	분점	민주당	김대중	민주당 (118석) (43.7%)	한나라당 (131석) (48.5%)	270석	2001.9 임동원통일부장관 해임건의안 가결로 민주당·자민련 간의 연합 붕괴후 9.11 현재
	2003.2-2003.9	분점	민주당	노무현	민주당 (101석) (37.5%)	한나라당 (151석) (55.5%)	272석	*2003년 3월 1일 현재
	2003.9-2004.4	분점	무당적	노무현	열린우리당 (47석)* (17.3%)	한나라당 (149석) (54.8%)	272석	민주당의 분당으로 제3당분점정부가 됨. *2003년 12월 9일 현재
17 대 국 회	2004.5~현재	단점	열린 우리당	노무현	열린우리당 (152석) *(50.1%)	한나라당 (121석)* (40.3%)	299석	열린우리당이 제1당이 됨. 2004년 6월 14일 현재.

자료: 김용호, "17대 총선과 대통령-국회와의 관계," 한국정치학회 학술회의발표 논문(2004.3)

뿐만 아니라 다른 나라도 유사하다.[13]

　그러나 한국 국회는 정치력의 부재, 자율성의 결여, 대표성의 왜곡 현상, 정책기능의 저하, 갈등처리능력의 부재 등으로 국민들로부터 비판을 받고 있다. 상기 언급한 이러한 문제는 국회가 기본적으로 수행하여야 될 과제이다. 이들 과제 이외에도 국회는 다음과 같은 과제를 성실하게 수행하여 새로운 시각을 가지고 정치발전을 이룩해야 될 것이다.

　첫째, 준법의 국회가 되어야 한다. 입법기관으로서 국회는 입법 행위를 통하여 국가의 정치질서는 물론 국민들의 생활에 영향을 미치게 된다. 이는 단순한 입법 행위 그 자체에 의미가 있는 것이 아니라, 국회에서 제정된 법을 지킴으로써 법의 권위를 지키는 것이다. 따라서 국회의 입법권은 무엇보다도 준법정신의 생활화에 가장 중요한 의미가 있는 것이다.

　이런 국회가 스스로의 운영을 규정하고 있는 국회법을 지키지 못하고 있는 상황은 국회스스로 입법권의 권위를 저해하고 있는 것이다. 이번 17대 국회는 개원 초기 의장단을 비롯한 상임위원회 구성에 있어 국회법을 위반하였다. 국회법의 위반 사례는 너무 많다. 따라서 앞으로 국회는 무엇보다도 국회 스스로 준법정신을 가지는 준법국회가 되어야 한다.

　둘째, 정치개혁의 지속적 추진이다. 이번 국회의원 선거에서 돈 적게 드는 선거의 가능성을 경험하였다. 앞으로 정치개혁은 지속적으로 추진하며, 이를 위하여 국회는 조속히 정치개혁특별위원회를 구성하여야 된다. 이번 선거는 총체적으로 절반의 성공, 절반의 실패라고 볼 수 있다. 선거법의 개정으로 정치풍토의 개선은 성공하였으나, 정책과 인물선거의 실종이다. 정치개혁법의 개정이 필요하다. 앞으로 선거 운동 방식의 다양화, 정보 접근의 용이 등을 통하여 유권자의 알권

---

13) 김광웅 외 공저, 『의회와 행정부』(서울:법문사, 1989); 위의 책 등을 참고.

리를 최소한으로 충족시켜주어야 될 것이다.

비례대표의 경우, 각 가정에 후보자에 대한 정보나 각 정당의 정책 등이 수록된 등이 배부되어야 한다. 또한 선거방송 토론회는 강제적인 규정을 통해서라도 활성화해야 된다. 선거구 획정도 국회의원이 아닌 시민단체, 학계 등의 참여로 선거 1년 전에 반드시 확정되어야 한다.

셋째, 국회 스스로의 개혁이다. 국민소환제, 국회의원 면책특권 제한, 부패의원 불체포 특권 폐지 등도 조속히 입법화되어야 하여 국회 스스로 개혁된 국회모습을 보여 주어야 된다. 이런 사항들은 이미 선거 시 국회의원들이 약속한 사항이다. 정쟁 도구나 비리의원 보호 수단으로 악용된 면책특권과 불체포특권은 제한되어야 한다.

국회의원을 비롯한 공직자들의 재산신탁제도 역시 조속 입법화되어야 한다. 이는 현재 17대 국회의원의 경우, 소급 입법 문제로 논란이 되고 있으나, 선거시 공약대로 국회의원도 포함시킴으로써 국회의원 스스로 모범을 보여야한다. 국회의원들이 누리고 있는 각종 특권도 대폭 축소되어야 한다.[14]

넷째, 상생의 정치 구현이다. 정치의 요체는 타협과 조정이다. 그러나 지금까지 한국정치는 공포의 균형에 의한 폭력의 정치였다. 비전의 제시를 통한 희망의 균형을 주어야 되며, 이는 의회가 여야간의 타협과 조정을 통한 상생의 정치를 해야 된다. 국민들은 국회가 당파 간의 정쟁의 장보다는 토론의 장이 되기를 바란다.

상생의 정치와 더불어 생산적 정치가 이뤄져야 한다. 제16대 국회는 방탄국회, 정쟁의 국회로서 비생산적이었다. 젊은 세대와 전문가들이 비교적 많이 진출한 제17대 국회는 파행적 의회활동보다는 생산적 의회활동을 해야 된다. 의회 내에 연구 및 정책 개발 기능을 강화할 기구의 설치가 필요하다.

---

14) 예로 국회의원은 단 하루라도 의원을 한 경우, 65세가 되면 헌정회가 지급하는 '연로회원 지원금' 명목으로 월 100만 원이 지급됨.

다섯째, 원내정당화의 실현이다. 개정된 정치관계법에 따라 과거와 같은 중앙집권적인 정당구조를 갖기 어렵다. 원내정당화를 조속히 실현하여 의회가 원내 정당을 중심으로 활동하여야 한다. 천막당사, 창고 당사에서 원내로 옮겨 정당 활동을 해야 된다. 지방분권화와 더불어 중앙당의 대폭적인 축소는 불가피하다.

원내 정당과 더불어 당내 민주화가 이룩되어야 한다. 자율성과 독립성을 가진 정책정당으로서의 면모를 위하여 공천제도, 중요 당직자의 선출 등이 민주적 절차에 따라 실시되어야 한다. 민주노동당은 회의 불참의원의 세비 삭감, 정책보좌진의 풀(pool)제 운영 등 국회운영에 있어 혁신적인 개혁안을 추진할 예정인데, 이는 의회활동에 새로운 촉진제가 될 것이다.

여섯째, 열린 국회의 모습을 보여 주어야 한다. 국회는 시민들과 더욱 가깝게 접근할 수 있도록 해야 된다. 이는 단순한 외연 구조상의 변화뿐만 아니라 내적 운영 구조도 변화되어야 한다. 갈등 현안이 있을 경우, 공청회 등을 수시로 자주 개최하여 시민들이 의견을 개진할 수 있는 장이 마련되어야 한다. 갈등해결의 장으로서의 국회의 역할이 확대되어야 한다.

열린국회가 되기 위하여 시민단체는 의원들의 활동에 대한 지속적인 감시를 해야 된다. 시민단체들도 지금과 같이 백화점식보다는 단체의 설립목적에 따른 전문성을 살려 해당 분야에 대한 의정활동에 대한 감시와 이를 통한 평가가 있어야 한다. 의정 모니터가 자유스럽게 될 수 있도록 해야 되며, 시민단체도 선거시만이 아닌 평시에 의원들이 활동을 지속적으로 감사, 평가해야 된다.

일곱째, 정치력의 복원이다. 의회는 민주정치의 중심이고 의회는 토론, 타협, 협상을 통하여 국정을 논하는 무대이나 한국 국회는 이를 제대로 수행하지 못하고 있다. 민주주의가 인내와 관용의 가치를 존중하는 정치라고 한다면 이는 의회에서 전개되는 토론, 타협, 협상의 과정을 통하여 일어나야 됨에도 불구하고 정쟁만이 계속되고 있다.

국회의 정치력은 물리력을 중심으로 전개되는 힘의 논리를 의미하는 것은 아니다. 강자의 논리가 아닌 약자를 존중하는 차원에서 게임의 원칙이 존중되어야 한다. 그러나 한국 국회는 여야당 모두 정치력보다는 힘의 논리를 강조하고 있어 극한적인 방법이 동원되는 정치력 부재의 국회가 운영되고 있으므로 이를 정치력의 복원으로 개선해야 된다.

VI. 결론

17대 총선이 중대선거로서 개혁적인 정치인이 대거 국회에 진입하여 국민의 기대가 큼에도 불구하고 17대 국회가 개원된 이후 보여준 의정 활동은 상당히 실망스럽다. 이미 지적한 바와 같이 총선 후 최초 집회일에 의장과 부의장을 선출하여야 됨에도 불구하고 의장만 선출하였다. 상임위원장의 경우, 최초집회일 이후 3일 이내에 선거하여야 됨에도 역시 일주일이 넘도록 구성하지 못하였다.

대통령의 탄핵 기각 이후 그동안 추진되지 못하였던 신행정수도 이전 등 각종 주요 과제, 주한미군감축과 이라크 추가파병 등 국방과 안보 문제, 국민연금, 신용불량자 문제 등 각종 민생문제, 병원노조 파업 등 각종 국정현안이 산적함에도 국회 본회의는 물론 상임위가 구성되지 못하여 이런 문제를 국회가 다루지 못하고 있다는 것은 참으로 실망스러운 일이다. 지난 6월 22일 이라크에서 발생한 김선일 씨 피살 사건에 대하여 국회는 상임위가 구성되지 못하여 6월 24일 '긴급현안 질문' 이라는 편법의 형태를 취하여 대정부 질문을 하였다.

국민들은 국회가 어느 정파에 의하여 일방적으로 운영되기보다는 상호견제와 균형을 유지 국회 본래의 모습을 보여주기를 기대하고 있다. 이러한 국민적 욕구는 지난 2004년 6월 5일 실시된 재 · 보궐선거에서 유권자들이 보여준 투표성향에도 잘 나타났다.[15] 즉 유권자들은 불과 50여 일 전에 보여준 17대 총선과는 다른 투표 성향을 보여줌으로써 정치권으로 하여금 긴장하게 하였다.

의회정치의 발전이 법규나 제도의 개정만으로 이룩될 수 없다. 아무리 훌륭한 법과 제도를 가지고 있더라도 이를 운영하는 당사자인 국회의원들의 의식개혁 없이 바람직한 의회정치의 제도화는 힘들다. 국회의원들의 높은 자질과 전문적인 지식, 그리고 국민들로부터의 신뢰감의 바탕하에서 민주적인 국회운영이 이루어질 때, 진정한 국민의 대표기관으로서의 21세기형의 한국 국회의 모습이 형성될 것이다.

17대 국회에 대한 국민의 바램은 국회가 민의의 전당으로서 확고한 위상을 정립하여 진정한 국민의 대표기관으로서 역할 수행이다. 이를 위하여 국회는 구태의연한 정치행태에서 과감하게 탈피하여 진정한 국민의 국회로 거듭 태어나야 될 것이다. '국회의원들을 위한, 국회의원들에 의한 국회'가 아닌 '국민들을 위한 국회'가 되기 위하여 국회 스스로 깊은 성찰이 요망된다.

그러나 17대 국회 1개월이 국민에게 보여준 의정활동은 기대감보다는 오히려 실망감을 주었다. 개원 초기부터 국회 원 구성이라는 가장 기본적인 책무에서조차 국회 스스로 국회운영을 규정한 국회법조차 제대로 이행하고 있지 못하고 있으니, 과연 앞으로 국회가 어떤 모습의 의정활동을 보여줄지 자못 의문스럽다.

국민은 지난 17대 총선거에서 정치인들에게 변화와 개혁을 선택을 강하게 주문하였으며, 이런 결과로 17대 국회는 과거와는 다른 모습의 의회를 구성하였다. 17대 국회는 하드웨어의 겉모습의 변화만이 아닌 소프트웨어의 질적 변화를 진정으로 바라는 국민의 열망을 의정

---

15) 2004년 6월 5일 실시된 지방선거 재보선거에서 광역단체장은 부산, 경남, 제주에서 한나라당, 전남에서 민주당 후보가 당선되었다. 19곳의 기초자치단체장은 한나라당 13명, 열린우리당 3명, 기타 3명이 당선되었음. 광역의원의 경우, 한나라당 28, 열린우리당 6명, 민주노동당 1명, 자민련 1명, 민주당 2명이 당선됨.

활동을 통하여 보여 주어야 된다. 급속하게 변화하는 정치사회적 환경 속에서 국회가 새로운 패러다임에 의한 의정활동을 하여야 할 것이다.

정치가 더 이상 국민들로부터 불신의 대상, 부정부패의 대명사가 되어서는 안 된다. 이를 위하여 국회는 무엇보다도 국민에게 희망을 주는 비전의 정치, 새로운 패러다임에 의한 개혁정치가 실현되어야 하며, 이는 제17대 국회가 수행하여야 될 최우선 과제이다.

■ 참고문헌

강원택. 2003. 『한국의 선거정치』. 서울: 푸른길.
_____ . 2004. "탄핵정국과 17대 총선." 한국정치학회 총선분석 특별학술회의 발
　　표 논문(4.22).
국　회. 1998. 『대한민국 국회 50년사』.
김광웅 외 공저. 1987. 『한국선거론』. 서울: 나남.
김영래 외 공저. 2004. 『NGO와 한국정치』. 서울: 아르케.
_____ . 2004. 『한국의회정치와 제도개혁』. 서울: 한울.
_____ . 2003. 『한국정치, 어떻게 볼 것인가』. 서울: 박영사.
김용호. 2004. "17대 총선과 대통령-국회의 관계에 대한 전망." 한국정치학회
　　춘계학술회의 자료(2004.3.9).
_____ . 2000. "21세기 새로운 의회정치의 모색." 『의정연구』. 제10호.
김형준. 2001. "국회의원 연계기능연구." 한국정치학회. 『정보사회와 정치』. 서
　　울: 오름.
박재창. 1995. 『한국의회정치론』. 서울: 법문사.
박종흡. 1996. 『의회와 입법과정』. 서울: 국회사무처.
박찬욱. 1993. "제14대국회의원 총선에서의 정당지지도 분석." 이남영. 『한국의
　　선거』1. 서울: 나남.
박찬표. 1998. "국회 상임위 활성화 방안." 한국정당정치연구소. 제2차 한국정치
　　포럼 발표 논문.
백영철. 1999. 『한국의회정치로』. 서울: 건국대 출판부.
임성호. 2001. "국회 토의 활성화를 위한 제도의 모색: 개정 국회법의 시행 현황
　　과 평가." 한국의회발전연구소 제40차 의정연구논단 발표 자료.
_____ . 1998. "한국 의회민주주의와 국회제도개혁 방안." 『의정연구』 4권 2호.
이남영 편. 1993. 『한국의 선거』1. 서울: 나남.
이정희. 2004. "한국의 당정관계의 역동성과 제도화." 김영래 외 공저. 『한국의
　　회정치와 제도 개혁』. 서울: 한울.
조기숙. 1996. 『합리적 선택: 한국의 선거와 유권자』. 서울: 한울.

조성대. 2000. "지역주의와 인물투표." 김용호 외. 『4.13 총선: 캠페인 사례연구
　　와 쟁점 분석』. 서울: 문형.
진영재. 2002. 『한국의 선거』IV. 서울: 한국사회과학데이터센터.
최정원. 2004. "법안 발의제도와 국회입법과정의 정치역학." 김영래 외. 『한국의
　　회정치와 제도 개혁』. 서울: 한울.
_____ . 2002. "한국 국회 입법과정의 변화와 특징." 정갑영 외. 『동아시아의 정
　　치와 경제』. 서울; 나남.
함성득. 1998. "의회와 정당, 대통령과의 새로운 관계." 『의정연구』 제6호.

| 김영래 | 현 | 아주대학교 사회과학부 교수 |
| | 연세대학교 정치외교학과, 연세대학교 정치학 박사 |

| 김영태 | 현 | 목포대학교 정치행정학부 교수 |
| | 고려대학교 정치외교학과, 독일 베를린 자유대학교 정치학 박사 |

| 김왕식 | 현 | 이화여자대학교 사회생활학과 교수 |
| | 연세대학교 정치외교학과, Univ. of Missouri, Columbia 정치학 박사 |

| 김 욱 | 현 | 배재대학교 정치외교학과 교수 |
| | 연세대학교 정치외교학과, Univ. of Iowa 정치학 박사 |

| 김형준 | 현 | 국민대학교 정치대학원 교수 |
| | 한국외국어대학교 중국어과, Univ. of Iowa 정치학 박사 |

| 박명호 | 현 | 동국대학교 정치외교학과 교수 |
| | 동국대학교 정치외교학과, Michigan State Univ. 정치학 박사 |

어수영

현 | 이화여자대학교 명예교수

연세대학교 정치외교학과, Univ. of Michigan 정치학 박사

윤종빈

현 | 명지대학교 정치외교학과 교수

한양대학교 정치외교학과, Univ. of Missouri, Columbia 정치학 박사

이남영

현 | 숙명여자대학교 교수

고려대학교 정치외교학과, Univ. of Iowa 정치학 박사

이준한

현 | 인천대학교 정치외교학과 교수

서울대학교 인문대학, Michigan State Univ. 정치학 박사

이현우

현 | 서강대학교 정치외교학과 교수

서강대학교 정치외교학과, Univ. of North Carolina at Chapel Hill 정치학 박사

이현출

현 | 국회도서관 연구원

건국대학교 법학과, 건국대학교 정치학 박사

임영규
현 | 계명대학교 교양과정부 초빙전임강사
계명대학교 사회학, 계명대학교 사회학 박사

정구종
현 | 동아닷컴 대표
연세대학교 정치외교학과, 일본 게이오대학교 정치학 박사

정연정
현 | 배재대학교 행정학과 교수
숙명여자대학교 정치외교학과, Univ. of Illinois at Chicago 정치학 박사

정영태
현 | 인하대학교 사회과학부 교수
서울대학교 정치학과, Univ. of Texas at Austin 정치학 박사

정혜숙
현 | 서강대학교 동아연구소 연구원
계명대학교 사회학과, 계명대학교 사회학 박사

조성대
현 | 한신대학교 국제관계학과 교수
연세대학교 정치외교학과, Univ. of Missouri, Columbia 정치학 박사

한국의 선거 V 제16대 대통령선거와 제17대 국회의원선거

초판 1쇄 발행: 2006년 11월 18일
초판 2쇄 발행: 2007년   7월 25일

편저자 어수영
발행인 부성옥
발행처 도서출판 오름
등록번호 제2-1548호 (1993. 5. 11)

서울특별시 서초구 서초동 1420-6 통일시대연구소빌딩 301호
전화 (02)585-9122, 9123   팩스 (02)584-7952
E-mail oruem@oruem.co.kr
URL http://www.oruem.co.kr

ISBN 89-7778-270-8   93340   값 23,000원

* 잘못된 책은 교환해 드립니다.